BLUE BOOK

智库成果出版与传播平台

粤港澳大湾区蓝皮书
BLUE BOOK OF GUANGDONG-HONGKONG-MACAO GREATER BAY AREA

粤港澳大湾区旅游业发展报告（2022）

REPORT ON TOURIST INDUSTRY OF GUANGDONG-HONG KONG-MACAO GREATER BAY AREA IN CHINA (2022)

主　编／徐红罡　保继刚

社会科学文献出版社
SOCIAL SCIENCES ACADEMIC PRESS (CHINA)

图书在版编目(CIP)数据

粤港澳大湾区旅游业发展报告．2022／徐红罡，保继刚主编．--北京：社会科学文献出版社，2023.1
（粤港澳大湾区蓝皮书）
ISBN 978-7-5228-1361-5

Ⅰ．①粤…　Ⅱ．①徐…　②保…　Ⅲ．①地方旅游业-旅游业发展-研究报告-广东、香港、澳门-2022　Ⅳ．①F592.765

中国版本图书馆 CIP 数据核字（2022）第 256478 号

粤港澳大湾区蓝皮书
粤港澳大湾区旅游业发展报告（2022）

主　　编／徐红罡　保继刚

出 版 人／王利民
组稿编辑／宋月华
责任编辑／韩莹莹
文稿编辑／王红平
责任印制／王京美

出　　版／社会科学文献出版社·人文分社（010）59367215
　　　　　地址：北京市北三环中路甲 29 号院华龙大厦　邮编：100029
　　　　　网址：www.ssap.com.cn
发　　行／社会科学文献出版社（010）59367028
印　　装／三河市东方印刷有限公司

规　　格／开　本：787mm×1092mm　1/16
　　　　　印　张：23　字　数：379 千字
版　　次／2023 年 1 月第 1 版　2023 年 1 月第 1 次印刷
书　　号／ISBN 978-7-5228-1361-5
定　　价／148.00 元

读者服务电话：4008918866

《粤港澳大湾区旅游业发展报告》
编　委　会

主　　　　编　徐红罡　保继刚

参与编写人员名单

总报告撰写人　徐红罡　刘婉姿　王玉婷

专题报告撰稿人　（以专题报告出现先后为序）

刘　逸　纪捷韩　赵　莹　黄朝铭　甄雯珣
陆桂芬　张瀚元　刘　营　宋海岩　左　冰
游雲霞　陈奕滨　刘琳琳　徐灵枝　刘雨馨
李　超　陈雅乐　曾艳芳　王心蕊　林清清
石超凡　徐　诚　吴悦芳　甘梓莹　彭　青
程露悬　卢漾语　黄力远　王维靖　戴其蔓
莊彬炫　王时彩　李　劼　王　兴　廖继武
李朝军　周颖诗　邹荷婷　丁　林　康　宁
姚艾霖　胡家怡　王梓南　沈登威　陈宗诚
张书颖

主要编撰者简介

徐红罡 中山大学旅游学院院长，教授，博士研究生导师。先后在北京大学获得学士、亚洲理工学院（Asian Institute of Technology，AIT）获得硕士和博士学位。研究方向为旅游可持续发展、旅游系统分析等。国际旅游研究院会（院）士（Fellow of the International Academy for the Study of Tourism）。国际地理联合会旅游地理专业委员会副主席，中国旅游地理专业委员会主任，多个旅游界顶级国际期刊编委成员。

保继刚 中山大学教授，博士研究生导师。研究方向为旅游地理、旅游可持续发展、主题公园、旅游规划。现任联合国世界旅游可持续发展观测点管理与检测中心主任，联合国世界旅游组织专家委员会委员，中山大学旅游发展与规划研究中心主任，中国旅游协会副会长、旅游教育分会会长，国际旅游研究院第二副主席。主持国家自然科学基金项目 6 项，出版学术著作 10 余部，发表论文 200 余篇。

摘　要

由中山大学、香港理工大学、澳门旅游学院发起的粤港澳大湾区旅游研究联盟在往年研究的基础之上，继续推进对粤港澳大湾区旅游业发展中重要问题的研究。2022 年 1 月 20 日，国务院发布的《“十四五”旅游业发展规划》进一步阐述了推进粤港澳大湾区旅游一体化发展，提升粤港澳大湾区旅游业整体竞争力，打造世界级旅游目的地。基于此，本书继续对粤港澳大湾区旅游业发展中的旅游市场、旅游产品、区域旅游发展等问题进行追踪研究。全书共分为四个部分。第一部分为总报告，重点阐述了 2021～2022 年粤港澳大湾区旅游业转型、创新和提质的过程，并对未来粤港澳大湾区打造世界级旅游目的地提出相关建议。第二部分为市场篇，关注广东省的海岛旅游市场，通过识别广东省海岛旅游情感意象推动广东省海岛旅游的高质量发展。另外，对粤港澳大湾区的 11 个城市在 2022～2026 年的国内与入境旅游需求进行了预测，根据新冠肺炎疫情影响程度做出的情景预测分析将为粤港澳大湾区旅游业在疫情防控常态化时期促进行业复苏、焕新和发展提供重要的理论指导和参考依据。第三部分为新产品和新业态篇，具体包括红色旅游、乡村旅游、露营旅游、滨海体育旅游、非物质文化遗产旅游、康养旅游以及文化、体育、电竞旅游，同时关注粤港澳大湾区的旅游民宿发展状况以及酒店合作机制。研究表明，粤港澳大湾区的旅游产品丰富多元，旅游配套设施相对完善，具有较强的市场竞争力。第四部分为区域篇，关注粤港澳大湾区中重要城市与区域的旅游发展状况与特点。首先，分析与总结澳门为了促进旅游业复苏而进行的积极探索，为澳门旅游业的多元化发展积累了经验。其次，通过对肇庆旅游发展态势、广州市海珠区城市旅游可持续发展思路和实践探索进行细致的分析，提出未来城市旅游与旅游可持续发展的方向。再次，通过梳理横琴粤澳深度合作区政策环境、文旅产业融合发展存在的问题和面临的机遇与挑战，提出未来横琴粤澳深度合作区的发展建议。最后，关注新冠肺炎疫情背景下香港旅游业的发展，研究发现自然旅游呈现强大的活力，成为香港旅游业复苏的主力。

关键词： 旅游业 旅游资源 旅游产品 粤港澳大湾区

目 录

Ⅰ 总报告

Ⅱ 市场篇

Ⅲ 新产品和新业态篇

Ⅳ 区域篇

总 报 告

General Report

B.1

2021~2022年粤港澳大湾区旅游业的转型、创新和提质

徐红罡　刘婉姿　王玉婷*

摘　要： 2021年，粤港澳大湾区旅游业不断寻求转型、创新和提质。从数据上看，部分时段和部分地区受新冠肺炎疫情影响旅游复苏有所反复，其中香港受疫情和通关政策影响旅游人次持续下跌，但总体上粤港澳大湾区的旅游人次和收入较前一年有所上涨。在疫情防控常态化背景下，"云旅游"蓬勃发展，线上预约旅游成为常态，虚拟现实等技术在旅游业中被广泛应用，加速了旅游业数字化转型的发展趋势。在新时代文旅融合的大背景下，粤港澳大湾区旅游业正在迈向创新发展、高质量发展的新阶段。伴随着全域旅游推动和景区的升级改造，粤港澳大湾区旅游产品和服务的质量继续提升，露营、数字文旅、夜间文旅等多样化的旅游产品涌现。与此同时，粤港澳大湾区持续推进横琴粤澳深度合作区建

* 徐红罡，博士，中山大学旅游学院院长，教授，研究方向为旅游可持续发展、旅游系统分析等。刘婉姿，中山大学旅游学院硕士研究生，研究方向为乡村旅游、老年旅游。王玉婷，中山大学旅游学院博士研究生，研究方向为流动性、健康旅游。

设，高水平打造横琴国际休闲旅游岛。未来，粤港澳大湾区将依据《“十四五”旅游业发展规划》《横琴粤澳深度合作区建设总体方案》等文件的指引，推进旅游一体化发展，提升旅游业整体竞争力，打造世界级旅游目的地。

关键词： 旅游业 数字化转型 粤港澳大湾区

一 2021年粤港澳大湾区旅游业发展情况

受疫情的持续影响，2021 年粤港澳大湾区旅游业发展依旧面临困难和挑战。在疫情防控常态化背景下，粤港澳大湾区旅游业不断寻求转型、创新和提质。多样化的旅游产品涌现，红色旅游、乡村旅游、研学旅游等产品延续上一年的火热态势，露营、数字文旅、夜间文旅等旅游产品成为新热点。伴随着全域旅游推动和景区的升级改造，粤港澳大湾区旅游产品和服务的质量继续提升。虽然部分时段和部分地区受疫情的影响，但旅游业复苏的整体态势不变。

从数据上看，2021 年，粤港澳大湾区接待游客约 21054. 68 万人次，同比增长 17. 85%（见表 1、图 1），但相较于疫情发生前仍有差距。粤港澳大湾区内地 9 市旅游业恢复情况可观。根据广东省统计局的数据，2021 年内地 9 市接待过夜游客约 20274. 95 万人次，同比增长 19. 83%。其中，广州接待过夜游客同比增长 38. 56%，深圳和肇庆接待过夜游客同比增长率均超过 20%。2021 年清明节假期三天，广东省共接待游客 1721. 8 万人次，收入 83. 4 亿元。对比 2019 年清明节假期广东省接待游客和旅游收入数据发现，2021 年游客接待量恢复 95. 7%，收入增长 9. 9%，超过全国平均水平。截至 2021 年 4 月 5 日15：30，广东省景区总预约数为 66. 5 万人次，全国排名第一。其中，长隆旅游度假区接待游客恢复至 2019 年同期的 98. 43%，白云山和广州塔接待游客均略超 2019 年同期水平（锐观产业研究，2022）。

香港入境游客继续下跌。根据香港特别行政区政府统计处数据，2021 年访港游客（除去香港本地游客之外的全球游客）共有 9. 14 万人次，相较于

2020年的356.89万人次，下降了347.75万人次；与2019年的5591.30万人次相比，下降了5582.16万人次。分析疫情发生前历年香港旅游数据发现，内地游客是香港最主要的游客来源，以2019年为例，内地访港游客占访港游客总数的78.29%，内地游客的旅游消费占总体游客消费的77.87%。疫情发生以后，香港在2020年2月8日正式宣布封关，在严格的通关政策下，香港旅游业的发展几乎停滞。香港商务及经济发展局数据显示，截至2022年2月14日，在香港约1700间旅行社中，已有100间破产倒闭，剩下的大多也仅是保留商业登记，并未开展业务（张齐，2022）。与此同时，航空业、会展业、零售业都受到访港游客大幅缩减的严重冲击，不得不采取裁员、闭店等措施来应对疫情影响。另外，香港酒店业进行了积极的尝试，如接受强制检疫、开展“留港度假活动”、推出将住宿餐饮娱乐休闲打包销售的酒店套餐Staycation，这些尝试使香港酒店房间的平均入住率由2020年的46%上升至2021年的63%。

澳门入境游客相较于2020年有所上涨。根据澳门特别行政区政府统计暨普查局数据，2021年澳门入境游客为770.59万人次，相较于2020年的589.68万人次，上涨30.7%，但相较于疫情发生前的游客数还是有较大差距的。2021~2022年，澳门放宽粤澳通关政策，并根据疫情情况动态调整。内地游客是澳门的重要客源，疫情发生后澳门入境游客的客源结构集中度进一步提高，2021年内地为704.51万人次，占91.42%；香港为58.90万人次，占7.64%；台湾为7.1万人次，占0.92%；其他地区仅为921人次，占0.01%。2019年澳门接待内地游客的比重为70.86%（王兴，2022）。

表1　2016~2021年粤港澳大湾区各城市旅游人次

单位：万人次

城市	2016年	2017年	2018年	2019年	2020年	2021年
香港	5665.50	5847.20	6514.80	5591.30	356.89	9.14
澳门	3095.03	3261.05	3580.37	3940.62	589.68	770.59
广州	5941.23	6272.28	6532.55	6773.13	4182.59	5795.30
深圳	5695.72	6011.78	6404.99	6718.04	4998.83	6364.32
珠海	2226.41	2288.62	2452.62	2603.90	960.35	1004.72
佛山	1351.05	1497.81	1695.31	1932.87	1757.19	1596.86
惠州	2032.92	2477.87	2693.32	2992.43	1306.09	1374.42

续表

城市	2016 年	2017 年	2018 年	2019 年	2020 年	2021 年
东莞	2007.67	2161.48	2186.46	2301.64	1672.97	1961.56
中山	1117.81	1333.52	1412.18	1496.27	817.69	782.61
江门	2000.56	2258.95	2709.62	2992.59	722.07	776.97
肇庆	1236.65	1327.72	1371.22	1434.04	501.65	618.19
总计	32370.55	34738.28	37553.44	38776.83	17865.99	21054.68

注：内地 9 市旅游人次为过夜游客，香港、澳门旅游人次为访港/澳游客。

资料来源：《广东统计年鉴》（2017~2022 年）、《香港统计年刊》（2017~2022 年）、《澳门统计年鉴》（2016~2021 年）。

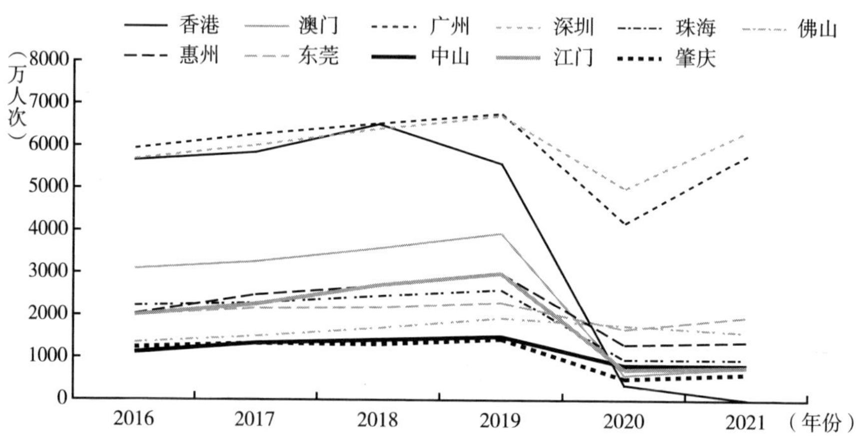

图 1　2016~2021 年粤港澳大湾区各城市旅游人次

在旅游收入方面，粤港澳大湾区各城市旅游收入在 2020 年因受疫情影响均大幅下降，香港旅游收入出现“跳水式”下降，深圳旅游收入则下降较少，整体较为平稳；2021 年除香港外，粤港澳大湾区其他城市旅游收入均有所回升，其中澳门、广州、肇庆有较大回升。自香港 2020 年 2 月 8 日正式宣布封关以来，香港入境游客和旅游收入均大幅缩水，香港旅游业发展几乎停滞。整体来看，受疫情的持续影响，2021 年粤港澳大湾区旅游业发展仍面临冲击和挑战，但各城市旅游收入在缓慢回升，旅游业整体呈现复苏的态势（见表 2、图 2）。

表 2　2016~2021 年粤港澳大湾区各城市旅游收入

单位：亿元

城市	2016 年	2017 年	2018 年	2019 年	2020 年	2021 年
香港	2355. 85	2400. 71	2670. 12	2093. 41	204. 91	126. 92
澳门	472. 38	550. 08	625. 09	574. 77	107. 08	219. 34
广州	3217. 05	3614. 21	4008. 19	4454. 58	986. 25	1424. 21
深圳	1368. 67	1485. 45	1609. 31	1715. 17	1383. 74	1598. 98
珠海	317. 08	367. 70	466. 15	541. 52	187. 59	207. 71
佛山	624. 72	710. 84	809. 13	891. 86	325. 05	333. 55
惠州	364. 14	439. 28	500. 36	574. 26	205. 78	219. 60
东莞	445. 40	488. 90	529. 37	574. 17	358. 63	379. 58
中山	247. 00	287. 40	294. 11	303. 78	120. 45	129. 58
江门	409. 90	492. 53	586. 83	690. 52	103. 54	124. 83
肇庆	285. 75	308. 28	322. 99	340. 82	68. 72	102. 71
总计	10107. 94	11145. 38	12421. 65	12754. 86	4051. 74	4867. 01

注：香港、澳门数据为游客消费数据，根据 2022 年 11 月 9 日汇率换算为人民币。

资料来源：《广东统计年鉴》（2017~2022 年）、《香港统计年刊》（2017~2022 年）、《澳门统计年鉴》（2016~2021 年）。

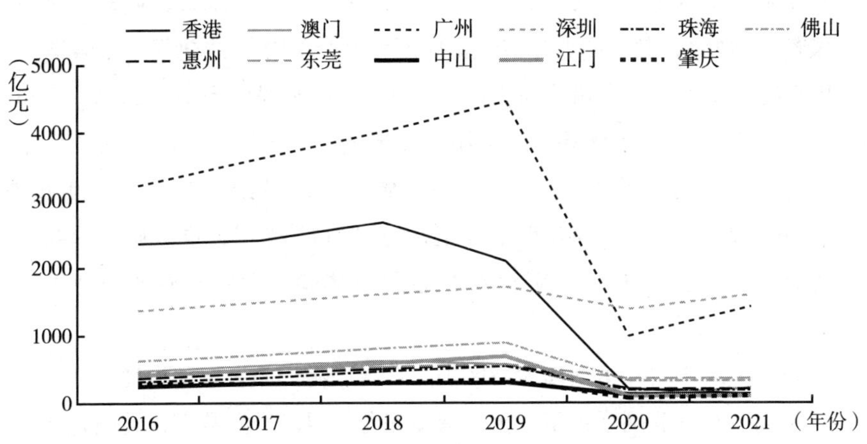

图 2　2016~2021 年粤港澳大湾区各城市旅游收入

二　疫情防控常态化背景下粤港澳大湾区旅游业发展特征

（一）数字化转型发展趋势加速

2021 年，疫情防控常态化背景下倒逼出来的“云旅游”得到蓬勃发展，线上预约旅游成为常态，虚拟现实、增强现实等技术在旅游业中得到更广泛、更多样的应用，加速了旅游业数字化转型的发展趋势。《中华人民共和国国民经济和社会发展第十四个五年规划和 2035 年远景目标纲要》明确提出，“深入发展大众旅游、智慧旅游，创新旅游产品体系，改善旅游消费体验”，“推动景区、博物馆等发展线上数字化体验产品，建设景区监测设施和大数据平台，发展沉浸式体验、虚拟展厅、高清直播等新型文旅服务”（新华社，2021b）。根据《中国数字经济发展报告（2022 年）》公布的数据，2021 年中国数字经济规模达 45.5 万亿元，占 GDP 的比重达 39.8%，数字经济的快速发展，不仅深刻改变人们的生产生活和稳固支撑国民经济的增长，也推动旅游业数字化转型持续向纵深加速发展。2022 年 8 月 4 日，广东省文化和旅游厅、广东省工业和信息化厅发布了《关于印发 2022 年文化和旅游领域数字化应用典型案例的通知》，其中的典型案例比如深度融合 UE4 三维建模、云渲染、5G 和 VR 互动等技术的“广州非遗街区元宇宙”，还有提供历史主题 AR 互动航海墙、“丝路传奇”VR 体验、线上展览和智慧机器人讲解等服务的“广东海丝馆智慧旅游应用场景实践案例”，都让旅游资源借助数字技术“活起来”（南方 plus，2022）。这同时说明需要运用好“互联网+”，推进旅游业线上与线下深度融合，提供旅游数字化新产品和新体验，发展旅游业新业态、新模式。

但目前整体来看，粤港澳大湾区仍然存在旅游产品智慧化程度不高、品牌知名度不高、与互联网联系不紧密等诸多问题。寻求产业数字化转型是新时代背景和疫情影响下粤港澳大湾区旅游业发展的出路，粤港澳大湾区只有发挥自身的科技资源优势，才能顺应居民消费升级的趋势，最终实现旅游业高质量发展。

（二）旅游业持续创新与质量提升

在新时代文旅融合的大背景下，旅游业创新发展的社会条件和技术基础已经日渐成熟，粤港澳大湾区旅游业正在迈向创新发展、高质量发展的新阶段。

从社会层面的消费环境来看，年轻人已经占据旅游市场的半壁江山，而年轻人个性化、生活化和高度体验化的旅游消费偏好也正在主导着旅游市场的消费潮流。与此同时，受疫情影响，旅游行为和旅游消费发生新变化，亲友结伴出行的省内自驾游成为主流的出行方式。各种旅游新产品和新业态得到快速发展，诸如露营、数字文旅、数字博物馆、线上展览和节庆、夜间文旅等得到游客青睐。

科技与旅游的融合创新突出。粤港澳大湾区作为国内科技资源的前沿地区，旅游业的科技投入日渐增多，区域旅游创新能力强劲，未来旅游创新潜力较大。可以说，粤港澳大湾区的前沿科技力量将有助于旅游全产业链条发展，应让创新成为文化和旅游双赢的连接点。但是，粤港澳大湾区目前仍存在旅游IP知名度不高、旅游产品依靠传统优势、旅游供给创新滞后于旅游需求升级等问题，需要进一步构建旅游IP创新路径、推动旅游供给创新、加强旅游知识产权保护。

面对疫情防控常态化背景下的全面大众旅游时代，粤港澳大湾区旅游业也在积极调整和转型，为迈向高质量发展打下基础。一是旅游公共服务体系不断完善，文化公共服务质量不断提升，旅游设施提质升级正逐步推进。例如，中山市南朗镇左步村的左步书屋坐落在稻田掩映之中，是游客追捧的打卡点，成为中山市公共文化服务体系建设的亮眼之笔。二是粤港澳大湾区进一步提升全域旅游质量。2022年，肇庆四会全面启动创建国家全域旅游示范区工作，探索打造邓村古法造纸研学基地、造纸博物馆、高端民宿群等旅游新业态，大力推动旅游设施提质升级（广东省旅游规划与营销协会，2022a）。三是粤港澳大湾区内景区的改造升级。粤港澳大湾区拥有众多老牌景区和旅游产品，全面提升质量、提高竞争力和焕发生命力，是建设世界级旅游目的地、成为世界了解中国的一个窗口的必要路径。2022年，深圳老牌景区东部华侨城启动新一轮全面改造升级，意在将其创建为粤港澳大湾区生态旅游度假标杆项目（林园，2022）。

（三）市场结构发生变化、特色产品进一步得到发展

受疫情影响，市场结构发生变化，以广州市为例，2021 年省内跨市游客接待量占比显著增加（见表 3）。

表 3　2019~2021 年广州市游客接待量占比

单位：%

指标	2021 年	2020 年	2019 年
省内跨市游客接待量	40. 46	28. 82	34. 14
省外游客接待量	36. 37	31. 13	25. 98
本市游客接待量	23. 17	40. 05	39. 88

资料来源：广州市文化广电旅游局。

1. 红色旅游

2021~2022 年，粤港澳大湾区依托丰富的红色旅游资源，大力推广红色旅游这一热点旅游产品。2021 年是中国共产党成立 100 周年，为重温红色历史、传承革命精神，文化和旅游部联合中共中央宣传部、中央党史和文献研究院、国家发展改革委推出“建党百年红色旅游百条精品线路”，其中，粤港澳大湾区报送的“红色广州·革命之城”“奋进大湾区·逐梦新时代”“岭南文化·人文遗存”三条精品线路入选。2021 年，粤港澳大湾区各城市也积极推出各类红色文旅活动、展览和精品线路，它们成为游客出游的热门选择。与此同时，2022 年是第一次全国劳动大会召开 100 周年，粤港澳大湾区各地纷纷推出一系列展览和活动，重温红色记忆。中华全国总工会旧址纪念馆推出“启航——中华全国总工会在广州”展览，展示了在中国共产党的领导下，中华全国总工会的诞生及其在广州领导工人运动的历史。广东革命历史博物馆推出“红色文化轻骑兵系列活动”，运用展览、情景讲述、文艺活动等多种形式展示了沿途革命遗址和工运人物故居。江门市台山市组织了“踏红色足印　做时代先锋”中国文化名人胜利大营救·东滘口登陆地专场文艺演出、“潮涌东滘口　星火耀九州”中国文化名人大营救胜利 80 周年展等一系列活动。根据广东省文化和旅游厅的监测数据，纳入监测的 13 家红色旅游经典景区在元旦

期间共接待游客24.0万人次。

2. 乡村旅游

粤港澳大湾区的乡村是围绕大都市圈的环城游憩带，离城市距离近，具有“短时短距”的特征。在疫情影响下，人口密度低、环境优美清静的乡村成为备受粤港澳大湾区旅游者青睐的旅游目的地。2022年，文化和旅游部公布“乡村四时好风光——春生夏长　万物并秀”全国乡村旅游精品路线。其中，佛山市南海“水乡花园”乡村旅游精品线路入选。2022年1月10日，广东省文化和旅游厅公布“第三批广东省乡村旅游精品线路名单”，包括“从化乡村生态文化研学游”等50条线路入选，其中粤港澳大湾区内地9市有21条乡村旅游精品线路入选广东省乡村旅游精品线路（见表4）。这些乡村旅游精品线路将当地特色文化、生态、研学和休闲等相结合，为旅游者的出行提供选择。

表4　2022年粤港澳大湾区内地9市21条入选广东省乡村旅游精品线路名单

21条入选广东省乡村旅游精品线路	城市	县区
从化乡村生态文化研学游	广州市	从化区
番禺美丽乡村之旅	广州市	番禺区
增城生态乡村精品游	广州市	增城区
宝安红色印记之旅	深圳市	宝安区
盐田红色滨海寻迹之旅	深圳市	盐田区
高明乡村生态文化游	佛山市	高明区
南海里水“水乡花园”之旅	佛山市	南海区
南海西樵乡村美食游	佛山市	南海区
惠阳将军故里之旅	惠州市	惠阳区
惠东“南粤古道·重返红色征程”之旅	惠州市	惠东县
博罗“罗浮山下四时春”之旅	惠州市	博罗县
风情石排休闲游	东莞市	
醉美清溪之旅	东莞市	
“横沥·百年牛镇”乡村休闲游	东莞市	
“改革开放　红色印记”之旅	中山市	
南朗乡村休闲度假游	中山市	
新会南宋古韵乡村美食休闲游	江门市	新会区
蓬江乡村粤菜美食游	江门市	蓬江区

续表

21 条入选广东省乡村旅游精品线路	城市	县区
台山红色乡村之旅	江门市	台山市
高要宋隆“田园山水”之旅	肇庆市	高要区
四会“古韵寻踪·生态休闲”之旅	肇庆市	四会市

粤港澳大湾区乡村旅游发展迅速，但是过往存在发展不充分、资源开发不足的问题，尤其是乡居产品、深度体验类产品供给不足。近年来，“乡村+民宿”的模式在粤港澳大湾区各城市逐渐铺开，不断涌现具有地方特色的乡村民宿经营点和集聚区，如惠州市禾肚里稻田民宿、深圳大鹏新区民宿集聚区等。根据广州市文化广电旅游局的公开数据，元旦假期内乡村游接待市民游客238.82 万人次，同比增长 14.82%，元旦前从化、增城乡村精品民宿预订率达九成（周人果，2022）。同时，为推动乡村民宿的规范化、规模化、特色化和品牌化发展，2021 年底广东认定了首批 20 个乡村民宿示范镇和 92 个乡村民宿示范点。除此之外，2022 年 2 月，依托广州太平古道、肇庆潇贺古道等驿道，推出 34 家首批广东省驿道乡村酒店，其中粤港澳大湾区有 22 个酒店入选。乡村民宿盘活乡村生态资产，激活在地文化资源，提供深度互动体验，创造旅游消费新空间，长远来看能够有效补充粤港澳大湾区乡村特色旅游产品的供给。除了“乡村+民宿”，春节期间，广州市从化区，东莞市道滘镇、虎门镇，韶关市仁化县河富村，清远市佛冈县上榜 2022 年全国“村晚”示范展示点，“乡村+节庆”“乡村+演艺”等乡村旅游发展新模式在粤港澳大湾区也初见成效。

在休闲渔业方面，为游客提供捕鱼垂钓、渔船出海观光、海鲜餐饮、渔民生活体验、渔业文化科普等一系列旅游产品的渔家乐是粤港澳大湾区乡村旅游的重要形式。而且在疫情防控常态化时期，作为亲近自然、观赏海洋风光的特色产品，渔家乐成为城市居民休闲娱乐的重要选项。对此，广东省农业农村厅（2020）出台了《广东省休闲渔业管理办法》，为渔家乐指出更加规范和可持续的发展道路。2022 年 6 月 10 日，粤港澳大湾区唯一的国家级渔港经济区试点——广州市番禺区渔港经济区正式揭牌成立，计划建设休闲渔业综合体等 8 个渔业项目、4 个渔业产业提升项目、4 个渔旅融合项目等，将成为粤港澳大湾区渔业现代化转型的新引擎（刘怀宇，2022）。

3. 研学旅游

以粤港澳青年文化之旅、港澳青少年游学之旅等为代表的研学旅游是粤港澳大湾区热点的旅游产品之一，也是展现中华民族历史、优秀传统文化、革命历史、先进科学技术等的重要途径。其中，聚焦国家意识和爱国精神的培养、注重深度体验、增进彼此情感认同的“粤港澳青年文化之旅”获评文化和旅游部 2020 年内地与港澳文化和旅游交流重点项目 3 个示范案例之一。在每年一度的港澳青少年游学推广活动暨内地游学联盟大会中，广东丹霞山“奇美天成丹霞山世界遗产探秘之旅”线路，成为 2021 年度“港澳青少年内地游学潜力产品”之一，为港澳青少年提供世界自然遗产探秘、丹霞地貌探究和客家乡村文化体验的游学之旅。

粤港澳大湾区一些城市也依托自然和文化遗产、知名院校、工矿企业、科研机构、爱国主义教育基地、科普教育基地等旅游资源，开发研学旅游产品。2022 年 8 月 16 日，深圳市发布“国情深睇验”港澳青少年深圳国情研学精品路线，包括“同根同源”“科技创新”“生态景观”“社会文化”“时尚‘圳品’”五大主题 12 条路线，为促进港澳青少年了解国家经济文化和社会发展情况、增强国家意识和爱国精神提供了新的路径（新华网，2022）。2020 年，惠州市推出一批示范性研学旅游基地，围绕历史文化、自然山水和红色教育等丰富主题开展研学旅游活动，并打造主题串联式研学旅游精品线路，如“惠阳游将军故里文化研学之旅”“惠东县高潭红色研学之旅”“博罗县东部山水研学游线路”等多条研学线路获评为省、市精品旅游线路。

4. 露营

在疫情防控常态化时期，露营成为一种新的热门微度假旅游体验产品。粤港澳大湾区具有发展露营产品的显著供需优势。一方面，在营地选址和供给上，粤港澳大湾区拥有海岸、树林、湖畔、山地等丰富多样且游客偏好性强的露营地景观，也具备发达的交通，以及农家乐、研学等特色产业的协同发展；另一方面，在露营市场需求上，粤港澳大湾区人口基数大、消费观念较为前沿、露营需求旺盛。截至 2022 年 4 月 25 日携程数据显示，通过携程预订“五一”广东省露营产品的日均订单量相较清明节增长 1.8 倍。在 2022 年最受欢迎的十大露营游目的地中，粤港澳大湾区的广州、佛山、惠州、深圳 4 个城市上榜。同时本地游客占到广东露营游客的95%以上（袁静娴，2022）。虽然露营旅游产品呈现快速增长的发展趋势，但是目前露营市场仍处于早期发展阶段，缺少行业统一规范，露营产品质量参差不齐，受季节和天气的限制较大，也容易出现噪声和垃圾污染等公共环境卫生问题（傅晓羚，2022）。

5. 数字文旅

数字文旅是一种以文旅消费需求为中心，以互联网为载体，将数字技术和信息通信技术应用于文旅产业各个环节的新产业形态，其本质是将数字技术与文旅产业进行深度融合，发展出新一代沉浸式体验型文化旅游消费内容（郑憩，2020）。在数字文旅的具体形式上，一种是通过数字技术协助构建沉浸式体验型的旅游产品，如亚洲首座全感官电影主题室内乐园珠海狮门娱乐天地，提供不同主题的密室逃脱、3D 动态战车、室内 VR 过山车等游玩项目，为游客提供全身心多感受的沉浸式体验；另一种是运用数字创意激发旅游新消费，如 2022 年 4 月深圳欢乐港湾发布了粤港澳大湾区首个文旅主题数字艺术藏品——“湾区之光”摩天轮一周年珍藏限量年卡（郭悦，2022）。另外，数字技术也越来越多地应用在智慧景区运营、文旅展演、数字文博产业等细分领域，说明数字技术的应用正在重构文旅生活，创造文旅产业新价值和新导向。但数字文旅作为新兴事物，也存在线上优质产品供应不足、产业人才较为短缺、数字化水平参差不齐等问题。

6. 非遗文化旅游

近年来，随着文化产业和旅游产业的深度融合，非物质文化遗产这一中华民族的瑰宝正在为旅游业注入新的活力。粤港澳大湾区具有数量众多、种类齐全、等级较高的非遗资源。截至 2021 年 5 月 24 日，粤港澳大湾区共有国家级非遗资源 93 项，省级非遗资源 212 项，其中古琴艺术、中国剪纸、妈祖信俗和粤剧一共 4 项入选联合国教科文组织非物质文化遗产名录。在粤港澳大湾区的内地 9 市和港澳地区之中，非遗资源主要集中在作为广府文化发源地的广州市和佛山市。目前的非遗文化旅游产品包括观赏型、体验参与型和商品型三类（孟子敏，2022）。观赏型如 2022 年“醒狮贺岁”——节庆“叹”非遗之春节元宵专题展、2020 年“在粤”系列展览之“香云锦绣——屈汀南岭南非遗作品展”等。体验参与型如澳门“非遗零距离”体验活动、粤港澳大湾区·泛珠三角（广东）非遗周暨佛山秋色巡游活动，还有江门市仓东村创立了仓东文化遗产保育与发展中心，组织海内外学生和游客在仓东村居住学习，体验侨乡本土文化。商品型更多的是围绕非遗资源的文创产品、旅游工艺品和土特产等旅游商品。目前，粤港澳大湾区的非遗文化旅游产品形式较为传统，活化和创新较为缺少，代表性的非遗文化旅游品牌尚未形成。

7. 夜间文旅

顺应文旅消费转型升级和丰富文旅业态与产品供给的新趋势，夜间文化和旅游的新业态在粤港澳大湾区兴起和发展。《"十四五" 文化和旅游发展规划》和《粤港澳大湾区文化和旅游发展规划》指出，要推进夜间文化和旅游消费集聚区建设，扩大夜间文旅消费规模，发展夜间经济。2022 年 8 月，文化和旅游部公布了第二批国家级夜间文化和旅游消费集聚区名单，粤港澳大湾区的广州市长隆旅游度假区、广州市广州塔旅游区、深圳市蛇口滨海文化创意街区、佛山市华侨城欢乐海岸 PLUS、佛山市千灯湖片区和惠州市水东街等 6 家单位入选（广东省旅游规划与营销协会，2022b）。同期，广东第一批省级夜间文化和旅游消费集聚区出炉。在 7 个集聚区中，粤港澳大湾区的深圳南头古城、深圳华侨城甘坑古镇、珠海海韵城大剧院文旅综合体、东莞寮步香市文旅夜间集聚区和江门市环五邑华侨广场商圈一共 5 个集聚区入选。这显示出粤港澳大湾区具有巨大的夜间文旅消费经济潜力，因为其一年四季的气候都支持户外游乐活动，且居民素有夜生活传统。目前，粤港澳大湾区夜间文化和旅游经济发展势头良好，涌现出"夜佛山 越夜越精彩""夜色惠精彩""Young 城 Yeah 市"等具有地方特色的夜间文旅项目。随着《广东省夜间文旅消费集聚区建设指南（试行）》《广东省夜间文旅消费集聚区评价指标（试行）》等陆续出台，粤港澳大湾区夜间文化和旅游将进一步规范化、品牌化和特色化。

（四）疫情对旅游各行业的冲击差异

不可否认的是，广东省连续遭遇了几轮疫情的侵袭，旅游产业受到重创，疫情防控常态化时期的旅游企业面临着旅游恢复的问题。联合国世界旅游组织旅游可持续发展观测点管理与监测中心在江门的监测发现，封闭式的观光景点受疫情的影响较大，这可能是因为主要客源为外地游客。开放式的观光景点恢复情况较好，少数企业能够赢利，这可能是由于其面向的客群大多数并不是外地游客，而是本地居民和商务客人。同时，新业态如民宿、房车营地等有新的发展。从粤港澳大湾区内地 9 市的统计数据可以看出，住宿业和餐饮业有一定程度的增长（见表 5）。

表 5　2020~2021 年粤港澳大湾区内地 9 市住宿业、餐饮业收入

单位：万元

城市	2020 年		2021 年	
	住宿业	餐饮业	住宿业	餐饮业
广州	1416831	7128240	1696967	8608782
深圳	1424318	9589290	1657184	10973943
珠海	667432	799218	447571	931552
佛山	379780	2384380	444643	2848668
惠州	280813	1312192	328072	1539417
东莞	453784	4066568	517455	4904266
中山	146623	944428	175042	1128499
江门	175514	1087373	190514	1267584
肇庆	98848	807114	115811	952946

资料来源：《广东统计年鉴》（2021~2022 年）。

三　粤港澳合作的推进

《粤港澳大湾区文化和旅游发展规划》实施一年多以来，粤港澳三地密切配合，机制运转顺畅，政策落地有效，项目扎实推进，在深化粤港澳大湾区文化和旅游交流合作、统筹推进粤港澳大湾区文化和旅游协调发展等领域不断取得新突破。2021 年 9 月 5 日，中共中央、国务院印发了《横琴粤澳深度合作区建设总体方案》。横琴一步步成为澳门对接内地的桥头堡，成为旅游企业在粤港澳大湾区拓展市场的极点。在加强澳门和内地的旅游业联系方面，《横琴粤澳深度合作区建设总体方案》明确指出，要发展文旅会展商贸产业，高水平建设横琴国际休闲旅游岛，大力发展休闲度假、会议展览、体育赛事观光等旅游产业和休闲养生、康复医疗等大健康产业；加强对周边海岛旅游资源的开发利用，推动粤港澳游艇自由行；支持粤澳两地研究举办国际高品质消费博览会暨世界湾区论坛，打造具有国际影响力的展会平台（新华社，2021a）。2021 年 9 月 17 日，横琴粤澳深度合作区管理机构正式揭牌。

加强人才合作，港澳与内地紧密联系，支持人才创新创业，推动港澳青年文创园区建设。例如，佛山依托佛港澳青年融创基地和澳门城文创园，积极打造乡村文化和旅游创客基地等（广东省旅游规划与营销协会，2022c）。粤港澳大湾区旅游充分发挥了高等教育优势，粤港澳大湾区旅游研究联盟在2021年共举办了三次会议论坛，分别于5月21日在香港举办了大湾区智慧旅游论坛，于7月10日在珠海举办了2021年广东省旅游管理教学改革和教学方法研讨会议，以及于11月5日在澳门举办了第四届粤港澳大湾区旅游研究联盟论坛，积极推动了粤港澳高校旅游人才的交流（粤港澳高校联盟，2022）。另外，在职业人才培养方面，粤港澳大湾区旅游教育培训基地（广州合作中心）在南沙落户，为粤港澳大湾区培养对接国际旅游酒店服务标准的高级管理专才，进一步提升广州旅游酒店服务质量（《广州日报》，2021）。

四　“十四五”规划中的粤港澳大湾区旅游展望

2021年是“十四五”规划开局之年。“十四五”规划的出台，明确了未来五年粤港澳大湾区文旅的定位和未来发展方向，加强了粤港澳大湾区各城市文化和旅游领域的政策协调和规划衔接，将进一步促进粤港澳大湾区文化和旅游协同发展。“十四五”规划指出，要积极稳妥推进粤港澳大湾区建设，高质量建设粤港澳大湾区，深化粤港澳合作、泛珠三角区域合作，推进深圳前海、珠海横琴、广州南沙、深港河套等粤港澳重大合作平台建设。2022年1月20日，国务院发布的《“十四五”旅游业发展规划》则进一步阐述了推进粤港澳大湾区旅游一体化发展，提升粤港澳大湾区旅游业整体竞争力，打造世界级旅游目的地。深化港澳与内地旅游业合作，创新粤港澳区域旅游合作协调机制，推动资源共享。支持香港旅游业繁荣发展，加强内地与香港旅游业在客源互送、宣传营销等方面的合作。支持香港发展中外文化艺术交流中心。推动澳门世界旅游休闲中心建设，支持澳门举办世界旅游经济论坛、国际旅游（产业）博览会等，打造以中华文化为主流、多元文化共存的交流合作基地。支持港澳青少年赴内地进行游学交流活动。

粤港澳大湾区内地9市的国民经济和社会发展“十四五”规划相继出台（见表6），明确了各市的旅游发展方向。广州、深圳以建设世界级旅游目的地为总体定位。珠海则定位于建设成为中国文旅融合示范城市、世界级时尚乐活旅游目的地，成为粤港澳大湾区建设世界级旅游目的地的核心组成部分。佛山在文广旅体领域的总体定位是成为“传承岭南广府文脉领头羊”，建设“休闲湾区旅游目的地名城”。惠州“十四五”规划提出，推动全域旅游高质量发展。东莞“十四五”规划中提出，推动文旅产业深度融合发展，打造大湾区休闲旅游目的地。中山“十四五”规划提出，推动文化和旅游融合发展，加快建设国家全域旅游示范区。江门提出，要将其打造成为粤港澳大湾区世界级旅游区的重要目的地城市，实现文化和旅游高质量跨越式发展。肇庆提出，到2025年，打造粤港澳大湾区康养休闲旅游度假胜地。

表6　粤港澳大湾区内地9市国民经济和社会发展“十四五”规划的旅游定位和目标

城市	各市国民经济和社会发展“十四五”规划关于文化和旅游发展的内容
广州	打造世界级旅游目的地： 实施广州构建世界级旅游目的地三年行动计划。创建国家文化和旅游消费示范城市。推进全域旅游创建，支持番禺区打造国家全域旅游示范区标杆，推动增城区、从化区创建国家全域旅游示范区。发展主题文化旅游、工业旅游、婚庆旅游、健康旅游等新业态，加强民宿旅游市场开发，打造“花城人家”民宿品牌。加大广州塔等标志性旅游资源宣传推广力度，打响“广州欢迎您”“广州过年、花城看花”等特色品牌。创新利用老旧厂房拓展文旅空间，打造更多网红打卡地。以番禺区、荔湾区为重点，打造国际级美食地标，继续办好广州国际美食节，申创“世界美食之都”
深圳	建设世界级旅游景区和度假区： 创建国际滨海旅游城市。着力打造西部都市活力海岸带、中部科技动力海岸带、东部生态魅力海岸带，加快创建国家全域旅游示范区。推进文化旅游高品质融合发展。坚持以文塑旅、以旅彰文，发掘深圳时尚创意元素和人文历史、民俗文化等城市记忆，创建国家文化和旅游消费示范城市
珠海	推动文化旅游融合发展，强化“青春之城·活力之都”，推动粤港澳游艇自由行政策落地，发展港珠澳大桥蓝海豚特色旅游、跳岛游、低空旅游等项目，将港珠澳大桥打造成为国际一流地标景点，开设更多红色旅游、乡村旅游、工业旅游和“一程多站”精品线路，创建国家全域旅游示范区。加快建设横琴国际休闲旅游岛，携手澳门共建世界级旅游休闲目的地
佛山	做大做强文旅产业： 优化文旅产业空间布局。打造“三核六心、两轴一带”的总体空间布局。培育建设各类文化产业发展载体，加强区域龙头、重点资源景区及度假区、特色历史街区、特色旅游小镇、文旅特色村的开发建设和等级提升，打造一批文旅休闲集聚区。充分整合禅城古迹、南海影视、顺德美食、红色高明、生态三水特色资源，全力创建国家级全域旅游示范区，打造辨识度高、影响力大、吸引性强的粤港澳大湾区文旅新高地

续表

城市	各市国民经济和社会发展“十四五”规划关于文化和旅游发展的内容
惠州	发展壮大现代文旅经济： 深入推进国家文化和旅游消费示范城市试点工作，大力实施“文旅+”战略，促进文旅业态融合创新，不断满足文化消费升级需求……推动全域旅游高质量发展，推进环西湖、环罗浮山—南昆山及惠州湾重大文旅平台高品质提升，建设一批以海洋文化、中医药文化、东坡文化等为主题的旅游度假区、精品线路和活动赛事
东莞	推动文旅产业深度融合发展。坚持以文塑旅、以旅彰文，加强森林公园、滨海滨水岸线、历史文化街区等资源整合，大力开展全域旅游创建，积极创建国家、省文旅融合发展示范区，打造大湾区休闲旅游目的地
中山	促进文化融合创新发展。推动文化和旅游融合发展，加快建设国家全域旅游示范区，打造孙中山故里、岐澳古道、环铁城三大文化遗产旅游圈，以及孙中山、岐澳古道、红色文化、华人华侨四大主题精品文化遗产游径，打造一批文旅综合体。依托特色文化旅游资源，打造粤港澳“一程多站”旅游精品路线，参与粤港澳大湾区文化遗产游径建设
江门	推进文化旅游融合发展。大力发展特色文化旅游，建设一批文化和旅游融合发展示范区。推进赤坎古镇华侨文化展示旅游项目、川岛浪漫海岸国际旅游度假区、古劳水乡生态旅游度假区等重大文旅项目建设。加快开发高品质滨海休闲度假、游艇及海上运动等旅游产品，推动川岛创建国家级旅游度假区，打造具有侨乡特色的广东滨海旅游新标杆，实现滨海旅游业高质量发展。支持开平市创建省文旅发展体制机制改革创新实验区
肇庆	全力推进旅游振兴，建设粤港澳大湾区康养休闲旅游度假胜地： 以推进全域旅游为主线，促进旅游业全区域、全要素、全产业链发展，力争实现省级全域旅游示范区全覆盖，积极创建国家全域旅游示范区和国家级旅游度假区。加快培育发展康养、休闲、度假、体育等产业，着力开拓康养旅游大市场，形成产业发展新支柱

资料来源：粤港澳大湾区内地 9 市的国民经济和社会发展“十四五”规划。

同时，粤港澳大湾区内地 9 市现有的文化或旅游“十四五”规划不仅对旅游发展做出明确的定位，也阐述了与港澳的衔接与合作规划（见表 7）。《广州市文化和旅游发展“十四五”规划》提出，要研究制定穗港澳文化交流“特别政策”，畅顺三地文化交往、人员往来机制，着重从海丝文化、博物馆、文艺创作、青少年文化交流、邮轮游艇等方面加强交流与合作，合力拓展文化产业价值链，推动构建湾区共同文化市场，深化穗港澳人才合作。《深圳市旅游业发展“十四五”规划》提出，在会展旅游方面，借力香港、澳门会展资源和行业优势来加快发展会展旅游；在深化深港澳旅游合作方面，积极对接香港“北部都会区”发展战略，支持建设大鹏湾/印洲塘生态康乐旅游圈，以及联手香港发展口岸旅游消费，重点推进沙头角深港国际旅游消费合作区、罗湖深港国际旅游消费示范区建设；在加强人才支撑方面，加强粤港澳人才交流和培训合作，培育国际化旅游经营管理人才和专业技术人才，继续推进粤港澳大湾区旅游从业人员跨境执业。《珠海市“十四五”文旅融合发展规划（2020—2025）》，提出要加强珠海与港澳的有效对接、携手合作，与港澳在人才政策融通、人才资源共享、人才平台共建、人才要素流动、人才活动联办、人才环境共造等方面开展合作，以及联合澳门共同打造区域领先、国际接轨的区域旅游质量认证体系。佛山、东莞和江门的文化或旅游“十四五”规划则提出加强与港澳的产业对接和活动交流，如《江门市文化和旅游发展“十四五”规划》提出承接港澳印刷业，形成“香港设计+江门印刷”的“前店后厂”模式，利用香港、澳门创意设计专才和专业服务，提升江门印刷企业竞争力。

表 7　粤港澳大湾区内地 9 市文化或旅游“十四五”规划与港澳的衔接

城市	粤港澳大湾区内地 9 市文化或旅游“十四五”规划与港澳的主要衔接内容
广州	1. 加强城际交流，塑造“英雄城市”广州城市品牌。加强与珠三角九市及港澳文保部门、机构合作，创建粤港澳大湾区红色文化联展联游联盟 2. 完善海丝文化交流合作机制。联合宁波、南京、澳门、长沙等海丝联盟城市进一步完善申遗工作机制，充分挖掘海丝遗产价值，加强基础性研究，进一步推进国际交流与合作，打造国际性海丝文化品牌。完善广州牵头的海丝申遗城市联盟，争取香港和东南亚海丝沿线城市加入海丝申遗城市联盟，定期召开联盟联席会议，落实海丝申遗三年行动计划 3. 提升博物馆展陈内容和办展质量。与港澳共建文博联盟，推动开展大湾区各城市博物馆间的信息沟通、学术交流、陈列策划、文物保护、博物馆营销、社会服务和展览互助等工作 4. 提升粤港澳文化交流便利度。加快将广州建设成为粤港澳大湾区多元文化交流创新示范区，对接香港创意之都和澳门以中华文化为主流、多元文化共存的交流合作基地建设。推动建立粤港澳大湾区文化发展协调机制，研究制定穗港澳文化交流“特别政策”，畅顺三地文化交往、人员往来机制。建立大湾区演艺联盟，简化港澳个人和企业来穗举办演出、赛事、展览活动的审批程序，便利艺术院团在大湾区内跨境演出 5. 加强湾区岭南文化交流。支持广州与香港、澳门联合举办中外文化艺术交流活动，推动广州、香港、澳门联合举办世界潮流音乐艺术节，举办粤港澳大湾区文化艺术节 6. 加强与粤港澳青少年的文化交流。推动粤港澳大湾区文化和旅游共建共享，支持大湾区青少年来穗交流合作，为在穗港澳青年人提供创业、就业、实习和志愿工作等机会，推动青年人交往交流、交心交融，支持港澳青年融入国家、参与国家建设。继续办好“穗港澳青少年文化交流季”活动，与香港互办文化周。推动在番禺莲花山建设粤港澳文化艺术中心，打造港澳青年来粤第一目的地。促进大湾区青少年在互通交流中学习、体验岭南文化，涵养同宗同源的文化底蕴，不断增强港澳同胞特别是青少年的文化认同感和爱国凝聚力 7. 合力拓展文化产业价值链。整合三地优势，着力促进穗港澳数字文化产业价值链升级。利用港澳自由贸易港的优势，将区域内优秀文化产品推向国际市场，打通文化产品贸易通道，促进文化产品走出去，提升区域文化产业国际地位

续表

城市	粤港澳大湾区内地9市文化或旅游"十四五"规划与港澳的主要衔接内容
广州	8. 推动构建湾区共同文化市场。深化穗港澳文化产业合作,有序推进市场开放,建设具有国际影响力的文化消费中心。创建国家文化与金融合作示范区,加强与港澳合作,探索金融支持和推动文化发展的新路径,为港澳文化艺术人才内地创业就业营造良好环境 9. 推动大湾区文化和旅游全面合作。建立常态化穗港澳文化和旅游部门高层互访机制……深化穗港澳、广深珠、广佛肇、广清韶、广中江等文化和旅游交流合作,推动制定便利化政策,简化港澳企业及个人来穗文化和旅游活动审批程序……与澳门旅游学院、岭南集团三方建立粤港澳大湾区旅游教育培训基地(广州合作中心),重点联合开展高级管理人才培养合作,旅游饭店产业研究,推动举办粤菜师傅培训、澳门职业技能认可基准(MORS)等两地产学研交流活动,探索建立产业联盟,邀请高校和企业共同参与产业或专项领域研究 10. 构建大湾区旅游协作机制。推动大湾区旅游信息共享平台建设,加强旅游信息、数据和业务管理互联和共通。加大技术推广,通过智慧应用程序整合身份证、回乡证和港澳通行证等多项信息,通过"扫码+人脸识别"的方式通关全程 11. 推动邮轮游艇旅游健康发展。协同推进穗港澳邮轮旅游、物资配送、商品交易、邮轮制造维修全产业链发展。制定完善邮轮疫情应急处置方案。推动穗港澳游艇自由行有效实施,加快完善软硬件设施,共同开发高端旅游项目 12. 搭建文艺创作产业平台。依托广州文化产业创新创业孵化园(原珠江钢琴厂区),积极引进港澳音乐、影视产业资源,共同打造音乐影视国际创新中心 13. 深化穗港澳人才合作。加大穗港澳高层次文旅人才合作培养使用力度,在入户、住房、子女就学等方面给予文化人才特定激励措施,形成高层次人才的发现、跟踪、锁定、引进、培养、教育、交流、激励的全周期创新机制
深圳	1. 加快发展会展旅游。借力香港、澳门会展资源和行业优势,探索"一展两地""展会北上"等方式,深化与港澳会展业的合作关系,联合开展大型文创展览、会奖旅游活动等 2. 强化旅游区域合作。积极探索与香港、广州国际邮轮港客源互送、合作共享机制,进一步增加国际航线 3. 深化深港澳旅游合作。深化粤港澳大湾区文化旅游合作,积极对接香港"北部都会区"发展战略,发挥海域、口岸等连接作用,拓展深化深港旅游消费合作,支持建设大鹏湾/印洲塘生态康乐旅游圈。联手香港发展口岸旅游消费,进一步延伸口岸客流集散功能,构建集过境通关、交通枢纽、住宿餐饮、观光游览、娱乐购物等复合城市服务功能,吸引国内外旅客前来观光旅游消费,重点推进沙头角深港国际旅游消费合作区、罗湖深港国际旅游消费示范区建设,打造成为宜居宜业宜游区域发展范例。创新与港澳旅游合作协调机制,策划更多粤港澳"一程多站"旅游精品线路,联合举办文体旅游活动,共同拓展旅游客源市场。联合港澳推进与共建"一带一路"国家和地区的文体旅游交流合作,打造粤港澳大湾区文体旅游消费品牌 4. 加强人才支撑。加强粤港澳人才交流和培训合作,培育国际化旅游经营管理人才和专业技术人才,继续推进粤港澳大湾区旅游从业人员跨境执业
珠海	1. 加强协同发展,促进优势互补。以建设大湾区世界级旅游目的地为突破口,加强珠海与港澳的有效对接、携手合作,引领带动旅游业在新发展格局中一体协同、各扬所长,增强区域发展整体性、协调性和互补性

续表

城市	粤港澳大湾区内地9市文化或旅游"十四五"规划与港澳的主要衔接内容
珠海	2. 优化文旅发展环境。与港澳在人才政策融通、人才资源共享、人才平台共建、人才要素流动、人才活动联办、人才环境共造等方面开展合作 3. 建立国际标准认证体系。联合澳门共同打造区域领先、国际接轨的区域旅游质量认证体系,率先在旅游餐饮、住宿、交通、景区、旅行社、导游、购物及应急管理等方面建立与国际通行规则相衔接的旅游服务标准认证体系
佛山	深度拓展大湾区合作共享: 1. 支持"粤港澳青年文化之旅"、香港"青年内地交流资助计划"、澳门城文创园等重点项目实施 2. 依托广东、香港、澳门承办的2025年第十五届全国运动会,加强体育合作交流 3. 做大做强广东(佛山)非遗周平台,举办"香港・佛山节""澳门・佛山节",支持粤剧、龙舟、武术、醒狮、剪纸、木版年画和美食等特色文化通过活动走出去,大力促进粤港澳大湾区非遗合作与交流
东莞	1. 推动辖区产业协调发展。参与广深港澳科技创新走廊建设,承接深圳、广州产业外溢,引进一批具有全国影响力的创意设计和数字文化龙头企业,赋能东莞制造业的转型升级 2. 办好一批湾区展演交流品牌:粤港澳大湾区文化艺术节(东莞分会场)、粤港澳青年文化之旅、青少年艺术夏令营、青年实习计划、粤港澳大湾区优秀剧目展演季等 3. 打造一批湾区重大活动品牌:中国(东莞)音乐剧节、同饮一江水——广东打工者歌唱大赛、"两岸暨港澳地区"客家山歌(东莞・凤岗)邀请赛
江门	1. "岭南韵味"研学体验类产品。打造国家级研学旅游基地、科普教育示范基地和港澳青少年内地游学基地 2. 加强与港澳地区合作。抢抓文旅新时代下的产业融合发展机遇,积极筹备各类活动,重点推进赤坎古镇华侨文化展示旅游项目,推动与港澳地区文化的交流合作,促进三地文化和旅游的交流创新发展 3. 打造粤港澳大湾区印刷产业高地。推动建设智能制造产业园、全国包装印刷标准化技术推广基地,打造承接港澳印刷业的示范区。承接港澳印刷业,形成"香港设计+江门印刷"的"前店后厂"模式,利用香港、澳门创意设计专才和专业服务,提升江门印刷企业竞争力 4. 基于文旅融合示范带动策略的产品开发指引。借助粤港澳大湾区的高校优势,联合暨南大学、中山大学、香港大学、香港理工大学等高校,深入开展侨乡文化研究、建筑更新与改造研究、民俗文化研究与乡村振兴等学术科研系列活动 5. 提升干线航道和港口设施,为滨海旅游打好基础。与澳门海上游联动发展,建设粤港澳大湾区青少年海洋文化体验与交流基地 6. 完善水上航运体系,加快水上游览项目的建设。尽快推进江门成为粤港澳游艇"自由行"试点城市,推动崖门滨海旅游客运码头综合项目建设;以银湖湾为核心,打造江门港澳码头、银湖湾、上下川岛等游艇基地,改造升级川岛三洲、独湾等码头,开辟联通港澳、串联各景点的游艇线路

资料来源:《广州市文化和旅游发展"十四五"规划》《深圳市旅游业发展"十四五"规划》《珠海市"十四五"文旅融合发展规划(2020—2025)》《佛山市文化广电旅游体育发展"十四五"规划》《东莞市文化发展"十四五"规划》《江门市文化和旅游发展"十四五"规划》。

总体来看，粤港澳大湾区内地 9 市围绕“深化粤港澳文化旅游交流合作、建设人文湾区和休闲湾区、打造粤港澳大湾区世界级旅游目的地”的使命任务，对各市的文化和旅游发展都提出与城市功能和特色相符的定位、目标和展望。这有利于粤港澳大湾区内地 9 市明确未来旅游发展方向，深化粤港澳大湾区文化和旅游交流合作，统筹推进粤港澳大湾区文化和旅游协调发展，也有助于繁荣发展粤港澳大湾区文化事业和文化产业，增强中华文化影响力和提升文化自信，建设具有国际影响力的人文湾区和休闲湾区。

结　语

2021 年，粤港澳大湾区旅游业仍受疫情的影响，但经过不断的转型、创新和质量提升，总体上旅游人次和收入在缓慢回升，旅游业整体呈现复苏的态势。具体来看，在疫情防控常态化背景下数字化转型发展趋势加速，线上预约旅游成为常态，虚拟现实等技术在旅游业中被广泛应用；在新时代文旅融合的大背景下，粤港澳大湾区旅游业正在迈向创新发展、高质量发展的新阶段；伴随着全域旅游推动和景区的升级改造，粤港澳大湾区旅游产品和服务的质量继续提升，露营、数字文旅、非遗文化旅游、夜间文旅等多样化的旅游产品涌现。未来，粤港澳大湾区将继续依据《粤港澳大湾区发展规划纲要》《“十四五”文化和旅游发展规划》《“十四五”旅游业发展规划》《粤港澳大湾区文化和旅游发展规划》等规划的指引，积极融入“十四五”综合发展格局，进一步提升旅游业发展质量，推动文化和旅游市场融合发展，建设世界级旅游目的地。

参考文献

丹霞山官网，2022，《丹霞山游学线路入选 2021 年度“港澳青少年内地游学潜力产品”名单》，http：//dxs. sg. gov. cn/xwzx/jqyw/content/post_ 2107212. html，最后访问日期：2022 年 8 月 22 日。

傅晓羚，2022，《4 个月全国新增 7200 多家企业，大湾区“露营经济”优势明显》，https：//news. southcn. com/node_ 17a07e5926/2a5670396f. shtml，最后访问日期：2022 年 8 月 22 日。

广东省旅游规划与营销协会，2022b，《第二批国家级夜间文化和旅游消费集聚区专题宣传①：广州市长隆旅游度假区》，https：//mp. weixin. qq. com/s/wGEkm-ToOGQK7dMY8B-z-g，最后访问日期：2022 年 10 月 9 日。

广东省旅游规划与营销协会，2022c，《为文化和旅游高质量发展注入源源不断的人才“活水”——各地文化和旅游人才工作成效显著》，https：//mp. weixin. qq. com/s/oPC65AKvCpqBkme6AOPpKQ，最后访问日期：2022 年 10 月 9 日。

广东省旅游规划与营销协会，2022a，《肇庆四会：推进全域旅游，助力经济高质量发展》，https：//mp. weixin. qq. com/s/e_ poqEs8292coydXfi7XYw，最后访问日期：2022 年 12 月 15 日。

广东省农业农村厅，2020，《广东省休闲渔业管理办法》，http：//dara. gd. gov. cn/zcwj/content/post_ 3134537. html，最后访问日期：2022 年 8 月 22 日。

广东省文化和旅游厅，2022，《广东第一批省级夜间文化和旅游消费集聚区出炉》，http：//whly. gd. gov. cn/news_ newzwhd/content/post_ 3992292. html，最后访问日期：2022 年 8 月 22 日。

广东省文化和旅游厅，2022，《广东省文化和旅游厅关于公布第三批广东省文化和旅游特色村、乡村旅游精品线路名单的通知》，http：//whly. gd. gov. cn/open_ newjcgk/content/post_ 3756918. html，最后访问日期：2022 年 8 月 22 日。

广东省文化和旅游厅，2022，《广州市文旅部门三项举措促进夜间文化和旅游消费》，http：//whly. gd. gov. cn/news_ newdsxw/content/post_ 3816505. html，最后访问日期：2022 年 8 月 22 日。

广东省文化和旅游厅，2022，《见山望水品乡韵　广东勾勒乡村文旅新画卷》，http：//whly. gd. gov. cn/news_ newzwhd/content/post_ 3943866. html，最后访问日期：2022 年 8 月 22 日。

广东省文化和旅游厅，2022，《2022 年“五一”假期第二日广东省文化和旅游市场信息》，http：//whly. gd. gov. cn/news_ newzwhd/content/post_ 3922797. html，最后访问日期：2022 年 8 月 22 日。

广东省文化和旅游厅，2022，《2022 年“五一”假期广东省文化和旅游市场情况》，http：//whly. gd. gov. cn/news_ newzwhd/content/post_ 3923067. html，最后访问日期：2022 年 8 月 22 日。

广东省文化和旅游厅，2022，《2022 年元旦假期广东省文化和旅游市场第三日信息》，http：//whly. gd. gov. cn/open_ newsjfb/wlsj/jqwlsc/content/post_ 3753375. html，最后访问日期：2022 年 8 月 22 日。

广东省文化和旅游厅，2022，《“双创”焕活力　文旅添新彩　广东加快打造粤港澳大湾区世界级旅游目的地》，http：//whly. gd. gov. cn/news_ newzwhd/content/post_ 3756501. html，最后访问日期：2022 年 10 月 9 日。

广东省文化和旅游厅，2022，《提升文教惠州　打造本地特色历史研学品牌》，http：//

whly. gd. gov. cn/news_ newdsxw/content/post_ 3977659. html，最后访问日期：2022年8月22日。

广东省文化和旅游厅，2021，《我省3条线路入选“建党百年红色旅游百条精品线路”》，http：//whly. gd. gov. cn/news_ newzwhd/content/post_ 3308114. html，最后访问日期：2022年8月22日。

广东省文化和旅游厅，2022，《“粤港澳青年文化之旅”获评文化和旅游部2020年内地与港澳文化和旅游交流重点项目示范案例》，http：//whly. gd. gov. cn/news_ newzwhd/content/post_ 3775640. html，最后访问日期：2022年8月22日。

广东省文化和旅游厅，2020，《珠海经济特区港澳旅游从业人员在横琴新区执业规定》，http：//whly. gd. gov. cn/open_ newxzzf/content/post_ 3126510. html，最后访问日期：2022年10月9日。

《广州日报》，2021，《粤港澳大湾区旅游教育培训基地（广州合作中心）在南沙成立》，http：//hmo. gd. gov. cn/ns/content/post_ 3709574. html，最后访问日期：2022年12月5日。

郭悦，2022，《大湾区首个文旅主题数字艺术藏品在深发布》，https：//static. nfapp. southcn. com/content/202204/17/c6409064. html，最后访问日期：2022年8月22日。

国务院，2021，《国务院关于印发“十四五”旅游业发展规划的通知》，http：//www. gov. cn/zhengce/content/2022-01/20/content_ 5669468. htm，最后访问日期：2022年10月9日。

联合国世界旅游组织旅游可持续发展观测点管理与监测中心，2022，《江门旅游可持续发展监测报告》。

林园，2022，《东部华侨城将迎全面改造升级，打造大湾区生态旅游度假新标杆》，https：//view. inews. qq. com/a/20220720A0A1OJ00，最后访问日期：2022年10月9日。

刘怀宇，2022，《广东渔业新引擎！大湾区唯一国家级渔港经济区在广州番禺揭牌》，https：//gd. ifeng. com/c/8GhuHF4zDtA，最后访问日期：2022年8月22日。

孟子敏，2022，《粤港澳大湾区非遗旅游开发——基于RMP分析》，《社会科学家》第1期。

南方plus，2022，《数字文旅在粤如何落地？十大数字化应用典型案例告诉你》，http：//zfsg. gd. gov. cn/xxfb/bmdt/content/post_ 3989712. html，最后访问日期：2022年10月9日。

锐观产业研究，2022，《2023—2028年广东省旅游业市场发展预测及投资策略分析报告》，https：//zhuanlan. zhihu. com/p/543871621，最后访问日期：2022年10月13日。

王兴，2022，《澳门旅游业复苏实践探索》，载徐红罡、保继刚主编《粤港澳大湾区旅游业发展报告（2022）》，社会科学文献出版社。

香港特别行政区政府，2022，《二零二一年经济概况及二零二二年展望》，https：//www. hkeconomy. gov. hk/chs/situation/publications/2022. htm，最后访问日期：2022年

11 月 16 日。

新华社，2021a，《中共中央　国务院印发〈横琴粤澳深度合作区建设总体方案〉》，http://www.gov.cn/zhengce/2021-09/05/content_5635547.htm，最后访问日期：2022 年 12 月 15 日。

新华社，2021b，《中华人民共和国国民经济和社会发展第十四个五年规划和 2035 年远景目标纲要》，http://www.gov.cn/xinwen/2021-03/13/content_5592681.htm，最后访问日期：2022 年 10 月 9 日。

新华网，2022，《港澳青少年在深圳开启国情研学之旅》，http://edu.people.com.cn/n1/2022/0819/c1006-32506310.html，最后访问日期：2022 年 8 月 22 日。

袁静娴，2022，《露营经济火　资本纷入局——广东露营产品订单狂涨，"五一"深圳部分露营地一篷难求》，《深圳商报》4 月 29 日。

粤港澳高校联盟，2022，《第四期〈粤港澳高校联盟新闻简报〉》，https://eao.sysu.edu.cn/ghmua/cat/128，最后访问日期：2022 年 10 月 31 日。

张齐，2022，《2021 年到访旅客同比大跌 97%，香港旅游业还撑得下去吗?》，https://www.traveldaily.cn/article/150454，最后访问日期：2022 年 10 月 13 日。

郑憩，2020，《加快推进数字文旅产业高质量发展》，《宏观经济管理》第 12 期。

中国信息通信研究院，2022，《中国数字经济发展报告（2022 年）》，http://www.caict.ac.cn/kxyj/qwfb/bps/202207/t20220708_405627.htm，最后访问日期：2022 年 10 月 9 日。

周人果，2022，《粤美乡村，为美好生活构筑新图景：乡村旅游产品日渐丰富、文旅体验日趋多元、旅游服务日益提升》，https://news.southcn.com/node_54a44f01a2/50278d8006.shtml，最后访问日期：2022 年 8 月 22 日。

市场篇

Market Reports

B.2

广东省海岛旅游情感意象研究

刘 逸　纪捷韩　赵 莹　黄朝铭　甄雯珣　陆桂芬*

摘　要： 在新媒体时代，识别广东省海岛旅游情感意象对广东省海岛旅游的高质量发展具有重要意义。基于此，本报告采用基于大数据的旅游目的地的情感评价方法，对广东省典型旅游海岛的在线评论开展文本情感分析，挖掘游客对广东省海岛旅游形象的认知、口碑和组成要素。研究发现当前广东省海岛旅游存在四个问题：有较多数量的海岛管理不善，旅游服务与旅游设施有待改进；海岛旅游同质化问题严重，海岛特色不够鲜明；旅游海岛美誉度波动大，口碑不稳定；珠三角、粤东、粤西地区旅游发展状况各异，粤西地区的旅游形象不甚鲜明。针对当前存在的问题，本报告认为可以从三个方面进行改善：一是完善海岛旅游治理，改善游客旅游体验；二是重视体验产品的开发，发展特色海岛旅游；三是

* 刘逸，博士，中山大学旅游学院副教授，研究方向为经济地理与全球化、旅游地理与旅游规划、旅游大数据、产业升级创新等。纪捷韩，中山大学旅游学院博士研究生，研究方向为旅游经济地理。赵莹，博士，中山大学旅游学院副教授，研究方向为旅游规划、旅游大数据等。黄朝铭，中山大学旅游学院硕士研究生，研究方向为旅游经济地理。甄雯珣、陆桂芬，中山大学旅游学院本科生，研究方向为旅游管理。

重视海岛旅游口碑，加强旅游品牌营销。

关键词： 海岛旅游 情感意象 文本情感分析 大数据

引 言

旅游目的地意象（Tourist Destination Image，TDI）是指个体基于目的地要素和旅游体验而形成的对目的地特征的总体印象（Dichter，1985；Embacher and Buttle，1989），是旅游目的地营销研究领域的经典主题。研究表明，旅游目的地意象不仅对旅游目的地的建设具有重要意义，同时也是影响游客选择意愿的前置变量（Huang et al.，2015；Sharma and Nayak，2019）。在旅游目的地意象中，基于个人感觉对旅游目的地所做出的评价被称为情感意象（Affective Image）（Baloglu and McCleary，1999）。情感意象包含积极评价和消极评价，密切关系着旅游目的地形象的塑造与口碑的传播。随着互联网的普及和社交媒体平台的广泛使用，越来越多的旅游者在网络上进行预订旅游产品、实时交流互动、撰写游记点评等活动（Gursoy and McCleary，2004），由此产生了大量、多样、快速变化的旅游大数据（Miah et al.，2017）。其中，游客在线评论逐渐成为其他游客获取目的地信息、进行目的地选择的重要工具（沈体雁等，2015），借助这些游客评论进行文本情感分析可以更加有效地得到游客的情感意象，为决策者进行目的地形象管理提供丰富的市场信息（Stepchenkova et al.,2009）。

党的十九大报告提出，要坚持陆海统筹，加快建设海洋强国。2018 年 11 月 21 日，广东省自然资源厅、广东省文化和旅游厅共同印发了《广东省海岛旅游发展总体规划（2017—2030 年）》，提出海岛旅游作为战略性新兴海洋产业是海洋开发的桥头堡，是落实建设海洋强国、强省战略的重要举措，要求加快海岛旅游资源整合利用，重点打造 20 个滨海海岛旅游目的地，积极创建国家蓝色旅游示范基地。而旅游目的地形象是影响游客选择的重要因素，也是目的地品牌巩固、提升和推广的有力工具（刘力，2013）。当下，广东省海岛的旅游目的地形象是什么样的？当前海岛旅游发展存在何种问题？又应如何提升目的地形象以促进海岛旅游发展？这些问题都需要研究进行回答。

对此，本报告选取游客在国内大型旅游网站发布的关于广东省海岛旅游目的地的评论内容，开展文本情感分析，挖掘在线评论中所蕴含的游客对广东省海岛旅游形象的认知、口碑和组成要素。本报告借助大数据的力量，以期通过这种崭新的数据挖掘方式，更加全面、形象地刻画游客对旅游目的地的评价，了解市场反馈，探索广东省海岛旅游发展存在的问题，为区域旅游形象提升和品牌塑造提供理论支撑与智力支持。

一　研究方法与数据采集

（一）研究方法

本报告采用联合国世界旅游组织旅游可持续发展观测点管理与监测中心提出的基于大数据的旅游目的地情感评价方法（刘逸等，2017）作为分析游客情感意象的主要研究方法，包括高频词分析、情感分析、语义网络分析和聚类分析四种方法，最终得出游客对目的地的情感意象。

具体而言，在利用网络爬虫软件采集广东省各海岛的在线旅游评论后，首先根据词表对获取的所有在线评论进行分词处理，获取特征高频词。其次利用 TF-IDF 算法计算特征高频词的情感得分，据此判断该评论所传达出的情感倾向，包括正面倾向、中性倾向和负面倾向。最后运用内容挖掘软件 ROST CM6 的语义网络分析功能与网络可视化软件 Gephi 的聚类分析功能，分别对总评论、正面评论和负面评论的特征高频词进行语义网络分析和聚类分析，深入挖掘广东省海岛旅游在线评论文本中的语义关系，得出游客的情感意象。

其中，游客情感分析规则是基于人工构建的旅游情感专属词库和情感判别规则构建出的以线上旅游评论为基础的旅游目的地情感评价模型（刘逸等，2017）。旅游情感专属词库的构建过程如下：一是人工判读大量的旅游在线评论与游记，整理出与旅游相关的正负面情感类词表；二是将该正负面情感类词表与 CNKI（知网）发布的 HowNet 词典进行对比并对该正负面情感类词表进行扩充。最终，构建的旅游情感专属词库共包含 3538 个正面词语和 3416 个负面词语。在判断文本情感倾向性时，不仅考虑了正负面词语的影响，还考虑了副词、转折词和情感词的不同组合情况对语义的影响。在此基础上，还添加情感系数 4 来对情感的选择性表达进行矫正。只有当正面评论是负面评论的 4 倍或者以上时，才判定该条评论的情感倾向为正面。

这种游客情感评价分析方法突破了现有相关研究方法存在的数据缺乏校验、情感公共词库普适性过强、情感文本分类缺少语义逻辑和情感强度变量等局限，能够有效消除文字表达倾向带来的误差，能较为科学地分析游客对旅游目的地的情感评价，为后续实证研究奠定了数据基础。

（二）数据采集

本报告根据以往的旅游大数据收集情况与样本质量，通过 Web Scraper 软件，在 3 个国内主流旅游网站（马蜂窝、猫途鹰、携程）采集游客对广东省各城市（江门市、珠海市、湛江市、汕头市、阳江市、茂名市、惠州市）海岛景区所发表的用户评论及评论时间。最终，本报告采集了 2015 年 1 月 1 日至 2021 年 12 月 31 日期间共 10647 条在线评论有效数据。根据旅游大数据收集情况与样本质量，依据评论数据对海岛进行排名，筛选出总评论数据量前 6 名的海岛，分别为下川岛、南澳岛、特呈岛、上川岛、外伶仃岛、东澳岛。上述海岛的总评论数据量为 5976 条，占本报告所收集的海岛总评论数据量的 56.13%，2015～2021 年评论数据量发展情况如表 1 所示。

表 1　总评论数据量前 6 名海岛 2015～2021 年评论数据量发展情况

单位：条

海岛	2015 年	2016 年	2017 年	2018 年	2019 年	2020 年	2021 年	总计
下川岛	326	256	385	194	270	348	203	1982
南澳岛	133	257	186	119	172	187	178	1232
特呈岛	74	61	174	152	133	120	120	834
上川岛	86	89	160	104	138	130	102	809
外伶仃岛	58	69	116	146	116	95	146	746
东澳岛	61	50	58	47	62	37	58	373

二　广东省典型旅游海岛关注度与美誉度概况

本部分采用旅游目的地情感评价模型，用词频统计、语义逻辑和拟定情感系数对上述海岛的游客评论进行情感矫正与极性分类（正面评论、中性评论或负面评论），并根据正面评论占总评论比例计算美誉度，根据评论数据量判定关注度，获得广东省海岛整体和6个典型旅游海岛2015~2021年关注度和美誉度的排名和数值情况。

纵向比较2015~2021年评论数据量最高的各广东省海岛的关注度与美誉度的变化情况（见图1和图2）。在关注度方面，就年度变化趋势而言，总体上6个典型旅游海岛关注度排名波动较大，下川岛与南澳岛的关注度虽有下降趋势，但一直名列前茅；外伶仃岛的关注度虽一开始不高，但整体而言其关注度呈波动上升趋势，且有继续向上增长之势头；特呈岛在2016~2018年短暂经历了关注度的上升，但2018~2021年其关注度仍呈现下降趋势；上川岛在2016~2018年经历了关注度的大幅下跌，虽在2018~2020年有所回升，但总体依然呈现下降趋势；东澳岛的关注度则一直稳定地排在靠后的位置。

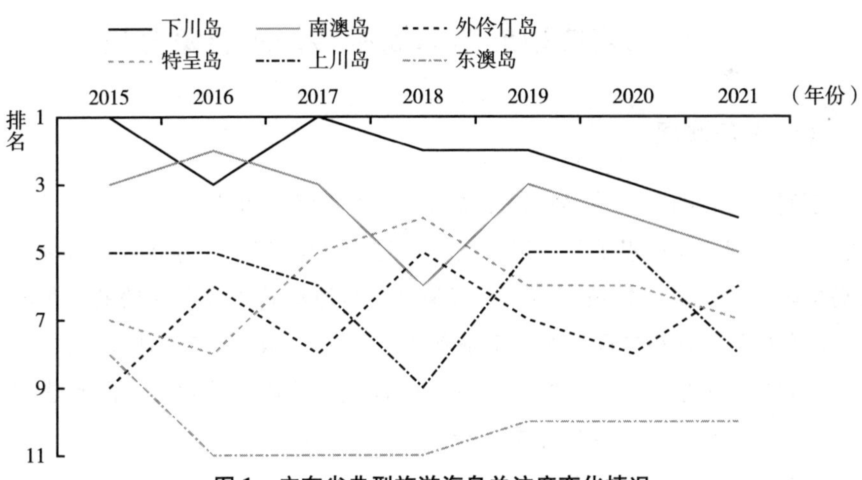

图1　广东省典型旅游海岛关注度变化情况

在美誉度方面，6个典型旅游海岛2015~2021年的美誉度总体上呈现波动上升的趋势。2017~2019年，美誉度波动较大，在0.60和0.90之间剧烈波动。下川岛、南澳岛、外伶仃岛、东澳岛在 2015~2021 年美誉度呈波动上升趋势，2021 年仍保持上升势头；上川岛、特呈岛在 2015~2021 年的美誉度同样经历了较大的波动，于 2021 年呈现下降势头。

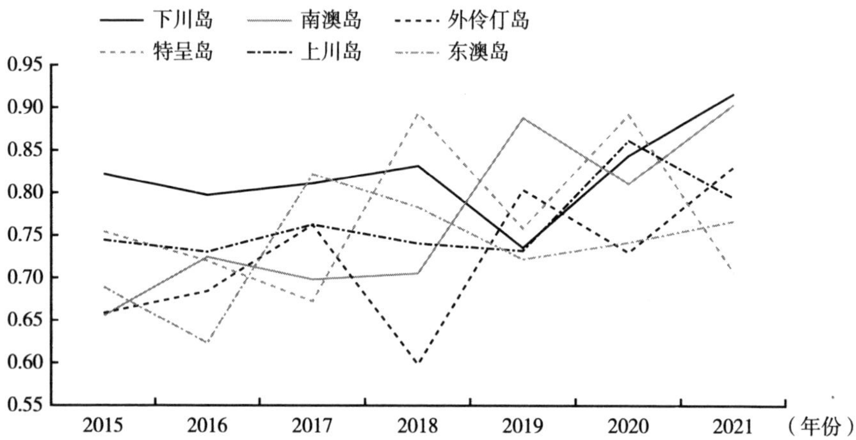

图 2　广东省典型旅游海岛美誉度变化情况

三　广东省典型旅游海岛游客情感意象分析

（一）东澳岛

东澳岛游客的总体情感意象聚类分析图包括 8 个聚类，可归纳为 3 个主题：海岛景观、海岛娱乐与住宿、交通（见图 3）。第一，海岛景观方面，东澳岛生态环境良好，植被茂盛、空气清新、沙滩细软，具有原始的风貌。第二，海岛娱乐与住宿方面，东澳岛旅游业发展较为成熟，有品牌酒店、俱乐部、度假村可供享受。部分游客选择旅行社包价旅游，其中环岛游是热门项目；情侣、家庭出行的游客会选择露营、爬山等方式。第三，交通方面，游客可以坐船前往东澳岛，交通较为方便。

游客对东澳岛的正面情感意象聚类分析图包括 7 个聚类，可归纳为 3 个主题：海岛景观、海岛旅游服务、旅游选择（见图 4）。第一，海岛景观方面，东澳岛生态环境良好，植被茂盛、空气清新、沙滩细软、日出壮观，具有原始

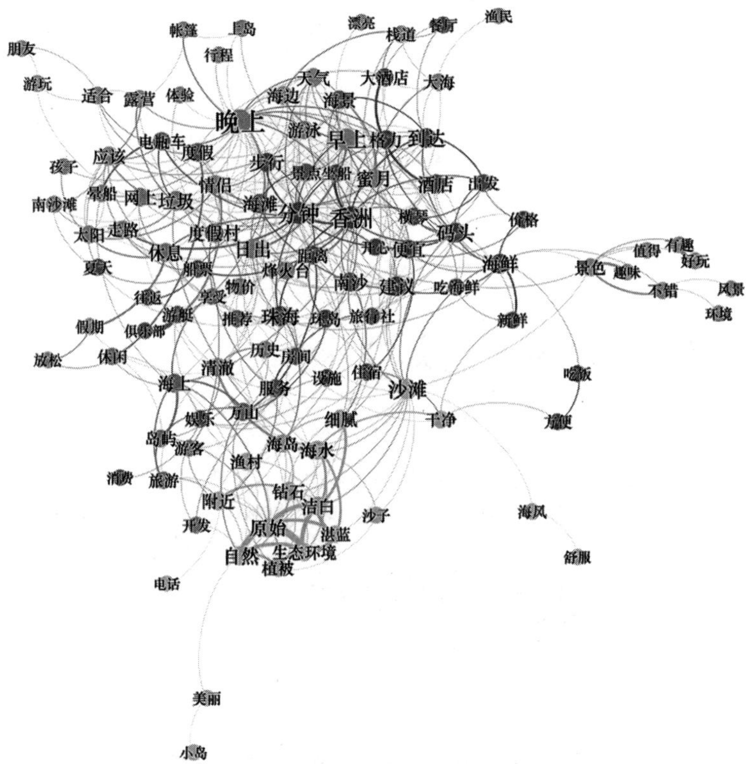

图 3　东澳岛游客总体情感意象聚类分析

的风貌。第二，海岛旅游服务方面，东澳岛旅游配套设施充足，有品牌酒店、俱乐部、度假村可供享受，服务热情，体验好；岛上海鲜丰富美味；骑电瓶车、坐游艇环岛游等是热门项目。第三，旅游选择方面，夏天的淡季旅游体验更加舒适，情侣、家庭出行的游客会选择露营、爬山等方式。

游客对东澳岛的负面情感意象聚类分析图包括 7 个聚类，可归纳为 3 个主题：天气原因、价格原因和服务原因（见图 5）。第一，天气原因方面，珠海地区尤其是东澳岛多台风、雨水天气，影响出行和游玩，容易产生晕船、停航等问题。第二，价格原因方面，存在岛上酒店、海鲜抬高要价，岛上物价高，旅游服务消费贵的情况。第三，服务原因方面，岛上部分地区的配套保洁卫生服务不到位，垃圾堆积；酒店服务态度一般，部分游客失望。

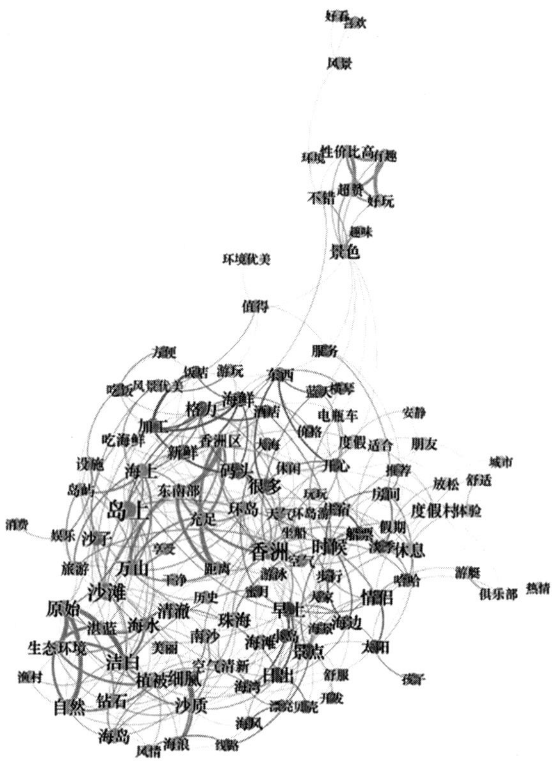

图 4　东澳岛游客正面情感意象聚类分析

（二）外伶仃岛

外伶仃岛游客的总体情感意象聚类分析图主要包括 5 个聚类，可归纳为以下 3 个特征：一是从旅游吸引物的角度来看，外伶仃岛为万山群岛中的一岛，游客对其整体情感意象较为正面，对岛上的沙滩、海鲜、石头等吸引物的感知度较高；二是从交通的角度来看，游客前往外伶仃岛乘船时间较长，部分游客在旅途中有晕船现象；三是从海岛景观质量的角度来看，外伶仃岛整体环境优美、风景宜人，适宜休闲，游客对其空气清新、沙质细腻、景色漂亮的感知度较高（见图 6）。

游客对外伶仃岛的正面情感意象主要集中在高质量的自然景观与环境以及美味、实惠的海鲜两方面：一是岛上自然旅游资源质量较高，游客对沙滩、海

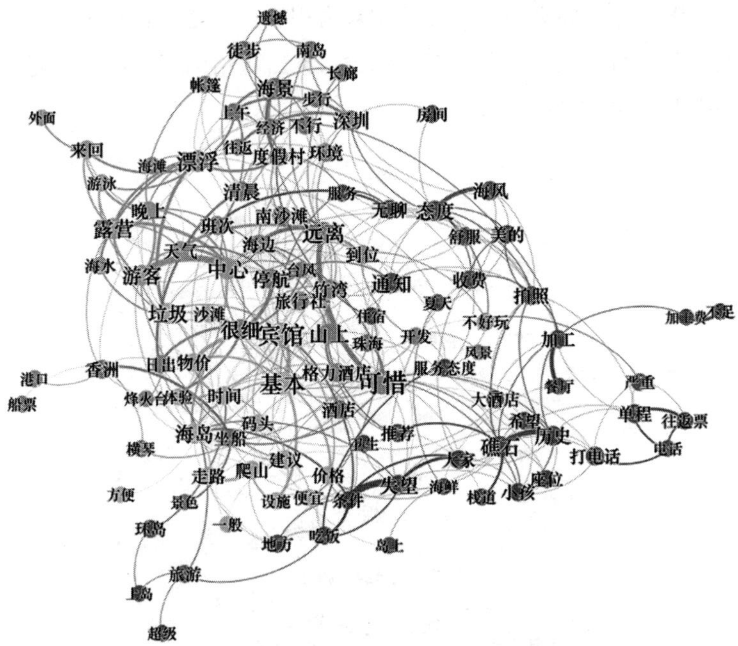

图 5　东澳岛游客负面情感意象聚类分析

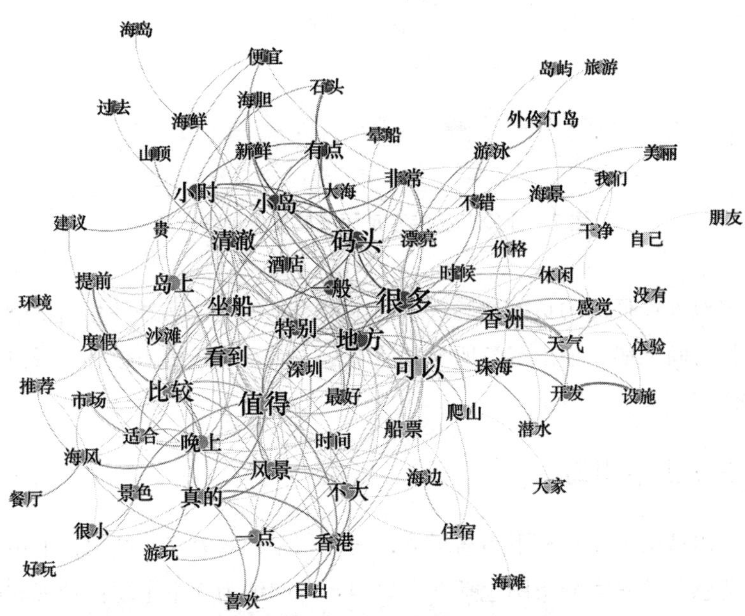

图 6　外伶仃岛游客总体情感意象聚类分析

景、天空、礁石等主要吸引物的评价均较为积极；二是游客对于岛上海鲜的正面感知度较高，情感意象中不仅有对海鲜口味、价格的正面评论，还有对各海鲜种类的提及（见图 7）。

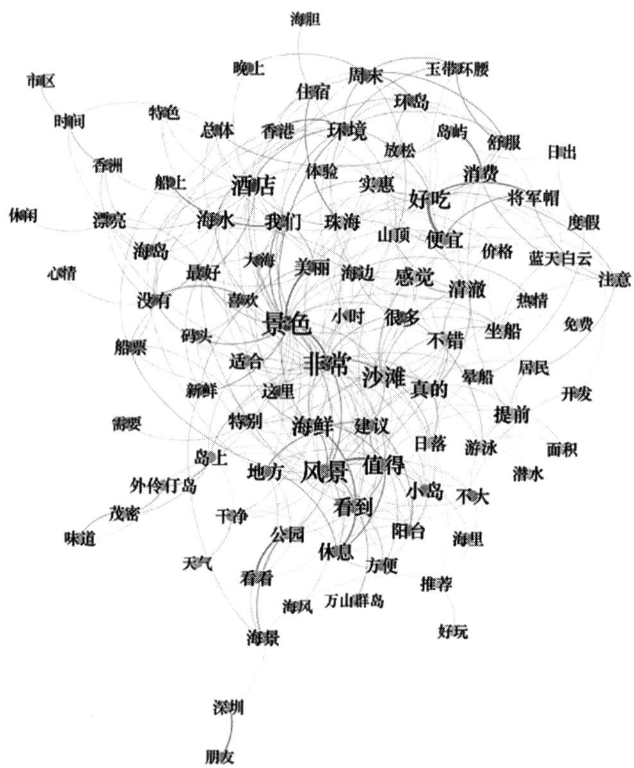

图 7　外伶仃岛游客正面情感意象聚类分析

游客对外伶仃岛的负面情感意象则主要为：岛上住宿条件相对简陋，往返岛屿需长时间乘船，会出现晕船与其他不适，以及岛屿面积较小、看点不足等（见图 8）。

（三）上下川岛

上下川岛由上川岛和下川岛组成，两岛相距约 6 海里。其中，上川岛游客的总体情感意象聚类分析图包括 9 个聚类，可归纳为 3 个主题：景观与旅游体验、自然环境、配套设施与服务（见图 9）。第一，景观与旅游体验方面，上

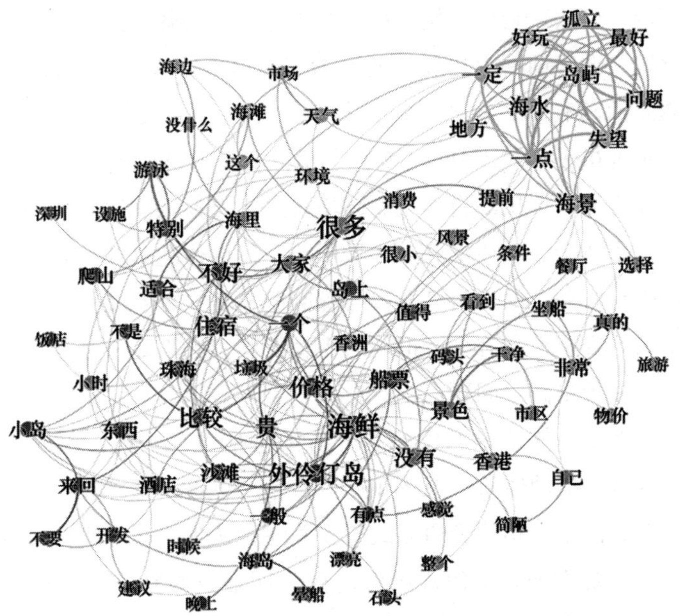

图 8　外伶仃岛游客负面情感意象聚类分析

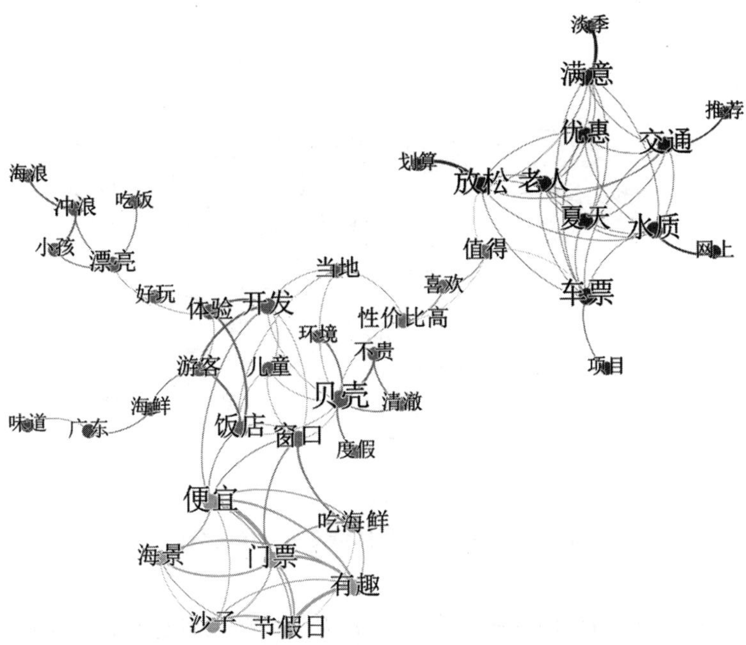

图 9　上川岛游客总体情感意象聚类分析

川岛以山咀港、码头、台山、婚纱摄影基地作为较为热门的景点，常被游客与下川岛做比较，游客前往上川岛主要是为了体验码头乘船出海以及婚纱摄影。上川岛的体验活动有限，主要为出海捕鱼、游泳、冲浪等海上活动以及吃海鲜、摄影，游客虽表示“有趣”“满意”等，但体验活动有待进一步开发。第二，自然环境方面，上川岛自然生态环境较好，有猕猴、寄居蟹等生物，同时游客多表示海水清澈、沙质细腻、水质不错，是度假地之选，满意度较高。第三，配套设施与服务方面，海岛开发与配套服务优缺点明显，其工作人员服务热情、救生衣等安全设备齐全，但同时也存在停车场不足、住宿条件一般、垃圾堆放多、产品价格高等问题。

下川岛游客的总体情感意象聚类分析图包括 7 个聚类，可归纳为 3 个主题：交通、景观、活动体验（见图 10）。第一，交通方面，游客对于下川岛的景区以及渡船、汽车等相关交通方式颇为关注，认为交通方便、通行时间能够接受。第二，景观方面，下川岛的海岛风情明显且独特，游客对于沙滩、海水、海鲜、酒店等有较好的印象。第三，活动体验方面，下川岛风景美丽，值得推荐，适合家庭和情侣出行。

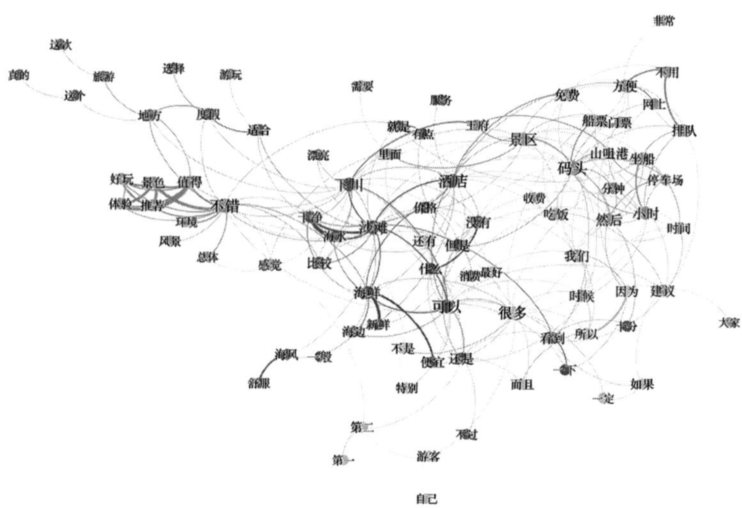

图 10　下川岛游客总体情感意象聚类分析

游客对上川岛的正面情感意象主要表现为：岛上景色宜人、旅游体验良好、适宜各种类型的出游、餐饮性价比高、服务与管理安全到位（见图 11）。

第一，游客对上川岛的蓝天、大海、海岸线、贝壳、海风等海岛元素关注度高且满意度高，认为其干净、清澈、细腻，对整体景观表示“美丽”“迷人”，甚至可以与夏威夷相媲美。第二，对于在此情景下所进行的观光、环岛游、婚纱拍摄、冲浪、吃海鲜等活动体验，游客表示“开心”“好玩”，且重游意愿较高。第三，关键词涵盖“儿童”“婚纱”“朋友”等，可见上川岛适宜各个年龄段与多种出游类型的人群。第四，虽有部分游客表示景区与停车场收费较高，但多认为海鲜、烧烤等餐饮“实惠”“不贵”同时又“新鲜”，美食性价比高。第五，当地提供摩托、大巴等“包车”服务，出海还提供救生衣，配套设施完善且安全，工作人员服务热情。

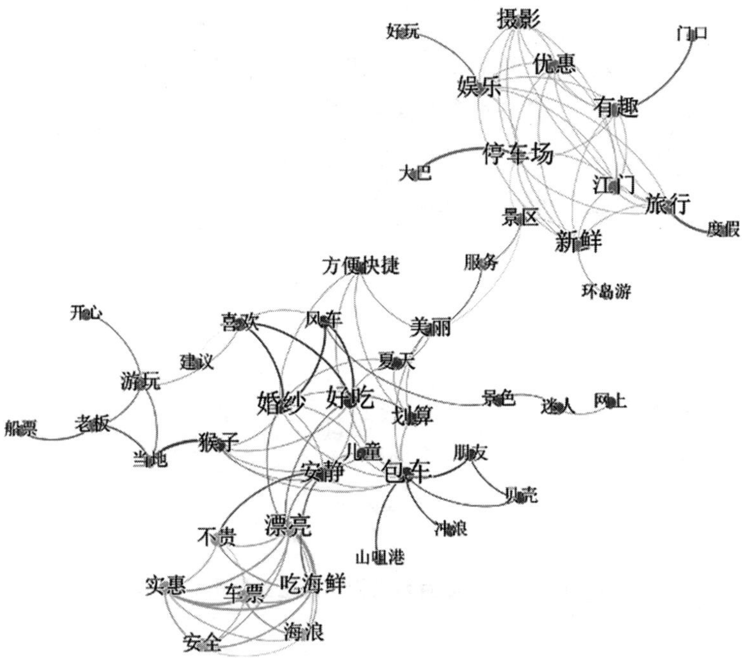

图 11　上川岛游客正面情感意象聚类分析

游客对上川岛的负面情感意象集中在排队与验票体验不佳、人多拥挤导致体验差，特殊天气打乱原有旅游计划，酒店设施陈旧、相关收费高昂等方面，多认为其开发程度与下川岛相较而言稍显落后（见图 12）。第一，多位游客表示人山人海、拥挤，导致排队时间久，旅游体验差，同时验票工作人员由于服务能力有限也使游客体验差，说明上川岛的管理有待改进，使其提供的产品与服务进一步满足游客的度假休闲需求。第二，上川岛作为海岛多遇台风等特殊天气，该特殊天气会打乱游客原有的出游计划，使其旅游体验糟糕，因此应当丰富海岛酒店内的休闲娱乐活动，提升游客体验。第三，部分游客认为酒店设施陈旧、破旧，酒店服务人员态度差，同时不菲的停车费、出海费等更加剧了游客负面情绪。

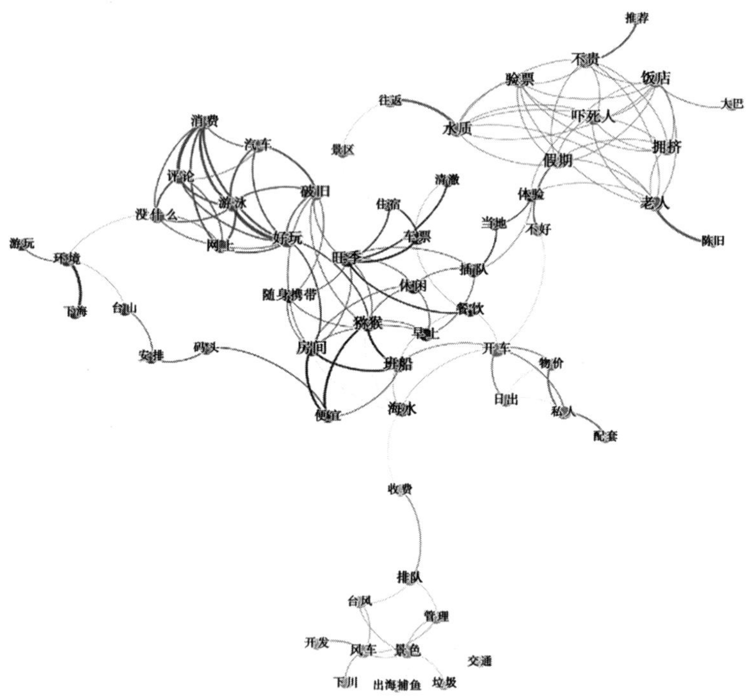

图 12　上川岛游客负面情感意象聚类分析

游客对下川岛的正面情感意象集中在岛上的消费价格、游玩项目以及景观等方面（见图 13）。游客对下川岛的正面印象主要包括：第一，下川岛有较多的酒店，对于吃饭、住宿等的消费价格能够接受；第二，海岛上有环岛游、摩托车等游玩项目，景区门票收费合理且交通方便，海景美丽、海水干净；第三，总体旅游体验有趣、好玩，值得推荐。

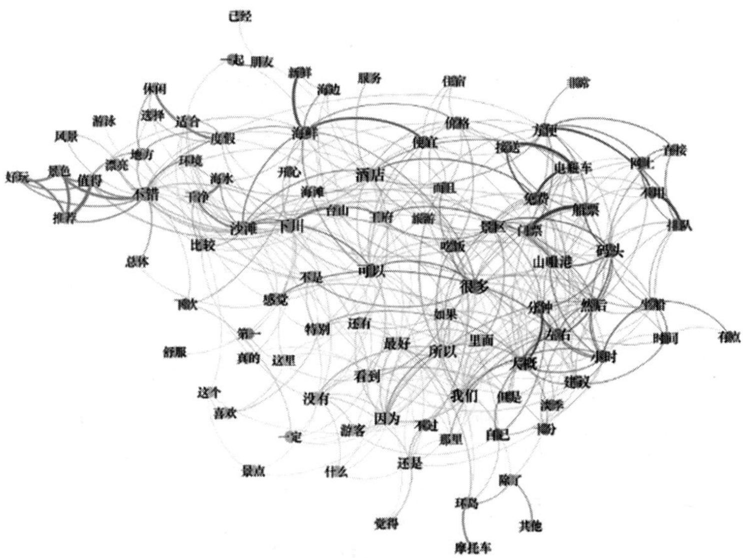

图 13　下川岛游客正面情感意象聚类分析

游客对下川岛的负面情感意象集中在岛上景区收费、排队、服务、设施以及性价比等方面（见图 14）。游客对下川岛的负面印象主要包括：第一，游客对景区的收费和排队情况等较为关注，对于交通出行的时间长、收费高等有较多的意见；第二，游客对于海岛上的服务、设施印象较差；第三，游客关注性价比，对于收费和具体项目的性价比有较多的考虑，并且关注小孩的适游性、停车是否方便等问题。

由于空间上的邻近，上下川岛常常被游客进行比较。总体而言，下川岛2015~2021 年的美誉度较上川岛高，可见游客对下川岛的评价更好。在旅游项目方面，不少游客认为上川岛的旅游开发落后于下川岛，项目有限；在消费水平方面，许多游客认为上下川岛的餐饮价格较为合理，但是也有游客反映两岛的景区及停车场等收费不合理，引发不满；在景区管理方面，上下川岛均存在拥挤、排队久、一线人员服务水平有待提高等问题，影响游客体验。

（四）南澳岛

南澳岛游客的总体情感意象聚类分析图包括 8 个聚类，可归纳为 3 个主题：位置与海岛定位、风景名胜、游客体验与印象（见图 15）。第一，位置与

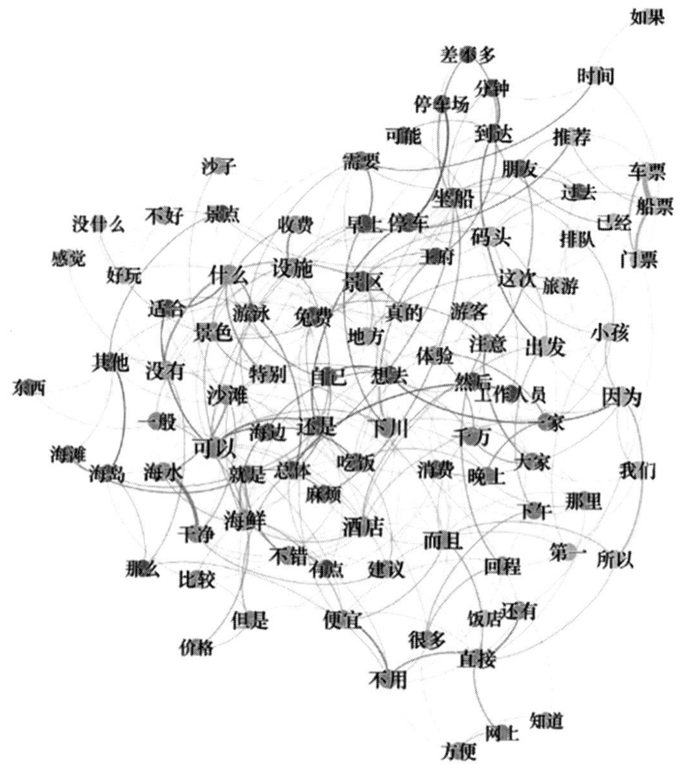

图 14　下川岛游客负面情感意象聚类分析

海岛定位方面，南澳岛隶属于广东省汕头市南澳县，是该省唯一的海岛县；第二，风景名胜方面，游客对于环岛公路、跨海大桥、北回归线标志、金银岛等景点较为关注；第三，游客体验与印象方面，南澳岛旅游资源丰富，海鲜好吃，海水清澈，拥有蓝天碧海，游客整体评价为舒服、不错，认为是值得推荐的休闲去处。

游客对南澳岛的正面情感意象集中在岛上的旅游资源、生态环境以及游客体验等方面（见图 16）。游客对南澳岛的正面印象主要包括：第一，南澳岛旅游资源丰富，兼具自然景观和人文历史景区，游客对于国家森林公园、金银岛、北回归线标志等有较好的印象；第二，南澳岛海水清澈、海滩干净、生态环境良好，有候鸟栖息；第三，住宿和交通方便，游客总体旅游体验良好，认为适合休闲度假。

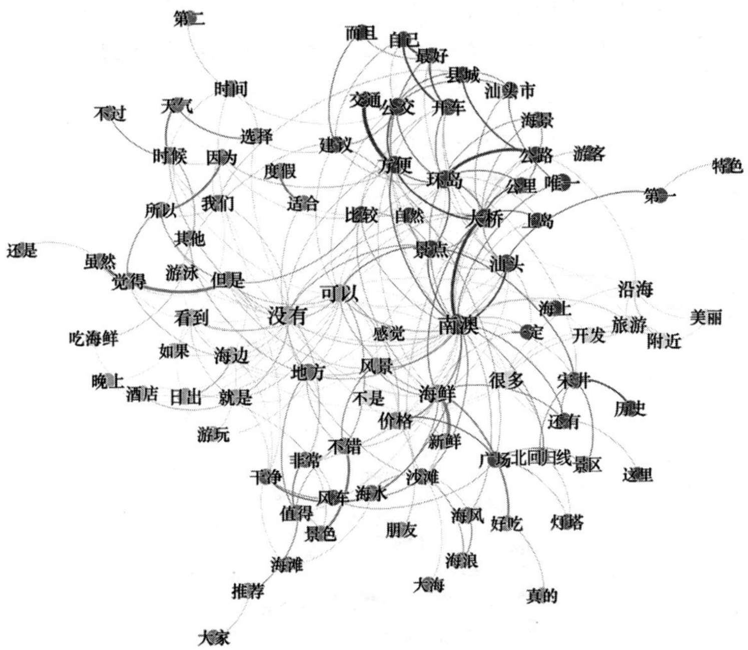

图 15　南澳岛游客总体情感意象聚类分析

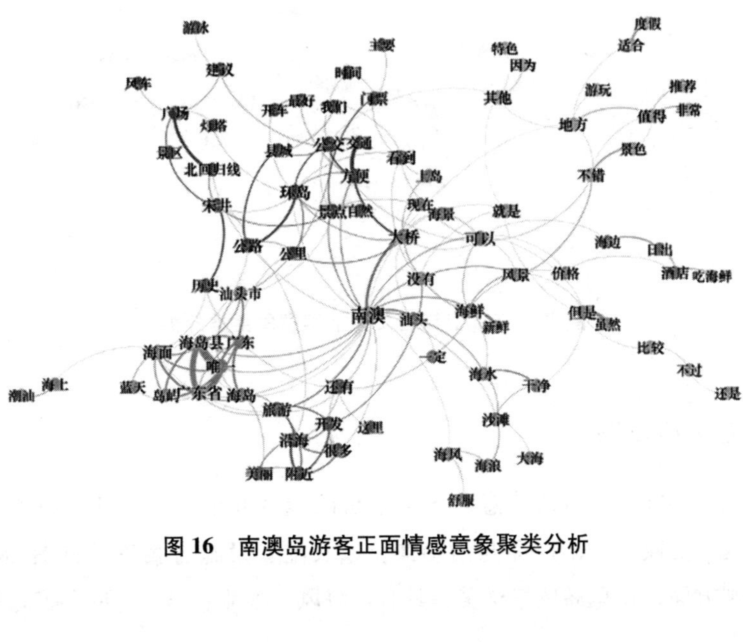

图 16　南澳岛游客正面情感意象聚类分析

游客对南澳岛的负面情感意象集中在岛上的景区建设和管理、交通以及商业化严重等方面（见图 17）。游客对南澳岛的负面印象主要包括：第一，游客对于岛上的资源被破坏、景区建设和管理现状较为失望；第二，南澳岛离市区距离较远，交通较为麻烦，游客对于遇到塞车的情况会较为不满；第三，游客对于岛上停车、海鲜等的消费价格较为不满，认为海鲜味道不够好，岛上商业化较为严重。

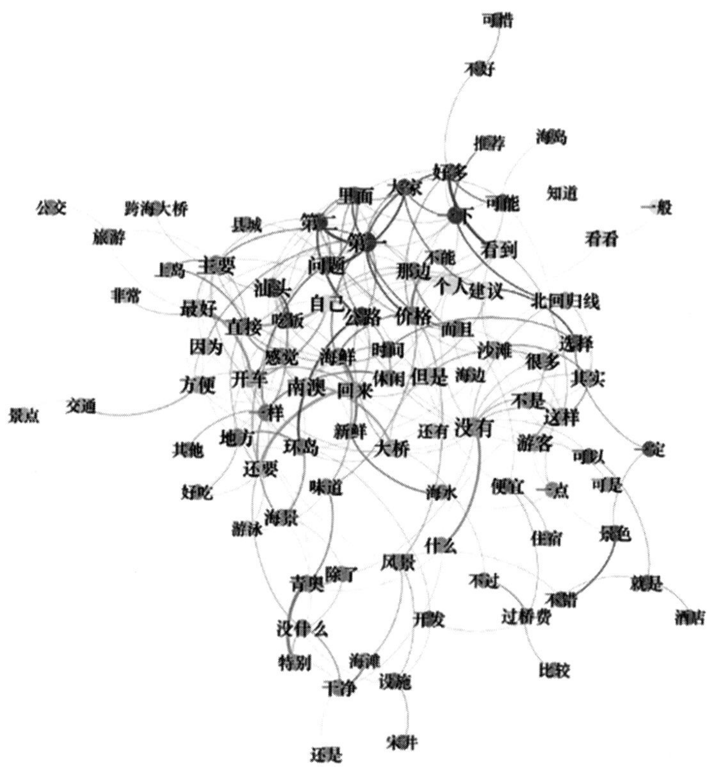

图 17　南澳岛游客负面情感意象聚类分析

（五）特呈岛

特呈岛游客的总体情感意象聚类分析图包括 6 个聚类，可归纳为 4 个主题：景观、交通、旅游产品与活动体验以及配套设施与服务（见图 18）。第一，景观方面，特呈岛风景优美，具有如海风、沙滩、码头、贝壳等海岛特征明显的元素，“日落”“日出”“火山石”“红树林”是游客在特呈岛旅游较为关注的景观，游客上岛普遍是为了度假需求。第二，交通方面，特呈岛岛内交通体验工具与通达工具多样，“电瓶车”“电动车”“巴士”“轮渡”“快艇”为游客提供多元的乘坐体验。第三，旅游产品与活动体验方面，特呈岛所提供的不仅有“望海楼”等观光类景点，还有“坐船”“拍照”“游泳”“温泉”等体验活动。同时，美食体验丰富，有“农家”“海鲜”“烧烤”等多种餐饮服务，虽然有“一般”这种中性的评价，但更多的是“好玩”“喜欢”“开心”等正面评价，可见游客满意度整体较高。第四，配套设施与服务方面，游客普遍认为，配套设施较好，房间舒服；服务态度良好，老板热情；但整体开发程度有待增强，存在垃圾清理不及时等问题。

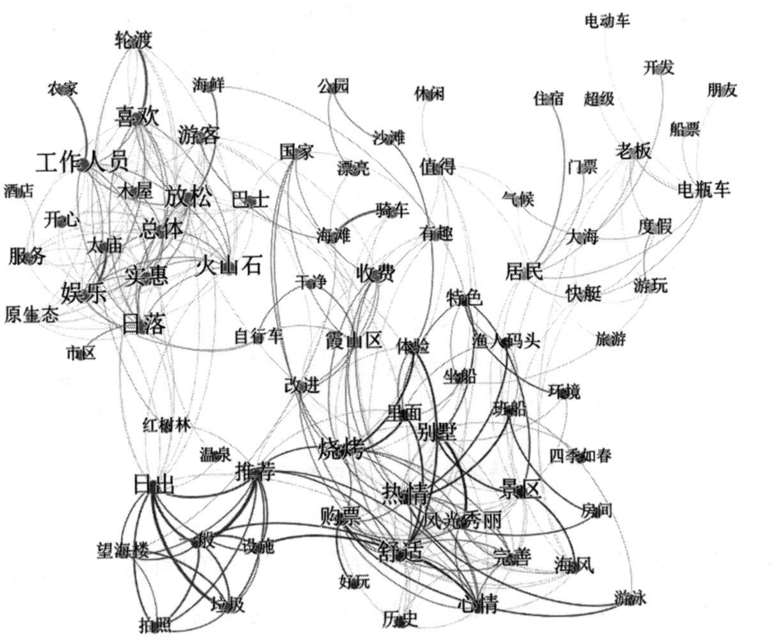

图 18　特呈岛游客总体情感意象聚类分析

游客对特呈岛的正面情感意象主要表现为：岛上景观品质高、旅游体验多样、服务好、收费低以及由于开发程度较低而保留的淳朴民风与自然状态（见图 19）。第一，特呈岛在不同时段可欣赏不同美景，白天在海边沐浴阳光，傍晚观日落散心。游客多表示“美丽”“漂亮”“开心”“流连忘返”。第二，特呈岛旅游包括太庙、抗日革命村落等历史文化景观的观光游览，也包含骑行、坐船、游泳、赶海等高参与度的体验活动，能够满足情侣、亲子等不同出游类型的游客的体验需求。第三，游客对住宿、餐饮以及景点门票等做出“不贵”“性价比高”“便宜”等评价。第四，特呈岛在开发的同时对自然景观、动植物等的重点保护成就了该海岛原生态的景观、淳朴的民风及其独特的海岛风情。

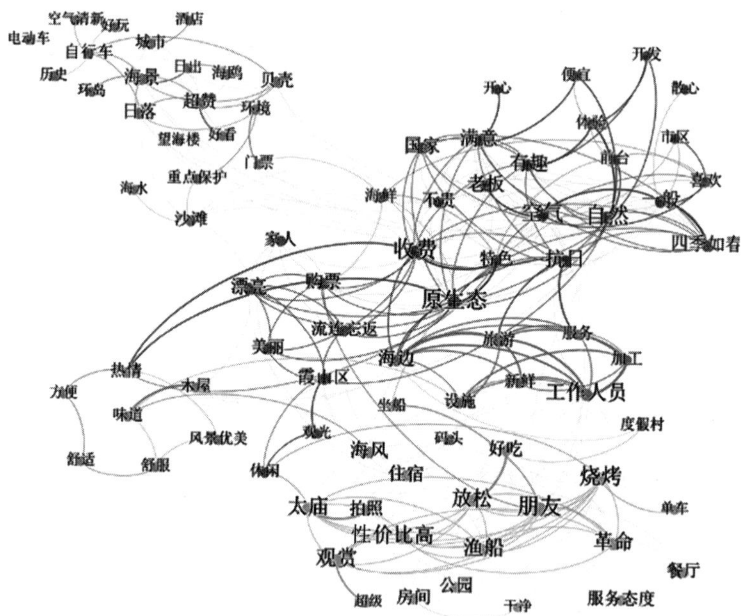

图 19　特呈岛游客正面情感意象聚类分析

游客对特呈岛的负面情感意象集中在网上评价与实际体验不符造成的严重落差、岛上旅游产品性价比不高、游玩时机有误造成的观景体验差、岛上食宿服务标准化程度低等方面（见图 20）。第一，部分景观因缺乏维护，显得破旧、荒凉，与网上评价有出入，景色普通，使游客感到“失望”；第二，由于海岛体验活动有限，“可玩性”较低，部分游客对船费与景区门票收费觉得不值；第三，由于淡季部分项目未开放，特殊天气所导致的较差观景体验，由于没有预订而导致游客的旅游体验差、满意度较低；第四，游客对海岛环境差、服务人员的态度差以及产品价格的制定混乱表示气愤，负面情绪严重。

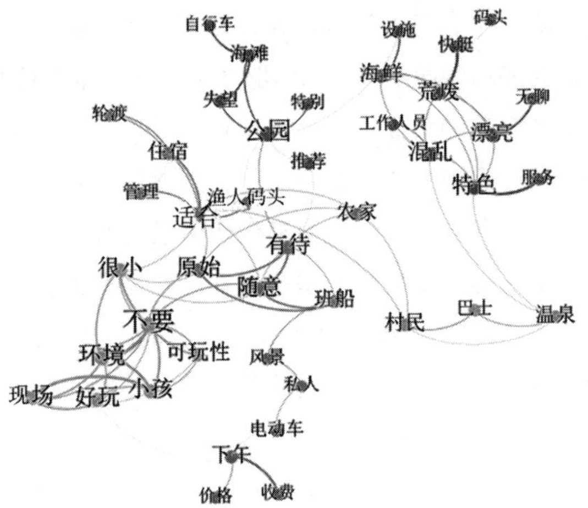

图 20　特呈岛游客负面情感意象聚类分析

四　广东省海岛旅游存在的问题及相关建议

（一）问题

本报告选取游客在国内主流旅游网站（马蜂窝、猫途鹰、携程）发布的围绕广东省海岛的评论，采用基于大数据的旅游目的地情感评价方法（刘逸等，2017），通过高频词分析、情感分析、语义网络分析和聚类分析四种方法，探究广东省海岛旅游的整体形象及其变化、关注度和美誉度情况以及广东省各海岛旅游形象和游客正负面口碑的组成要素。本报告基于旅游大数据，采用情感分析这种崭新的数据挖掘方式，以期更加全面和形象地刻画游客对广东省海岛旅游的认知，了解市场反馈情况，探究广东省海岛旅游业发展存在的问题，为旅游目的地形象提升和品牌塑造提供理论支撑与智力支持。

总体而言，大多数游客对广东省海岛旅游持正面态度，具体表现为：第一，游客认为海岛的海洋、沙滩风光独具特色，观赏性佳；第二，游客认为大部分海岛的生态环境保护较为到位，自然风光保持较为完善；第三，游客对海岛特色美食较为满意，认为海鲜新鲜美味、样式丰富；第四，部分海岛的游客认为海滩活动及海上运动较为丰富，体验较佳。结合负面评论所反映的情感与态度，可以看出当前广东省海岛旅游还存在以下四个问题。

1. 有较多数量的海岛管理不善，旅游服务与旅游设施有待改进

从游客对广东省海岛的负面情感意象中可以看出，有较多数量的海岛存在管理不善的问题，具体表现在旅游服务水平低、旅游商品定价不合理、旅游设施不完善等。在旅游服务方面，一些海岛由于劳动力较为短缺，服务人员素质有待提高，服务态度不佳，整体服务水平不高。在旅游消费方面，一些海岛由于市场管理较为薄弱，部分经营餐饮、旅游商品的个体户出现了“宰客”等的不良市场行为，给游客带来了较差的旅游及购物体验；还有部分海岛的停车费、交通费等公共部门管理下的旅游相关服务价格也让游客产生了负面情绪。在旅游设施方面，一些海岛的旅游设施不完善是由于海岛的旅游开发程度低，表现在旅游垃圾无法及时处理影响景观、进出海岛交通时间长、住宿设施无法满足游客需求等方面；另一些海岛则是由于旅游设施设备缺乏维护，在感官及使用上给游客带来了不好的体验。

2. 海岛旅游同质化问题严重，海岛特色不够鲜明

广东省海岛的旅游同质化问题较为严重，大部分海岛以自然景观为核心吸引物，集中于海洋观光以及海上活动，缺乏人文景观或特色自然景观。造成这一发展态势的原因首先是受到海岛旅游资源的束缚，海岛依靠海洋这单一的旅游吸引物难以发展出多样的旅游项目，容易形成单一的旅游发展路径；其次是海岛创新发展的能力较差，一些海岛的旅游发展需要依靠乡村振兴政策的扶持，依靠渔村发展的红利，难以切实得到创新资源的注入，形成自己的特色。

3. 旅游海岛美誉度波动大，口碑不稳定

近年来，广东省旅游海岛的美誉度呈现上下波动的态势，未能形成稳定的良好口碑。在6个典型旅游海岛中，口碑表现较好的是下川岛，2015~2021年美誉度均在较高的水平上波动，且整体呈现上升态势，其关注度也长期保持在前列，可见其海岛旅游的“声名”和“口碑”较为匹配；而特呈岛虽然关注度不低，但美誉度波动剧烈，2021年的美誉度列6个海岛的末尾，未能很好地把握发展海岛旅游的机会。

4. 珠三角、粤东、粤西地区旅游发展状况各异，粤西地区的旅游形象不甚鲜明

珠三角地区的海岛因其所在城市的经济相对发达，配备了较为完善的基础

设施，能够获得一些大型项目的投资和开发，成为其旅游发展的机遇，并依靠其强大的经济影响力获得较高的关注度；粤东地区则具备较强的文化特色，潮汕文化、客家文化等广东文化形成了其较为鲜明的形象；粤西地区在旅游形象上则较为欠缺，主要依赖海岛风光招徕游客，缺乏一定的辨识度。

（二）建议

1. 完善海岛旅游治理，改善游客旅游体验

现阶段，广东省部分旅游海岛存在治理问题，集中体现在一线人员服务水平低、市场管理混乱、垃圾处理不及时等方面，对旅游发展造成了一定的负面影响。对于旅游发展的短板，管理方应积极予以关注及改进，提升海岛的治理能力，改善旅游服务。对于市场管理的问题，可以制定相关政策，通过政府干预规范市场秩序，如利用奖励对维护市场秩序的行为予以正向激励，利用处罚等手段对扰乱市场秩序的行为予以负向反馈；对于垃圾处理不及时的问题，可以通过规范与优化垃圾处理过程、引入垃圾处理厂等方式予以解决。

2. 重视体验产品的开发，发展特色海岛旅游

结合海岛的实际情况，充分挖掘海岛资源禀赋，开发特色、差异化的海岛旅游项目。例如，在东澳岛发展海岛高端旅游、在外伶仃岛发展度假旅游、在桂山岛发展人文与红色旅游。另外，还可以打造区域旅游品牌和形象，规划海岛旅游主题线路，推动区域旅游协同发展。

3. 重视海岛旅游口碑，加强旅游品牌营销

海岛旅游的营销工作既要重视关注度，也要提升美誉度。开发者要重视景区的网络口碑，根据游客的反馈，通过上述手段优化旅游产品的供给，为游客提供稳定高质量的旅游体验，提高游客满意度，同时提升旅游目的地形象并加强品牌宣传，提高海岛旅游的知名度。

参考文献

刘力，2013，《旅游目的地形象感知与游客旅游意向——基于影视旅游视角的综合研究》，《旅游学刊》第 9 期。

刘逸、保继刚、朱毅玲，2017，《基于大数据的旅游目的地情感评价方法探究》，《地理研究》第 6 期。

沈体雁、黄宁、彭长江、徐海涛，2015，《中国景区网络形象指数研究——基于互联网内容分析方法》，《旅游学刊》第 6 期。

Baloglu, S., and K. W. McCleary. 1999. "A Model of Destination Image Formation." *Annals of Tourism Research* 4: 868-897.

Dichter, E. 1985. "What's in an Image." *Journal of Consumer Marketing* 13: 455-472.

Embacher, J., and F. Buttle. 1989. "A Repertory Grid Analysis of Austria's Image as a Summer Vacation Destination." *Journal of Travel Research* 3: 3-7.

Gursoy, D., and K. W. McCleary. 2004. "An Integrative Model of Tourists' Information Search Behavior." *Annals of Tourism Research* 2: 353-373.

Huang, H., L. L. Mao, J. Wang, and J. J. Zhang. 2015. "Assessing the Relationships between Image Congruence, Tourist Satisfaction and Intention to Revisit in Marathon Tourism: The Shanghai International Marathon." *International Journal of Sports Marketing & Sponsorship* 4: 285-305.

Miah, S. J., H. Q. Vu, J. Gammack, and M. McGrath. 2017. "A Big Data Analytics Method for Tourist Behaviour Analysis." *Information & Management* 6: 771-785.

Sharma, P., and J. K. Nayak. 2019. "Understanding Memorable Tourism Experiences as the Determinants of Tourists' Behaviour." *International Journal of Tourism Research* 4: 504-518.

Stepchenkova, S., A. P. Kirilenko, and A. M. Morrison. 2009. "Facilitating Content Analysis in Tourism Research." *Journal of Travel Research* 4: 454-469.

B.3
2022~2026年粤港澳大湾区旅游需求预测

张瀚元　刘 营　宋海岩*

摘　要： 本报告利用基于情景分析的德尔菲专家预测法对粤港澳大湾区未来五年（2022~2026年）的国内和入境旅游需求进行了预测。本报告首先利用ARDL-ECM模型生成基线预测，然后邀请了8位专家根据新冠肺炎疫情对旅游需求的影响程度对基线预测进行调整，生成了三种情景预测。根据基线预测，在不存在新冠肺炎疫情的情况下，粤港澳大湾区的游客需求将稳步增长，到2026年增长至5.88亿人次；然而，鉴于新冠肺炎疫情对粤港澳大湾区旅游需求的影响持续存在，根据情景预测，在疫情对旅游需求产生轻度、中度和重度影响的情况下，粤港澳大湾区的游客总数将分别在2023年、2024年和2025年恢复到疫情发生前（2019年）的水平；国内旅游需求已呈现逐渐恢复趋势，入境旅游需求的恢复速度相对缓慢，但预计在疫情稳定后快速增长。根据疫情影响程度做出的情景预测将为粤港澳大湾区旅游业在疫情防控常态化时期的行业复苏、焕新和发展提供重要的理论指导和参考依据。

关键词： 旅游需求预测　德尔菲专家预测法　情景分析　粤港澳大湾区

* 张瀚元，博士，香港理工大学酒店及旅游业管理学院研究助理教授，研究方向为旅游经济学。刘营，香港理工大学酒店及旅游业管理学院研究助理，研究方向为旅游需求预测。宋海岩，博士，香港理工大学酒店及旅游业管理学院副院长，首席教授，研究方向为旅游经济学及计量经济学。

一　粤港澳大湾区旅游需求预测背景介绍

粤港澳大湾区是中国目前经济开放程度最高、经济活力最强劲的区域之一。自 2017 年粤港澳大湾区建设正式启动以来，其经济总量、总体规模和产业发展均取得了显著的阶段性成果。伴随而来的贸易自由化提速、服务业和制造业的快速发展以及粤港澳大湾区区域交通网络的完善和优化，不仅促进了粤港澳大湾区的协同发展，还深化了粤港澳大湾区一体化的旅游联动。1999 年，粤港澳大湾区游客总数为 7308 万人次，2009 年增长至 1.86 亿人次。粤港澳大湾区建设正式启动后，2017 年接待游客总数增长至 3.47 亿人次，旅游总收入超过 1.1 万亿元。2018～2019 年的游客总数也呈现稳步上升趋势，分别为 3.76 亿人次和 3.88 亿人次，是 2009 年游客总数的 2 倍多（广东省统计局，2021）。在粤港澳大湾区的 11 个城市中，广州、深圳、香港和澳门的旅游产业发展较为突出，江门和惠州等二、三线城市的旅游需求显示出强劲的增长势头。

新冠肺炎疫情的发生给旅游业带来的影响范围大、程度深。国家统计局公布的数据显示，2020 年国内游客总数为 28.8 亿人次，同比下降了 52.1%。与此同时，粤港澳大湾区旅游业也遭受重创。据《广东统计年鉴》数据和香港旅游发展局、澳门特别行政区政府旅游局统计数据可得，2020 年，粤港澳大湾区全年接待旅游人数仅为 1.73 亿人次，同比下降了 55.4%。目前，随着新冠肺炎疫情转入常态化防控阶段，中国旅游业出现了一定程度的复苏，但依旧严峻的国外疫情形势和中国内部疫情的局部复现，仍然对旅游业的复苏造成了威胁。为此，面对复杂多变的经济形势和不断突发的外部冲击，及时准确的旅游需求预测对政府机构提高旅游经济的调控能力和旅游相关的管理者、从业者制订复苏计划都极为重要。

本报告主要关注粤港澳大湾区旅游需求的复苏预测。由于目前新冠肺炎疫情的传播仍在继续且疫情最终发展态势存在较大的不确定性，本报告借助基于情景分析的德尔菲专家预测法，将定量模型（自回归分布滞后误差修正模型，ARDL-ECM）和定性方法（德尔菲专家预测法和情景分析法）有效结合，对粤港澳大湾区未来五年（2022～2026 年）的国内和入境旅游需求进行事前预测，在预测目的地的旅游需求复苏情况的同时也评估了突发危机给旅游需求带来的未知影响。

二　突发危机对旅游需求预测的影响

旅游需求在瞬息万变的外部环境中可能会受到许多未知因素的影响，大致包含自然灾害（如地震、飓风和洪水）、人为危机（如恐怖袭击、战争、经济危机、金融危机）、突发流行病等（Song et al.，2010b；Zhang et al.，2021）。近年来涌现了大量关于突发事件对于旅游需求影响的研究，本报告分别从自然灾害、人为危机和突发流行病三类突发危机对旅游需求的影响进行回顾。

现有研究表明，自然灾害这一类突发事件会对旅游需求产生显著的消极影响（Song et al.，2010b）。Huang 和 Min（2002）采用季节性差分整合移动平均自回归模型（SARIMA）研究了 1999 年中国台湾大地震对台湾旅游业的影响，并评估了该地区旅游业是否已从危机中恢复。实证结果表明入境旅游需求在地震发生的 11 个月后仍未恢复至震前水平。Woosnam 和 Kim（2014）采用面板 Logit 模型和 ARIMA 模型研究了飓风对旅游需求的影响。实证结果表明飓风对旅游需求有负面影响，并且经历过严重自然灾害的景点需要关闭更长的时间进行恢复。Ghaderi 等（2015）研究了 2011 年泰国洪水对其旅游业的影响，调查结果表明，公共和私营部门在受到严重的灾害影响后可以在相对较短的时间内恢复，但对于处理自然灾害的方法缺乏统一性。

近年来也有研究对人为危机对旅游需求的影响进行了量化分析，例如 2001 年的“9·11”恐怖袭击事件对美国经济和旅游业造成了极为恶劣的影响。Lee 等（2005）使用时间序列方法和干预措施研究了“9·11”恐怖袭击事件对航空旅行需求的影响，结果发现该事件对乘客旅行产生了短暂的负面影响。Saha 和 Yap（2013）的研究表明在进行旅游需求预测时，包含政治稳定和恐怖袭击等相关变量的预测结果更可靠。Yeoman 等（2005）基于四种情景预测，分析了伊拉克战争会如何影响经济环境和旅游市场。这些情景分析模拟了危机处理过程及其可能会对未来政策产生的影响，该实证结果为需要制定政策和行动方针来应对突发事件的组织机构提供了有用信息。1997 年亚洲金融危机和 2007~2008 年的全球金融危机也对许多国家和地区的旅游业产生了影响。Chu（2008）使用分整自回归移动平均模型（FIARMA）研究了亚洲金融危机、美国“9·11”恐怖袭击事件和SARS对新加坡入境游客人数的影响，研究结果发现该模型生成的危机期间的旅游需求预测结果具有比较优势。为了研究2007~2008年全球金融危机对2009~2012年中国香港旅游需求的影响，Song等（2010b）采用ARDL模型与情景分析结合的方法展开了一系列研究，实证结果表明与短途市场相比，香港的长途市场遭受由金融危机所带来的负面影响的损失更大。

近年来，各类突发流行病对旅游需求的影响也受到学者们的广泛关注。突发流行病的传播增加了游客前往旅游目的地的安全和健康风险。Chen等（2007）采用SARIMA模型预测了中国的旅游需求，并考虑了2003年SARS和2005年禽流感事件的发生对于中国旅游需求的影响，结果发现2003年SARS产生的影响更大，导致访华游客人数减少42%以上。Shi和Li（2017）使用ARDL模型评估了MERS对中国赴韩游客人数的影响，Choe等（2021）通过多种预测方法例如ARIMA和指数平滑模型研究了MERS对韩国入境旅游需求的影响，上述研究均表明MERS的出现对国际旅游业产生了非常消极的影响。Ying等（2021）的研究表明即使是在新冠肺炎疫情得到基本控制的情况下，新冠肺炎疫情对游客认知的影响也会持续较长时间。

三　旅游需求预测方法回顾

目前用于旅游需求预测研究的方法包括定量方法、定性方法和混合法，其中定量方法包括时间序列模型、计量经济模型和人工智能模型；定性方法为判断性调整法，包括德尔菲专家预测法、情景分析法等（Song and Li，2008；Lin and Song，2015；Song et al.，2019）。时间序列模型根据历史数据模式，基于规则间隔的连续值，例如月度、季度或年度数据等，通过识别时间序列数据的趋势、斜率和周期，对未来时间序列值进行预测（Jiao and Chen，2019；Song et al.，2019）。时间序列模型易于运用和捕捉历史数据特征，但是不能将其影响因素纳入模型之中进行因果关系验证。以数据为主要驱动的人工智能模型在多领域被广泛应用，该类模型可以解释变量之间的非线性关系，且不需要提前得知关于输入和输出变量之间关系的先验信息。虽然人工智能模型预测性能良好，但其缺乏理论支撑且在输入和输出变量之间包含隐藏层的“黑匣子”，不能充分解释输入和输出变量之间的关系（Jiao and Chen，2019；Song et al.，2019）。依据需求理论，计量经济模型侧重于通过建立因果关系结构来确定各解释变量对旅游需求的影响程度，也可称之为需求弹性（Song and Lin，2010；Song et al.，2011）。基于需求弹性的预测结果在实际运用中对决策者制定政策和计划起到至关重要的作用。

判断性调整法旨在利用专家的知识和经验对研究对象的未来发展趋势进行分析、研判和预测。该方法通过咨询相关领域的专家、利益相关者和公众，利用判断性辅助方法对未来可能发生的情景进行预测（Lin and Song，2015）。德尔菲专家预测法和情景分析法是旅游研究中较常用的两种方法。德尔菲专家预测法是在需求变量和其影响因素的信息不够完整或明确时，通过获取和汇总专家组成员的分析和意见，对预测结果进行调整和优化的方法（Lin，2013；Lin et al.，2014；Song et al.，2013；Lin and Song，2015）。然而，该方法无法避免意见不同和人为操纵等原因导致的评估误差等问题。情景分析法则是在某种现象或趋势对预测对象在未来产生持续性影响的情况下，对研究对象可能存在的多种不同结果做出预测的一种定性方法（Smeral，2010）。根据 Wu 等（2020）的研究，情景预测包含两种类别：一种是预测给定情景或条件下的旅游需求，另一种是预测给定情景或条件发生的概率（Qiu et al.，2021）。该方法可以帮助决策者更全面且有效地应对未来事件的不确定性，但也无法完全避免人为判断导致的预测偏差。

此外，混合法在过去的预测研究中也被广泛应用（Durbarry and Sinclair，2003）。混合法通常包括两种形式：一种是单个模型之间的组合，另一种是分阶段预测的结合。单个模型之间的组合方法包括平均值法、预测误差权重法和回归模型结合法等（Song et al.，2019）。通过结合混频数据抽样模型（MIDAS），Kim 等（2022）将大数据代入空间计量模型，阐明了伦敦景点之间游客流的溢出效应。分阶段预测的结合是指在基线预测生成后再对其进行判断性调整的方法，该方法通常将定量方法和定性方法相结合，以此来提高预测精度。Song 等（2013）使用计量经济模型和德尔菲专家预测法结合的方法对中国香港旅游人数进行了预测。

在新冠肺炎疫情的影响下，仅依靠历史数据模式进行预测的传统统计方法因不能考虑到疫情未来发展势态对旅游需求的影响而不再有效，而将不同类别的方法进行有机结合的混合法能够显著提高模型对突发未知事件影响的预测性能。考虑到新冠肺炎疫情对未来五年香港旅游需求的影响，Zhang 等（2021）将 ARDL-ECM 模型与德尔菲专家预测法和情景分析法相结合对香港入境游客人数进行了事前预测。Liu 等（2021）利用基于情景分析法的两步混合法对国际旅游需求的恢复情况进行预测，该方法通过结合旅游需求预测模型、新冠肺炎疫情风险暴露指数和情景分析，将与新冠肺炎疫情相关的定量信息和政策性信息最大限度地纳入预测模型。Qiu 等（2021）创造性地使用一个两阶段三情景预测框架预测 20 个目的地的入境旅游人数。第一步，该研究比较了不同模型事后预测的精度；第二步，该研究根据新冠肺炎疫情的影响程度，对预测性能最优的模型产生的预测结果进行了判断性调整。Zhang 和 Lu（2022）基于 ARDL-ECM 模型生成了基线预测，然后基于新冠肺炎疫情旅行指数生成了三种情景预测结果。Kourentzes 等（2021）提出一种单变量结合横截面层次预测模型（THieF-ETS），根据疫情防控时期的国家政策、宏观经济状况、季节性和疫苗研发等因素对 20 个国家的旅游需求做出情景预测。除了混合法以外，Fotiadis 等（2021）使用深度学习中的长短时记忆神经网络（LSTM）和广义相加模型（GAM），设计了 5 个不同的训练集预测未来 12 个月的国际游客人数。Polyzos 等（2021）使用 LSTM 方法，结合自 SARS 暴发至新冠肺炎疫情发生前的月度数据，对前往美国和澳大利亚的中国游客数量进行了预测。

上述研究显示，无论是自然灾害、人为危机还是突发流行病都对旅游需求产生了负面影响，旅游需求模型的预测性能也受到突发事件的影响。虽然在过去几十年间涌现了通过各种方法对旅游需求进行建模和预测的文献，例如时间序列模型、计量经济模型和人工智能模型，但在突发未知事件的情况下不存在具有绝对优势的预测方法。大部分模型需要依赖大量历史数据来提供准确的预测结果（Sanders and Ritzman，2001），并通过加入一次性虚拟变量来捕捉突发未知事件的影响，但该方法通常假设一旦危机结束，危机的影响将立即消失，而没有考虑到危机事件带来的长期影响。因此，面对新冠肺炎疫情仍在持续的情况，本报告采用定量和定性相结合的方法，通过德尔菲专家预测法和情景分析法降低在非平稳外部经济环境背景下定量模型预测结果的不稳定性，从而为粤港澳大湾区未来五年的旅游需求提供更准确的预测并对一系列可能存在的旅游复苏情况进行分析。

四　本报告的预测方法

（一）基于情景分析的德尔菲专家预测法

由于2020年新冠肺炎疫情突袭而至，基于历史数据模式的传统预测方法不能有效地捕捉类似新冠肺炎疫情这类突发事件的影响。因此，本报告使用基于情景分析的德尔菲专家预测法对粤港澳大湾区的国内旅游和入境旅游人数进行预测。该方法主要包含模型估计、基线预测和专家情景调整三个阶段。在第一阶段，本报告通过“一般到具体”方法（General-to-Specific Approach）估计出符合经济学需求理论和可通过诊断检验的最优ARDL-ECM模型；在第二阶段，基于1999~2021年的历史数据[①]，本报告使用在第一阶段建立的最优ARDL-ECM模型生成2022~2026年的基线预测，该预测没有考虑新冠肺炎疫情对旅游需求的影响；在第三阶段，本报告邀请了8位在旅游需求预测方面颇有建树、经验丰富的专家，结合新冠肺炎疫情对未来粤港澳大湾区旅游需求的轻度、中度和重度影响，对基线预测进行情景分析和调整。

（二）第一和第二阶段：计量经济模型估计和基线预测

本报告利用ARDL-ECM模型，基于1999~2021年的历史旅游人数，对粤港澳大湾区内地9市的国内旅游和11个城市的入境旅游需求进行了预测。根据旅游需求理论，旅游需求通常由旅游人数或游客旅游支出来表示（Song and Li，2008；Song et al.，2010a；Song et al.，2011），影响旅游需求的因素通常包括旅游成本、竞争市场的替代价格、游客的收入水平等。除此之外，其他影响因素还包括目的地的营销支出、游客偏好等（Song et al.，2008）。本报告将旅游人数作为因变量，客源地游客的收入水平、客源地与目的地之间的相对价格水平以及替代价格水平作为自变量。对于入境旅游，粤港澳大湾区内地9市

① 为更清晰地展示预测结果，在粤港澳大湾区旅游需求预测结果分析中仅显示了2017~2021年的历史数据，但在计量经济模型估计和基线预测时本报告使用了1999~2021年的历史数据。

的竞争市场为香港和澳门，香港、澳门的竞争市场分别为中国澳门和台湾、香港和台湾，以及日本、韩国和新加坡；对于国内旅游，粤港澳大湾区内地 9 市的竞争市场包括除本市之外的中国内地其他所有城市以及香港和澳门。本报告中的国内生产总值（GDP）指数、消费者物价指数（CPI）和汇率指数来源于国际货币基金（IMF）组织官方数据库；各城市旅游人数来源于 CEIC 数据库、香港旅游发展局官方网站、澳门特别行政区政府统计暨普查局网站和粤港澳大湾区各城市统计年鉴。

用于基线预测的 ARDL-ECM 模型展示如下：

$$\begin{aligned}\Delta\ln TA_{it} &= \alpha_0 + \sum_{j=1}^{p_1}\alpha_j\Delta\ln TA_{i,t-j} + \sum_{j=0}^{p_2}\beta_j\Delta\ln Y_{i,t-j} + \sum_{j=0}^{p_3}\gamma_j\Delta\ln P_{i,t-j} + \\ &\sum_{j=0}^{p_4}\delta_j\Delta\ln P_{s,t-j} + \lambda_1\ln TA_{i,t-1} + \lambda_2\ln Y_{i,t-1} + \lambda_3\ln P_{i,t-1} + \\ &\lambda_4\ln P_{s,t-1} + dummies + \varepsilon_{it}\end{aligned} \quad (1)$$

其中，TA_{it} 代表在第 t 年从客源地 i 到达目的地 j 的旅游人数；$Y_{i,t}$ 表示客源地游客的收入水平，由国内生产总值（GDP）指数替代；$P_{i,t}$ 是在第 t 年目的地 j 相对于客源地 i 的旅游价格水平，$P_{i,t}=(CPI_{j,t}/EX_{j,t})/(CPI_{i,t}/EX_{i,t})$，其中 $CPI_{j,t}$ 和 $CPI_{i,t}$ 分别是目的地 j 和客源地 i 的消费者物价指数（CPI），$EX_{j,t}$ 和 $EX_{i,t}$ 分别是目的地 j 和客源地 i 的货币相对于美元的汇率指数；$P_{s,t}$ 是在第 t 年 m 个竞争市场 k 的替代价格水平，$P_{s,t}=\sum_{k=1}^{m}(CPI_{k,t}/EX_{k,t})\,w_{k,t}$，其中权重 $w_{k,t}$ 等于竞争市场 k 的入境游客人数占所有竞争市场的入境游客总数的比重，$w_k = TA_{k,t}/\sum_{k=1}^{m}TA_{k,t}$；虚拟变量（*dummies*）代表曾对旅游需求造成影响的重大事件，如 2003 年的 SARS、2008 年的金融危机等；ε_{it} 代表随机误差项。

在对等式（1）进行模型估计之前，本报告借助增广 Dickey-Fuller 单位根检验法和 ARDL 边界检验法分别对变量的稳定性和是否存在长期均衡（协整）关系进行检验。ARDL 边界检验法突破了变量间必须同阶单整的限制，使用 F 检验和 t 检验判断不存在协整关系的零假设是否成立（Pesaran et al.，2001）。随着长期关系的确定，本报告利用“一般到具体”的自上而下建模策略，通过施加参数约束，将一般模型简化为各种符合经济理论和可通过诊断检验的特定模型（Song and Witt，2003）。诊断检验包括自相关检验、异方差检验、正态分布检验、模型估计偏误检验、模型稳定性检验和外生性检验等。

最优模型建立后，本报告在第二阶段使用 Holt-Winters 指数平滑法对自变量进行预测，该方法计算简单且预测结果可靠，被广泛用于以往的研究中（Taylor，2003；Song et al.，2013）。随后，本报告将自变量预测结果代入已估计好的模型中对因变量（旅游人数）进行基线预测。

（三）第三阶段：基于情景分析的德尔菲专家调整

德尔菲专家预测法和情景分析法是判断性调整法的两大主要方法。考虑到新冠肺炎疫情的复杂性和多变性，本报告将两种方法结合以有效地提升预测精度。德尔菲专家预测法本质上是一种反馈匿名函询法，专家们基于在研究问题上的知识、经验和分析判断的能力，在综合分析相关信息的基础上，对研究对象做出预测（Lin and Song，2015）。该方法的基本流程为针对预测问题，集合符合要求的专家组成咨询小组，向小组成员征求意见，然后对专家们的回馈意见进行整理、归纳和总结，之后再反馈给专家们。该流程会进行多轮直至专家组成员的意见趋于统一。情景分析法是根据某事件或现象在未来发生的可能情况，对研究对象在不同情景下的可能结果进行研判和预测的方法（Zhang et al.，2021）。

在第一阶段，本报告根据 1999~2021 年的历史旅游人数，使用现代计量经济学方法对旅游人数进行了基线预测。然而，由于新冠肺炎疫情可能会对未来的旅游需求产生持续性影响，但是基线预测不能捕获该影响，因此需要专家组成员通过情景分析法对此进行调整。本报告邀请了 8 位在旅游需求预测方面知识和经验丰富的专家参与德尔菲调查。专家们在考虑了新冠肺炎疫情及其相关因素，如边境封锁、隔离政策、疫苗普及等对粤港澳大湾区未来旅游人数在三种情景（轻度、中度、重度）下的可能影响后，基于基线预测提供旅游需求恢复率。在调查中，先前研究中的 2020~2024 年的预测结果图也被同时提供给专家们用以参考。在征集了专家组成员的调整意见后，本报告对调整意见进行数据分析，并取旅游需求恢复率的平均值对基线预测进行最终调整，从而得到三种情景下旅游人数预测。

五　粤港澳大湾区旅游需求预测结果分析

本部分展示了粤港澳大湾区内地 9 市国内旅游、11 个城市的入境旅游和总体旅游需求预测结果以及新冠肺炎疫情在未来五年对旅游需求可能产生的不同程度影响的情景预测结果。

（一）国内旅游

图 1 至图 9 分别展示了 2022~2026 年粤港澳大湾区内地 9 市的国内旅游人数基线预测和情景预测。总体而言，根据历史数据，虽然新冠肺炎疫情对国内旅游需求造成了显著的负面影响，但是国内旅游需求恢复速度较快。从 2020 年第二季度开始，除被划分为疫情风险区的城市外，其他省市基本实现旅游常态化。根据粤港澳大湾区内地 9 市的具体情况，由于国内防疫政策的实施，如城

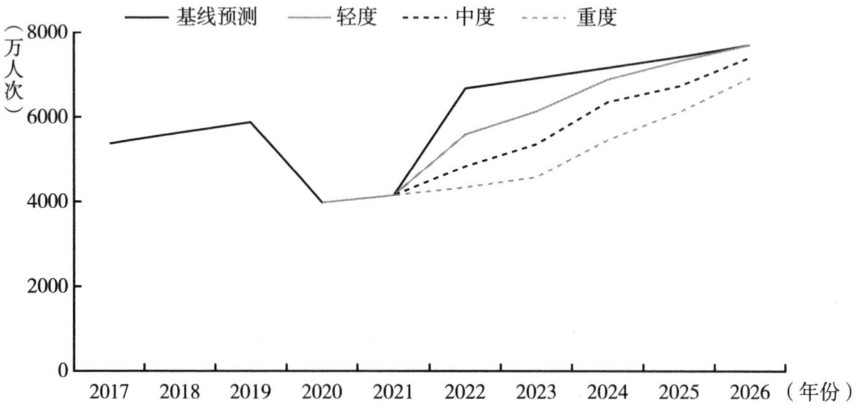

图 1　2022~2026 年广州国内旅游人数情景预测

注：2017~2021 年为广州国内实际旅游人数，2020~2021 年四线重启，以下含义相同。

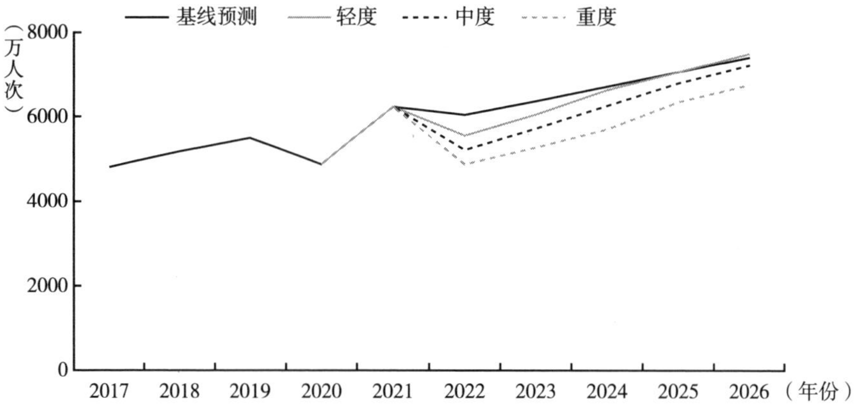

图 2　2022~2026 年深圳国内旅游人数情景预测

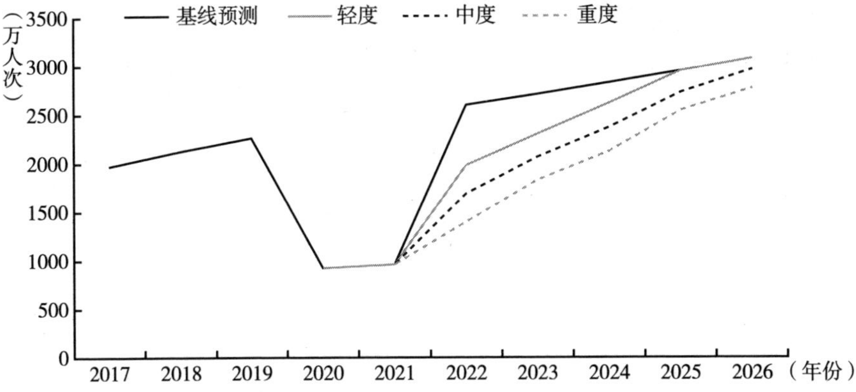

图 3　2022~2026 年珠海国内旅游人数情景预测

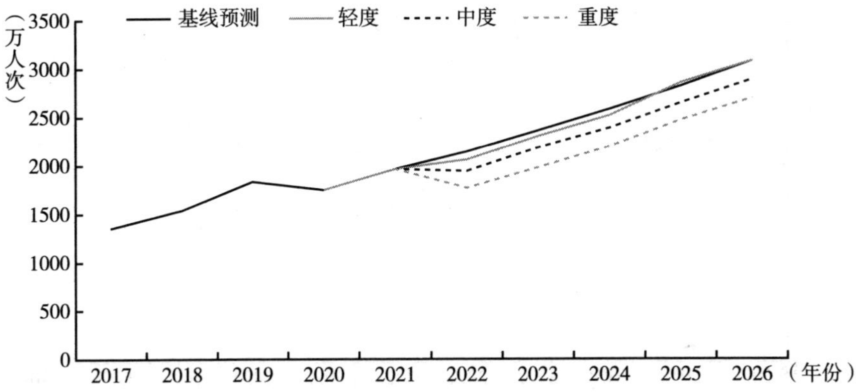

图 4　2022~2026 年佛山国内旅游人数情景预测

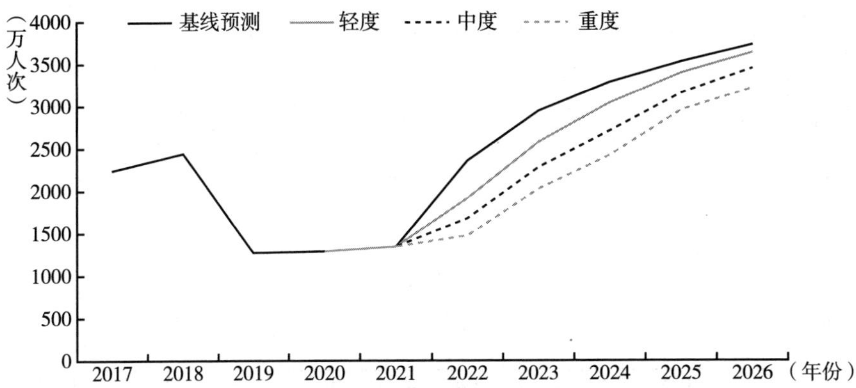

图 5　2022~2026 年惠州国内旅游人数情景预测

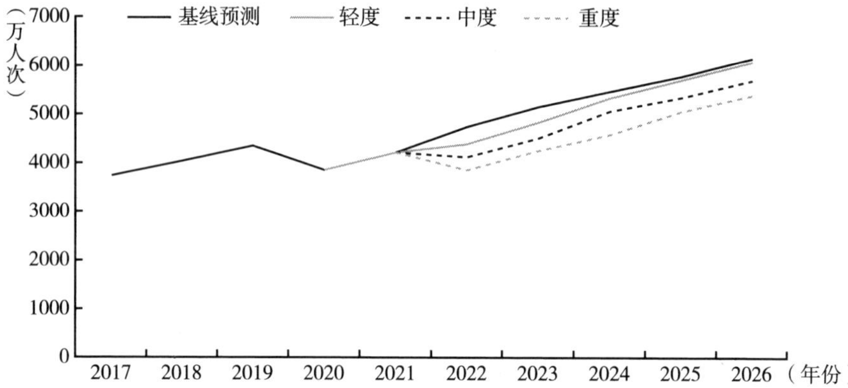

图 6　2022~2026 年东莞国内旅游人数情景预测

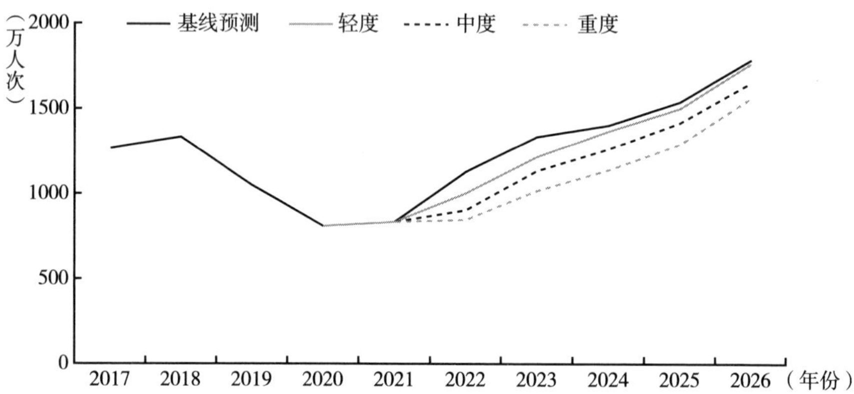

图 7　2022~2026 年中山国内旅游人数情景预测

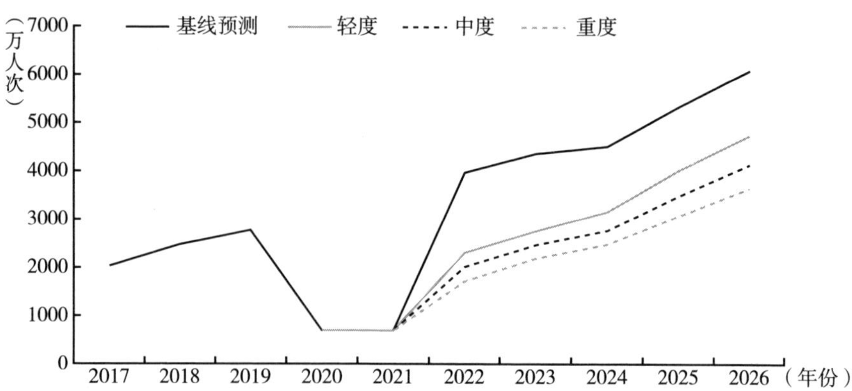

图 8　2022~2026 年江门国内旅游人数情景预测

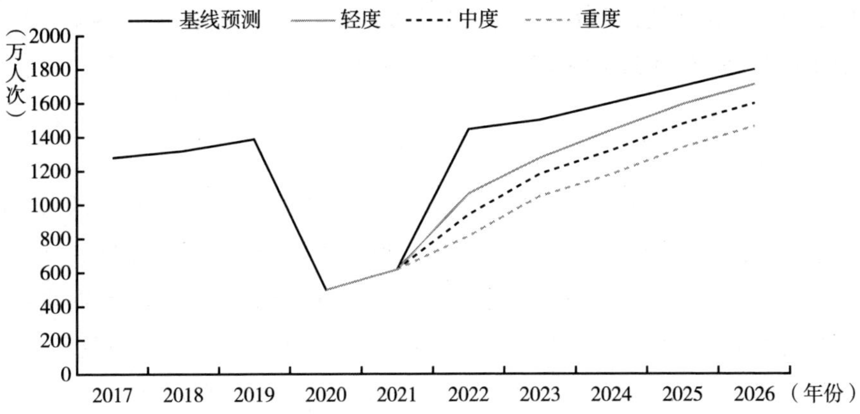

图9　2022~2026年肇庆国内旅游人数情景预测

市封锁、核酸检测和集中隔离等，国内旅游需求受疫情打击较大的粤港澳大湾区城市包括广州、珠海、惠州、中山、江门和肇庆，且在2021年仍处于低迷状态。相比而言，深圳、佛山和东莞的国内旅游需求受疫情影响较小且恢复速度较快。根据基线预测结果来看，在不存在新冠肺炎疫情的情况下，粤港澳大湾区内地9市的国内旅游人数将在2022~2026年呈现稳步增长趋势。

然而，如果疫情不能得到遏制，根据情景分析，国内旅游需求增长速度将会因疫情的影响而放缓，且其恢复速度会因疫情影响程度的不同和各市的具体情况而变化。具体而言，从较为乐观（新冠肺炎疫情对旅游需求产生轻度影响）的角度分析，首先，深圳、佛山、惠州和东莞的国内旅游人数将在2022年恢复到疫情发生前（2019年，下同）的水平。深圳、佛山和东莞的国内旅游需求虽也受到新冠肺炎疫情的冲击，但其旅游人数在2021年就开始快速增长，总体恢复速度较快。虽然惠州的国内旅游人数在疫情发生后迅速下降，但是由于其国内旅游人数的基数相比其他城市较低，所以恢复速度也相对较快。其次，广州、珠海、中山、江门的国内旅游人数预计在2023年恢复到疫情发生前的水平。由于广州在新冠肺炎疫情发生初期属于风险地区，之后也不断有境外输入病例的报告，且广州作为广东省最著名的旅游城市之一，国内旅游人数的基数较大，所以恢复速度较慢。相较于其他城市，中山旅游资源相对有限，所以其旅游需求恢复到基线水平也需更长时间。最后，肇庆的国内旅游人数预计在2024年恢复到疫情发生前的水平。虽然肇庆的旅游资源，尤其是自然吸引物丰富且优越，但是该城市的知名度较低，因此该城市对国内游客的吸引力相对有限，致使其国内旅游人数增长缓慢。

（二）入境旅游

图 10 至图 20 分别展示了 2022~2026 年粤港澳大湾区 11 个城市的入境旅游人数基线预测和情景预测。总体而言，2020 年突袭而至的新冠肺炎疫情对粤港澳大湾区 11 个城市的入境游均造成了非常明显的负面影响。为防止新冠肺炎疫情的进一步蔓延，粤港澳大湾区主要的出入境机场、口岸被收紧封锁，致使粤港澳大湾区所有城市在 2020 年的入境游客总量均减少 70%以上，其中开放程度较高的香港、澳门、广州和深圳受影响较大。2021 年，新冠肺炎疫情的持续影响使入境旅游情况仍未明显好转，其中广州、佛山、肇庆和香港的入境旅游人数较 2020 年进一步下跌。较为特殊的是，2020 年 9 月起澳门旅游的全面开放使其入境旅游人数在 2021 年有所恢复，但与疫情发生前的游客总数相比仍然减少了 80%多。由图 10 至图 20 可得，在不存在新冠肺炎疫情的情况下，粤港澳大湾区 11 个城市的入境旅游人数将在 2022~2026 年呈现平稳缓慢上升的趋势。

粤港澳大湾区 11 个城市入境旅游人数的情景预测结果表明，与国内旅游情况相似，本部分也主要呈现了新冠肺炎疫情对旅游需求在不同程度（轻度、中度、重度）影响下的情景分析。具体来说，在新冠肺炎疫情较为乐观（新冠肺炎疫情对旅游需求产生轻度影响）的情景下，广州、深圳、珠海、佛山、中山、江门、香港和澳门将在 2024 年恢复至疫情发生前的水平，惠州和肇庆则恢复速度相对较快，预计分别在 2022 年、2023 年恢复至疫情发生前的水平。粤港澳大湾区所有城市将在 2025 年恢复至基线预测水平。此外研究发现，广州、深圳、珠海、香港和澳门这些开放程度较高的城市的入境旅游人数可能会从 2025 年开始略高于基线预测。随着入境限制的放松，旅游市场可能会出现报复性消费现象。在新冠肺炎疫情对旅游需求产生中度影响的情景下，广州、深圳、珠海、佛山、东莞、中山、江门和澳门将在 2025 年恢复至疫情发生前的水平，肇庆和香港将在 2024 年恢复至疫情发生前的水平，而惠州将在 2022 年恢复至疫情发生前的水平。而在新冠肺炎疫情仍然严峻（新冠肺炎疫情对旅游需求产生重度影响）的情景下，如果严格的入境限制依旧存在，大部分城市预计在2024年以前的入境旅游恢复速度较为缓慢，如广州、深圳、珠海、佛山、东莞、中山和澳门的入境旅游人数将会在2026年接近疫情发生前的水平，江门和香港的入境旅游人数将会在2025年恢复至疫情发生前的水平。肇庆的情况则较为特殊，该城市的入境旅游人数将在2024年左右恢复至疫情发生前的水平。由于肇庆入境旅游人数的基数较小，因此随着入境限制的逐步放开，该城市会相比其他城市以较快的速度恢复至疫情发生前的水平。而惠州的旅游需求将在2022年恢复至疫情发生前的水平。

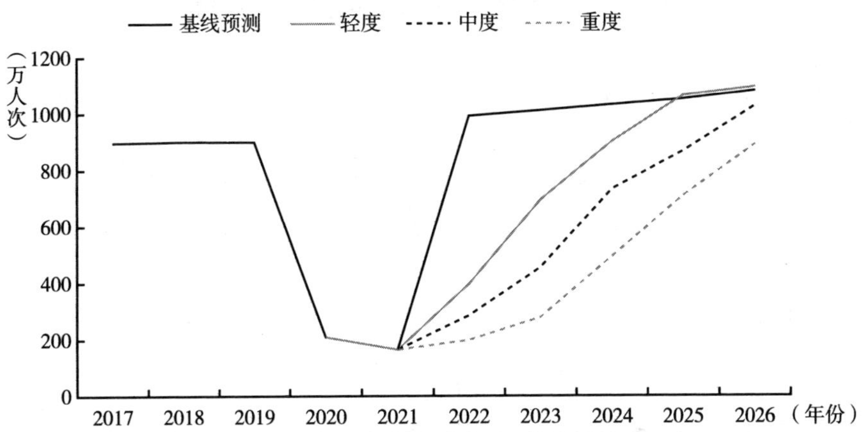

图10　2022~2026年广州入境旅游人数情景预测

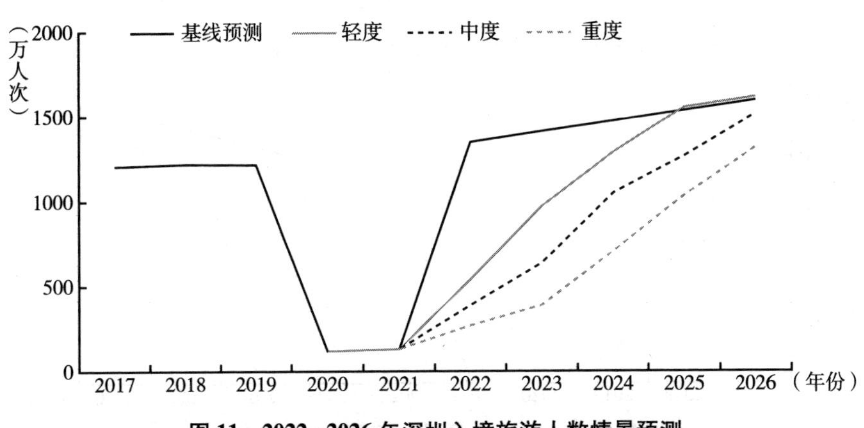

图11　2022~2026年深圳入境旅游人数情景预测

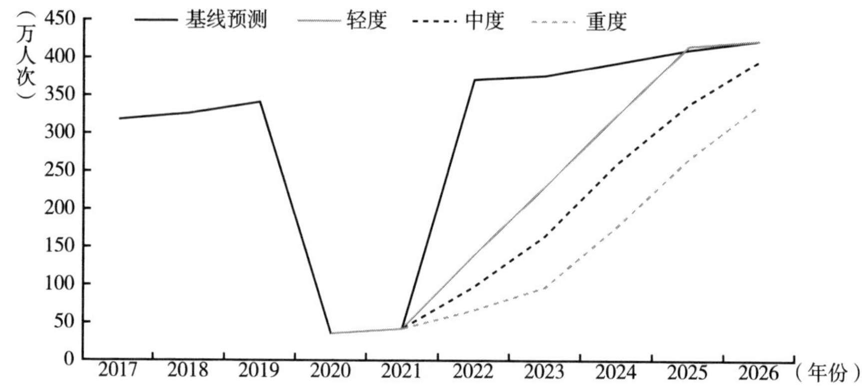

图 12　2022~2026 年珠海入境旅游人数情景预测

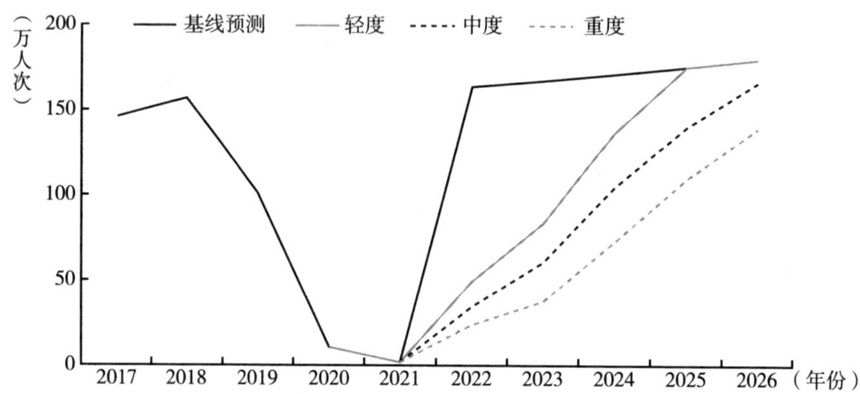

图 13　2022~2026 年佛山入境旅游人数情景预测

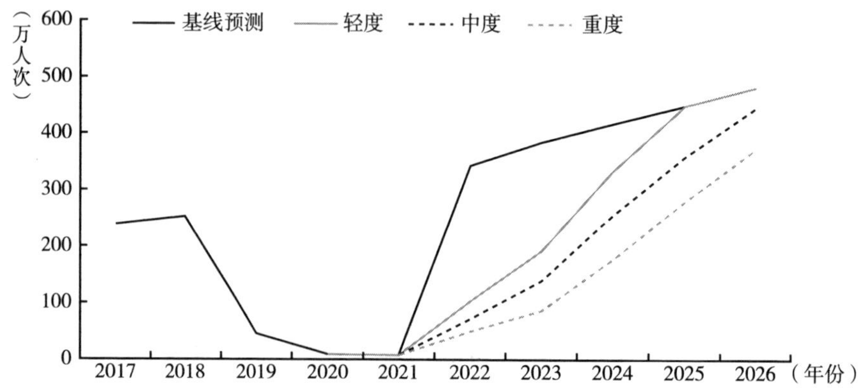

图 14　2022~2026 年惠州入境旅游人数情景预测

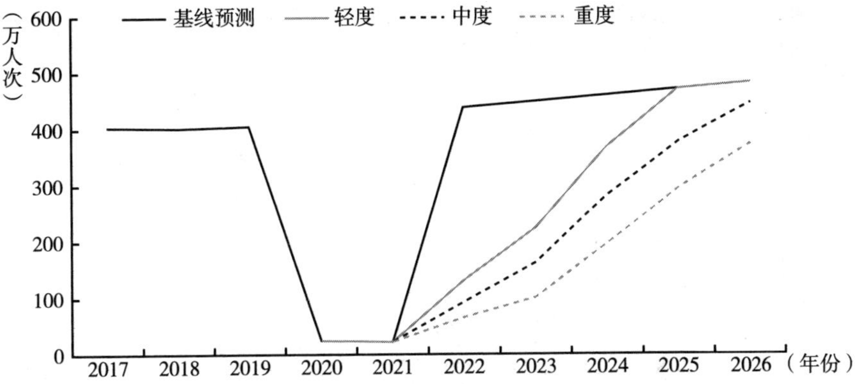

图15　2022~2026年东莞入境旅游人数情景预测

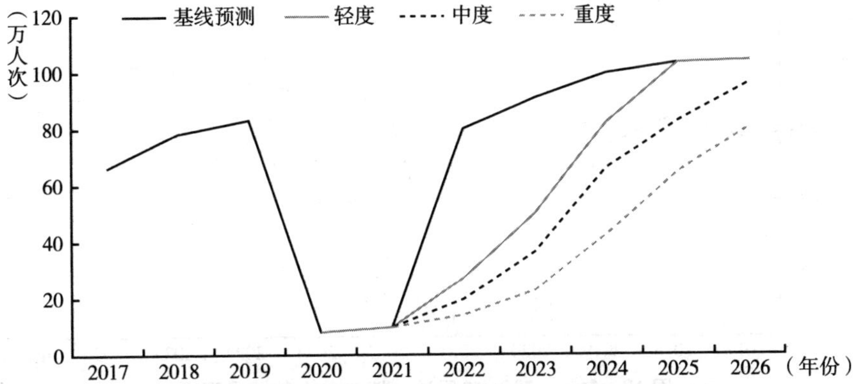

图16　2022~2026年中山入境旅游人数情景预测

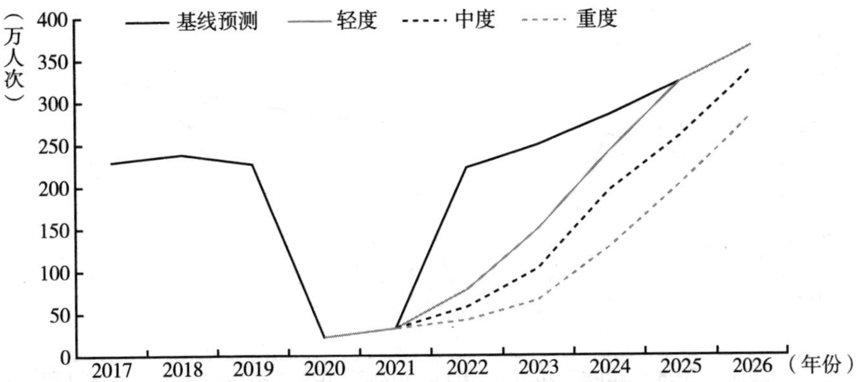

图17　2022~2026年江门入境旅游人数情景预测

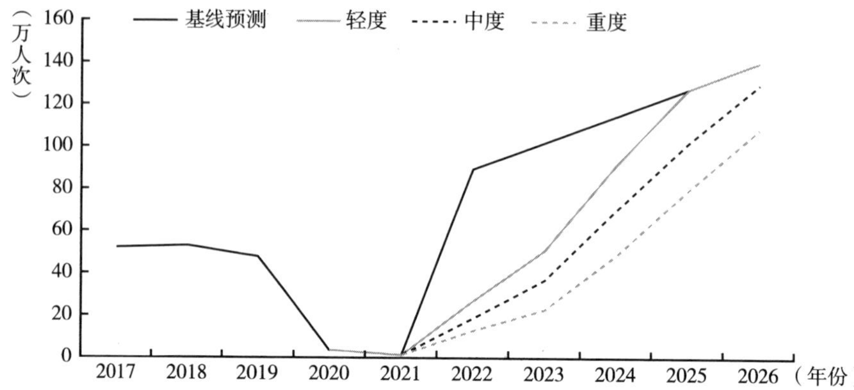

图 18　2022~2026 年肇庆入境旅游人数情景预测

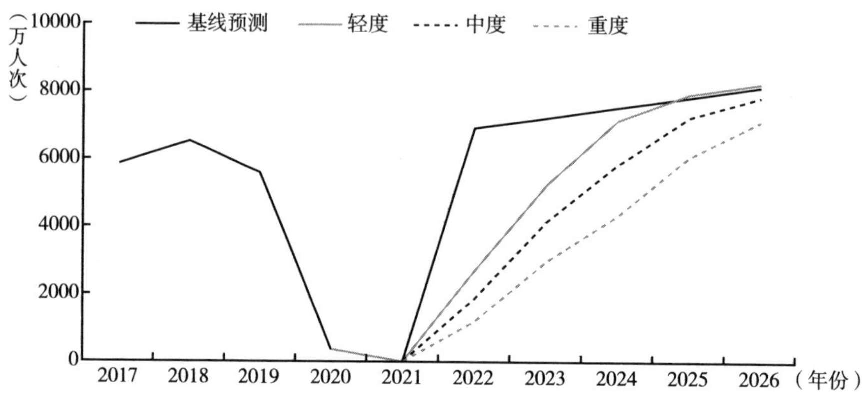

图 19　2022~2026 年香港入境旅游人数情景预测

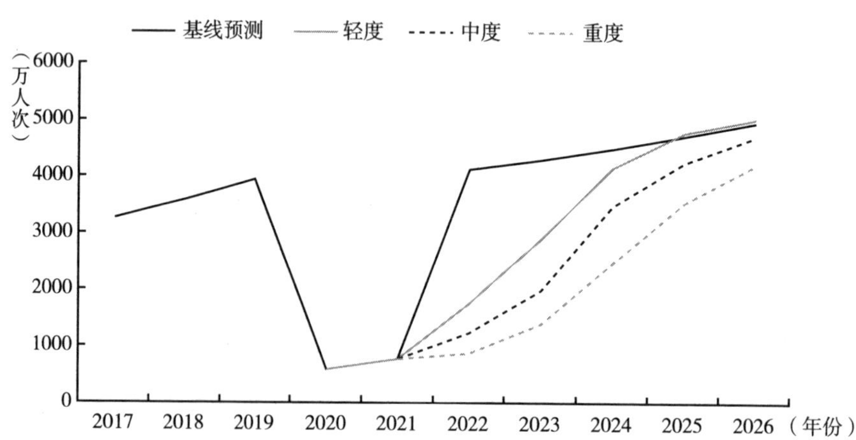

图 20　2022~2026 年澳门入境旅游人数情景预测

（三）总体旅游

表1和图21展示了2022~2026年粤港澳大湾区内地9市国内游总体旅游人数基线预测和情景预测结果。总体而言，在2020年，粤港澳大湾区内地9市的国内游总体旅游人数同比下降了28.98%；到2021年，旅游人数同比增长12.46%，恢复到2019年游客总数的79.87%。根据基线预测结果（见图21），在不存在新冠肺炎疫情的情况下，粤港澳大湾区的国内旅游需求在未来五年将呈现稳定增长趋势，年均增长率为7.05%。预计到2026年，粤港澳大湾区内地9市的国内游总体旅游人数将达到4.08亿人次。根据情景预测分析，在疫情情况较乐观（新冠肺炎疫情对旅游需求产生轻度影响）的情景下，至2026年，粤港澳大湾区内地9市的国内游总体旅游人数将达到3.97亿人次，未来五年的年均增长率为11.32%，且将恢复至接近基线预测水平。在疫情对旅游需求产生中度影响的情景下，粤港澳大湾区内地9市的国内游总体旅游人数预计在2023年恢复至疫情发生前的水平。若疫情情况较为严重（新冠肺炎疫情对旅游需求产生重度影响），受限于疫情政策收紧，国内游整体趋势恢复将会较为缓慢，到2026年可能仅恢复至2023年的基线预测水平。在疫情防控常态化时期，随着国内疫情形势的逐渐好转，国内游的恢复速度也将随之加快。如果国内疫情在未来五年发生恶化，由于国内游历史游客基数较大，仍不断涌现的局部疫情使健康风险提高，人们出行受限，旅游业将呈现缓慢恢复趋势。

表1　2022~2026年粤港澳大湾区内地9市国内游总体旅游人数情景预测

单位：人次

城市	情景	2022年	2023年	2024年	2025年	2026年
广州	基线预测	66700000	69100000	71600000	74200000	77000000
	轻度	55861250	61326250	68915000	75127500	78925000
	中度	48357500	53552500	63545000	67336500	74112500
	重度	43355000	45778750	54595000	61215000	69300000
深圳	基线预测	60431703	63720198	67149733	70607406	74064924
	轻度	55597166	60534188	66310361	71489998	75916547
	中度	52191840	57225516	62617126	67959628	72213301
	重度	48786514	52801742	57077273	63546665	67584243

续表

城市	情景	2022 年	2023 年	2024 年	2025 年	2026 年
珠海	基线预测	26000000	27100000	28300000	29500000	30800000
	轻度	19825000	23035000	26177500	29500000	31570000
	中度	16900000	20663750	23701250	27287500	29645000
	重度	13975000	18292500	21225000	25443750	27720000
佛山	基线预测	21400000	23600000	25800000	28200000	30800000
	轻度	20597500	23010000	25155000	28552500	30800000
	中度	19420500	21830000	23865000	26437500	28875000
	重度	17655000	19765000	21930000	24675000	26950000
惠州	基线预测	23565414	29422563	32826910	35230149	37254818
	轻度	19146899	25744743	30364891	34349396	36789132
	中度	16790358	22802487	27082200	31971361	33995021
	重度	14728384	20228012	24209846	29505250	32132280
东莞	基线预测	47400000	51500000	54700000	57800000	61600000
	轻度	43845000	48281250	53332500	57077500	60830000
	中度	41183490	45062500	50597500	53465000	56980000
	重度	38521980	42492650	45811250	50575000	53900000
中山	基线预测	11292469	13350771	14029802	15403632	17883700
	轻度	10022066	12182579	13679057	15018541	17660154
	中度	9033975	11348155	12626822	14171341	16542422
	重度	8469352	10179963	11399214	12900542	15648237
江门	基线预测	39675591	43577743	45085768	53354802	60908033
	轻度	22813465	27236089	31560038	40016102	47203726
	中度	19837796	24512480	27615033	34680621	41112922
	重度	16862126	21788872	24797172	30679011	36544820
肇庆	基线预测	14451201	14989970	15971328	16962321	17977575
	轻度	10657760	12741475	14374195	15902176	17078696
	中度	9393280	11804601	13176345	14757219	15955098
	重度	8128800	10492979	11778854	13357828	14606779
总计	基线预测	310916378	336361245	355463541	381258310	408289050
	轻度	258366106	294091574	329868542	367033713	396773255
	中度	233108739	268801989	304826276	338066670	369431264
	重度	210482156	241820468	272823609	311898046	344386359

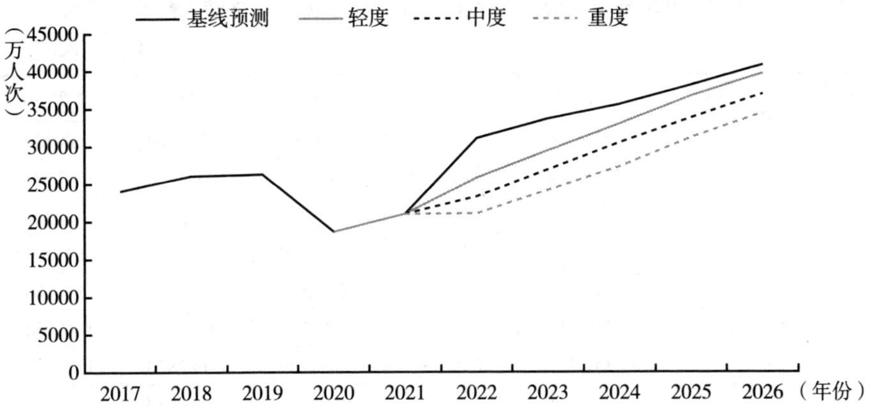

图 21　2022~2026 年粤港澳大湾区内地 9 市国内游总体旅游人数情景预测

表 2 和图 22 展示了 2022~2026 年粤港澳大湾区 11 个城市的入境游总体旅游人数基线预测和情景预测结果。总体而言，2020 年粤港澳大湾区 11 个城市的入境游总体旅游人数同比下降 89.22%，受新冠肺炎疫情的持续影响，入境游总体旅游人数在 2021 年仍同比下降 14.15%。根据基线预测结果（见图 22），在不存在新冠肺炎疫情的情况下，未来五年粤港澳大湾区入境游总体旅游人数会呈现稳步上升的趋势。在疫情情况较为乐观（新冠肺炎疫情对旅游需求产生轻度影响）的情景下，预计到 2026 年，粤港澳大湾区入境游总体旅游人数将达到 1.81 亿人次，将在 2025 年恢复至基线预测水平，并会略高于基线预测结果，未来五年年均增长率为 32.30%。与前文所述类似，在乐观情况下，虽然可能仍存在局部的边界封锁以及出行限制，但游客会在封锁解除后出现报复性消费行为，从而使游客总量略高于基线预测水平。在疫情对旅游需求产生中度影响的情景下，粤港澳大湾区入境游总体旅游人数会在 2026 年恢复至接近 2025 年的基线预测水平。若疫情情况仍然较为严重（新冠肺炎疫情对旅游需求产生重度影响），受限于出行政策的收紧，入境游整体恢复趋势将较为缓慢。预计在 2024 年之前入境游总体旅游人数可能仍然低于 1 亿人次，且在 2026 年仅恢复至接近 2023 年的基线预测水平。

表 2　2022~2026 年粤港澳大湾区 11 个城市入境游总体旅游人数情景预测

单位：人次

城市	情景	2022 年	2023 年	2024 年	2025 年	2026 年
广州	基线预测	9914685	10100000	10300000	10500000	10800000
	轻度	3965874	6943750	9012500	10631250	10935000
	中度	2850472	4545000	7338750	8662500	10260000
	重度	1982937	2777500	4944000	7087500	8910000
深圳	基线预测	13492247	14120402	14732897	15348933	15971663
	轻度	5396899	9707776	12891285	15540795	16171309
	中度	3879021	6354181	10497189	12662870	15173080
	重度	2698449	3883111	7071791	10360530	13176622
珠海	基线预测	3712965	3766608	3940129	4113650	4237760
	轻度	1392362	2307047	3250606	4165071	4237760
	中度	974653	1647891	2610335	3393761	3972900
	重度	668334	969902	1773058	2673873	3390208
佛山	基线预测	1637020	1672649	1711797	1753603	1797539
	轻度	491106	836325	1369438	1753603	1797539
	中度	343774	606335	1048476	1402882	1662724
	重度	237368	376346	727514	1096002	1393093
惠州	基线预测	3432171	3847704	4176140	4496767	4828337
	轻度	1029651	1923852	3340912	4496767	4828337
	中度	720756	1394793	2557886	3597414	4466212
	重度	497665	865733	1774860	2810479	3741961
东莞	基线预测	4383157	4488568	4596673	4706564	4818857
	轻度	1314947	2244284	3677338	4706564	4818857
	中度	931421	1627106	2815462	3765251	4457443
	重度	657474	1009928	1953586	2941603	3734614
中山	基线预测	799528	907812	995182	1032383	1040839
	轻度	269841	499296	821025	1032383	1040839
	中度	195884	363125	659308	825906	962777
	重度	139917	226953	422952	645239	806651
江门	基线预测	2217905	2486899	2837101	3233943	3660652
	轻度	776267	1492140	2411536	3233943	3660652
	中度	571111	1025846	1950507	2587155	3386103
	重度	415857	652811	1276695	2021215	2837005

续表

城市	情景	2022 年	2023 年	2024 年	2025 年	2026 年
肇庆	基线预测	896010	1021824	1147647	1274325	1402746
	轻度	268803	510912	918117	1274325	1402746
	中度	188162	370411	702934	1019460	1297540
	重度	129921	229910	487750	796453	1087128
香港	基线预测	69200000	72200000	75300000	78300000	81400000
	轻度	26815000	52345000	71535000	79278750	82417500
	中度	18511000	41515000	58357500	72427500	78347500
	重度	11764000	29782500	43297500	60682500	71225000
澳门	基线预测	41222194	42935931	44948372	47165857	49540490
	轻度	17519433	28981753	41577244	47755431	50159746
	中度	12366658	19857868	34834988	42449272	47063466
	重度	8759716	13954178	24721605	35374393	42109417
总计	基线预测	150907882	157548397	164685938	171926025	179498883
	轻度	59240183	107792135	150805001	173868882	181470285
	中度	41532912	79307556	123373335	152793971	171049745
	重度	27951638	54728872	88451311	126489787	152411699

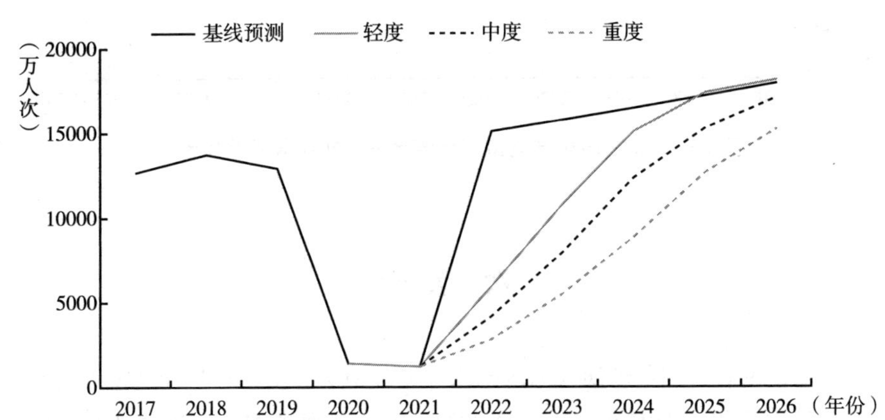

图 22　2022~2026 年粤港澳大湾区 11 个城市入境游总体旅游人数情景预测

最后，本报告阐明了 2022~2026 年粤港澳大湾区总体旅游人数基线预测和情景预测结果，如图 23 所示。与粤港澳大湾区国内游和入境游总体旅游人数预测结果类似，基线预测结果表明，在不存在新冠肺炎疫情的情况下，粤港澳大湾区 2022~2026 年的总体旅游人数将呈现稳步上升的趋势，至 2026 年游客总量将达到 5.88 亿人次。反观如果新冠肺炎疫情的影响短期内常态化存在，在疫情情况较为乐观（新冠肺炎疫情对旅游需求产生轻度影响）的情景下，粤港澳大湾区总体旅游人数会在 2023 年恢复至疫情发生前的水平并随后稳步上升；在疫情较为严重（新冠肺炎疫情对旅游需求产生中度影响）时，粤港澳大湾区总体旅游人数会在 2024 年恢复至疫情发生前的水平；而在疫情最为严重（新冠肺炎疫情对旅游需求产生重度影响）的情景下，2022 年粤港澳大湾区总体旅游人数预计与 2020 年和 2021 年的总量相近，仅为 2 亿人次左右，随后可能出现缓慢上升的趋势，并会在 2025 年恢复至疫情发生前的水平。

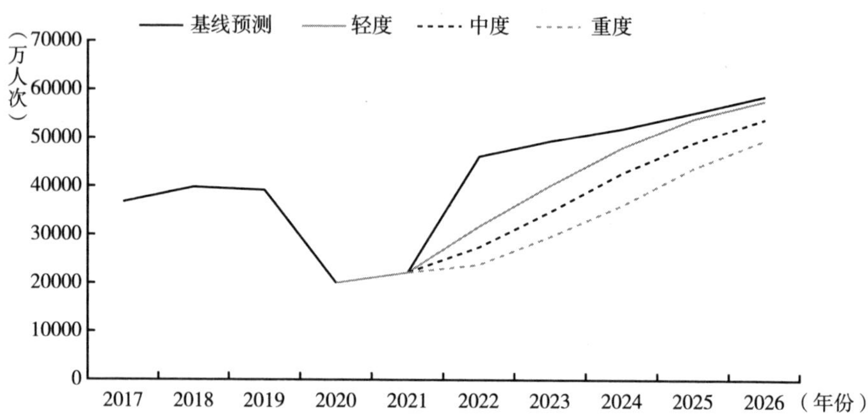

图 23　2022~2026 年粤港澳大湾区总体旅游人数情景预测

六　结论

本报告主要关注粤港澳大湾区的旅游复苏情况，借助计量经济模型与基于情景分析的德尔菲专家预测法，对 2022~2026 年粤港澳大湾区内地 9 市的国内游、11 个城市的入境游以及总体旅游需求进行了预测，并分析了不同影响程度的新冠肺炎疫情可能对旅游需求复苏产生的影响。

总体而言，历史数据显示，2020 年突袭而至的新冠肺炎疫情对粤港澳大湾区国内游和入境游产生了极其明显的负面影响，其中国内游的恢复速度较入境游而言更快。虽然新冠肺炎疫情情况逐渐转好，但依旧严峻的国外疫情形势和国内疫情的局部反弹使游客更倾向于选择短期游、境内游和省内游。除此之外，基线预测结果表明在不存在新冠肺炎疫情的情况下，粤港澳大湾区所有城市的国内游、入境游和总体游游客总量均呈现稳步上升的趋势，这表明一旦危机结束，粤港澳大湾区旅游业的发展潜力仍存在较大的上升空间。

在疫情情况未能得到遏制的情况下，情景分析结果表明，国内游和入境游的恢复速度会因疫情的影响程度和各城市的具体情况不同而不同。根据新冠肺炎疫情对旅游需求呈现轻度、中度和重度影响的情景预测分析，粤港澳大湾区的国内游客总数预计分别在2022年、2023年和2024年恢复到疫情发生前的水平；粤港澳大湾区的入境游客总数预计分别在2024年、2025年和2026年恢复到疫情发生前的水平；粤港澳大湾区的总体旅游人数预计分别在2023年、2024年和2025年恢复到疫情发生前的水平。此外，在疫情形势较为乐观（新冠肺炎疫情对旅游需求的影响为轻度）的情景下，入境游市场的旅游人数增长速度相比于国内游而言更快，其原因之一是国内旅游游客基数较大使其需要更长时间恢复至疫情发生前的水平；除此之外，相比而言，入境游游客基数较小，且在防疫措施放宽时，入境游市场将可能迎来游客们的报复性消费。

从危机管理的角度来看，本报告主要为政府提出合理的旅游发展战略、企业制定适宜的经营策略，以及个人做出精确的决策提供准确和有效的信息。通过考虑新冠肺炎疫情不同程度的影响可以更好地为当前粤港澳大湾区旅游业的复苏提供全面的危机管理建议。尽管新冠肺炎疫情在很大程度上阻碍了旅游业的发展，但它也在一定程度上为从业人员提供了旅游改革和创新、国际合作和区域交流方面的机会，例如通过推动智慧和数字旅游发展、刺激消费以及提升旅游品质等措施来重建旅游业信心。

最后，由于可获取的数据集长度有限且数据频率较低，本报告依据计量经济模型生成的长期旅游需求预测结果可能存在一定的偏差，未来研究可以考虑通过获取更高频率的数据集来扩展样本空间，从而进一步提升预测精度。

参考文献

广东省统计局，2021，《广东统计年鉴》，广东统计信息网，http：//stats. gd. gov. cn/gdtjnj/。

Chen, Y., H. Kang, and T. Yang. 2007. "A Study on the Impact of SARS on the Forecast of Visitor Arrivals to China." *Journal of Asia-Pacific Business* 8: 31–50.

Choe, Y., J. Wang, and H. Song. 2021. "The Impact of the Middle East Respiratory Syndrome Coronavirus on Inbound Tourism in South Korea toward Sustainable Tourism." *Journal of Sustainable Tourism* 1: 1–17.

Chu, F. 2008. "A Fractionally Integrated Autoregressive Moving Average Approach to Forecasting Tourism Demand." *Tourism Management* 29: 79–88.

Durbarry, R., and M. T. Sinclair. 2003. "Market Shares Analysis: The Case of French Tourism Demand." *Annals of Tourism Research* 30: 927–941.

Fotiadis, A., S. Polyzos, and T. Huan. 2021. "The Good, the Bad and the Ugly on COVID-19 Tourism Recovery." *Annals of Tourism Research* 87: 103117.

Ghaderi, Z., A. P. Mat Som, and J. C. Henderson. 2015. "When Disaster Strikes: The Thai Floods of 2011 and Tourism Industry Response and Resilience." *Asia Pacific Journal of Tourism Research* 20: 399–415.

Huang, J. H., and J. C. H. Min. 2002. "Earthquake Devastation and Recovery in Tourism: The Taiwan Case." *Tourism Management* 23: 145–154.

Jiao, E. X., and J. L. Chen. 2019. "Tourism Forecasting: A Review of Methodological Developments over the Last Decade." *Tourism Economics* 25: 469–492.

Kim, Y. R., A. Liu, J. Stienmetz, and Y. Chen. 2022. "Visitor Flow Spillover Effects on Attraction Demand: A Spatial Econometric Model with Multisource Data." *Tourism Management* 88: 104432.

Kourentzes, N., A. Saayman, P. Jean-Pierre, D. Provenzano, M. Sahli, N. Seetaram, and S. Volo. 2021. "Visitor Arrivals Forecasts Amid COVID-19: A Perspective from the Africa Team." *Annals of Tourism Research* 88: 103197.

Lee, S., C. Oh, and J. T. O'Leary. 2005. "Estimating the Impact of the September 11 Terrorist Attacks on the US Air Transport Passenger Demand Using Intervention Analysis." *Tourism Analysis* 9: 355–361.

Lin, V. S., and H. Song. 2015. "A Review of Delphi Forecasting Research in Tourism." *Current Issues in Tourism* 18: 1099–1131.

Lin, V. S. 2013. "Improving Forecasting Accuracy by Combining Statistical and Judgmental Forecasts in Tourism." *Journal of China Tourism Research* 9: 325–352.

Lin, V. S., P. Goodwin, and H. Song. 2014. "Accuracy and Bias of Experts' Adjusted Forecasts." *Annals of Tourism Research* 48: 156–174.

Liu, A. Y., L. Vici, V. Ramos, S. Giannoni, and A. Blake. 2021. "Visitor Arrivals Forecasts Amid COVID-19: A Perspective from the Europe Team." *Annals of Tourism Research* 88: 103182.

Pesaran, M. H., Y. Shin, and R. J. Smith. 2001. "Bounds Testing Approaches to the Analysis of Level Relationships." *Journal of Applied Econometrics* 16: 289-326.

Polyzos, S., A. Samitas, and A. E. Spyridou. 2021. "Tourism Demand and the COVID-19 Pandemic: An Lstm Approach." *Tourism Recreation Research* 46: 175-187.

Qiu, R. T. R., D. C. Wu, V. Dropsy, S. Petit, S. Pratt, and Y. Ohe. 2021. "Visitor Arrivals Forecasts Amid COVID-19: A Perspective from the Asia and Pacific Team." *Annals of Tourism Research* 88: 103155.

Saha, S., and G. Yap. 2013. "The Moderation Effects of Political Instability and Terrorism on Tourism Development: A Cross-Country Panel Analysis." *Journal of Travel Research* 53: 509-521.

Sanders, N. R., and L. P. Ritzman. 2001. "Judgmental Adjustment of Statistical Forecasts." *In Principles of Forecasting: A Handbook for Researchers and Practitioners*, edited by Armstrong, J., pp. 405-416. Boston: Kluwer Academic Publishers.

Shi, W., and K. X. Li. 2017. "Impact of Unexpected Events on Inbound Tourism Demand Modeling: Evidence of Middle East Respiratory Syndrome Outbreak in South Korea." *Asia Pacific Journal of Tourism Research* 22: 344-356.

Smeral, E. 2010. "Impacts of the World Recession and Economic Crisis on Tourism: Forecasts and Potential Risks." *Journal of Travel Research* 49: 31-38.

Song, H., and G. Li. 2008. "Tourism Demand Modelling and Forecasting—A Review of Recent Research." *Tourism Management* 29: 203-220.

Song, H., and S. F. Witt. 2003. "Tourism Forecasting: The General-to-Specific Approach." *Journal of Travel Research* 42: 65-74.

Song, H., and S. Lin. 2010. "Impacts of the Financial and Economic Crisis on Tourism in Asia." *Journal of Travel Research* 49: 16-30.

Song, H., B. Z. Gao, and V. S. Lin. 2013. "Combining Statistical and Judgmental Forecasts Via a Web-Based Tourism Demand Forecasting System." *International Journal of Forecasting* 29: 295-310.

Song, H., G. Li, S. F. Witt, and B. Fei. 2010a. "Tourism Demand Modelling and Forecasting: How Should Demand Be Measured? ." *Tourism Economics* 16: 63-81.

Song, H., R. T. R. Qiu, and J. Park. 2019. "A Review of Research on Tourism Demand Forecasting: Launching the Annals of Tourism Research Curated Collection on Tourism Demand Forecasting." *Annals of Tourism Research* 75: 338-362.

Song, H., S. F. Witt, and G. Li. 2008. *The Advanced Econometrics of Tourism Demand.* New

York: Routledge.

Song, H., S. Lin, S. F. Witt, and X. Zhang. 2011. "Impact of Financial/Economic Crisis on Demand for Hotel Rooms in Hong Kong." *Tourism Management* 32: 172–186.

Song, H., S. Lin, X. Zhang, and Z. Gao. 2010b. "Global Financial/Economic Crisis and Tourist Arrival Forecasts for Hong Kong." *Asia Pacific Journal of Tourism Research* 15: 223–242.

Taylor, J. W. 2003. "Exponential Smoothing with a Damped Multiplicative Trend." *International Journal of Forecasting* 19: 715–725.

Woosnam, K. M., and H. Kim. 2014. "Hurricane Impacts on Southeastern United States Coastal National Park Visitation." *Tourism Geographies* 16: 364–381.

Wu, D. C., Z. Cao, L. Wen, and H. Song. 2020. "Scenario Forecasting for Global Tourism." *Journal of Hospitality & Tourism Research* 45: 28–51.

Yeoman, I., M. Galt, and U. McMahon-Beattie. 2005. "A Case Study of How Visitscotland Prepared for War." *Journal of Travel Research* 44: 6–20.

Ying, T., K. Wang, X. Liu, J. Wen, and E. Goh. 2021. "Rethinking Game Consumption in Tourism: A Case of the 2019 Novel Coronavirus Pneumonia Outbreak in China." *Tourism Recreation Research* 46: 304–309.

Zhang, H., and J. Lu. 2022. "Forecasting Hotel Room Demand Amid COVID–19." *Tourism Economics* 28: 200–221.

Zhang, H., H. Song, L. Wen, and C. Liu. 2021. "Forecasting Tourism Recovery Amid COVID–19." *Annals of Tourism Research* 87: 103149.

新产品和新业态篇

New Product and New Industrial Types Reports

B.4

2017~2022年广东省红色旅游发展政策特征分析

左 冰 游雲霞 陈奕滨*

摘 要： 政策文本中具有一定指向性的特征词能反映政策制定者对于某一问题的重视程度和注意力强度，在此基础上绘制的词云图则能通过可视化的方式凸显相关政策的主题和核心概念。本报告以广东省级层面的红色旅游相关政策文件以及省内各地市的红色旅游相关政策文件作为分析文本进行质性分析，采用 ROST CM6 内容挖掘软件对政策文本进行词频分析，然后通过 TF-IDF 算法进一步筛选出各地市相关政策的代表性特征词，并以词云图的形式进行数据呈现。研究发现，广东省红色旅游发展政策在制定过程中表现出对四个方面的重视：一是重视红色遗存和革命文物的保护与利用；二是重视将红色旅游与革命老区振兴发展相结合；三是重视红色旅游和地方特色相结合，突出地方性和差异化；四是重视

* 左冰，博士，中山大学旅游学院教授，研究方向为旅游经济与金融、红色旅游与可持续旅游。游雲霞，中山大学旅游学院硕士研究生，研究方向为旅游社会学。陈奕滨，博士，中山大学旅游学院教师，研究方向为体育与休闲旅游。

管理制度建设和责任主体落实。以上政策的侧重点表明广东省红色旅游发展政策保持了与习近平总书记讲话精神的高度一致性，相关政策聚焦于贯彻落实讲话精神并制定了具体规划和行动方案，涵盖土地、资金、转移支付以及修缮工程、公共文化服务水平提升等方面。未来政策制定中还需要将红色旅游发展政策与乡村振兴战略紧密结合；重视政策中对可持续发展理念的贯彻与指引；注重激发红色文化资源的精神价值，与建设文化强国战略相结合。

关键词： 红色文化　旅游政策　特征词　TF-IDF 算法　词云图

一　政策背景

发展红色旅游是党中央、国务院做出的一项重大决策部署。2004 年 12 月中共中央办公厅、国务院办公厅印发了《2004—2010 年全国红色旅游发展规划纲要》，此后又在 2011 年 5 月和 2016 年 12 月先后印发《2011—2015 年全国红色旅游发展规划纲要》和《2016—2020 年全国红色旅游发展规划纲要》。党的十八大以来，习近平总书记在多个场合的讲话明确表达了对红色文化、红色基因传承的重视，“让红色基因代代相传”是习近平总书记多次提及的切切嘱托和冀望。这既体现了以习近平同志为核心的党中央对红色遗产保护利用工作的高度重视，也反映出在新时代背景下，发展红色旅游作为红色文化传播的重要载体，在文化强国战略中被寄予了深厚的期望（张建儒，2019）。

2018 年 7 月，中共中央办公厅、国务院办公厅印发首个专门针对革命文物的政策文件《关于实施革命文物保护利用工程（2018—2022 年）的意见》。该意见提出，要拓展革命文物利用途径，深入挖掘革命文物的价值内涵和文化元素，运用市场机制开发更多文化创意产品，促进文化消费。除此之外，国家发展改革委会同中宣部、文化部、国家旅游局、财政部等相关部门于 2008 年制定发布了《关于进一步促进红色旅游健康持续发展的意见》；2022 年 1 月，国家发展改革委会同文化和旅游部、国家文物局印发《推动革命老区红色旅游高质量发展有关方案》，以推动革命老区用活用好各类红色资源，积极发展红色旅游，“加强红色资源保护利用”“推进红色旅游品质升级”“优化红色旅游发展格局”。

作为中国近现代革命的策源地之一以及改革开放先行区，广东省拥有非常丰富的红色资源。活化利用革命文物和红色资源、传承红色文化是新时代党和国家建设的重要环节，也是广东省委在建党一百周年的历史条件下，开启实现第二个百年奋斗目标新征程的重要历史任务，是贯彻落实广东省委“推进党的建设新的伟大工程为政治保证”的奠基性工作。以2004年12月国家发布的首个指导全国红色旅游实践的战略性文件为开端，广东省在中央相关政策的统领下，积极推进红色资源活化利用工作，夯实广东省红色旅游发展基础，并结合国家层面不同部门的政策，制订相关的工作实施计划。特别是近年来，在习近平总书记对革命文物工作和党史学习工作做出的重要指示和对广东省的重要指示批示精神指导下，广东省积极推出革命文物和红色资源保护利用的相关政策，多领域、多举措引导红色文化资源活化利用的常态化和制度化发展，提升广东省红色文化资源的保护和活化利用水平，先后密集出台了《广东省红色革命遗址保护利用行动方案》《广东省实施革命文物保护利用工程行动计划》等政策文件，以及《广东省红色革命资源保护利用三年提升行动计划（2019—2021）》和《广东省革命遗址保护条例》等相关规划和政策法规（李强等，2019；广东省人大教育科学文化卫生委员会，2021）。2018年，广东对全省重要红色旅游资源进行普查，形成《广东省重要红色旅游资源汇编》，共计400余处，初步掌握了全省红色旅游资源的分布情况，重点打造了10条红色旅游线路（王永平等，2021）。省级财政年度文物保护专项经费也逐年递增，从2015年的6000万元增加到2019年的1.6亿元。2018年广东省财政厅会同中共广东省委宣传部、广东省文化厅等印发《关于建立红色革命遗址经费保障机制的实施意见》，该意见指出省财政从2019年起5年专项安排15亿元实施省级以上红色革命遗址保护建设、展陈提升行动，统筹各项相关资金70亿元，支持红色革命遗址免费开放、红色教育基地打造等工作（广东省文化和旅游厅，2020b；黄堃媛等，2021）。

为深入贯彻落实习近平总书记关于革命文物工作和红色文化传承的重要指

示精神，庆祝中国共产党成立100周年，发挥好红色遗存和革命文物在党史学习教育、革命传统教育、爱国主义教育方面的重要作用，广东省各地市在挖掘、保护、利用红色革命资源工作中纷纷出台相应的支持性政策，特别是广州市、汕尾市、云浮市、韶关市、梅州市等地市探索形成了各具特色的先进经验，在绘制红色革命遗址分布图，坚持立法保护红色革命资源，发展“红色+旅游”等方面各有创新。在各级党委政府和社会各界的共同努力下，广东省革命文物得到较好保护，红色旅游得到较快发展，取得了一定成效。截至2021年10月，广东省建成全国红色旅游经典景区13个，革命类A级旅游景区30个；文旅部门共推出129条红色旅游线路，串联起众多代表性革命遗址（南方新闻网，2021）。2020年，广东红色旅游接待人数达1.2亿人次，红色旅游综合收入达550亿元，分别占当年全省接待旅游总人数的52.0%和旅游总收入的11.7%。

本报告以广东省级革命资源保护和红色旅游发展政策以及广东省内各地市相关政策作为分析文本，采用内容分析法对相关政策文本进行词频分析，并使用TF-IDF算法提取各地市相关政策的特征词，对政策文本进行质性分析和可视化呈现，挖掘广东省红色旅游发展政策的特征词，比较全国、省、各地市红色旅游发展政策的核心主题和区域特征，反映红色文化资源活化利用过程中的政策偏好和存在的问题与不足，对于活化利用广东省红色资源，更好地挖掘、展示、传播党的优秀历史和传统，增强爱国主义教育效果，传承红色文化，发扬革命传统，提升四个自信，引领社会主义发展，提升广东省红色文化的价值和在国家文化建设中的地位具有重要的政治意义和实践价值。

二　广东省级层面红色旅游相关政策高频特征词

广东省出台的红色旅游相关政策文件大体上可以分为三类：地方性法规、规划类和工作指导类。其中，地方性法规政策文件，如2019年11月广东省人大常委会发布的《广东省促进革命老区发展条例》和2021年3月广东省司法厅发布的《广东省革命遗址保护条例（送审稿）》。规划类政策文件，如广东省发展和改革委员会于2018年9月发布的《海陆丰革命老区振兴发展规划》。工作指导类政策文件可进一步分为：①革命遗址保护类，如2017年出台的

《关于进一步加强红色军事文化遗产保护利用的意见》、2018 年出台的《广东省红色革命遗址保护利用行动方案》和 2019 年出台的《广东省红色革命资源保护利用三年提升行动计划（2019—2021）》（广东省文化和旅游厅，2020a）；②红色旅游类，如 2018 年出台的《广东省红色旅游发展实施方案（2018—2021 年）》和 2019 年出台的《广东省关于加快文化产业发展的若干政策意见》；③与革命老区和中央苏区相关的政策文件，如 2019 年出台的《中共广东省委　广东省人民政府关于进一步推动我省革命老区和原中央苏区振兴发展的意见》和 2020 年发布的《广东省关于进一步提升革命老区和原中央苏区公共文化服务水平三年行动计划（2020—2022 年）》；④专项资金保障类，如 2018 年发布的《关于建立红色革命遗址经费保障机制的实施意见》。

表 1 列出了 2017～2022 年广东省级层面出台的红色旅游相关政策文件，共计 17 份，这些政策文件重点涉及革命遗址保护和革命老区发展，部分政策文件还明确了具体的行动方案。

表 1　2017～2022 年广东省级层面红色旅游相关政策文件

序号	时间	政策文件类型	颁布部门	政策文件名称
1	2017 年 5 月	意见	广东省委宣传部、省文化厅等部门联合	《关于进一步加强红色军事文化遗产保护利用的意见》
2	2018 年 1 月	行动方案	广东省委	《广东省红色革命遗址保护利用行动方案》
3	2018 年 1 月	实施方案	广东省委办公厅、省政府	《广东省红色旅游发展实施方案（2018—2021 年）》
4	2018 年 6 月	实施意见	广东省财政厅会同广东省委宣传部、省文化厅等	《关于建立红色革命遗址经费保障机制的实施意见》
5	2018 年 9 月	发展规划	广东省发展和改革委员会	《海陆丰革命老区振兴发展规划》
6	2019 年 5 月	意见	广东省委办公厅	《中共广东省委　广东省人民政府关于进一步推动我省革命老区和原中央苏区振兴发展的意见》
7	2019 年 5 月	指引	广东省文物局	《广东省文物建筑合理利用指引》

续表

序号	时间	政策文件类型	颁布部门	政策文件名称
8	2019年6月	行动计划	广东省委办公厅、省政府	《关于加强我省文物保护利用改革行动计划》《广东省实施革命文物保护利用工程行动计划》
9	2019年7月	奖补政策	广东省财政厅	《关于实施老区苏区发展专项奖补政策的通知》
10	2019年8月	行动计划	广东省委宣传部等部门联合	《广东省红色革命资源保护利用三年提升行动计划(2019—2021)》
11	2019年11月	发展条例	广东省人大常委会	《广东省促进革命老区发展条例》
12	2019年12月	政策意见	广东省委宣传部、广东省文化和旅游厅	《广东省关于加快文化产业发展的若干政策意见》
13	2020年1月	行动计划	广东省委宣传部、广东省文化和旅游厅	《广东省关于进一步提升革命老区和原中央苏区公共文化服务水平三年行动计划(2020—2022年)》
14	2020年3月	工作指引	广东省文化和旅游厅	《加快推进我省革命老区和原中央苏区红色旅游发展的工作指引(2020—2022年)》
15	2020年8月	管理办法	广东省财政厅	修订《广东省革命老区转移支付资金管理办法》
16	2021年3月	保护条例	广东省司法厅	《广东省革命遗址保护条例(送审稿)》
17	2022年1月	保护条例	广东省人大常委会	《广东省革命遗址保护条例》

资料来源：课题组收集汇编而成。

汇总以上政策文件的文本内容并进行初步整理之后进行分词和词频统计。统计结果显示，广东省级层面出台的红色旅游相关政策文件的文本中排前20的高频特征词从高到低依次为：革命、文化、红色、老区、发展、旅游、保护、利用、苏区、遗址、公共服务、行动、省委、政策、文物、振兴、工程建设、产业、保障、宣传部。这说明广东省红色旅游相关政策在空间上主要聚焦于革命老区和原中央苏区，注重挖掘红色文化，政策重心以保护革命遗址、发展红色旅游以及提升公共服务三方面为主。本报告同步整理了习近平总书记2013~2022年关于红色基因与革命文物保护的相关讲话，并以讲话内容为文本对其高频特征词进行了整理，从高到低依次为：中国、历史、革命、精神、人民、伟大、发展、社会主义、学习、马克思主义、奋斗、教育、红色、重要、增强、中华民族、工作、共产党、建设、国家。将广东省级层面红色旅游相关政策文本的高频特征词与习近平总书记讲话文本中排前20的高频特征词（见表2）进行对比，我们可以发现，“革命”和“发展”是广东省级层面红色旅游相关政策文本与习近平总书记讲话文本中的超高频共现词。不同的是，习近平总书记讲话着重于从马克思主义和社会主义的精神引领层面推动红色文化教育、红色基因传承，广东省级政策更多地侧重于具体规划和行动的落实，涵盖革命老区、苏区、文物遗址保护、公共服务和产业发展等工作重点。

表2　习近平总书记讲话文本和广东省级层面红色旅游相关政策文本高频特征词比较

按词频从高到低排序	习近平总书记讲话文本（2013~2022年）		广东省级层面红色旅游相关政策文本（2017~2022年）	
	特征词	词频（次）	特征词	词频（次）
1	中国	63	革命	73
2	历史	48	文化	56
3	革命	46	红色	52
4	精神	39	老区	48
5	人民	39	发展	46
6	伟大	34	旅游	31
7	发展	31	保护	30
8	社会主义	28	利用	28
9	学习	26	苏区	27
10	马克思主义	26	遗址	25
11	奋斗	24	公共服务	19
12	教育	24	行动	16
13	红色	23	省委	16
14	重要	23	政策	16
15	增强	23	文物	14
16	中华民族	21	振兴	13
17	工作	20	工程建设	11
18	共产党	19	产业	11
19	建设	18	保障	10
20	国家	17	宣传部	10

由图1可见广东省级层面红色旅游相关政策体现出对习近平总书记讲话精神的贯彻落实，政策实施空间聚焦于革命老区和原中央苏区，并落实到具体规划和行动之中，如强调通过保护性利用发展红色旅游，政策文件涉及土地、资金、转移支付以及修缮工程，提升公共文化服务水平，促进革命老区的发展等方面。

图1　习近平总书记讲话文本高频特征词词云图（左）和广东省级层面红色旅游相关政策文本高频特征词词云图（右）比较

三　地市层面红色旅游相关政策高频特征词

广东省各地市层面发布的红色旅游相关政策也可以分为三类：地方性法规、规划类和工作方案。地方性法规政策文件，如汕尾市人大常委会于2018年发布的《汕尾市革命老区红色资源保护条例》是广东省第一部红色资源保护地方性法规。其余法规如《河源市革命旧址保护条例》《梅州市红色资源保护条例》业已正式施行。此外，其他地市司法局积极推动将红色资源保护相关立法项目列入本地市人大常委会年度立法计划，如云浮市司法局积极会同主管部门提前谋划，推动《云浮市革命遗址遗迹保护条例》列入市人大常委会年度立法计划（陈创中、文芳芳，2021）；韶关市司法局推动《韶关市红色资源保护条例》列入地方立法计划；潮州市司法局按照市人大常委会立法计划的部署，保障《潮州市红色文化资源保护利用条例》的出台实施；广州市文化广电旅游局会同广州市司法局于2021年6月启动立法项目《广州市革命史迹保护办法》。

规划类政策文件可进一步分为三类：①红色旅游发展规划，如《梅州市红色旅游发展规划（2018—2035）》和《汕头市红色旅游发展专项规划》；

②革命遗址保护规划，如《广州近现代革命史迹文物保护规划》和《广州市红色革命史迹文物保护规划》；③红色示范区发展规划，如《广州市红色文化传承弘扬示范区（越秀片区）发展规划（2019—2025年）》和《广州市红色文化传承弘扬示范区发展规划（2021—2025年）》。

此外，广东省各地市还颁布了与红色文化、红色旅游、革命文物保护相关的工作方案，如《梅州市修建革命旧址、纪念设施工作方案（2016—2018年）》和《阳江市红色革命遗址保护利用行动实施方案》等。表3列出了2018~2022年广东省各地市层面出台的红色旅游相关政策文件（为保证政策文件的全面性，本报告将颁布时间较早的佛山市2011年相关政策文件和梅州市2016年相关政策文件也列入表3）。在广东省21个地市中，有16个地市在有关部门官网上公布了红色旅游相关政策文件，其余5个地市虽然没有制定专门的政策文件，但是在全域旅游规划或“十四五”规划中均有专门章节涉及红色资源保护和利用的相关措施和行动方案。本报告在汇总整理各地市相关政策文件文本内容的基础上进行分词和词频统计，并采用TF-IDF算法进一步筛选出各地市政策文本中排名前15的代表性特征词。

表3　2018~2022年广东省各地市层面红色旅游相关政策文件

序号	地市	时间	政策文件类型	颁布部门	政策文件名称
1	广州	2018年9月	工作措施	广州市委办公厅	《关于进一步加强红色革命遗址保护利用工作的若干措施》
				广州市政府	《广州市红色旅游发展分工方案》
		2018年11月	保护规划	广州市文化广电新闻出版局	《广州近现代革命史迹文物保护规划》 《广州市红色革命史迹文物保护规划》
		2019年12月	发展规划	广州市发展和改革委员会	《广州市红色文化传承弘扬示范区（越秀片区）发展规划（2019—2025年）》
		2021年4月	发展规划	粤港澳大湾区建设领导小组	《广州市红色文化传承弘扬示范区发展规划（2021—2025年）》
		2021年6月	保护办法	广州市文化广电旅游局、广州市司法局	《广州市革命史迹保护办法》立法项目启动

续表

序号	地市	时间	政策文件类型	颁布部门	政策文件名称
2	深圳	2022 年 4 月	公示	深圳市南山区文化广电旅游体育局	《关于对〈南山区 2022 年度不可移动文物保护资金经费使用方案〉公示》
3	珠海	—			
4	汕头	2018 年 10 月	意见	汕头市旅游局	《中共汕头市委办公室　汕头市人民政府办公室关于大力发展红色旅游的若干意见(征求意见稿)》(仅有汇报起草情况)
		2019 年 10 月	专项规划	汕头市文化广电旅游体育局	《汕头市红色旅游发展专项规划》
		2022 年 3 月	实施方案	汕头市政府	《汕头市贯彻落实〈中共广东省委　广东省人民政府关于新时代支持革命老区和原中央苏区振兴发展的实施意见〉实施方案》
5	佛山	2011 年	意见	佛山市旅游局	《关于加强佛山市红色旅游工作的意见》
6	韶关	2018 年	规划方案	韶关市委、市政府	《2018—2020 年韶关红色遗址保护工作规划方案(征求意见稿)》
		2022 年 10 月	保护条例	韶关市人大常委会	《韶关市红色资源保护条例》
		—	—	韶关市下属县市	韶关市下属县市南雄、仁化、始兴等也颁布了相关政策
7	河源	2020 年	保护条例	河源市人大常委会	《河源市革命旧址保护条例》
8	梅州	2016 年	工作方案	梅州市委、市政府	《梅州市修建革命旧址、纪念设施工作方案(2016—2018 年)》
		2019 年	发展规划	梅州市政府	《梅州市红色旅游发展规划(2018—2035)》
		2020 年	保护条例	梅州市人大常委会	《梅州市红色资源保护条例》
9	惠州	2016 年	实施方案	惠州市委、市政府	《高潭革命老区"建成三个基地、办好十件实事"实施方案》
		2021 年 11 月	扶持办法	惠州市文化广电旅游体育局	《惠州市文化遗产保护申报工作扶持办法》

续表

序号	地市	时间	政策文件类型	颁布部门	政策文件名称
10	汕尾	2018 年 9 月	保护条例	汕尾市人大常委会	《汕尾市革命老区红色资源保护条例》(广东省第一部红色资源保护地方性法规)
		2019 年 2 月	实施方案	汕尾市政府	《汕尾市贯彻落实〈海陆丰革命老区振兴发展规划〉实施方案》
		2020 年 4 月	规划	—	《汕尾市红色革命资源保护利用总体规划》《汕尾市沿海红色革命遗址保护利用专项规划》
		2021 年 10 月	服务规范	汕尾市市场监督管理局	《汕尾市革命老区红色旅游服务规范》
11	东莞	—			
12	中山	2021 年 1 月	工作指引	中山市文化广电旅游局	《中山市红色旅游示范点评定工作指引》
13	江门	2019 年 9 月	实施意见	江门市政府	《江门市推动革命老区振兴发展实施意见》
14	阳江	2018 年 8 月	实施方案	阳江市委办公室	《阳江市红色革命遗址保护利用行动实施方案》
		2019 年 12 月	实施方案	阳江市委、市政府	《关于进一步推动我市革命老区振兴发展的实施方案》
15	湛江	—			
16	茂名	2021 年	方案	茂名市文化广电旅游体育局	《打造茂名市经典红色文化旅游线路的方案》
17	肇庆	—			
18	清远	—			
19	潮州	2020 年	行动方案	潮州市文化广电旅游体育局	《潮州市 2020 年创建全国文明城市加快建设文化潮州行动方案》
		2021 年 12 月	条例	潮州市人大常委会	《潮州市红色文化资源保护利用条例》
		2021 年 11 月	工作计划	—	《潮州市中央红色交通线保护和活化利用工作计划》

续表

序号	地市	时间	政策文件类型	颁布部门	政策文件名称
20	揭阳	2019 年 5 月	方案	揭阳市委办公室、市政府办公室	《揭阳市红色旅游发展分工方案》
		2021 年 5 月	条例	揭阳市人大常委会	《揭阳市红色资源保护传承条例》
		2022 年 2 月	通知	揭阳市文化广电旅游体育局	《关于印发〈革命文物保护利用"十四五"专项规划〉的通知》
21	云浮	2018 年	实施方案	云浮市委办公室	《云浮市红色基因传承工程实施方案》
			实施意见		《关于建立红色革命遗址经费保障机制的实施意见》
			行动方案	云浮市委、市政府	《云浮市红色旅游发展行动方案(2019—2021 年)》
		2021 年	保护条例	云浮市司法局	《云浮市革命遗址遗迹保护条例》纳入年度立法计划

资料来源：课题组收集汇编而成。

传统的词频统计方法仅根据字词的出现频率来提取特征词（见表 2），这可能会导致词频较高的专属名词和常用词语成为最重要的特征词，使本应被突出的其他关键信息由于算法的原因而被忽略（杨颖、戴彬，2014）。由于各地市政策文件较多且涉及面广，可能存在大量出现次数相同的高频词，且高频词受收集到的政策文本的长度影响较大，这导致使用传统方法提取的高频词对各地市相关政策文本特征的代表性略有不足（李函珂、何阳，2021）。为避免此问题，本报告采用 TF-IDF 算法提取各地市相关政策的特征词。TF-IDF 算法是通过加入能够反映出特征词普遍程度的逆文本频率，来提高重要特征词的权重。目前，TF-IDF 算法因其简单、通用等优点，已经成为现代信息检索技术中最经典、最常用的检索算法之一，对简单文本和小文本的检索准确率很高。

TF-IDF 的全称为词频-逆文本频率，是一种基于向量空间模型的词语权重计算方法，可用来评估一个词语的重要程度或者关键性。TF 即传统的词频（Term Frequency），词语的频率越高，该词语与文本主题的相关性就越大。在实际操作中，通常会对词频进行归一化处理，以避免长文本对结果产生的影响过大。若用 T_i 表示某个词语，则该词语的 $TF_{i,j}$ 计算公式如下：

$$TF_{i,j} = \frac{N_{i,j}}{\sum_k N_{k,j}}$$

其中，$N_{i,j}$是词语 T_i在文本 D_j中出现的次数，$\sum_k N_{k,j}$是文本 D_j中的词语总数。IDF 即逆文本频率（Inverse Document Frequency），表示的是包含某词语的文本在整个文本集合中的分布情况。IDF_i 计算公式如下：

$$IDF_i = \ln \frac{|D|}{1 + |\{j:T_i \in D_j\}|}$$

其中，$|D|$ 是文本总数，$1 + |\{j: T_i \in D_j\}|$ 是包含 T_i的文本数，ln 表示对得到的结果取对数。最终，某个词语在所有文本中的最终权重（$TF\text{-}IDF_{i,j}$）的计算公式如下：

$$TF\text{-}IDF_{i,j} = TF_{i,j} \times IDF_i = \frac{N_{i,j}}{\sum_k N_{k,j}} \times \ln \frac{|D|}{1 + |\{j:T_i \in D_j\}|}$$

表 4 为基于 TF-IDF 算法的广东省各地市红色旅游相关政策高频特征词汇总。可以看出，各地市政策的高频词中，“红色”“文化”“保护”“规划”等共同的、指向性比较模糊的特征词的词频较高。在 TF-IDF 词频分析基础上，本报告分别对各地市的红色文化相关政策进行词云图分析，以呈现政策的关键信息和主题。

表 4　基于 TF-IDF 算法的广东省各地市红色旅游相关政策高频特征词汇总

地市	TF-IDF 值排名前 10 的特征词									
广州	示范区	司法局	史迹	项目	文化	规划	立法	传承	策划	近现代
	0.087	0.077	0.070	0.058	0.055	0.054	0.048	0.048	0.038	0.038
深圳	文物	时代	会议	创新	总书记	基因	革命	传承	人才	凝聚
	0.202	0.148	0.092	0.074	0.074	0.061	0.049	0.043	0.041	0.041
佛山	博物馆	丰富内涵	景区	旅游	旅游局	推进	主题鲜明	事迹	休闲	公园
	0.082	0.073	0.055	0.049	0.044	0.044	0.036	0.036	0.036	0.036
东莞	抗日根据地	陈列馆	东江纵队	大岭	改革开放	近代史	阵地	中国	升级改造	虎门
	0.105	0.089	0.070	0.070	0.070	0.070	0.070	0.057	0.052	0.052

续表

地市	TF-IDF 值排名前 10 的特征词									
珠海	陈列馆	遗址	林伟民	故居	文博	杨匏安	苏兆征	讲解员	博物馆	精品
	0.180	0.112	0.060	0.045	0.045	0.045	0.045	0.045	0.034	0.034
中山	评定	示范点	行动计划	指引	旅游局	引领	基因	发挥	示范	遗产
	0.197	0.148	0.131	0.119	0.079	0.066	0.049	0.049	0.049	0.049
惠州	办法	扶持	资金	补贴	遗产	申报	高潭	实事求是	文物	奖励
	0.234	0.175	0.159	0.153	0.117	0.109	0.088	0.088	0.058	0.052
江门	老区	推动实施	振兴	构建	人民政府	苏区	贯彻	发展	广东省	中共中央
	0.137	0.137	0.137	0.137	0.137	0.137	0.137	0.137	0.137	0.137
肇庆	叶挺独立团	廉政	团部	粤港澳大湾区	纵队	粤桂	红色旅游	打造	文化遗产	广宁县
	0.132	0.110	0.088	0.088	0.088	0.088	0.085	0.084	0.080	0.068
韶关	革命文化	南雄	规划	仁化	红军长征	遗址	粤北	始兴县	抢救	纪念馆
	0.143	0.089	0.082	0.071	0.071	0.064	0.054	0.036	0.036	0.032
河源	旧址	条例	责任人	宣传	管理	名录	保护	修缮	教育	主体
	0.169	0.108	0.092	0.056	0.055	0.046	0.042	0.033	0.031	0.031
云浮	红色基因	革命遗址	工程	立法	实施	传承	精品活动	行动	党委	机制
	0.326	0.200	0.178	0.089	0.074	0.074	0.063	0.059	0.054	0.044
清远	名人	历史	粤北	华南	故居	基地	刘禹锡	历史文物	发掘	古建筑
	0.095	0.081	0.074	0.074	0.068	0.053	0.048	0.048	0.048	0.048
汕头	广电旅体局	文化资源	景点	旅游	专项	发展	中共	规划	线路	主题丰富
	0.085	0.085	0.085	0.075	0.064	0.058	0.051	0.045	0.045	0.043
汕尾	海陆丰	市委	老区	广电旅体局	党史办	规划	宣传部	标准	遗址	规范
	0.102	0.077	0.070	0.054	0.051	0.045	0.038	0.031	0.030	0.029
潮州	交通线	计划	加强	中央	文明城市	文化	活化	潮籍	韩江	立法
	0.124	0.124	0.104	0.100	0.062	0.056	0.050	0.041	0.041	0.031

续表

地市	TF-IDF 值排名前 10 的特征词									
梅州	纪念遗址	设施保护	旧址	纪念园	中央	全国	战役	苏区	示范	规划
	0.165	0.132	0.099	0.099	0.080	0.074	0.066	0.060	0.050	0.035
揭阳	主管部门	责任人	规定	保护	法律法规	研究	事务	退役军人	传承	城乡建设
	0.059	0.043	0.037	0.034	0.033	0.031	0.030	0.030	0.027	0.026
阳江	老区	实施	印发	推动	方案	目标	公共	实效	振兴	经济社会
	0.112	0.076	0.076	0.076	0.057	0.057	0.057	0.057	0.048	0.046
茂名	经典	线路	打造	文化旅游	制定	研讨	茂南区	开展	发布	单位
	0.366	0.173	0.118	0.118	0.098	0.098	0.098	0.098	0.073	0.073
湛江	粤桂	运河	文化教育	基地	海南	解放军	边区	基础设施	徐闻	遂溪
	0.141	0.104	0.100	0.080	0.078	0.078	0.060	0.052	0.052	0.052

（一）广州市

广州市红色旅游政策中的高频特征词从高到低依次为：示范区、司法局、史迹、项目、文化、规划、立法、传承、策划、近现代（见图 2）。这说明广州市红色旅游政策强调从规划和立法的层面促进文物史迹的保护和红色文化的传承，涉及旅游局、司法局等责任主体。

（二）深圳市

深圳市红色旅游政策中的高频特征词从高到低依次为：文物、时代、会议、创新、总书记、基因、革命、传承、人才、凝聚（见图 3）。这展示出深圳市着眼于改革开放时代精神，强调新时代做好革命文物保护与创新，以弘扬红色文化精神、传承红色基因。

图 2　广州市红色旅游政策 TF-IDF 算法特征词词云图

图 3　深圳市红色旅游政策 TF-IDF 算法特征词词云图

（三）佛山市

佛山市红色旅游政策中的高频特征词从高到低依次为：博物馆、丰富内涵、景区、旅游、旅游局、推进、主题鲜明、事迹、休闲、公园（见图 4）。

这说明佛山市在红色旅游发展中注重整合博物馆、公园和景区等场所，强调主题、品质，南海是重点发展的地区。

图 4　佛山市红色旅游政策 TF-IDF 算法特征词词云图

（四）东莞市

东莞市红色旅游政策中的高频特征词从高到低依次为：抗日根据地、陈列馆、东江纵队、大岭、改革开放、近代史、阵地、中国、升级改造、虎门（见图 5）。这说明东莞市的红色旅游政策偏向于历史文化故事的整理和传播，注重红色文化传承，例如虎门销烟等历史事件，抗日战争、东江纵队等红色故事。

（五）珠海市

珠海市红色旅游政策中的高频特征词从高到低依次为：陈列馆、遗址、林伟民、故居、文博、杨匏安、苏兆征、讲解员、博物馆、精品（见图 6）。由此可以发现，珠海市红色旅游发展主要以名人故居、革命陈列馆和战役故事为抓手，重视红色故事的讲解，重视红色旅游发展质量，试图在保护和利用珠海的革命遗址和文博资源的基础上，打造红色精品，推动爱国主义教育。

图 5　东莞市红色旅游政策 TF-IDF 算法特征词词云图

图 6　珠海市红色旅游政策 TF-IDF 算法特征词词云图

（六）中山市

中山市红色旅游政策中的高频特征词从高到低依次为：评定、示范点、行动计划、指引、旅游局、引领、基因、发挥、示范、遗产（见图 7）。这说明中山市红色旅游政策侧重以点带面，强调发挥企事业单位的主动性，以评定示范单位的方式带动发展。

图 7　中山市红色旅游政策 TF-IDF 算法特征词词云图

（七）惠州市

惠州市红色旅游政策中的高频特征词从高到低依次为：办法、扶持、资金、补贴、遗产、申报、高潭、实事求是、文物、奖励（见图 8）。这说明惠州市的红色旅游政策偏重以真金白银的方式支持红色旅游发展，着重明确红色革命文化遗产的申报和扶持办法，并提供相应资金和管理办法支持。

（八）江门市

江门市红色旅游政策中的高频特征词从高到低依次为：老区、推动实施、振兴、构建、人民政府、苏区、贯彻、发展、广东省、中共中央（见图 9）。这说明江门市红色旅游政策重视统一政治思想意识，深入贯彻中共中央和广东省的精神，但具体方案不够明确。

（九）肇庆市

肇庆市红色旅游政策中的高频特征词从高到低依次为：叶挺独立团、廉

图 8　惠州市红色旅游政策 TF-IDF 算法特征词词云图

图 9　江门市红色旅游政策 TF-IDF 算法特征词词云图

政、团部、粤港澳大湾区、纵队、粤桂、红色旅游、打造、文化遗产、广宁县（见图 10）。这说明肇庆市红色旅游的政策重点在于通过活化利用红色文化遗产，包括红色故事、名人故居等推动红色旅游的发展，具体空间布局和教育指向非常明确。

图 10　肇庆市红色旅游政策 TF-IDF 算法特征词词云图

（十）韶关市

韶关市红色旅游政策中的高频特征词从高到低依次为：革命文化、南雄、规划、仁化、红军长征、遗址、粤北、始兴县、抢救、纪念馆（见图 11）。这说明韶关市的红色文化资源政策落实到了下属县市，如南雄、仁化和始兴，强

图 11　韶关市红色旅游政策 TF-IDF 算法特征词词云图

调规划、保护和革命文物的抢救性整理，以及充分利用本地红色革命资源，在保护红色革命遗址（红军长征粤北纪念馆、中共粤北省委机关旧址等）资源的基础上进行开发和发展。

（十一）河源市

河源市红色旅游政策中的高频特征词从高到低依次为：旧址、条例、责任人、宣传、管理、名录、保护、修缮、教育、主体（见图 12）。这说明河源市红色旅游政策更加强调落实针对红色文物的修缮和保护的管理权责和人员教育工作，强调管理责任。

图 12　河源市红色旅游政策 TF-IDF 算法特征词词云图

（十二）云浮市

云浮市红色旅游政策中的高频特征词从高到低依次为：红色基因、革命遗址、工程、立法、实施、传承、精品活动、行动、党委、机制（见图 13）。这说明云浮市的红色旅游政策立足于红色革命遗址的保护，一方面强调通过立法等制度性举措完善保护机制、制定行动方案，另一方面强调红色精品意识以更好地传承红色基因。

图 13　云浮市红色旅游政策 TF-IDF 算法特征词词云图

（十三）清远市

清远市红色旅游政策中的高频特征词从高到低依次为：名人、历史、粤北、华南、故居、基地、刘禹锡、历史文物、发掘、古建筑（见图 14）。这说明清远市的红色旅游政策立足于挖掘历史名人，利用文物、故居和古建筑，并结合岭南文化，从而打造一批展示馆、基地和文化公园。

图 14　清远市红色旅游政策 TF-IDF 算法特征词词云图

（十四）汕头市

汕头市红色旅游政策中的高频特征词从高到低依次为：广电旅体局、文化资源、景点、旅游、专项、发展、中共、规划、线路、主题丰富（见图 15）。这表明汕头市红色旅游政策与河源市类似，注重落实管理主体，规划红色旅游线路，推动红色旅游发展。

图 15　汕头市红色旅游政策 TF-IDF 算法特征词词云图

（十五）汕尾市

汕尾市红色旅游政策中的高频特征词从高到低依次为：海陆丰、市委、老区、广电旅体局、党史办、规划、宣传部、标准、遗址、规范（见图 16）。这说明汕尾市红色旅游政策更加关注革命老区的振兴（海陆丰革命根据地），强调制定相应保护性发展规划和标准，以促进当地红色革命资源的保护和红色文化的发展。

（十六）潮州市

潮州市红色旅游政策中的高频特征词从高到低依次为：交通线、计划、加强、中央、文明城市、文化、活化、潮籍、韩江、立法（见图 17）。这说明潮

图 16　汕尾市红色旅游政策 TF-IDF 算法特征词词云图

州市的红色旅游政策高度重视对红色交通线的挖掘和红色文化资源的活化，同时也注重与建设文明城市等当下的工作重点相结合。

图 17　潮州市红色旅游政策 TF-IDF 算法特征词词云图

（十七）梅州市

梅州市红色旅游政策中的高频特征词从高到低依次为：纪念遗址、设施保护、旧址、纪念园、中央、全国、战役、苏区、示范、规划（见图 18）。这说明梅州市拥有丰富的红色文化资源，其政策重点是促进红色革命遗址和叶剑英故居的保护和规划。

图 18　梅州市红色旅游政策 TF-IDF 算法特征词词云图

（十八）揭阳市

揭阳市红色旅游政策中的高频特征词从高到低依次为：主管部门、责任人、规定、保护、法律法规、研究、事务、退役军人、传承、城乡建设（见图 19）。这说明揭阳市的红色旅游政策侧重于完善红色文化相关法律法规方面的制度性保障，将任务落实到相关责任人和主管部门。

（十九）阳江市

阳江市红色旅游政策中的高频特征词从高到低依次为：老区、实施、印发、推动、方案、目标、公共、实效、振兴、经济社会（见图 20）。这说明阳

图 19　揭阳市红色旅游政策 TF-IDF 算法特征词词云图

江市的红色旅游政策重视对中央精神的传达，致力于通过一系列行动目标的设定和方案的实施推动革命老区经济社会各方面的振兴与发展。

图 20　阳江市红色旅游政策 TF-IDF 算法特征词词云图

（二十）茂名市

茂名市红色旅游政策中的高频特征词从高到低依次为：经典、线路、打造、文化旅游、制定、研讨、茂南区、开展、发布、单位（见图 21）。这说明茂名市的红色旅游政策同样重视对中央精神的传达和落实，致力于红色经典线路的打造。

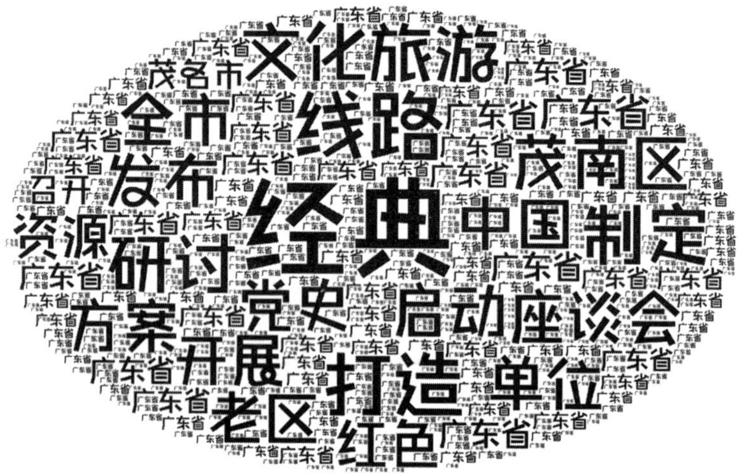

图 21　茂名市红色旅游政策 TF-IDF 算法特征词词云图

（二十一）湛江市

湛江市红色旅游政策中的高频特征词从高到低依次为：粤桂、运河、文化教育、基地、海南、解放军、边区、基础设施、徐闻、遂溪（见图 22）。这说明湛江市的红色旅游政策非常具体地落实到徐闻和遂溪等下属县市以及项目，侧重于基础设施建设，并强调与海南省的旅游合作。

通过对 TF-IDF 算法特征词的分析可以看出，广东省各地市层面的红色旅游相关政策的主题同中有异，特征鲜明。将广东省各地市红色旅游政策词云图（见图 2 至图 22）与广东省级层面红色旅游相关政策词云图（见图 1 右）进行比较，可以发现，总体上看，各地市的红色旅游政策的共同点是都强调对习近平总书记和中央精神的贯彻和落实，以及对广东省级层面政策规划或计划的实施，强调在保护红色遗址或文物的基础上，通过一系列的具体方案和行动计划推动红色旅游的发展，振兴革命老区，传承红色基因。

但各地政策的侧重点又存在差异性。如广州市更加重视项目规划和部门责

图 22　湛江市红色旅游政策 TF-IDF 算法特征词词云图

任的落实；而珠海市着眼于名人故居，以博物馆为抓手；惠州市重视资金扶持；而江门市更加注重中央精神的传达和政治思想意识的统一。以上都显示出各地市红色旅游政策的独特性。此外，广东省各地市的红色旅游政策中的区域性特征也很明显，各地市在政策制定中都结合了本地红色资源特色和地情。如粤东地区和粤北地区属于革命老区和原中央苏区，其政策更多偏向革命遗址的保护和红色资源的活化利用，汕尾市主要依托海陆丰革命老区的遗址，而梅州市则依托原中央苏区的旧址和革命人物的纪念遗址；粤中地区侧重管理规范，重视以制度化的方式推动相关责任主体落实红色旅游发展的行动方案。

四　广东省红色旅游发展政策重点与优化建议

（一）广东省红色旅游发展政策重点

通过前文的词频分析，不难发现“红色”“革命”“利用”“保护”“文化”“旅游”是广东省红色旅游相关政策的核心特征词。在词频分析的基础上，进一步结合政策文本分析发现，不论是省级层面还是地市层面，广东省红色旅游发展政策的制定都表达出对以下四个方面的高度重视：一是重视红色遗存和革命文物的保护与利用；二是重视将红色旅游与革命老区振兴发展相结合；三是重视红色旅游和地方特色相结合，突出地方性和差异化；四是重视管理制度建设和责任主体落实。这些政策侧重点反映出广东省红色旅游政策的偏好与基本特征，指明了广东省红色资源活化利用的发展路径。

1. 重视红色遗存和革命文物的保护与利用

红色遗存和革命文物记载着中国革命的伟大历程，承载着党和人民在长期的革命和社会主义建设中英勇奋斗的光荣历史和感人事迹。革命遗址和红色文化遗存的保护与利用是广东省红色旅游相关政策的核心主题。从 2017 年开始广东省委宣传部等部门就提出在全省组织开展新一轮的革命遗址大普查，以更加深入系统地进行红色革命文化的发掘研究，有效修缮保护红色革命遗址，进一步凸显红色革命遗址的社会教育功能。2019 年广东省委宣传部等部门联合颁布《广东省红色革命资源保护利用三年提升行动计划（2019—2021）》，2022 年 1 月广东省人大常委会正式通过《广东省革命遗址保护条例》，进一步确定了合理开发利用的原则，并鼓励地方政府将革命遗址保护与利用纳入红色旅游相关规划或实施方案。

同时，为红色革命遗址保护与利用提供组织保障和财政支持的一系列政策相继出台。如 2019 年广东省委办公厅、省政府印发《广东省实施革命文物保护利用工程行动计划》，提出革命文物固本强基、保护修缮、展示利用、宣传教育、文旅融合等五大行动，批准省文化和旅游厅成立革命文物处。广东省财政厅会同广东省委宣传部、省文化厅等发布的《关于建立红色革命遗址经费保障机制的实施意见》则为红色革命遗址的保护利用提供了坚实的财政支撑，该意见提出广东省将设立红色革命遗址保护利用专项资金，统筹各项相关资金 70 亿元，用于红色革命遗址保护建设、红色革命文物管理提升和免费开放、红色文化传播、红色教育基地打造和红色志愿服务行动。

各地市的红色革命文物保护相关条例也落实到具体的遗址和展馆层面。如广州市委办公厅印发的《关于进一步加强红色革命遗址保护利用工作的若干措施》提出以中共三大会址纪念馆、广州起义纪念馆等为依托，对革命遗址进行保护与利用。东莞市在《东莞市文化发展“十四五”规划》中提出重点推进林则徐销烟池和虎门炮台旧址的保护与利用工作，以及推进大岭山抗日根据地旧址保护修复和环境整治提升工作，加快广东东江纵队纪念馆基本陈列改造升级，并提高叶挺、李秀文革命事迹陈列展的文旅融合服务功能。

2. 重视将红色旅游与革命老区振兴发展相结合

作为大革命时期中国革命的重要策源地和中心地，广东省具有丰富的革命遗产。位于粤东的海陆丰革命老区和位于粤北的原中央苏区在我党带领下的长期革命斗争历史中占据重要的地位。发展红色旅游是活化利用革命文物和红色遗产的重要途径，对于红色革命遗址保护和革命老区振兴具有显著的带动作用，可以丰富红色文化资源的表现形式和体验方式，增进文化及相关消费的产业化发展。广东省在红色旅游相关政策制定中也深刻关切着革命老区的振兴发展。

广东省级层面，广东省发展改革委于2018年印发了《海陆丰革命老区振兴发展规划》，提出财政、投资、产业、金融、土地、人才等方面的支持政策和重大项目，进一步明确了海陆丰革命老区振兴发展的八大任务。广东省委办公厅于2019年印发《中共广东省委　广东省人民政府关于进一步推动我省革命老区和原中央苏区振兴发展的意见》，进一步落实中央对革命老区、原中央苏区的一系列支持政策，促进老区、苏区振兴发展［汕头市发展和改革局（粮食和物资储备局），2019］。该意见提出9个方面的具体政策：加大财政保障力度、加强基础设施建设、提升基本公共服务水平、强化红色资源保护利用、增强老区苏区发展内生动力、支持乡村振兴和脱贫攻坚、加强用地保障、推进水田垦造和农村拆旧复垦、完善帮扶机制。

地市层面的相关政策主要聚焦于通过发展红色旅游，开展红色革命遗址保护和红色旅游景点创建工作，完善老区交通基础设施和信息化建设，推进产业扶持和乡村振兴。如梅州市2019年印发《梅州市红色旅游发展规划（2018—2035）》，将八个原中央苏区县（区）纳入梅州红色旅游发展空间体系，力图打造成全国“原中央苏区红色旅游与乡村振兴协同发展示范区”。阳江市在2019年印发《关于进一步推动我市革命老区振兴发展的实施方案》，对革命老区的振兴发展提出基础设施建设、产业发展、党组织建设、民生保障、红色资源开发等方面的目标要求。

3. 重视红色旅游和地方特色相结合，突出地方性和差异化

在红色旅游发展政策制定中，广东省特别是各地市注重差异化竞争，重视红色旅游发展中的地方性表达，充分挖掘和融合地方历史文化、特色旅游资源

和生态资源。在《广东省红色旅游发展实施方案（2018—2021年）》和《广东省关于加快文化产业发展的若干政策意见》中，广东省委、省政府及下属相关部门进一步提出促进文旅深度融合的战略措施，指出要保护与利用好革命历史文化资源，推动演艺和游乐等融入旅游业，重点发展红色旅游、文物古迹游、南粤古驿道游等，建设培育一批文化旅游品牌产品。2020年，广东省文化和旅游厅印发的《加快推进我省革命老区和原中央苏区红色旅游发展的工作指引（2020—2022年）》明确提出实施岭南特色文化传承利用工程，依托广府文化、客家文化、潮汕文化等历史文化资源，建设一批艺术旅游小镇，打造若干集艺术商业街区、创作基地、主题酒店、休闲度假于一体的艺术旅游综合体。

地市层面，韶关市文化广电旅游体育局起草形成了《韶关市红色资源保护条例（草案征求意见稿）》，推出结合自身红色旅游资源的发展规划并且积极落实，特别是始兴县打造了广东省内唯一的以红军长征为主题的红军长征粤北纪念馆。潮州市于2021年印发《潮州市中央红色交通线保护和活化利用工作计划》，提出深入挖掘中央红色交通线上的革命历史与革命资源，并保护好、管理好、运用好相关红色资源。而清远市在《清远市国民经济和社会发展第十四个五年规划和2035年远景目标纲要》中，除了关注长征国家文化公园（粤北段）等重点文物的保护建设外，还提出加大文化旅游资源发掘整合力度，将清远市打造成华南教育历史研学基地历史文化游径和红色教育基地。

此外，尽管有部分地市关于革命老区的发展规划部分涉及与乡村旅游的融合发展，如梅州市在《梅州市红色旅游发展规划（2018—2035）》中提出力争把梅州打造成“原中央苏区红色旅游与乡村振兴协同发展示范区”，但是总体上相关政策对于红色旅游与乡村旅游的融合关注不足，对于活化利用红色资源为社区赋能的重视还有一定的欠缺，可持续概念还没有得到体现。在乡村振兴的背景下，一方面，依托众多的红色文化景点、良好的生态环境，“红”“绿”结合，有助于提升旅游综合效应；另一方面，围绕社区红色旅游资源引导开发其他资源实现社区内部各类资源的活化整合，能够推动社区参与，搞活农村经济，实现乡村振兴，有助于探索旅游可持续发展的路径。因此促进红色旅游与乡村旅游融合发展的政策方向是必要的。

4. 重视管理制度建设和责任主体落实

为保障红色遗存保护和红色旅游相关工作的顺利推进，广东省在政策制定中注重长效管理机制的建立和政策的可操作性，特别重视将工作任务落实到相关责任单位和责任人，这一特点在地市层面尤为明显，以充分发挥出地方政府作为红色旅游发展推进主体的作用，真正将党和国家的方针政策贯彻落实到位（黄堃媛，2022）。

在管理制度建设方面，惠州市于2021年发布的《惠州市文化遗产保护申报工作扶持办法》中对扶持资金的设立管理、使用范围、申请核准、监督管理等具体规定进行了充分说明，明确扶持资金的来源以及资金管理原则，提升了红色革命文物保护的政策保障水平。河源市在2020年发布的《河源市革命旧址保护条例》中对有关部门的管理职责、革命旧址保护名录的管理、保护规划的编制、保护范围和建设控制地带的划定、保护管理责任人的权利和义务、维护修缮、加强革命旧址宣传教育、发展红色旅游等内容进行了详细规定（邹菡苕等，2021）。其中，特别明确和细化了革命旧址保护管理责任人的有关职责及权利，确保有关人员权利和义务的平衡，做到权责统一。同时，为更好地发挥革命旧址的社会教育功能，特别是面向广大青少年群体弘扬爱国主义精神，该条例也明确了新闻媒体和教育行政主管部门及各级教育机构的有关职责，使红色教育和红色旅游发展中包含更加广泛的主体。

在责任主体的落实方面，文化广电旅游体育局是推进红色旅游发展的主要责任单位，同时也包含党史办、宣传部、发展规划局以及城建等部门。如揭阳市在《揭阳市红色资源保护传承条例》中明确了县级以上人民政府文化和旅游主管部门负责本行政区域内红色资源的保护、管理、传承和利用等工作，其中，退役军人事务主管部门负责本行政区域内涉及烈士纪念设施的红色资源的保护、管理、传承和利用等工作，住房和城乡建设主管部门负责本行政区域内涉及历史建筑的红色资源的保护、管理、传承和利用等工作，档案、发展和改革、财政、公安、教育、自然资源等部门和党史研究机构按照各自职责做好红色资源的保护、管理、传承和利用等相关工作。

（二）广东省红色旅游发展政策优化建议

综上所述，广东省红色旅游发展政策目标清晰、政策抓手明确、贯彻落实到位，但在相关政策制定中也存在对红色旅游与乡村旅游融合发展关注不足，可持续发展理念没有得到体现等问题。个别地市政策以传达通知精神和统一认识为主，缺乏明确的措施指引，政策的可操作性不足。在未来红色旅游发展政策制定中，还应注意如下几方面。

1. 将红色旅游发展政策与乡村振兴战略紧密结合

红色资源作为时代的历史见证者，载于中华民族的河谷山川、古迹建筑、村镇市集当中。它既是革命老区的文化特质，也是其有别于其他城市和乡村社区的重要资源禀赋。因此，在乡村振兴的背景下，深入挖掘红色资源，并加以活化利用，可以进一步提升乡村社区、革命老区的吸引力。未来的政策导向应当注重以红色文化资源的活化利用为乡村产业振兴赋能，在提升乡村文化吸引力、竞争力的同时，不断提升乡村社区的文化自省、文化自觉、文化自信，让更多居民了解自己所居住乡村的红色历史，产生对社区文化的高度认知和认可，并致力于红色资源的保护，使社区居民都自觉成为红色文化的守护者、传播者、传承者、受益者，促进红色资源活化利用并推动乡村经济包容性增长。

2. 重视政策中对可持续发展理念的贯彻与指引

通过前文针对广东省及各地市的红色旅游政策文本的分析，我们可以发现相关政策对可持续发展理念的提及相对较少。一方面，作为我党带领人民在长期的革命和社会主义建设中的重要文化遗存，红色资源具有极高的保护价值；另一方面，红色文化资源的活化利用与红色基因传承是一项长期战略，相关工作方案的推进必须考虑红色资源的可持续性问题。因此，未来政策导向应当更加重视可持续发展理念的引领。一方面，相关责任部门应当积极制定可持续发展规划，对红色文化资源的活化利用进行科学布局，确保可持续发展战略的实施，开发旅游资源过程中应当把革命旧址的保护放在首位，将文物保护意识贯穿于红色文化资源的开发和红色旅游发展的过程中。另一方面，要通过相关制度的建设强化红色资源活化利用过程中的监管，避免对革命文物进行无序开发和陷入“重保护轻利用”的误区，在保护的基础上开发，在开发过程中实现更有效的保护。

3. 注重激发红色文化资源的精神价值，与建设文化强国战略相结合

红色精神和红色文化是中国先进文化的重要组成部分。红色文化资源活化

利用对于增进公众和社区对中国共产党的认知和情感具有巨大的现实价值。通过红色文化资源的活化利用，可以更好地唤起记忆、讲述历史、传递精神、加深体验，有效提升国民对红色文化的认知，逐步形成和加深政党认同，自觉维护中国共产党的执政地位，同时也有助于增强国家认同，培养人们的爱国主义精神，使政党认同和国家认同相互促进、相辅相成。未来政策导向应当注重讲述红色历史，讲好红色故事，将红色旅游融入国家文化战略之中，将红色文化发展作为坚定文化自信的重要手段和途径。

可持续发展是“社会生产力发展和科技进步的必然产物”，是“破解当前全球性问题的‘金钥匙’”（中国国际发展知识中心，2021）；实施乡村振兴战略是党的十九大报告做出的重大战略决策；激发红色文化资源的精神价值，将红色资源与文化自信相结合，才能使“人民有信仰，国家有力量”，促进政党认同和国家认同。在党和国家迈向全面建设社会主义现代化国家新征程、向第二个百年奋斗目标进军的关键时刻，广东省作为国内经济发展最好的省份之一，也是最有开发活力、国际交流最为频繁的地方，更加需要在党的领导下，保持正确的政治站位和政治觉悟，深入学习习近平总书记关于可持续发展的重要论述，推动广东可持续发展实践，通过社区和市场的系统性嵌入将红色旅游资源整合开发与红色旅游产业融合发展融入乡村振兴、文化自信和可持续发展的全局中，推动红色旅游与乡村振兴、文旅融合，完善政策指引，注重政策的细化和可操作性，全面促进红色旅游高质量发展和可持续发展，充分发挥红色旅游的精神价值，激发家国情怀，凝聚精神力量，实现文化自信，并最终推动人民走向物质和精神的共同富裕。

参考文献

陈创中、文芳芳，2021，《纳入法治轨道　守护红色资源——广东司法行政机关积极推进红色资源立法工作》，《民主与法制时报》7月23日。

广东省人大教育科学文化卫生委员会，2021，《关于广东革命遗址保护地方立法的思考》，《人民之声》第6期。

广东省文化和旅游厅，2020b，《关于印发〈关于建立红色革命遗址经费保障机制的实施意见〉的通知》，http：//whly. gd. gov. cn/special/xy/yw/content/post_ 3134122. html。

广东省文化和旅游厅，2020a，《四大行动推动保护利用　广东革命文物在新时代焕发熠熠光彩》，https：//www. mct. gov. cn/whzx/qgwhxxlb/gd/202006/t20200603_ 854069. htm。
黄堃媛，2022，《对革命遗址实施全时段全领域保护》，《南方日报》1 月 19 日。
黄堃媛、王昕桐、冯桂菊，2021，《〈广东省革命文物名录〉首次公布——文物数量位居全国前列展现岭南红色文脉》，《南方日报》6 月 24 日。
李函珂、何阳，2021，《中国政府信息公开质量注意力研究——基于政策文本的分析》，《图书馆》第 8 期。
李强、汪祥波、南小渭、陈欣欣、万稳龙，2019，《保护红色史迹点，推动乡村振兴》，《黄金时代》第 9 期。
南方新闻网，2021，《走读广东　粤游粤红　广东推出 129 条红色旅游路线》，https：//baijiahao. baidu. com/s？id=1712436353772876728&wfr=spider&for=pc。
汕头市发展和改革局（粮食和物资储备局），2019，《省委省政府印发〈中共广东省委广东省人民政府关于进一步推动我省革命老区和原中央苏区振兴发展的意见〉》，https：//www. shantou. gov. cn/cnst/zwgk/jcxxgk/fzgh/content/post_ 1344787. html。
王永平、刘凤梅、程高军、郭俊伦，2021，《广东省红色文化资源分布概况调查及其功能作用发挥情况解析》，https：//www. fx361. com/page/2021/0721/8964459. shtml。
杨颖、戴彬，2014，《基于多特征的中文关键词抽取方法》，《计算机应用与软件》第 11 期。
张建儒，2019，《加强红色资源保护利用　打造红色文化品牌》，《党建》第 5 期。
中共中央办公厅、国务院办公厅，2018，《中办国办印发〈关于实施革命文物保护利用工程（2018—2022 年）的意见〉》，《人民日报》7 月 30 日。
中国国际发展知识中心，2021，《开辟崭新的可持续发展之路的科学指引——深入学习贯彻习近平总书记关于可持续发展的重要论述》，《理论导报》第 11 期。
邹菡莒、吴贺敏、谢少娜、刘永菲，2021，《保护老区旧址　留住红色记忆——河源市立法保护革命资源侧记》，《人民之声》第 6 期。

B.5

2022年粤港澳大湾区旅游民宿发展报告

刘琳琳　徐灵枝　刘雨馨　李　超　陈雅乐*

摘　要： 受新冠肺炎疫情影响，2022年粤港澳大湾区旅游民宿数量呈轻微下降趋势，但产业整体上开始逐渐复苏。经过近十年的发展，粤港澳大湾区民宿规范化发展程度不断提高，民宿集群品牌效应逐渐凸显，民宿微旅游目的地逐渐形成，民宿上下游产业链日趋完整，以民宿为抓手实现乡村振兴，民宿经营者与政府、社团紧密协作。粤港澳大湾区民宿产业目前仍然存在民宿政策待完善、行业管理不到位、民宿布局缺引导、配套设施不完善、文化内涵不凸显、民宿发展缺人才等问题，本报告建议通过制定民宿发展引导政策、加强民宿行业规范管理、优化民宿空间布局、加强民宿配套设施建设、引导文化主题民宿发展、加强民宿人才培育工作、加强港澳民宿发展研究等方法，促进粤港澳大湾区旅游民宿产业持续健康发展。

关键词： 旅游民宿　民宿集群　民宿上下游产业链　粤港澳大湾区

一　粤港澳大湾区旅游民宿的背景及意义

2015年之前，粤港澳大湾区（简称“大湾区”）的乡村住宿以农家乐、家庭旅馆为主，但在深圳较场尾、惠州南昆山等地出现了民宿的萌芽，例如深

---

* 刘琳琳，广东民宿发展研究院高级研究员，研究方向为民宿品牌发展。徐灵枝，广东民宿发展研究院执行院长，研究方向为乡村旅游与旅游民宿发展。刘雨馨，广东民宿发展研究院院长助理，研究方向为民宿政策研究。李超，广东省旅游协会民宿分会副会长兼秘书长，深圳市民宿协会执行会长，研究方向为民宿运营与管理。陈雅乐，广东民宿发展研究院助理研究员，研究方向为民宿产业发展。

圳较场尾最早是由一些外来的冲浪及帆板爱好者、自由职业者自发改造民居进行民宿经营的。在2015年发布的《国务院办公厅关于加快发展生活性服务业促进消费结构升级的指导意见》文件中，民宿被定性为生活性服务业。① 随后在2017年，原国家质检总局、国家标准委发布《2017年国民经济行业分类（GB/T 4754—2017）》，“民宿服务”成为国民经济行业之一②；同年，原国家旅游局发布了国内首个国家级民宿行业标准《旅游民宿基本要求与评价》③。有了“身份”的大湾区民宿自2015年开始进入快速发展阶段，民宿数量爆发式增长、多个民宿集群逐渐形成、各地民宿公共品牌不断建立、民宿社团数量逐年增加、各级民宿政策相继推出。2020年新冠肺炎疫情突袭而至，大湾区民宿产业深受影响，一些低品质民宿退出民宿市场，民宿数量整体呈现下降趋势，但随着2021~2022年疫情形势的好转，大湾区民宿产业复苏趋势明显。

经过近十年的发展，大湾区民宿已经不再是一种单纯的住宿产品了，而是发展成大湾区的特色旅游产品、乡村旅游和乡村振兴的抓手之一。大湾区民宿产业的发展对于大湾区旅游产业发展和乡村产业发展具有重要的意义。一方面，随着大湾区民宿的品牌化、集群化、精品化、规范化发展，产生的中高端度假民宿、特色民宿集群将有利于粤港澳大湾区世界级旅游目的地多元旅游产品体系的构建；另一方面，大湾区乡村民宿通过“民宿综合体”“以宿带村”“旅游民宿村”等模式，能够带动乡村旅游的发展，促进乡村生态和人居环境的改善，吸引外出务工农民回乡就业创业，促进大湾区乡村振兴。

二 粤港澳大湾区旅游民宿发展现状

（一）粤港澳大湾区旅游民宿发展概况

1. 民宿规模

大湾区内地9市的民宿数据是通过去哪儿网搜索获取的。在去哪儿网输入

① 资料来源：中华人民共和国中央人民政府官方网站，http://www.gov.cn/gongbao/content/2015/content_2975883.htm。

② 资料来源：国家统计局官方网站，http://www.stats.gov.cn/xxgk/tjbz/gjtjbz/201710/t20171017_1758922.html。

③ 资料来源：广东省文化和旅游厅官方网站，http://whly.gd.gov.cn/gd_zww/upload/file/file/201708/22091002m2r2.pdf。

各市名称，选择民宿类型，得出各市的民宿总量，对搜索出的民宿进行浏览校对，最终得出各市的民宿数量。因去哪儿网平台将农家乐、特色公寓、度假别墅等住宿类型也一并归入民宿类别，因此统计数量会大于实际的民宿数量。香港和澳门的民宿数量是通过 Airbnb 民宿预订平台搜索获取的。在 Airbnb 直接输入香港和澳门，即可获得两地的民宿数量。

（1）粤港澳大湾区旅游民宿数量整体呈轻微下降趋势。根据《粤港澳大湾区旅游业发展报告（2021）》中的《2021 年粤港澳大湾区旅游民宿发展报告》，2020 年粤港澳大湾区旅游民宿数量约为 38737 家。根据对去哪儿网和 Airbnb 民宿数量的统计分析，2022 年（截至 8 月）大湾区旅游民宿数量为 36662 家，相比 2020 年呈轻微下降趋势。究其原因，民宿行业近两三年受疫情影响较大，一些质量较差的民宿经营困难，被市场淘汰。

（2）粤港澳大湾区各城市旅游民宿数量变化情况。2022 年（截至 8 月），大湾区各城市民宿数量从高至低依次是广州（11656 家）、深圳（7362 家）、惠州（6092 家）、珠海（2850 家）、佛山（2697 家）、东莞（2320 家）、中山（1263 家）、香港（773 家）、江门（766 家）、肇庆（697 家）、澳门（186 家）。相比 2020 年，民宿产业较发达的广州、深圳、惠州 3 市的民宿数量呈下降趋势，但下降幅度不大，分别是 15.24%、4.1%、15.65%，而香港和澳门的民宿数量下降幅度较大，分别是 35.58%、69%。究其原因，香港和澳门对入境旅游市场的依赖程度较高，受疫情影响，入境游客数量大幅度下降，港澳民宿产业严重受挫，加之澳门地区从 2021 年开始严厉打击非法旅馆，导致 Airbnb 平台上的澳门民宿数量大幅下降。相比 2020 年，珠海、佛山、东莞、中山、江门、肇庆等 6 市的民宿数量不降反增。经过研究发现，2020 ~ 2022 年，6 市疫情较少，各地政府大力扶持民宿产业发展，促进乡村振兴，因此 6 市民宿数量呈上升趋势（见图 1）。

2. 民宿空间分布

从分布情况来看，大湾区民宿已初步形成集聚发展态势，形成广州市从化区、增城区，深圳市大鹏新区，惠州市罗浮山－南昆山、双月湾－巽寮湾，肇庆市星湖－鼎湖山等民宿集聚区。民宿发展呈现资源依托特征，主要是依托区域交通设施、大型旅游目的地、山水自然环境和乡村历史文化资源集聚发展。

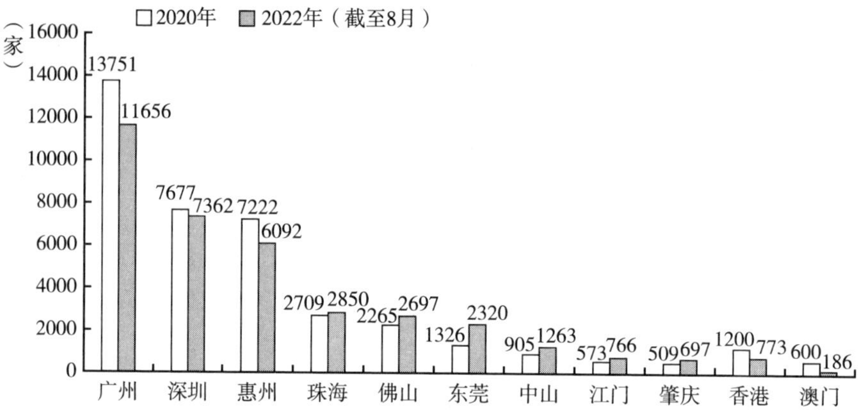

图1　粤港澳大湾区 2020 年与 2022 年（截至 8 月）各城市旅游民宿数量对比

资料来源：根据去哪儿网、Airbnb 数据绘制。

3. 民宿类型

大湾区近年来的民宿类型越来越丰富（见表 1），充分体现了市场的能动性和资本投入的多元化特征。

按照民宿档次不同，大湾区民宿类型可分为高端精品民宿、中端民宿、大众民宿等类型。其中，中端、大众民宿数量占比较大，但高端精品民宿数量逐年攀升，成为大湾区民宿发展的必然趋势。

按照民宿住宿设施和经营执照不同，大湾区民宿可分为 4 种类型：第一类是符合国家级、省级民宿标准，并进行规范经营管理的民宿；第二类是拥有旅馆业牌照并提供特色化体验的旅游住宿设施；第三类是没有进行民宿登记，也没有旅馆业执照的临时出租房等住宿设施；第四类是有明确范围和相应休闲服务设施的露营住宿场所。随着大湾区民宿的规范化发展，符合民宿标准、进行规范经营的民宿数量越来越多，"无证经营"的民宿逐渐被淘汰。此外，露营民宿等民宿新业态也不断增加。

按照民宿投资运营模式不同，大湾区民宿可分为企业工商资本主导模式、农村集体经济合作社主导模式、个人资本主导模式等类型。大湾区民宿已形成美好院望、禾肚里、爱树、米墅、趣墅、慕吉、蜜悦、麦客、慢可可、涟岸等主要民宿品牌，投资运营模式呈现多元化。第一类企业工商资本主导模式，按投资企业可细分为：集团企业，如珠江实业集团的从化南平客栈，趣墅度假集团打造的趣墅度假民宿，泊心云舍集团打造的泊心云舍民宿；民宿连锁品牌企业，如惠州爱树文旅打造的爱树精品民宿，麦客设计有限公司运营的麦客精品民宿，广东春桃里文旅打造的禾肚里稻田民宿；其他中小企业，如深圳美宿小镇产业发展有限公司打造的美好院望·聚星里美宿。第二类农村集体经济合作社主导模式，如珠海天天惦记民宿采用“农村专业合作社+乡村孵化服务机构+专业投资人+专业运营机构”的合伙人体系。第三类个人资本主导模式，是指由个人投资经营的民宿。[①] 大湾区民宿以个人资本主导模式为主，但是，近年来越来越多的企业将目光投向民宿产业，以较为雄厚的企业工商资本打造了众多高端精品民宿，引领大湾区民宿产业朝精品化方向发展。大湾区多地乡村将民宿作为乡村振兴的抓手，探索出多种乡村民宿开发模式，实现了农民、村集体、投资者、运营者等多方共赢。

表1　粤港澳大湾区民宿类型

民宿分类依据	民宿类型
民宿档次不同	高端精品民宿
	中端民宿
	大众民宿
民宿住宿设施和经营执照不同	符合国家级、省级民宿标准，并进行规范经营管理的民宿
	拥有旅馆业牌照并提供特色化体验的旅游住宿设施
	没有进行民宿登记，也没有旅馆业执照的临时出租房等住宿设施
	有明确范围和相应休闲服务设施的露营住宿场所
民宿投资运营模式不同	企业工商资本主导模式
	农村集体经济合作社主导模式
	个人资本主导模式

（二）粤港澳大湾区各城市旅游民宿发展现状

1. 广州民宿

广州市已出台《广州市关于促进和规范乡村民宿发展的意见》《广州市旅游民宿等级划分与评定》《广州市民宿开办指引（试行）》《广州市民宿旅游

① 资料来源：2021年广东省农业农村厅发布的《广东省乡村民宿发展情况调研报告》，部分内容有调整。

发展专项规划（2018—2035）》《从化区乡村民宿开办指引（试行）》《增城区民宿开办指引（试行）》《番禺区旅游民宿开办指引（试行）》《花都区民宿产业发展扶持办法》等民宿政策。

根据对去哪儿网民宿的数量统计，2022 年（截至 8 月）广州市有民宿 11656 家。完成注册登记规范管理的民宿约 200 家，其中 9 家被评为星级民宿，吾乡石屋、菁木山舍被评为红棉三星精品民宿，麦客好客、探云田居、麦客和客、西塘田缘花舍被评为红棉二星精品民宿。广州市的民宿现已形成增城区、从化区等民宿集群，依托广州旅游资源特色，形成了粤文化民宿、文化创意民宿、山水田园民宿、温泉康养民宿等特色主题民宿。

2. 深圳民宿

深圳市已出台《民宿服务规范》《民宿业卫生规范》《民宿消防安全管理规范（征求意见稿）》《大鹏新区民宿发展规划》《深圳市大鹏新区民宿管理暂行办法》等民宿政策。大鹏新区在国内民宿创新发展、民宿规范化管理方面起到先行示范作用。

根据对去哪儿网民宿的数量统计，2022 年（截至 8 月）深圳市有民宿 7362 家。其中，登记注册的民宿有 3500 家，数量居广东省第一。深圳民宿以旅游民宿（尤其是滨海民宿）、乡村民宿为主要类型。深圳网红民宿品牌总部云集，如梦园彼岸、美好院望、泊心云舍、蜜悦、道睿、看见海、辰礼、耘境·见山、慢可可、城墙根儿、巢里巢外、楹诺·小半湾等。

深圳民宿在民宿小镇发展、行业协会发展、民宿产业研究、行业培训教育等方面走在广东省前列。深圳首创民宿小镇概念，较场尾民宿小镇是广东省内乃至国内最早提出并着力打造的文旅产品新概念，是广东省发展最早的民宿集群，被评为"国家级美宿小镇创建示范单位"。深圳市大鹏新区民宿协会是广东省第一家民宿协会，在全国也是成立时间较早的民宿协会之一。2015 年，大鹏新区发布了全国第一份地方民宿发展白皮书《深圳市大鹏新区民宿发展白皮书（2015）》。2016 年，深圳注册了全国第一个专业民宿研究独立法人机构"深圳新旅民宿客栈发展研究中心"。2017 年，深圳开设了全省第一家、全国第三家民宿学院"大鹏新区社区旅游学院"。

3. 惠州民宿

惠州市已出台的民宿政策有《惠州市民宿管理实施细则》《龙门县旅游民

宿管理办法（试行）》等。

根据对去哪儿网民宿的数量统计，2022 年（截至 8 月）惠州市有民宿 6092 家。惠州南昆山是广东省最早的民宿发源地之一，是广东高山森林民宿度假的代表。

惠州市山海、历史文化、民俗等资源丰富，已开发出滨海民宿、山水民宿、森林民宿、温泉民宿、文化民宿等特色民宿产品，形成南昆山、罗浮山、惠城西湖、盐洲岛、大亚湾等民宿集聚区。惠州市本土精品民宿品牌众多，如禾肚里稻田民宿在广东已有 8 家；爱树民宿在全国已布局 10 家；停苑、英秀、尚柯等精品民宿品牌也逐步实现连锁发展；秋长谷里、云侣堡、山里院子、木舍品、几个院子、吾乡别院等精品网红民宿深受游客喜爱。国内连锁民宿品牌也纷纷落子惠州，包括墅家、诗莉莉等。

4. 珠海民宿

珠海市已出台《珠海经济特区旅游条例》《珠海市民宿管理暂行办法》《海岛民宿服务规范》《乡村民宿质量等级划分与评定标准》等民宿政策。

根据对去哪儿网民宿的数量统计，2022 年（截至 8 月）珠海市有民宿 2850 家。天天惦记民宿部落・珠海院子、沙湾小院民宿、停云小镇民宿、里苑・南昌盛精品人文民宿、航栈民宿、山海间民宿等被评选为“广东省乡村民宿示范点”。珠海市以城市民宿、乡村民宿、滨海民宿和海岛民宿为特色，已形成金湾区、斗门区、横琴新区、万山群岛等民宿集聚区。

5. 佛山民宿

佛山市已出台《佛山市民宿管理暂行办法》《佛山市南海区文化体育局民宿建设扶持办法》《顺德区民宿备案登记指南（暂行）》《佛山市三水区民宿备案登记指南（暂行）》《佛山市高明区民宿管理暂行办法（征求意见稿）》等民宿政策。佛山市优越的民宿投资环境吸引了众多优质的民宿投资商，其中，源于莫干山的乡伴文旅、宁波的精品民宿品牌“心宿”等纷纷在佛山投资。

根据对去哪儿网民宿的数量统计，2022 年（截至 8 月）佛山市有民宿 2697 家，已登记备案的民宿有 159 家。佛山市建立了“悦岭南、宿佛山”的“佛山民宿”品牌，已有 30 家精品民宿被授予“佛山民宿”标识牌。

佛山市正在创建“东亚文化之都”，历史民俗文化底蕴深厚，涌现出如华德里舍等邮政主题民宿、爱住・龙归里等龙舟主题民宿、陶缘谷等陶文化主题民宿、悦晖燕园等岭南水乡民宿、润岚雅居等清代岭南建筑风情民宿、海寿方舟等渔舟文化民宿、美好院望·聚星里美宿等古村非遗及亲子民宿，特色文化民宿成为佛山文化的体验窗口。此外，兴趣社交平台民宿、婚礼民宿、团建民宿、亲子民宿、康养民宿、美食民宿、研学民宿等民宿产品同样独具特色。佛山市现已逐步形成了逢简水乡、西樵山、贤鲁岛、美的鹭湖等民宿集聚区。

6. 东莞民宿

东莞市已出台《东莞市文化广电旅游体育局民宿登记管理指引》《麻涌镇餐饮名店、特色酒店（民宿）评定与管理暂行办法（修订）》等民宿政策。

根据对去哪儿网民宿的数量统计，2022 年（截至 8 月）东莞市有民宿 2320 家。东莞民宿分布广而分散，较为集中的有麻涌镇、万山区、茶山镇等民宿集聚区。

东莞市拥有水乡、古村落、莞香文化、麒麟舞等特色文化资源，为特色民宿的发展奠定了文化基础。麻涌镇岭南水乡民宿集群独具特色，其中新基村白房子民宿群以民宿为载体，激活乡村价值，集餐饮住宿、艺术、教育、文化创意、乡村创业孵化于一体，被原国家旅游局评为“中国乡村旅游创客示范基地”。茶山镇南社明清古村落民宿集群，其民宿均由古民居改造而成，集岭南古建筑意蕴与现代休闲度假功能于一体。寮步镇的大学生创业民宿项目“香市民墅”则是一家莞香文化特色民宿，独具特色。

7. 中山民宿

中山市已出台《中山市民宿管理暂行办法》《中山市特色民宿评选办法》《中山市文化和旅游产业扶持专项资金实施细则》等民宿政策。

根据对去哪儿网民宿的数量统计，2022 年（截至 8 月）中山市有民宿 1263 家。中山市拥有孙中山名人文化、岭南历史文化、中山咸水歌等非遗民俗、众多水乡和古村落等丰富的文化资源。孕育出枫江晓筑艺术民宿、禾舍书屋民宿、禾田·香野民宿、竹衣闲庭民宿、悦茂粮缘民宿（“自在居”民宿）、美宿·雍陌、美宿·安堂等特色精品民宿。

中山市民宿起步较晚，分布较为分散，尚未形成规模化的民宿集群。但近两年中山民宿正在快速发展。2021 年底，中山市国有资本携手三乡镇、大涌镇共同打造三乡雍陌、大涌安堂这两个精品民宿示范点，谋划“精品民宿村+产业+文旅”的发展模式，培育中山乡村振兴新支点。

8. 江门民宿

江门市已出台《江门市文化广电旅游体育局等七部门关于民宿管理暂行办法》《江门市促进全域旅游发展扶持办法》等民宿政策。

根据对去哪儿网民宿的数量统计，2022 年（截至 8 月）江门市有民宿 766 家。2020~2022 年，江门市有 305 家民宿登记证照，其中精品示范民宿 63 家。

依托碉楼、温泉、滨海、田园、古村落等旅游资源和深厚的侨乡文化，江门市规划以侨乡文化为特色打造具有江门特色的侨乡民宿品牌。一批由碉楼、古民居改造而成的侨居文宿、侨丰荟、逸泉公馆、柑璞居、泊瑞・和安里、四九书院、侨乡物语、石涧故事、玄潭原舍、望岗碉楼等精品民宿独具文化特色。

江门市民宿现已形成台山民宿集群，台山民宿发展走在全市前列，现有 44 家精品示范民宿，占全市精品示范民宿数量的 69.8%。开平民宿以开平碉楼文化旅游区为中心，目前民宿规模较小，但"十四五"期间，开平碉楼附近即将引进 20 个精品民宿项目。

除了文化资源，江门市的海岛、温泉等资源同样品级较高。在 2022 年 8 月 6 日的江门市全球招商大会上，发源于浙江、国内知名的宿集营造社与江门市签约，即将在江门上川岛投资 4 亿~5 亿元，打造集高端民宿和生活方式品牌于一体的海岛宿集，建设完成后江门上川岛将成为粤港澳大湾区的网红旅行度假胜地。

9. 肇庆民宿

肇庆市已出台《鼎湖区旅游民宿建设与服务规范（试行）》《鼎湖区旅游民宿标准规范》《四会市促进旅游振兴扶持办法实施细则》《肇庆市民宿管理和产业扶持办法（征求意见稿）》等民宿政策。

根据对去哪儿网民宿的数量统计，2022 年（截至 8 月）肇庆市有民宿 697 家。其中，登记注册的民宿有 278 家。肇庆民宿起步较晚，但 2021 年实现了爆发式增长，新注册的民宿达 118 家。

肇庆民宿主要集中在端州区和鼎湖区。依托山水古城等资源，肇庆市现已形成环星湖、环鼎湖山、贺江省际廊道、四会古邑碧道画廊等民宿集群。其中环星湖民宿集群规模较大，有 80 多家民宿，分布在岩前、出头、石牌、青莲等村落和社区。肇庆市全力打造"肇府人家"区域民宿公共品牌，以文化为特色，肇庆涌现出一系列以宋文化、禅文化、岭南文化等为主题的精品民宿，如涟岸・湖居客栈、星湖揽月宋文化民宿、清心雅园民宿、风水间民宿、禅之源民宿、风之谷民宿、幸福里客栈、天天惦记民宿、赏湖居民宿、猫爪谷民宿等。截至2021年11月，肇庆市已经连续认定了三批28个“肇庆市特色旅游民宿”。

10. 香港民宿

2022年，香港的民宿政策相比之前并没有发生改变。根据Airbnb网站数据，2022年（截至8月）香港有民宿773家，数量相比2020年下降幅度较大。香港民宿以居民自营为主，多数没有办理旅馆业营业执照。香港民宿主要集中在九龙、香港岛等城市区域，但东部的西贡将军澳等区域形成了小型的乡村民宿集群，西北部的南丫岛和长洲岛形成了规模稍大的乡村民宿集群，其中西贡将军澳周边约有乡村民宿15家，南丫岛有乡村民宿15家，长洲岛有乡村民宿49家。

11. 澳门民宿

澳门民宿主要集中在北部澳门半岛的大堂区，南部的路氹城有少量民宿分布。根据Airbnb网站数据，2022年（截至8月）澳门有民宿186家，民宿数量相比2020年大幅下降。除了疫情影响外，民宿数量的大幅下降也与澳门政府2022年大力打击非法旅馆有关。澳门民宿大多数没有营业执照，被政府定义为“非法旅馆”，2022年澳门修改《禁止非法提供住宿》，规定短期（不多于90天）入境旅客只可入住酒店，澳门特别行政区行政法务司司长张永春表示澳门政府会向业主、大厦管理员、旅客、房产中介等做好宣传工作，加强监管，同时强调澳门禁止经营民宿，政府将会与网络订房平台沟通，禁止民宿上架。①

表2对粤港澳大湾区各城市民宿发展现状进行了汇总。

表2　2022年（截至8月）粤港澳大湾区各城市民宿发展现状

单位：家

城市	区域民宿公共品牌	民宿规模	市级民宿政策	民宿集群	精品民宿代表
广州	花城人家	11656	《广州市关于促进和规范乡村民宿发展的意见》《广州市旅游民宿等级划分与评定》《广州市民宿开办指引（试行）》《广州市民宿旅游发展专项规划（2018—2035）》	广州增城区、从化区等民宿集群	吾乡石屋、慕吉·云溪山居、菁木山舍、麦客好客、探云田居、麦客和客、西塘田缘花舍

① 资料来源：《力报》官方网站，https：//www.exmoo.com/article/193770.html。

续表

城市	区域民宿公共品牌	民宿规模	市级民宿政策	民宿集群	精品民宿代表
深圳	无	7362	《民宿服务规范》《民宿业卫生规范》《民宿消防安全管理规范(征求意见稿)》	大鹏半岛民宿集群	梦园彼岸、美好院望、泊心云舍、蜜悦、道睿、趣墅·HAJANA、看见海、辰礼、耘境·见山、慢可可、城墙根儿、巢里巢外、听海云居
惠州	无	6092	《惠州市民宿管理实施细则》	南昆山、罗浮山、惠城西湖、盐洲岛、大亚湾等民宿集聚区	禾肚里稻田民宿、爱树民宿、停苑、英秀、尚柯、秋长谷里、云侣堡、山里院子、几个院子、木舍品、花溪雨、岚舍山居、墅家、诗莉莉
珠海	无	2850	《珠海市民宿管理暂行办法》《海岛民宿服务规范》	金湾区、斗门区、横琴新区、万山群岛等民宿集聚区	天天惦记民宿部落·珠海院子、沙湾小院民宿、停云小镇民宿、里苑·南昌盛精品人文民宿、航栈民宿、山海间民宿
佛山	悦岭南、宿佛山	2697	《佛山市民宿管理暂行办法》	逢简水乡、西樵山、贤鲁岛、美的鹭湖等民宿集聚区	趣墅、华德里舍、爱住·龙归里、陶缘谷、悦晖燕园、润岚雅居、海寿方舟、圃舍、美好院望·聚星里美宿
东莞	无	2320	《东莞市文化广电旅游体育局民宿登记管理指引》	麻涌镇、万山区、茶山镇等民宿集聚区	新基村白房子民宿群、南社明清古村落民宿、香市民墅、莞舍都市民宿

续表

城市	区域民宿公共品牌	民宿规模	市级民宿政策	民宿集群	精品民宿代表
中山	无	1263	《中山市民宿管理暂行办法》	尚未形成	枫江晓筑艺术民宿、禾舍书屋民宿、禾田·香野民宿、竹衣闲庭民宿、悦茂粮缘民宿（“自在居”民宿）
江门	无	766	《江门市文化广电旅游体育局等七部门关于民宿管理暂行办法》	台山民宿集群	侨居文宿、侨丰荟、逸泉公馆、柑璞居、泊瑞·和安里、四九书院、侨乡物语、石涧故事、玄潭原舍、望岗碉楼
肇庆	肇府人家	697	《肇庆市民宿管理和产业扶持办法（征求意见稿）》	环星湖、环鼎湖山、贺江省际廊道、四会古邑碧道画廊等民宿集群	涟岸·湖居客栈、星湖揽月宋文化民宿、清心雅园民宿、风水间民宿、禅之源民宿、风之谷民宿、幸福里客栈、天天惦记民宿、赏湖居民宿、猫爪谷民宿
香港	无	773	无	九龙、香港岛等城市民宿集群，西贡将军澳、南丫岛、长洲岛等乡村民宿集群	不详
澳门	无	186	无	大堂区、路氹城民宿集群	不详

三　粤港澳大湾区旅游民宿发展的特色和存在的问题

（一）粤港澳大湾区旅游民宿发展的特色

1. 民宿规范化发展程度不断提高

大湾区各地民宿规范化管理政策不断增加，各地对民宿政策深入贯彻落实，各地民宿社团数量不断增加，行业自治化程度不断提高，大湾区民宿产业整体将继续朝着规范化方向发展。

2. 民宿集群品牌效应逐渐凸显

广州的增城、从化，深圳的大鹏半岛，惠州的罗浮山、南昆山，肇庆的环星湖等民宿集群知名度越来越高，相应的公共服务和旅游服务设施逐渐完善，民宿数量增加，民宿品质也相应提升，民宿集群品牌效应逐渐凸显。

3. 民宿微旅游目的地逐渐形成

大湾区的民宿微旅游目的地有“民宿集群式”旅游目的地、“民宿+周边乡村”旅游目的地、“民宿微度假”旅游目的地三种模式。“民宿集群式”旅游目的地是指以民宿集群为核心，餐饮、购物等旅游设施较为完善，独立成为一个旅游目的地，例如深圳较场尾民宿小镇。“民宿+周边乡村”旅游目的地是指民宿在自身已有的餐饮、住宿、休闲等产品的基础上，整合民宿周边的乡村田园、森林、溪谷、山水等资源，开发出丰富的乡村旅游产品体系，打造以民宿为核心、以民宿周边乡村山水生态体验为特色的旅游目的地，例如广州的麦客好客精品民宿。“民宿微度假”旅游目的地是指民宿自身有丰富的餐饮、住宿、购物、休闲、运动、农业体验、会议等民宿产品体系，独立形成一个民宿微度假旅游目的地，例如惠州的禾肚里稻田民宿。

4. 民宿上下游产业链日趋完整

大湾区的民宿产业经过近十年的快速发展，目前已经形成了集民宿投资、规划、设计、咨询、研究、用品供应、培训教育、自媒体营销等于一体的上下游产业链。

5. 以民宿为抓手实现乡村振兴

大湾区多地政府将民宿作为当地乡村振兴的抓手，通过精品民宿，提升当地乡村旅游的知名度，扶持当地村民创业，吸引外出务工村民回乡创业就业，将民宿旅游与农业发展相融合，开发休闲农业旅游产品，销售当地农产品。以民宿为突破口，众多乡村由原来的小山村变成了环境优美、生活富裕的旅游村。

6. 民宿经营者与政府、社团紧密协作

大湾区多地政府重视民宿产业发展，相继出台旅游民宿政策（详见附录），编制民宿发展规划，加强民宿宣传营销。民宿社团则担任起行业自律、行业管理的责任，架起民宿经营者与政府沟通的桥梁。三方紧密协作，共同推进了大湾区民宿产业的发展。

（二）粤港澳大湾区旅游民宿发展存在的问题①

1. 民宿政策待完善

一是民宿行业发展的顶层设计不足。大湾区民宿政策以民宿行业规范化管理政策为主，扶持政策、发展引导政策、支持保障政策、监督考核政策等相对较少。二是农村土地制度改革滞后。宅基地所有权、资格权、使用权“三权分置”政策不明朗，闲置农房盘活利用（租赁、置换、退出等）的实施路径不清晰，聚族而居的乡村老宅（如围龙屋、潮汕老厝等）产权关系相对复杂，甚至是侨房资产，制约了房产资源的流转活化利用。三是支持和保障政策落地性不强。各地亟待出台有针对性的招商引资、资金补助、用地保障、融资途径、税费减免、人才下乡、历史建筑活化、消防安全等政策实施细则。四是缺乏有效的监督考核机制。

2. 行业管理不到位

除港澳外，大湾区其他城市的民宿近年来快速发展，然而市场监管、消防、土地、建筑等方面法律法规的滞后已成为民宿发展的制度瓶颈，监管主体出现缺位，行业管理还不够完善。一是登记制度落实不到位。大部分民宿未按“广东省旅游民宿管理系统”的要求进行登记，部分规模超标的民宿拆分成多个营业执照进行登记，或登记后擅自超越标准开展经营。二是治安管

① 资料来源：2021 年广东省农业农村厅发布的《广东省乡村民宿发展情况调研报告》，部分内容有调整。

理不规范。部分民宿未接入公安部门治安管理系统，或在信息采集上报、监控录像留存期限等方面不够规范。三是行业监管薄弱。地方旅游、治安、消防、市场监督管理等有关主管部门对民宿经营监督检查落实不到位，日常巡查落实不到位，没有很好掌握无照经营、未及时登记、经营者是否对旅客产生危害隐患（如有犯罪记录或精神病史）等情况，缺乏对民宿的消防、卫生、噪声污染等方面的管理和整改，没有适当调控指导民宿定价、规范行业竞争。

3. 民宿布局缺引导

民宿布局缺乏整体规划引导，集聚规模效应发挥不明显。大湾区民宿虽已初步形成集聚发展趋势，但从空间布局来看，还存在“匹配不足、集聚不够”的问题。对世界文化遗产、自然保护地等资源的依托性不高，对广府、潮汕、客家、瑶寨等传统村落活化利用不足。

4. 配套设施不完善

民宿周边公共设施和旅游设施保障、旅游资源配套不足。在公共设施方面，一些民宿所在区域存在公共交通不便利、村道狭窄通行难、大型停车场缺少、路灯照明设施少、供水供电不充足、周边环境绿化不够、卫生排污设施欠缺、通信网络信号差、消防安全无保障等问题。在旅游设施方面，一些民宿周边缺乏丰富的旅游项目，以及美食、购物、娱乐等旅游配套设施。

5. 文化内涵不凸显

民宿是承载当地自然、历史、文化、美食等资源的综合体验产品，最大的价值在于体现出当地文化特色。目前大湾区一些特色民宿融入当地文化，给游客提供了良好的文化和住宿体验。但整体来看，大湾区的民宿发展主要依赖自然景观，如海滩、海岛、温泉、山水风光等，民俗等文化资源融入较少，未能真正体现当地文化特色。

6. 民宿发展缺人才

从民宿运营管理的角度看，为了促进当地村民就业，民宿一般聘用当地闲置劳动力，缺乏专业的旅游服务、民宿运营和管理人才；从民宿教育、研究的角度看，大湾区缺乏民宿教育工作者、民宿产业研究人员。

四　粤港澳大湾区旅游民宿发展建议

（一）制定民宿发展引导政策

一是出台民宿高质量发展的规划、计划和意见。明确大湾区民宿的整体发展目标和路径，制定大湾区民宿发展规划、大湾区促进民宿发展的指导意见等政策，在财政、土地、金融、税收、人才等方面给予政策保障。二是着力推进农村土地制度改革。促进农村土地资源优化配置，鼓励探索农村集体所有权、农户承包权、土地经营权的有效实现形式。鼓励对农村闲置用地进行挖潜盘活、依法流转，简化审批流程，为民宿招商提供土地要素保障。充分研究点状供地操作方法。三是鼓励各地加大对民宿招商的政策支持力度。积极支持地方制定有利于民宿发展的资金补贴、用地保障、金融借贷、税费减免和人才下乡等优惠政策；制定符合地方实际、可操作性强的消防、建筑安全、历史建筑利用等监督管理制度，扶持、引导民宿规范有序发展。

（二）加强民宿行业规范管理

一是严格落实民宿登记制度。要求港澳以外的其余 9 市民宿严格按照“广东省旅游民宿管理系统”的要求进行登记，按照规定和标准进行经营。二是制定适合民宿实际的治安和消防管理规定。制定民宿治安和消防管理规定，要求所有民宿都要接入公安部门治安管理系统，消防不合格的村庄和房屋一律不准作为民宿。三是严格落实日常巡查监管。建立民宿发展信息化平台，对民宿实现信息化管理，为游客免费提供民宿指引，为企业免费提供需要建设民宿的村庄，有效引导民宿发展村企精准对接、供需精准匹配，提供有针对性的服务。各级旅游、治安、消防、市场监督管理等主管部门要加强日常巡查监管，对无照经营、未及时登记、经营者对旅客产生危害隐患等情况要及时处置。

（三）优化民宿空间布局

各级政府可编制民宿产业发展规划、民宿空间布局指引等政策文件，全面引领各地民宿产业发展，引导扶持民宿依托旅游资源和具有区位优势的区域发展，引导民宿“集聚式、组团式”发展，防止碎片化无序发展。

（四）加强民宿配套设施建设

一是完善民宿所在地的公共设施，加强旅游道路、停车场、供水供电、周边环境绿化美化、卫生排污、通信网络、消防安全等公共基础设施的建设。二是鼓励民宿集群式发展，开发多样性的旅游产品，完善民宿周边的餐饮、娱乐、休闲、购物等配套旅游设施的建设。

（五）引导文化主题民宿发展

深挖文化潜力，打造特色精品民宿。民宿给游客更多的是家的感觉、人情味以及对乡村、生活、文化、旅行的一种情怀，与当地历史文化资源深度融合，是民宿实现长远发展的必然要求。本报告建议文化和旅游部门牵头协调，与行业协会合力加强宣传推广，进一步挖掘当地的建筑、园林、绘画、工艺美术、美食、音乐曲艺、民俗节庆等文化特色，将其融入民宿设计、度假生活理念、餐饮、旅游体验活动、文化创意商品开发等方面，使民宿与当地生态、生活、生产环境融为一体，打造各地特色民宿品牌。比如可以推出一批“非遗主题民宿”，推动非遗文化体验与民宿融合，引导特色发展。

（六）加强民宿人才培育工作

一是大力发展民宿教育。鼓励民宿学历教育和非学历教育发展，促进政府、协会、院校、培训机构全面开展民宿培训。二是加强民宿研究。多方邀请民宿行业内的专家，构建大湾区民宿产业发展智囊团。扶持大湾区民宿专业研究机构的发展，为各级政府、企业提供民宿行业研究、咨询、规划等服务。三是通过公开选拔和人才激励政策，吸引高素质人才、高技能管家进入大湾区各级旅游管理部门和各地民宿旅游相关工作岗位。四是开展民宿技能竞赛，通过比赛培养民宿一线技能人才的工作能力，打造一批金牌管家。

（七）加强港澳民宿发展研究

澳门地区民宿发展空间有限，政府现已明令禁止发展民宿，随着澳门政府对非法旅馆执法工作的不断深入，预计未来民宿将从澳门地区消失。香港地区一方面可针对城市民宿的发展进行研究，探讨城市民宿的合法化路径；另一方面可针对乡村民宿制定特殊政策，鼓励乡村民宿发展，带动当地乡村旅游发展。

五　粤港澳大湾区旅游民宿示范案例

（一）大湾区民宿集群示范案例

1. 广州增城区民宿集群

与国内大多数民宿产业发展模式不同，广州增城区走的是“政府培育扶持、企业作为管理平台、村民大众创业”的发展路子。2014 年，增城区委办、增城区政府创新性地提出“万家旅舍”战略，并成立万家旅舍管理公司。政府相继出台多项“万家旅舍”政策，形成了集民宿工作计划、民宿规划、民宿证照指引、民宿开办指引、建设要素控制导则、经营服务规范于一体的民宿政策体系，鼓励引导民宿规范化发展。管理公司则通过专业化运营，对“万家旅舍”民宿品牌进行统一包装、策划、管理，指导村民经营民宿。2022 年，“万家旅舍”已有 650 家民宿加盟店，慕吉·云溪山居、吾乡石屋民宿、麦客好客精品民宿、探云田居民宿、宛若故里·稻田里民宿、阅季民宿、从心隐艺术设计民宿、乡约·雅轩民宿等一批特色精品民宿云集。

2. 肇庆环星湖民宿集群

肇庆星湖风景优美，湖内小岛众多，犹如仙境。环星湖民宿集群现有约 80 家民宿，分布在岩前村、青莲村等村落，已形成集民宿、美食餐厅、文创商店、酒吧、KTV 等于一体的民宿旅游集群。环星湖民宿集群的民宿风格各异，却又保留着乡村原本的风貌，融入了当地独有的文化元素，如星湖揽月宋文化民宿、涟岸·湖居客栈、阅色主题客栈等多家民宿在建筑设计、装修风格、装饰材料、餐饮、客房用品等方面均体现出当地的特色，在一定程度上促进了当地传统文化的复兴。

（二）大湾区民宿镇示范案例

1. 惠州市博罗县横河镇

横河镇地处罗浮山北麓，依山傍水，风景秀美。横河镇重视乡村旅游发展，以建设民宿产业专业镇为目标。2015年底，横河镇上良村村民和惠州市上良乡村旅游有限公司签署合同，合作发展民宿产业，引进了上良民宿、禾肚里稻田民宿、麦客喜客等一批精品民宿。其中禾肚里稻田民宿将旧学校进行改造，开发农业体验等一系列特色配套旅游产品，成为广东省的民宿代表。麦客喜客精品民宿将原上河小学改造成特色客房，并打造出楼顶泳池等特色产品。截至2021年底，横河镇共有乡村民宿39家，农村产业成功实现转型。

2. 佛山市顺德区杏坛镇

杏坛镇，素有“杏韵水乡”美誉，风景如诗如画、水乡风情浓郁，更有丰富的地方美食。杏坛镇曾经是一个污染严重的工业镇，但杏坛镇紧抓国家乡村振兴的契机，改变发展模式，淘汰掉一批污染企业，引进了高新技术企业。招商环境、营商环境、人居环境的大改变，为民宿产业的发展提供了契机。以杏坛镇逢简水乡为例，该村已登记备案的民宿共有27家、餐饮单位66家，旅游产业发展势头良好，成为杏坛镇乡村振兴、产业振兴的示范。特色的水乡民宿与顺德美食相结合，使逢简水乡民宿产业快速发展，涌现出相逢简居民宿、润岚雅居民宿、悦晖燕园、水·遇见你民宿等一批特色精品民宿。

（三）大湾区特色民宿示范案例

1. 菁木山舍精品民宿

菁木山舍位于广州市从化区江埔街上罗村，是一家隐于深山之中的特色高端民宿，山水环境优美，空气清新。民宿将一座几十年前的废弃知青学校进行改造，保留了原来红砖灰瓦的瓦房结构。民宿客房以原木色为主色调，家具均为民宿的匠人手工制作而成。菁木山舍不仅是一个民宿，能够让客人享受山里的美景、美食，还是一个木作工作室，一个慢生活的文化空间，游客可以跟着民宿的手工艺人体验木作、古法蓝染等传统手工艺。民宿客房共有15间，可以容纳35~40人。

2. 趣墅·HAJANA民宿

趣墅·HAJANA民宿位于深圳市大鹏新区南澳街道水头沙社区，民宿拥有一线海景和独立沙滩。民宿将8栋私家民居进行整合改造，以古巴风情为特色，通过彩色涂鸦、老爷车等景观元素营造异域风情，打造成集海景度假民宿、南美风情餐厅、天台电影院等于一体的民宿度假街区。

附录：2020~2021年大湾区旅游民宿政策

区域	发布时间	政策名称	关于大湾区旅游民宿内容
广东省	2021年3月31日	《中共广东省委　广东省人民政府关于全面推进乡村振兴加快农业农村现代化的实施意见》	①鼓励农村集体经济组织以出租、合作、入股等方式盘活利用空闲农房、宅基地，按照规划要求和用地标准改造建设民宿、创意办公、拓展培训、乡村旅游等乡村体验活动场所 ②鼓励各地级以上市每年举办民宿招商推介会，支持引导民宿业发展。支持少数民宿特色村建设
	2021年3月22日	《旅游服务质量评价规范　第2部分：民宿》	十一大项
	2021年4月6日	《广东省国民经济和社会发展第十四个五年规划和2035年远景目标纲要》	第十一章第一节： 促进农业和旅游、教育、文化、医疗、体育等产业深度融合，因地制宜发展休闲观光、文化体验、健康养老、民宿旅游、创意农业等新产业新业态
	2021年6月10日	《农业农村部　广东省人民政府共同推进广东乡村振兴战略实施2021年度工作要点》	加快发展旅游休闲与创意体验农业，建设一批全国休闲农业重点县，塑造"粤美乡村"旅游品牌。支持农户、村集体和各类新型经营主体打造并运营特色乡村民宿，培育发展乡村旅游、生态康养、研学科普、农耕体验等新业态，推动美丽乡村转化为美丽经济
	2021年8月20日	《广东省推进农业农村现代化"十四五"规划》	①第六章第二节：实施南粤乡村传统文化活化工程，创新丰富乡村旅游产品，推广"乡村+节庆""乡村+文创""乡村+演艺""乡村+游乐""乡村+民宿""乡村+美食"等发展模式 ②第九章第二节：支持建设一批功能现代、风貌乡土、成本经济、结构安全、绿色环保的宜居型示范农房，发展特色民宿和乡村旅游 ③第十章第一节专栏22：重点整合资源创建一批民宿（农家乐）集中村、乡村旅游目的地、家庭工场、手工作坊等盘活利用样板

续表

区域	发布时间	政策名称	关于大湾区旅游民宿内容
广东省	2021年10月15日	《关于加强金融支持乡村休闲旅游业促进乡村产业高质量发展的通知》	重点支持从事乡村休闲旅游农业各类个体工商户和小微企业主。用于农、林、牧、渔等生产经营活动,以及乡村休闲、健康养老、民宿客栈等建设项目,贷款额度最高可达1000万元,贷款期限最长可达8年
	2021年10月23日	《关于促进城市消费的若干政策措施》	第七大项第19点: 开展"广东人游广东"活动,举办广东文化和旅游消费季,鼓励酒店、民宿、旅行社、景区、文娱企业等开展各种促销活动
	2021年10月29日	《广东省建设生态宜居美丽乡村共同缔造实施指引》	①第二章、2.2、(2):对于特色化、规模化、品牌化发展的经营性项目包括农业产业基地、家庭农场、民宿、农业公园、田园综合体等经营性项目,则以"村合作社+村集体公司+村乡贤"为主体,积极整合社会资本以及农业、旅游等行业协会力量,采取市场化运作实施 ②第三章、3.2、(1)、1):对农户结合村庄发展需求开办民宿、农家乐等项目的给予适宜专项奖励 ③第三章、3.5、(3):各村主动对接目标企业,为企业进驻提供便利,发展乡村旅游、民宿等美丽经济,激发村民回乡创业就业 ④第四章、4.1、(3)、1):培育一批特色农业基地、研学旅游基地以及乡村民宿等服务配套项目,为培训实训提供优质的教学场景
	2021年11月10日	《关于促进农村消费提质升级的若干政策措施》	①第三项第4点:推进乡村民宿特色化、集群化、规范化、品牌化发展,打造高品质乡村民宿,培育一批管理规范、手续完善、特色鲜明的乡村示范民宿,促进乡村农文旅融合发展,释放美丽经济动能 ②第三项第5点:用好用足现有乡村振兴用地保障政策,涉农市县各级应安排不少于10%的计划指标用于保障乡村振兴新增建设用地需求,并优先保障乡村民宿、乡村旅游项目。鼓励和支持对农村闲置宅基地、农房、村集体仓库、学校、文化场所等,通过挖潜盘活、依法流转,为乡村民宿招商提供必要土地

续表

区域	发布时间	政策名称	关于大湾区旅游民宿内容
广东省	2021年 11月10日	《关于促进农村消费提质升级的若干政策措施》	③第三项第6点:支持银行保险机构因地制宜推广"美丽乡村风貌贷""村居贷""民宿贷"等信贷产品,探索乡村民宿安全保险 ④第三项第7点:乡村民宿(包括农家乐、休闲农业)企业符合条件的,享受增值税小规模纳税人减免增值税、小型微利企业所得税优惠、个体工商户经营所得减半征收个人所得税等税收优惠政策 ⑤第三项第8点:引导城市人群下乡消费,鼓励各级工会组织会员到乡村民宿开展职工疗休养活动并按规定报销相关费用
	2021年 11月23日	《广东省旅游民宿等级评定和复核工作规程》	共十二条
	2021年 11月26日	《广东省文化和旅游发展"十四五"规划》	①第三章第七节第4点:提升乡村旅游服务质量,推行"粤菜师傅+乡村旅游"发展模式,提升乡村旅游餐饮服务水平,推动乡村民宿扩大规模、丰富业态、拓展内涵,打造高品质乡村民宿 ②第三章第七节第6点:支持旅游民宿、星级饭店等创新发展,提升住宿业服务水平
	2021年 11月30日	《关于促进广东省乡村民宿健康发展的指导意见(讨论稿)》	四大项
	2021年 12月22日	《广东省人民政府办公厅关于金融支持全面推进乡村振兴的实施意见》	第二项第11点: 推动农村普惠金融与农村电商、乡村康养、乡村民宿、创意农业等新产业新业态联动创新发展,促进城镇村资金融通,加大美丽乡村向美丽经济转变的支持保障力度

续表

区域	发布时间	政策名称	关于大湾区旅游民宿内容
广州市	2021 年 3 月 25 日	《粤港澳大湾区北部生态文化旅游合作区建设方案》	①以广汕铁路为依托,串联蒙花布景区、1978 电影小镇、增江画廊、荔湖、莲塘春色景区、何仙姑景区、白水寨风景名胜区等资源,继续发挥增城万家旅舍品牌影响力,打造高端民宿集聚区 ②流溪河旅游景观带打造高端民宿集聚区 ③有效整合笔架山生态旅游带沿线民宿,打造生态休闲旅游目的地 ④推进“美丽宜居村”和“特色精品村”建设,策划乡村旅游精品线路,串联名镇名村、美丽乡村、精品民宿等乡村项目,丰富乡村旅游业态 ⑤以万家旅舍为标杆,标准化打造精品民宿、乡村度假区 ⑥鼓励乡村旅游重点村大力发展特色精品民宿 ⑦建立旅游民宿资产交易平台
	2021 年 5 月 27 日	《花都区民宿十条(征求意见稿)》	十大项
	2021 年 7 月 1 日	《广州市促进文化和旅游产业高质量发展若干措施》	第七项(二十五): 鼓励挖掘岭南文化资源,开发乡村游、民宿游、康养游等短线旅游产品,举办一批具有本地特色的节庆活动。推动民宿有序发展,完善休闲度假、乡村体验等功能,建设一批精品民宿
	2021 年 7 月 2 日	《广州市文化和旅游产业发展专项资金管理办法》	第二章第十六条: 扶持旅游等级民宿,对获评市级以上的星级民宿分别给予最高 20 万元的补助
	2021 年 7 月 8 日	《广州市民宿开办指引(试行)》	共四章

续表

区域	发布时间	政策名称	关于大湾区旅游民宿内容
珠海市	2021年2月11日	《珠海市民宿管理暂行办法》	共六章
	2021年3月15日	《海岛民宿服务规范》	九大项
	2021年6月3日	《珠海市出租屋分类分级管理办法(试行)(征求意见稿)》	第三条、(二)、第3点: 按日或者按小时计价收费、长租公寓、民宿以及通过网上形式预订,提供经营性住宿服务的出租屋
中山市	2020年12月22日	《中山市民宿管理暂行办法》	共六章
	2021年11月29日	《中山市特色民宿评选办法》	五大项
东莞市	2020年12月15日	《东莞市文化广电旅游体育局民宿登记管理指引》	七大项
佛山市	2020年3月4日	《佛山市三水区民宿申办指南(暂行)》	共四条3份附件
	2020年12月28日	《佛山市促进全域旅游发展扶持办法(征求意见稿)》	共四章
	2021年7月23日	《佛山市高明区岭南新民宿管理暂行办法(征求意见稿)》	共七章
肇庆市	2020年2月17日	《鼎湖区旅游民宿建设与服务规范(试行)》	共六章

B.6
2022年粤港澳大湾区乡村旅游发展报告

曾艳芳　王心蕊*

摘　要： 本报告首先在讨论中国乡村旅游发展的背景以及乡村旅游在促进乡村发展尤其是乡村振兴中的重要作用的基础上，介绍了粤港澳大湾区乡村旅游的发展概况。在国家战略指引下，粤港澳大湾区凭借优越的地理区位和政策支持，现已打造一批乡村旅游精品项目，带动乡村旅游迅速发展。其次，梳理了粤港澳大湾区内地9市乡村旅游的发展现状，并据此总结出乡村旅游发展经验，包括注重顶层设计与政策规划指引、探索乡村文化旅游融合发展路径、加强基础设施建设提升服务质量、塑造地方特色推广乡村旅游品牌、多方结合推进“乡村旅游+”模式。最后，本报告认为粤港澳大湾区的乡村旅游发展应当继续提升政策规划管理水平，在“一国两制”的制度框架下协同创新，探索乡村旅游可持续发展的“大湾区模式”，并积极构建乡村旅游产业体系。

关键词： 乡村旅游　可持续发展　乡村旅游品牌　粤港澳大湾区

一　粤港澳大湾区乡村旅游发展的背景及概况

乡村旅游是指以乡村地区为活动场所，利用乡村独特的自然环境、田园景

---

* 曾艳芳，中山大学旅游学院硕士研究生，研究方向为乡村旅游。王心蕊，博士，中山大学旅游学院副教授，研究方向为乡村旅游、人口迁移与旅游创业。

观、生产经营、形态民俗、文化风情、农耕文化、农舍村落等资源，为游客提供观光、休闲、体验、健身、娱乐、购物、度假的一种新的旅游经营活动（郭焕成、韩非，2010）。中国的乡村旅游兴起于20世纪80年代后期，乘着改革开放的东风，中国的旅游业得到快速发展，乡村旅游的发展也不断受到重视。在几十年的发展中，乡村旅游在缩小城乡差距、优化乡村产业结构、解决农村就业问题、带动相关产业发展和促进城乡文化交流等方面发挥了重要的作用。

党的十九大报告提出脱贫攻坚任务和乡村振兴战略，明确了产业兴旺、生态宜居、乡风文明、治理有效、生活富裕的二十字要求。乡村振兴战略在制度、资金、人才等方面给予了农业农村发展十分重要的政策支持，为发展乡村旅游提供了重要历史机遇；与此同时，乡村旅游发展在乡村脱贫向乡村振兴的衔接中也发挥着重要的作用，乡村旅游作为一种在农村孕育、在农村发展起来的新兴产业，为系统地解决“三农”问题提供了直接有效的方案。因此，在乡村振兴战略背景下，乡村旅游发展具有突出的资源优势、政策优势和产业优势。发展乡村旅游能够有力地契合和服务新时代国家发展战略，促进农业提质增效、农民增收致富与农村繁荣稳定，并加快统筹城乡融合发展的步伐（陆林等，2019）。

粤港澳大湾区包括广州市、深圳市、珠海市、佛山市、东莞市、肇庆市、中山市、江门市、惠州市、澳门特别行政区以及香港特别行政区，总面积约5.6万平方公里，是中国开放程度最高以及经济活力最强的区域之一。粤港澳大湾区不仅是地理上的城市集群，更表现为经济上的集聚发展。作为经济总量在国际上名列前茅的城市群之一，粤港澳大湾区11座城市中有4座是国际超级大都市，其空港群和海港群的规模在世界范围内遥遥领先。旅游业是扎根于城市的高增长、高动能产业，在城市群区位优势的辐射和带动下，粤港澳大湾区成为全球重要的旅游客源地与目的地，拥有发达完善的交通网络，形成了独具特色的旅游产业。

粤港澳大湾区地形多样，北部为丘陵地貌，南部面临南海，西部地区以江河水网以及丘陵为主，东部地区以山地、台地为主，海岸线悠长，有“黄金海岸”之称。同时，粤港澳大湾区位于北回归线以南，气候条件得天独厚，属于亚热带季风气候，有利于多种农作物生长，适合发展农耕经济。山地丘陵的地势落差形成了瀑布景观，江河水网密布发展了农耕和渔业，大量的湖泊资源展现了南国水乡风光，海湾岛屿资源体现了海岛风情，凭山负海、“拥湾抱海”的地理条件适合开展山岳旅游、水乡古镇、滨海和海岛旅游等乡村旅游活动。

粤港澳大湾区优越的自然地理条件孕育了独具特色的区域文化，最具有代表性的就是岭南文化。岭南文化源远流长，包括广府文化、客家文化、潮汕文化等分支，具有开放包容、多元化和革新性的特点。粤港澳大湾区是岭南文化的集大成之地，要将岭南文化和粤港澳大湾区的乡村旅游发展相结合，将岭南文化中包含的文学、绘画、书法、音乐、戏曲、工艺、建筑、民俗、饮食、语言等形式与粤港澳大湾区的乡村旅游发展结合起来，以实现乡村旅游的可持续发展。

粤港澳大湾区注重培育乡村品牌，这有助于加强乡村旅游品牌建设，并提高乡村旅游的市场价值。粤港澳大湾区的乡村旅游品牌建设已经取得一定的成就，打造了一批具有影响力和知名度的乡村旅游品牌。广东省积极打造“粤美乡村”旅游品牌，截至2022年，广东省已打造了3个全国乡村旅游重点镇和39个全国乡村旅游重点村，认定了259个广东省文化和旅游特色村和50个广东省旅游风情小镇，推出了200条广东省乡村旅游精品线路。同时，广泛推广“粤菜师傅”品牌项目，以鼓励传承传统粤菜、开设特色农家乐以及推广地方美食等。除此之外，粤港澳大湾区各市也积极评选省级、国家级乡村旅游品牌，粤港澳大湾区内地9市共有25个村、镇（乡）上榜全国乡村旅游重点村、镇（乡）名单（见表1），乡村旅游的品牌化建设取得了明显成效。2021年粤港澳大湾区内地9市省级休闲农业和乡村旅游示范镇（点）如表2所示。

表1 粤港澳大湾区内地9市省级、国家级乡村旅游品牌数量

单位：个

城市	广东省乡村旅游精品线路(第一、二、三批合计)	广东省文化和旅游特色村(第一、二、三批合计)	全国乡村旅游重点村、镇(乡)(第一、二、三批合计)
广州	14	23	5
深圳	9	5	0
珠海	7	9	1
佛山	9	13	3
惠州	11	14	4

续表

城市	广东省乡村旅游精品线路(第一、二、三批合计)	广东省文化和旅游特色村(第一、二、三批合计)	全国乡村旅游重点村、镇(乡)(第一、二、三批合计)
东莞	7	9	3
中山	8	9	2
江门	9	15	4
肇庆	11	13	3
总计	85	110	25

资料来源：根据广东省文化和旅游厅公布的广东省乡村旅游精品线路名单、广东省文化和旅游特色村名单以及文化和旅游部、国家发展改革委公布的全国乡村旅游重点村、镇（乡）名单统计得出。

表 2　2021 年粤港澳大湾区内地 9 市省级休闲农业和乡村旅游示范镇（点）

单位：个

项目	广州	深圳	珠海	佛山	惠州	东莞	中山	江门	肇庆	总计
广东省休闲农业和乡村旅游示范镇	2	0	1	2	1	1	2	1	2	12
广东省休闲农业和乡村旅游示范点	4	2	2	5	6	1	5	5	5	35

资料来源：广东省农业农村厅、广东省文化和旅游厅。

2020 年，文化和旅游部、粤港澳大湾区建设领导小组办公室、广东省人民政府联合印发《粤港澳大湾区文化和旅游发展规划》，该规划提出建设一批粤港澳大湾区特色旅游项目，包括建设能体现粤港澳大湾区传统文化和景观风貌的特色小镇，建设环境优美、旅游基础条件好的粤港澳大湾区美丽乡村，以及粤港澳大湾区康养旅游休闲度假区、粤港澳大湾区文化和旅游融合发展项目。在该政策的指引下，粤港澳大湾区现开展了一批乡村特色旅游文化项目，建成了一批特色小镇、美丽乡村和康养旅游休闲度假区（见表 3）。粤港澳大湾区乡村特色旅游文化项目的开发根植于本土的自然山水文化景观，通过充分挖掘地方文化资源并统筹规划发展不同功能类型的旅游项目，避免了“千村一面”，形成了独具地方文化特色的总体布局。

表 3 粤港澳大湾区乡村特色旅游文化项目

项目	内容
粤港澳大湾区特色小镇	广州黄埔长洲国际慢岛 佛山岭南文化和旅游小镇 珠海平沙影视文化小镇 中山翠亨历史文化小镇 江门赤坎古镇华侨文化展示旅游项目 肇庆高要回龙宋隆小镇
粤港澳大湾区美丽乡村	中山崖口村 江门古劳水乡 新会陈皮村 东莞南社古村 广州从化西塘村 惠州龙门上东村 肇庆黎槎八卦村 香港大澳渔村
粤港澳大湾区康养旅游休闲度假区	肇庆高要区、惠州罗浮山、广州从化区依托自然生态和中医药传统医疗文化打造的康养旅游休闲度假区 广州南沙区、深圳光明新区、珠海横琴粤港澳合作中医药科技产业园等建设的医疗旅游健康服务示范区

资料来源：《粤港澳大湾区文化和旅游发展规划》。

粤港澳大湾区的旅游发展得到政府部门的大力支持。2018 年，广东省印发了《广东省促进全域旅游发展实施方案》。该方案提出将大湾区建设成粤港澳世界级旅游休闲湾区，“加强粤港澳旅游合作，挖掘三地多元文化、主题公园、美食之都、购物天堂等优势旅游资源，打造各具特色的旅游产品体系”。2019 年，国务院在《粤港澳大湾区发展规划纲要》中提出，要将大湾区打造为公共服务优质、宜居宜业宜游的优质生活圈。2020 年，《粤港澳大湾区文化和旅游发展规划》进一步提出，到 2025 年建设人文湾区和休闲湾区初见成效，2035 年全面建成宜居宜业宜游的国际一流湾区的发展目标，深化粤港澳大湾区文化和旅游交流合作，统筹推进粤港澳大湾区文化和旅游协调发展，高质量建设粤港澳大湾区宜居宜业宜游的优质生活圈。

在乡村旅游发展上，各级政府高度重视乡村旅游对粤东西北地区振兴以及粤港澳三地联动。广东省开展了一系列乡村旅游建设活动，如广东省古村落认定、广东文化旅游名村创建、广东省星级农家乐评选等。同时，广东省政府先后出台多项保障举措，包括加强对旅游产业用地的保障工作，完善休闲农业和乡村旅游配套设施，打造“粤美乡村”旅游品牌，开发乡村旅游精品线路，等等。各级政府从不同层面促进乡村旅游提质增效，大力推进乡村旅游扶贫、乡村旅游创客示范基地、乡村旅游连片开发等工作。此外，在制定乡村旅游和休闲农业发展规划的过程中，乡村旅游景区、民宿、农家乐等服务规范和行业标准也逐步明确。

依托优越的地理区位和特色的自然文化资源，在粤港澳大湾区发展战略政策的指引下，粤港澳大湾区的乡村旅游发展已经取得一定的成效，开发了一批各具特色、类型多样、层次丰富的特色乡村旅游项目，成功打造了一批“广东旅游精品线路”“全国乡村旅游重点村”等具有影响力的乡村旅游品牌，为粤港澳大湾区的乡村旅游发展开创了新的局面。

二　粤港澳大湾区内地9市乡村旅游的发展现状

随着粤港澳大湾区休闲农业和乡村旅游的发展建设，内地 9 市相继编制了乡村旅游发展规划，颁布了相应的政策方案。政策的出台与实施是推进粤港澳大湾区乡村旅游发展的坚实基础和有力保障，是引导监督各市、县、乡镇稳步开展乡村旅游建设的规章依据和政策基准。2022 年，广东省第十三届人民代表大会常务委员会第四十三次会议表决通过了《广东省乡村振兴促进条例》，对乡村产业发展、乡村人居环境提升、乡村治理、城乡融合发展以及帮扶保障等乡村振兴促进活动做出规定。该条例自 2022 年 9 月 1 日开始施行，将对广东省乡村旅游发展起到重要的驱动作用。广东省政府还制定了相关政策来刺激乡村旅游消费。2022 年 8 月，广东省人民政府办公厅印发《广东省加大力度持续促进消费若干措施》，提出开展“广东乡村休闲体验季”活动，通过发放消费券支持省内乡村休闲旅游发展，支持各地发展休闲农业、乡村旅游和民宿，进一步加强了对民宿的规范管理。此外，广东省各地市也出台了相关的政策方案，本报告将以此为基础，结合各地市政策对乡村旅游发展现状进行阐述。

（一）广州市乡村旅游发展总体情况

在乡村振兴战略背景下，广州市政府注重顶层设计，强调乡村旅游开发对乡村振兴的长效驱动作用。《广州市国民经济和社会发展第十四个五年规划和2035年远景目标纲要》提出全面推进乡村振兴，要推动农村三次产业融合发展，大力发展乡村旅游、农业旅游、休闲康养、民宿经济等特色产业，打造休闲农业和乡村旅游集聚区，从而延长农业产业链条，发展各具特色的现代乡村富民产业。

在实践层面上，广州市重点关注乡村旅游发展的规范性、创新性与可持续性的问题。首先，积极拓展乡村旅游的消费市场，例如《关于推动电子商务跨越式发展的若干措施》提出鼓励电子商务企业利用互联网平台拓展农村市场，加强自营平台建设，有效对接市场需求，拓展乡村旅游、民宿经济等的网络营销；《广州市完善促进消费体制机制实施方案（2019—2020年）》提出重点推进旅游消费领域发展，提升乡村旅游品质，创建30个旅游文化特色村，打造乡村精品线路，并提出制定实施促进和规范乡村民宿发展的意见、发展规划和规范标准。其次，通过制定标准规范提升服务质量，《广州市全面推进农房管控和乡村风貌提升实施方案》提出沿线连片建设美丽乡村，选择重点乡村生态旅游线，推进乡村旅游标准化建设，完善旅游标识标牌等乡村旅游“八小工程”。

与此同时，广州市政府持续推动乡村旅游提质增效。《广州构建世界级旅游目的地三年行动计划（2021—2023年）》提出，实施乡村旅游提质工程，推动特色小镇、文创乡村、精品乡村民宿开发建设，支持和推动一批国际乡村项目建设，打造全国乡村文旅振兴新标杆和国际化发展新典范。计划到2023年，打造5个乡村旅游综合体和民宿集聚区，打造一批名菜、名厨、名店，建设一批粤菜师傅培训基地和“粤菜师傅工作室”。此外，广州市重视乡村旅游的基础配套设施建设。广州市大力推动旅游交通一体化工程，开通若干条乡村旅游交通专线，以补齐乡村旅游公共交通短板，同时完善农村金融体系，为乡村旅游提供有力的金融支撑。《广州市人民政府办公厅关于金融支持全面推进乡村振兴的实施意见》提出有效发挥各项金融工具的支农作用，不断完善多层次农村金融组织体系，持续优化乡村振兴特色领域融资状况，不断拓宽涉农企业直接融资渠道等措施，这些政策措施为促进乡村旅游提质增效提供了有力的金融支撑。

（二）深圳市乡村旅游发展总体情况

深圳市乡村旅游资源种类丰富多样，包含乡村自然景观类、乡村产业融合类、乡村聚落建筑类、乡村历史遗存类和乡村民俗文化类。深圳市政府依托本地特色资源大力建设主题旅游景区，重点发展休闲农庄、森林生态、文创体验等旅游活动，产品形式主要有农家乐、休闲运动、生态游憩、农耕体验、古村落探访、手工艺体验、山地探险等。深圳市以乡村的原生态环境、原始建筑和村落等乡村意象作为核心吸引物，设计具有文化印记的乡村旅游产品，实现了乡村旅游由观光型向体验型的转型升级。

深圳市文化广电旅游体育局发布《深圳市旅游业发展“十四五”规划》，对深圳市文旅产业的发展做了总括性的规划。在具体实践中，深圳市重视对乡村旅游的宣传推广，积极推进协同发展。一方面，深圳市积极推进乡村旅游产品的品牌建设。首先，通过积极申报省级文化和旅游特色村、乡村旅游精品线路等项目，打响深圳市乡村旅游特色品牌，提升知名度。2019 年、2020 年，大鹏新区大鹏古城滨海休闲游、龙华区艺术乡村休闲游被认定为“第一批广东省乡村旅游精品线路”，龙岗区甘坑村（社区）、盐田区沙栏吓村先后获得“广东省文化和旅游特色村”的荣誉称号。其次，积极举办节事活动，挖掘本土区域特色文化资源，将村落传统文化中的美食、文化风俗等结合起来开展活动，提升吸引力。2022 年，深圳市文化广电旅游体育局以“鹏城之夏”为主题，继续推出 10 条精品旅游线路和 5 个微度假目的地。另一方面，深圳市在发展乡村旅游时注重对外联动协同发展。深圳市借助盐田区和香港水陆相连的深港合作区位优势，以香港沙头角公共码头开放为契机，积极推进基础设施、管理模式等改革，开发多个深港跨境游精品项目，推动合作区全域旅游产品品牌化，对乡村旅游发展形成了辐射带动作用。

（三）珠海市乡村旅游发展总体情况

珠海市将发展乡村旅游作为促进乡村振兴的重要手段。珠海市人民政府印发《珠海市 2022 年国民经济和社会发展计划》，提出通过推进乡村产业高质量发展，大力发展乡村旅游、休闲观光农业，打造湾区乡村旅游目的地，全面推进乡村振兴。为推动乡村旅游产业高质量发展，珠海市政府从经济支持、政策规范、品牌建设和人才引进等不同层面支持引导乡村旅游的健康发展。

在经济支持上，珠海市文化广电旅游体育局设立专项资金支持旅游产业的发展，用奖励资助促进旅游公共文化服务体系的建设。新冠肺炎疫情防控时期，珠海市积极应对疫情的影响，对旅游行业的复工复产和行业发展提供了政策指引和支持。《珠海市积极应对新冠肺炎疫情影响支持文化旅游体育行业发展政策措施》从资金扶持、设施建设和旅游宣传等方面提出激励措施。为鼓励民间资本开发乡村民宿，珠海市农业农村局出台《珠海市关于扶持乡村产业发展的若干措施（试行）》，对利用农村依法建造的宅基地农民房屋、村集体用房、闲置农房等资源发展乡村民宿的进行资金奖励。珠海市设立专项资金扶持乡村旅游产业的措施，激发了乡村旅游投资的市场活力。

在政策规范上，珠海市注重乡村旅游民宿业的健康发展，为规范民宿经营管理，珠海市人民政府办公室印发《珠海市民宿管理暂行办法》，提出民宿开办的基本要求与规范，通过对乡村旅游住宿的监督管理提升服务质量，以促进民宿业健康发展并推动乡村振兴。为提升乡村人居环境，改善乡村旅游环境，以农村“厕所革命”、污水垃圾处理、村容村貌提升等为重点，持续开展农房管控、乡村风貌提升工作。珠海市水务局出台的《珠海市农村水利治理规划（2021~2035 年）》提出，补齐农村水利基础设施短板，结合乡村生态环境提升和乡村旅游开展对河涌进行综合整治，充分发挥政策的规范和监督作用，清除乡村旅游高质量发展的阻碍。

珠海市同样重视乡村旅游的品牌建设和人才引进。一方面，珠海市重视乡村传统文化的挖掘与非物质文化遗产的保护，积极申报精品旅游线路、文化和旅游特色村，并基于本市乡村旅游的文化特色打造乡村旅游品牌。在 2022 年广东乡村休闲精品推介活动中，珠海桂山的澎湖号海岛两日游成为亮点品牌。此外，珠海市政府以斗门区作为珠海市乡村振兴战略的主战场，着力打造了一批乡村旅游项目，擦亮斗门乡村旅游品牌，为支撑珠海建设澳珠极点的湾区魅力之城贡献力量。另一方面，珠海市重视人才引进，积极为乡村旅游产业的发展注入新鲜血液。珠海市出台了《2022 年珠海市高校毕业生就业创业十大行动方案》《珠海市关于扶持乡村产业发展的若干措施（试行）》等文件，为高校毕业生高质量充分就业创造条件，吸引更多高校毕业生留珠就业创业，引进高校专业人才参与旅游项目的开发管理。

（四）佛山市乡村旅游发展总体情况

佛山市政府借助本市独特的区位优势，积极拓宽乡村旅游发展渠道，多方位促进佛山市乡村旅游的开发。在总体规划方面，佛山市文化广电旅游体育局积极响应国务院办公厅和广东省人民政府办公厅促进全域旅游发展的指导意见，积极向公众征求意见。《佛山市全域旅游发展规划（2021—2030）》（第二次征求意见稿）提出将佛山建设成世界级岭南文化旅游休闲目的地，并明确提出将乡村旅游作为乡村振兴手段的具体实施路径，其中包括建设乡村旅游示范镇、培育乡村旅游示范片区、打造乡村旅游精品线路、构建乡村旅游业态品牌和强化乡村旅游支撑体系。

在具体实践上，佛山市文化广电旅游体育局注重树立和宣传乡村品牌，在文化和旅游特色村、乡村旅游精品线路、乡村旅游粤菜美食、乡村景区、民宿等方面积极开展申报评选工作。除了申报省级乡村旅游项目，佛山市内部也积极开展申报活动。2021 年 12 月，第一批佛山市文化和旅游特色村名单公布，13 个村庄成功入选。针对乡村旅游的美食宣传，佛山市文化广电旅游体育局评选了一批“岭南味　佛山品”佛山乡村旅游粤菜美食示范点，以推进文旅餐饮深度融合，深化“粤菜师傅+乡村文化旅游”发展模式。与此同时，佛山也顺应潮流，积极打造夜间文化和旅游经济，打响“夜佛山”品牌，促进本市文旅消费升级。此外，佛山市主动承接中日韩三国历史文化交流活动，创建“东亚文化之都”，基于本市文化资源与文化脉络，把握岭南广府文化和东亚文化的结合点，提炼佛山独具特色的广府文化特质。

（五）东莞市乡村旅游发展总体情况

东莞市重视乡村旅游带动乡村振兴的作用，充分挖掘本地文旅资源，开展乡村旅游品牌建设，并促进公共基础设施建设，提升人居环境，共建美丽乡村。

2022 年，东莞市文化广电旅游体育局积极做活“文旅+”“乡村旅游+”大文章，将“乡村旅游”同“研学旅游”和“红色旅游”等特色项目相结合，在村镇推出古迹游、文化游、工业游、生态游、休闲游等旅游品牌。与此同时，组织专业人员开展与古村落传统文化相关的培训，因地制宜挖掘本地文化资源，注入文化元素以促进文旅融合与创新发展。此外，东莞市还积极申报省市级乡村旅游精品线路，参与评选“全国乡村旅游重点村”、省市级“文化和旅游特色村”、A 级景区等，塑造乡村旅游品牌，提升乡村旅游产品和目的地的知名度。在 2022 年公布的第三批广东省文化和旅游特色村、乡村旅游精品线路名单中，东莞市 4 个村落、3 条旅游精品线路上榜。其中，寮步镇西溪村、清溪镇铁场村、茶山镇寒溪水村、大岭山镇鸡翅岭村进入第三批广东省文化和旅游特色村名单；“风情石排休闲游”“醉美清溪之旅”“‘横沥·百年牛镇’乡村休闲游”进入第三批广东省乡村旅游精品线路名单。在促进乡村旅游消费上，东莞市整合乡村旅游资源，推出乡村旅游“吃住行游购娱”或“一日游”线路消费套餐等线上、线下特色消费产品，并通过发放消费券、开展专题促消费活动等方式激发消费活力。在基础设施建设上，通过建设和升级村内道路、游客中心、街头小景、精品四小园、河道工程和乡村旅游配套设施等，将各项精品工程串联起来，打造绿色、宜居、宜业、宜游的美丽乡村，为乡村旅游可持续发展创造了良好的环境。

（六）惠州市乡村旅游发展总体情况

惠州市文化广电旅游体育局积极响应国家和广东省的号召，为乡村旅游提质增效完善政策指引。2021 年，为推进乡村旅游高水平发展，惠州市出台《惠州市推动乡村旅游提升三年行动方案（2021—2023 年）》，提出创建乡村振兴综合示范带、建设乡村旅游示范村和打造乡村旅游集聚区的重点任务，构建乡村旅游标准、服务、产品和营销四大体系，建设形成具有惠州特色、岭南风韵的乡村旅游发展新格局。惠州市人民政府出台《贯彻落实〈关于全面推进乡村振兴加快农业农村现代化的意见〉实施方案（2021—2025 年）》，将高水平发展乡村旅游作为重要任务，提出一系列促进惠州市乡村旅游高质量发展、提升乡村环境和基础设施建设的要求。

在具体实践上，惠州市重视乡村旅游环境改善，积极推进旅游公共服务设施建设，开展农村人居环境整治，以提升游客的旅游体验。同时，重视非遗文化和传统民俗的保护和传承，深度挖掘传统文化，促进文旅融合发展。惠州市依托当地传统的文化民俗，以及得天独厚的旅游资源，着力打造集自然景观、人文景观、休闲度假于一体的旅游目的地。近年来，惠州市加强市-区-街道三级联动，实施文化旅游夜经济品牌计划，举办了“夜色惠精彩”系列活动。惠州市水东街进入2022年第二批国家级夜间文化和旅游消费集聚区名单，这是继2021年入选“广东省旅游休闲街区”“粤港澳大湾区文化遗产游径”后的首个国家级荣誉，对提升乡村旅游消费水平，打造旅游休闲街区有重要的促进作用。

惠州市大力开展乡村农旅振兴示范带项目建设，以实现强农兴旅、以旅促农和农旅结合发展。以惠州市博罗县泰美镇为例，博罗县谋划建设“上膳泰美”乡村振兴示范带，以大湾区农产品基地为核心，依托象头山的自然资源，与檀悦·象头山大朵生态旅游度假区、雷公峡漂流等项目结合，打造一个集农文旅、研学教育、供销于一体的旅游生态圈。在基础设施建设上，依托高速公路的畅通，处在高速公路口的乡村旅游目的地得到较快发展，同时惠州市积极推进乡村人居环境治理，进行河道整治和乡村风貌建设。此外，惠州市重视乡村旅游住宿业的发展，《惠州市民宿管理实施细则》于2022年10月1日开始实施，对乡村旅游民宿的开发和管理提出要求，对提升民宿服务质量，保障旅游者与经营者的合法权利，促进民宿产业持续健康发展，盘活城乡资源，推动乡村振兴具有重要意义。

（七）江门市乡村旅游发展总体情况

江门市积极开展全域旅游建设，早在2015年，江门市就将“全域旅游”写进政府工作报告。近年来，江门市发挥华侨华人交流合作平台的优势，积极推进全域旅游发展，探索具有江门特色的“旅游与产业良性互动、文化和经济融合渗透”的发展之路。江门市人民政府将乡村旅游作为乡村振兴的重要手段，发布《江门市政府关于印发江门市文化和旅游发展“十四五”规划的通知》，积极推进华侨华人文化交流合作平台的建设，紧抓粤港澳大湾区发展机遇，将建设“特色村镇”乡村旅游产品作为重点开发的文旅产品体系之一。在“十四五”全域旅游建设的统领下，江门市目前已经建设了4个全国乡村旅游重点村，打造了48个省级旅游名牌项目，创建了世界文化遗产开平碉楼与村落、世界记忆遗产侨批档案两大文化IP，乡村旅游发展优势显著。2022

年，江门市积极参与申报乡村旅游精品线路评选活动，“开平碉楼侨乡文化之旅”上榜文化和旅游部、中国关心下一代工作委员会联合推出的“乡村是座博物馆”全国乡村旅游精品线路；江门市鹤山古劳水乡·乡野时光营地、恩平市清水河汽车露营基地入选广东省农业农村厅、广东省乡村旅游协会等共同策划推出的“广东省乡村露营地图”。江门市依托碉楼、古镇、古村落、田园等特色的文旅资源，民宿产业蓬勃发展，呈现出多层次、多样性、侨乡特色显著等特点。融入当地的特色文化资源，江门一些民宿正从单一的住宿功能转向民宿综合体的融合，成为重要的乡村旅游吸引物。截至 2022 年 4 月，江门总计有 305 家民宿，其中精品示范民宿有 63 家，此外，多家民宿获得“首批省级乡村民宿示范点”和“省驿道乡村酒店”等荣誉称号。

（八）中山市乡村旅游发展总体情况

中山市积极贯彻落实《广东省乡村振兴促进条例》，市政府重视顶层设计，颁布政策以支持和规范乡村旅游产业高质量发展。2022 年 7 月，中山市文化广电旅游局先后组织召开“关于以文旅产业为抓手，推动中山乡村振兴的建议”“关于积极发展乡村旅游，推动乡村振兴的建议”等座谈会，以推进乡村旅游发展。同时，中山市农业农村局印发《关于促进中山市休闲农业与乡村旅游发展的指导意见》，鼓励引导镇街围绕都市休闲农业景点、农业公园、特色农业精品村、休闲农业示范镇、休闲农业与乡村旅游精品线路等，形成分级分类的发展层次。

在具体实践上，中山市出台《中山市文化和旅游产业扶持专项资金管理办法》及《中山市文化和旅游产业扶持专项资金实施细则（旅游产业扶持）》，以扶持乡村旅游项目、新业态旅游项目、民宿项目等。同时设立文化和旅游产业扶持专项资金，大力支持乡村旅游产业发展，对省级休闲农业和乡村示范点给予资金帮助，并鼓励乡村积极申报国家级和省市级的乡村旅游精品线路，打造特色的乡村旅游品牌。其中，横栏“水乡花田农业观光游”成功上榜农业农村部推出的 2022 中国美丽乡村休闲旅游行（春季）精品景点线路推介名单，并建设五沙六沙片区特色精品示范村和横栏花木基地两个精品景点。在基础设施建设上，中山市加强乡村旅游线路导览标识系统提升，实现广告服务数字化，开启乡村旅游新体验。此外，中山市持续推动三次产业融合发展，开展乡村振兴示范带建设，将环五桂山的30多个美丽乡村“串珠成链”，打造50公里的“香山古韵”乡村振兴示范带，让湾区游客尽享桂山岐水“慢生活”。与此同时，各级政府积极举办相关活动以提升乡村旅游的影响力和关注度，例如，坦洲镇举办美丽乡村摄影大赛，充分展示乡村振兴、美丽乡村建设和人居环境整治的成果；沙溪镇推出八大系列活动，举办沙溪文化旅游嘉年华；等。

（九）肇庆市乡村旅游发展总体情况

肇庆市人民政府印发《肇庆全域旅游发展总体规划（2019—2025）》，提出2019~2025年肇庆市以大湾区古城文化与康养休闲旅游目的地为定位推进全域旅游发展；培育“旅游+民宿”、“旅游+康养”和“旅游+农业”等旅游新业态，以推动全域旅游产品更新；将“实施全域旅游振兴乡村”战略提到重要位置，在推进乡村旅游规划、打造乡村综合体、建设“粤美乡村”、建设乡村民宿和驿站以及完善乡村旅游配套设施等多方面提出具体的指引方案。

2022年，肇庆市积极开发休闲农业和乡村旅游精品线路，促进农村三次产业融合发展，加快休闲农业与乡村旅游发展。目前，肇庆市端州区城东街道岩前村上榜第三批广东省文化和旅游特色村名单；肇庆市高要宋隆“田园山水”之旅、肇庆市四会“古韵寻踪·生态休闲”之旅上榜第三批广东省乡村旅游精品线路名单。同时，肇庆市文化广电旅游体育局组织开展“湾区花正开，肇庆等您来”粤桂黔媒体记者和旅游达人采风活动，以提升肇庆乡村旅游的知名度。此外，肇庆市大力推动“粤菜师傅”工程，积极组织开展“粤菜师傅”培训，持续优化“粤菜师傅”创业就业服务，切实扶持“粤菜师傅·肇庆名厨”开办农家乐、小餐馆或外出创业发展。基于“粤菜师傅”品牌，肇庆市积极打造乡村旅游美食文化名片，例如，广宁县已开辟一条独具特色的乡村旅游美食精品线路。在基础设施建设方面，肇庆市加强乡村旅游景区（点）公共厕所建设，完善方便残疾人、老年人等人群使用的公共厕所无障碍设施。此外，肇庆市人民政府办公室印发了《肇庆市深化农村公路管理养护体制改革实施方案》，旨在建设更加畅通、安全、舒适、美丽的农村公路，促进乡村旅游、生态农业、乡村文化、特色小镇等新兴业态融合发展。2022年7月，肇庆市发布了《肇庆市鼓励和扶持民宿业发展的若干政策措施

（征求意见稿）》，在资金和政策等方面鼓励扶持民宿的高质量发展。

总体上，粤港澳大湾区内地9市均注重挖掘地方特色，结合区域内自然文化资源，积极推动乡村旅游发展，并在乡村旅游品牌与基础设施建设等方面取得丰硕的成果，依托粤港澳大湾区的区位条件，形成了独特的“后发优势”。然而，各市在开发乡村旅游的过程中也存在一些不足，主要是不同地区之间缺乏“联动”意识，以各自发展为主，乡村旅游规范衡量标准也并不统一，未能充分发挥粤港澳大湾区乡村旅游的规模效应和综合效应。

三　粤港澳大湾区乡村旅游发展经验总结

（一）注重顶层设计与政策规划指引

粤港澳大湾区乡村旅游发展离不开政府的顶层设计与政策支持。首先，政府制定的科学可行的乡村旅游规划方案能够高效促进乡村旅游的发展，同时，政府作为行政主体可以规范乡村旅游产业发展，发挥协调、督促与监管的作用。其次，政府为乡村旅游项目开发和基础设施建设提供资金支持，并通过调整土地用途、改善农村人居环境和积极引入专业旅游人才，解决乡村旅游发展过程中的难题。最后，各市级政府积极响应国家和省级的政策方案指引，在总体规划的基础上因地制宜，不断出台适用于本区域乡村旅游发展的地方政策，通过强化政策赋能，有效地为乡村旅游发展注入活力。

（二）探索乡村文化旅游融合发展路径

粤港澳大湾区乡村旅游的发展需要深度挖掘区域特色和传统乡村文化旅游资源，以推动文化和旅游融合发展。在发展路径上，一方面结合岭南文化特色，加强乡村文化旅游产品创新，将文化资源转化为文化产品，树立乡村旅游品牌，形成乡村特色产业，实现以文化促进旅游发展，以旅游带动文化传承。另一方面充分挖掘乡村独特的民俗文化、物质与非物质文化遗产等内涵价值，将其与旅游节庆活动相结合，借助传统节庆活动开展乡村文化旅游节庆活动，达到以节聚人气、以节促消费、以节塑品牌、以节促发展的良好效果。

（三）加强基础设施建设提升服务质量

乡村公共服务优化与基础设施建设是乡村旅游高质量发展的前提条件。粤港澳大湾区的乡村旅游发展需进一步加强基础设施建设，提升服务质量，以实现乡村旅游的提质增效。首先，持续完善道路交通建设，抓好景区公路建设，做好“四好农村路”建设，提升发展乡村生态旅游的交通条件。其次，做好乡村旅游“八小工程”，推动包括旅游厕所、购物商店、停车场、医疗站、垃圾站、旅游标牌标识、旅游咨询服务中心以及 A 级旅游景区在内的乡村旅游建设。最后，完善公共服务设施，建设景区智能导览系统，组织乡村旅游专项人才培训，提升游客的乡村旅游体验，促进乡村旅游可持续发展。

（四）塑造地方特色推广乡村旅游品牌

粤港澳大湾区的乡村旅游发展十分注重品牌建设，并已取得一定成效。一方面，内地 9 市都积极申报国家级、省市级乡村旅游精品线路，参与评选广东省文化和旅游特色村，打造休闲和乡村示范点，等等，从而进一步提升了旅游目的地的知名度。另一方面，各级政府不断开展特色乡村旅游节庆活动，例如策划民俗非遗节庆活动、举办乡村旅游摄影大赛等，全方位多角度展示乡村美景和传统文化。未来，各地区可以通过积极举办和参加旅游博览会、展销会和推介会等活动来扩大乡村旅游影响力，提升粤港澳大湾区乡村旅游品牌的知名度和影响力。

（五）多方结合推进“乡村旅游+”模式

粤港澳大湾区在开发乡村旅游过程中广泛结合多种产业，依托乡村特色资源，积极推进“乡村旅游+”模式发展。例如，通过旅游与乡村民俗文化的结合开展乡村节庆活动，实现乡村旅游资源创造性转化和创新性开发；通过旅游与农业的融合将地方特色农产品转化为旅游商品，打造农旅产业与地方品牌。此外，部分地市推出“乡村旅游+体育”和“乡村旅游+生态”等业态，促进传统的乡村旅游向乡愁聚落、生态蔬果基地、田园综合体、民宿集群、自然研学课堂、房车营地等轻奢小微度假目的地品质游的转变。

四　结论、政策建议与未来趋势

粤港澳大湾区乡村旅游发展取得较为显著的成果，成功申报了一批国家级、省市级的乡村旅游重点村镇，打造了多条独具特色的乡村旅游精品线路，形成了具有吸引力和影响力的乡村旅游品牌。同时，粤港澳大湾区各地市在乡村旅游的服务质量提升、基础设施建设和交通环境改善上也取得了显著的成果，乡村旅游的变革、创新带动乡村产业协同发展的优势逐渐显现。

面对乡村旅游高质量发展的现实诉求，粤港澳大湾区的乡村旅游发展应依托《粤港澳大湾区文化和旅游发展规划》，充分发挥大湾区优势，加快推进内地与港澳文旅发展的标准体系建设。需要注意的是，在“一国两制”的制度框架下，制定乡村旅游相关标准，推动大湾区乡村旅游协同发展需要考虑到更多实际的因素，如土地制度、关税制度以及语言文化等问题。因此，国家和地方政府应积极协调、引导内地城市与香港、澳门共同探索乡村旅游可持续发展的“大湾区模式”，包括构建共同的市场话语体系、共同的市场经济理念、共同依托并交叉融合的市场经济体系，以发挥粤港澳大湾区建设的经济制度红利（刘金山，2019），实现粤港澳大湾区乡村旅游的高质量发展。

随着信息技术发展与人们旅游消费需求的转变，粤港澳大湾区的乡村旅游发展也面临新的局势。首先，乡村旅游具有距离的近程性优势，疫情防控时期由于远距离和团队旅游受限，人们的出行意愿、出游方式和消费观念都发生了变化，大城市近郊游、一日游等乡村旅游迎来新的发展机遇。其次，乡村旅游具有布局散和规模小的特征，适合疫情防控时期低密度的散客出游，而且乡村旅游的自然属性也符合疫情防控常态化时期游客对自然、健康和生态的消费观念。最后，信息技术在旅游场景中的应用不断拓展，人工智能、AR、VR 等技术创新衍生出体验型旅游、沉浸式旅游等新的旅游发展模式，也为粤港澳大湾区乡村旅游发展带来了新的机遇与挑战。

在未来趋势上，粤港澳大湾区的乡村旅游发展应致力于构建乡村旅游产业体系，通过整合乡村文化旅游资源、市场各参与主体力量以及乡村旅游上下游产业，实现产业链的合理分工与协同发展。粤港澳大湾区乡村旅游产业体系建设需围绕乡村旅游特色资源，培育现代旅游产业要素，并完善市场化运作。首先，充分发挥粤港澳大湾区乡村旅游资源的优势，通过区域间联动与产业间联动促进乡村旅游产业转型升级。其次，围绕科技、资本、人才等资源要素，加快培育现代产业要素，激发乡村旅游产业的活力。最后，规范高效的市场运作机制是构建乡村旅游产业的基础，政府应加大对乡村旅游企业的扶持，同时规范市场秩序，进行市场监督，切实保障旅游者的权益，促进乡村旅游产业持续发展。

参考文献

郭焕成、韩非，2010，《中国乡村旅游发展综述》，《地理科学进展》第12期。

刘金山，2019，《新时代“一国两制”制度红利与粤港澳大湾区建设》，《统一战线学研究》第3期。陆林、任以胜、朱道才、程久苗、杨兴柱、杨钊、姚国荣，2019，《乡村旅游引导乡村振兴的研究框架与展望》，《地理研究》第1期。

B.7 2022年粤港澳大湾区露营旅游发展报告

林清清*

摘　要： 伴随着疫情防控常态化，本地游、周边游、微旅游、微度假开始兴起，露营旅游成为当下最流行的休闲旅游方式之一。粤港澳大湾区可以发展露营旅游的资源异常丰富，对露营旅游的需求也非常高，目前这里的露营旅游也呈现许多地域特色和新的业态。在此背景下，本报告对粤港澳大湾区露营旅游兴起的背景、类型和空间分布、游客群体、出行动机与行为特征、露营旅游发展中出现的问题和露营旅游发展的建议等进行了探讨，指出粤港澳大湾区露营旅游存在有效供给与公共需求之间的矛盾、露营服务缺乏相应规范和保障、露营地营销与实际品质之间存在差异及露营自身特点给行业发展带来一定不确定性等问题，并给出露营旅游发展需要政府、行业协会、旅游企业共同协作，加强产品差异化，努力提高重游率等发展建议，希望可以为粤港澳大湾区露营旅游发展提供政策依据和理论建议。

关键词： 露营旅游　微度假　粤港澳大湾区

引　言

粤港澳大湾区（简称“大湾区”）有山有海、自然资源丰富、城镇化程

* 林清清，博士，华南师范大学旅游管理学院副教授，研究方向为茶旅游、葡萄酒旅游与节事旅游。

度高、人们出游的意愿也很强烈等一系列因素，促使大湾区露营旅游蓬勃发展。过去20年，随着国家全域旅游政策及露营地相关规划、标准的出台，大湾区汽车露营地呈现标准化、品质化的特点，而私家车保有量、交通系统的完整化都为新露营旅游的发展提供了硬件支持。这些自驾游营地和房车旅游的兴起在新冠肺炎疫情发生之前还偏向小众旅游，全民参与、丰富多元的“露营+”的旅游新业态是在疫情发生后迅速发展起来的。短距离、少切换的本地深度游和品质游成为新趋势，以享受户外风光、家人小聚、休闲放松为核心的露营旅游成为新热点。“80后”“90后”成为亲子玩乐、户外运动和娱乐休闲的主力军。自驾、徒步、研学与露营结合，形成新的业态组合。

露营走红离不开社交媒体的助推。马蜂窝通过露营频道、北极星攻略等多维度内容及时提供露营攻略和新玩法。途牛旅游网推出“五一”假期的本地露营产品。在小红书中搜索“露营”也会出现许多本地露营的攻略。小红书是用户分享露营体验的重要平台，而露营相关的攻略等在小红书上的浏览量也很大。内容传播的力量不容小觑，以小红书、抖音等为代表的内容平台发展迅速，并且带来巨大流量，这使形成一定影响力的户外露营场景营销很容易掀起一股风潮。事实证明，这股营销力量是巨大的。

在疫情防控常态化的背景下，露营旅游呈现井喷式发展的态势，成为“流量密码”。本报告通过对社交网络平台的数据收集，结合实地考察等方法，分析大湾区露营旅游发展的基本情况、问题，并提出相关建议。

一　粤港澳大湾区露营旅游的类型和空间分布

大湾区自然资源丰富，依山傍海，森林、海滨、海岛、溪谷等资源丰富。露营旅游按露营目的地类型可分为森林露营、海岛露营、火山露营等；按简易奢侈程度可分为传统露营（一个背包装下所有装备的苦行僧式旅行）、便携式露营（营地提供所有露营装备，只需旅行者前往体验的轻松旅行）和精致露营（又称“Glamping”，整合户外美学、生活方式的风格旅行）（京津冀消息通，2022）；按活动玩法可分为“露营+体育”“露营+农耕”“露营+研学”“露营+演艺”等类型；从旅行的距离来看，虽然微旅游、微度假是一种趋势，但也存在长途旅行中的露营，因此，又分为短途露营和长途露营。随着人们对露营旅游体验的要求越来越高，露营旅游业态中也出现一些复合型的旅游综合体，比如珠海的星乐度·露营小镇等。同时，珠海的星乐度·露营小镇也被称为精致露营的典范。目前风靡各大社交平台的露营方式多是精致露营，这种露营代表一种生活方式，除了基础露营需要的设施，还会有咖啡机、艺术灯饰等体现设计者户外美学个人理念的装备。在大湾区露营旅游业态中，传统露营、便携式露营和精致露营这三种露营方式都存在。现阶段最火的是便携式露营和精致露营。目前，国内的露营旅游呈现“露营+”模式（艾媒咨询，2021），同样，在发展模式上，大湾区露营也呈现丰富的“露营+”和“+露营”模式，比如“露营+”模式在发展选址之初就定位为“露营+森林”，当然在此基础上增加了户外拓展和农耕研学产品，又如“露营+海滨”“露营+湖畔”“露营+游乐场”等。在“露营+”模式发展的同时，“+露营”模式也迎合市场需求，获得迅速发展，这种模式依托原有景区或资源，以露营为点睛之笔，而非完全开创一个新的露营地。

广州、深圳是露营旅游的重要目的地和供给地，珠海、惠州、佛山、东莞、中山、肇庆等地也依托自身的资源优势形成了很有特色的露营产品体系。香港、澳门露营发展比较成熟，有较多公共休闲空间可提供给市民露营和休闲，同时也有成熟的露营地提供房车、精致帐篷等。下面分别从大湾区“露营+农森”模式的主要露营地（见表1）、“露营+水”模式的主要露营地（见表2）、“露营+其他”模式的主要露营地（见表3）等三个方面进行分类说明。

表1　大湾区“露营+农森”模式的主要露营地

分类	主要露营地	所在城市	代表性露营地及其特色
露营+农耕研学	广州北纬23°8′森林营地	广州	广州北纬23°8′森林营地：农耕研学为特色，提供野奢帐篷、房车、玻璃房等
	新天地生态农场露营地	深圳	
	一三野宿	珠海	大尖山露营公园：背靠山的营地，靠近茶园和果园，有烧烤、皮划艇、骑马和射箭等活动
	野外大熊露营地	佛山	
	FREECAMP 自由营地	佛山	
	大尖山露营公园	中山	宇宙奥秘生态农场：儿童沉浸式、体验式自然教育
	旗溪生态农场	中山	
	宇宙奥秘生态农场	中山	

续表

分类	主要露营地	所在城市	代表性露营地及其特色
露营+森林	广州北迹露营	广州	广州北迹露营：背靠山的营地，靠近茶园和果园，有烧烤、皮划艇、骑马和射箭等活动 清月森林露营地：梧桐山脚下、深圳水库旁，绿树成荫，有音乐派对、露天电影、手作、飞盘等 中山山旮旯房车露营基地：五桂山自然保护区内，有全透明的网红星空房，各式房车，性价比高，有山泉泳池，可撸小羊 肇庆中游国际房车露营基地：营地环抱将军山，居高临下，坐拥湖山，国内少有的城市景观+森林度假型房车营地项目
	金龟露营小镇	深圳	
	IH CAFE 牧场咖啡烧烤·露营地	深圳	
	清月森林露营地	深圳	
	森语营	佛山	
	中山山旮旯房车露营基地	中山	
	南昆山小众森系露营地	惠州	
	大热荒野罗浮山营地	惠州	
	龟山花木场露营地	江门	
	寻源谷户外运动森林康养营地	肇庆	
	竹海大观景区房车驿站	肇庆	
	肇庆中游国际房车露营基地	肇庆	

由表1可知，“露营+农森”模式是大湾区露营地中非常重要的一种类型，符合市场主流的需求，在与自然亲近的同时，亲子活动、研学活动可以充分开展。大湾区自然条件优越，依山傍海，在森林系营地颇受欢迎的同时，许多露营地选择了近水而建，有海滨、湖畔、河畔三种亲水类型，同时依托温泉资源而建的营地也归入“露营+水”模式（见表2）。

表2　大湾区“露营+水”模式的主要露营地

分类	主要露营地	所在城市	代表性露营地及其特色
露营+海滨	倦鸟营地	深圳	倦鸟营地：位于全国最大的海景拍摄基地玫瑰海岸园区，可快艇观光、沙滩骑马、游泳 巽寮湾老嬉皮68号房车营地：一线海景，独立花园，可下海游泳，在附近沙滩玩皮划艇、帆船，等等 My Seaside Park 长沙海滨民园：大屿山下长沙泳滩旁边，营地外直达3公里超长沙滩，有钻石观星营、六角营、自携营、烧烤、包代购、冲浪课程等
	宽河驿马国际房车露营地	珠海	
	巽寮湾老嬉皮68号房车营地	惠州	
	去野部落双月湾沙滩露营地	惠州	
	野趣时光·凤池岛沙滩营地	惠州	
	Ahh Picnic 海边沙滩露营	香港	
	My Seaside Park 长沙海滨民园	香港	
	黑沙滩露营地	澳门	

续表

分类	主要露营地	所在城市	代表性露营地及其特色
露营+湖畔	松山湖·滨湖万科里	东莞	松山湖·滨湖万科里:私藏的宝藏野餐露营地,大隐于市,湖边露营,可以烤肉、玩飞盘、划艇,有露天电影 美的鹭湖汽车营地:有房车、水上风情屋,有温泉,还可去安纳希小镇、白鹭湖生态保护区、探索王国玩机动游戏 龙门风之谷营地:万绿湖边,依山傍水,高端野奢营地
	金湾月亮湖露营基地	珠海	
	美的鹭湖汽车营地	佛山	
	野趣时光·山湖营地	佛山	
	同沙水库	东莞	
	新鹿鸣湖先锋营地	中山	
	龙门风之谷营地	惠州	
	橘·畔星河营地	江门	
	鹤山蝴蝶谷露营基地	江门	
露营+河畔	流溪河露营地	广州	幻园露营营地:有树林、湿地、河流等多种生态场景 古劳乡野时光露营地:河流边草坪型露营地,周边景点丰富,野奢帐篷客房,还有多功能会议室帐篷等
	萤火虫户外营地	佛山	
	幻园露营营地	中山	
	缤纷岛极限营地	惠州	
	古劳乡野时光露营地	江门	
露营+温泉	花都木莲庄营地	广州	花都木莲庄营地:有温泉、星空帐篷房、别墅、园景房,东南亚风格 世间香境七溪地度假村:芳香体验坊,可露营、烧烤、泡温泉,周边环境好
	世间香境七溪地度假村	广州	
	篷下露营	惠州	

由表2可知，大湾区营地旅游中海滨、湖畔、河畔型营地占着举足轻重的位置。深圳、珠海、惠州、香港、澳门等海滨城市都有各具特色的海滨营地。大湾区河湖资源比较丰富，因此，亲水的湖畔或河畔型营地也较多。温泉旅游之前的发展就比较成熟，依托露营的发展，“露营+温泉”模式也颇受欢迎。除了森林系、亲水系营地外，还有许多丰富的营地类型，比如精致露营在多种类型的营地中有所体现，这里仍将精致露营的经典案例单独列出（见表3）。除此之外，露营还可以赋能乡村，可以与城市有机结合，可以和研学、运动结合。肇庆出现的露营与汽车文化的结合、香港出现的Jeep车顶露营都在不断拓展露营的边界，也给我们带来新的认知，“露营+”必然还会有更多富有创意的新模式出现。

表 3　大湾区“露营+其他”模式的主要露营地

分类	主要露营地	所在城市	特色
精致露营	客天下禧悦庄	广州	有房车、帐篷、树屋、木舍、山顶无边泳池、星空屋、滑草、射箭、赛车、湖边餐厅、夕阳景观
	星乐度·露营小镇	珠海	集自驾、露营、乐园于一体,有 12 个游乐主题,与小横琴山融为一体,住宿有星空房车、木屋、别墅、集装箱、卡通主题房等,配套“星奇塔无动力乐园”
露营+乡村	花都 GT CAMP 港头营地	广州	有露营、美食、音乐、集市、户外、拓展研学、乡村旅游,以及多元素有质感的户外文化嘉年华
	从化溪头村露营地	广州	位于溪头村,可徒步溯溪,有印第安帐篷、蒙古包帐篷可选,可进行烧烤、观星等活动
	Farm Someday 日式庭院露营	香港	位于元朗南坑村,有草地、蓝天、白色帐篷
露营+城市轻奢	银河商店·城市逃离计划露营地	广州	有城市长廊、篝火晚会、露营盛宴、草坪音乐会等
	大热荒野珠海会同古村露营地	珠海	高品质设备的轻奢营地,拎包入住,可进行 BBQ、篝火餐会等活动
露营+研学	大湾区横岗湖研学教育实践营地	东莞	研学为主要项目,可自带装备、自带食材
露营+运动	CAMPOUT 露营家营地	惠州	以水上体育项目为核心,有真人 CS、越野车、KTV 等
露营+汽车文化	爱满地汽车文化营地	肇庆	最具特色的景观就是汽车,展示多辆不同时代、不同风格、不同国家的汽车,有亲子活动、美食街
移动露营	Jeep 车顶露营	香港	在 Jeep 越野车上寻找香港自然风光,露营地在西贡,提供接送和各种设施等

除了表 1 至表 3 列出的代表性露营地外，广州还有不少露营地。比如番禺区收费营地有 3M 营地、亲水部落·共享营地、小时光庄园等，还有海鸥岛、大夫山森林公园可免费露营。从化区收费营地有云峰溪谷露营地、竹溪涧营地、溪头在野野奢帐篷露营地、瓦尔登营地等。增城区收费营地有增城森林海国际房车营地、缤果野奢营地、寻觅·Seek Glamping 露营地等，免费营地有

高埔水库野营地、联安水库野营地、白洞水库野营地、蒙花布野营地等。花都区有北迹露营 1 号营地、拾野部落星空露营、1 THE LAND、GT CAMP 港头营地、银河商店 GS · 芳香营地等收费营地，花都湖国家湿地公园等免费营地。黄埔区有 AMPM 全日营天鹿露营地、森途营地、野溪谷露营地 3 个收费营地，华圣公园、狮子岭公园、萝岗湿地公园 3 个免费营地。南沙区有森与星空 · 南沙营地、良田乡村营地等收费营地，南沙蕉门公园、大角山海滨公园等免费营地。白云区收费营地有云台花园露营地、帽峰山台头营地。越秀区发展公园、传祺公园，天河区火炉山森林公园、天河公园，荔湾区增埗公园等可以免费露营。广州越秀区、天河区、荔湾区、海珠区的市区公园，在符合城市公园规定的情况下可以免费露营。从化区、增城区、花都区、黄埔区、南沙区相对来说，可以开发的资源更多，精致露营地与免费露营地都有，同时，依托不同的资源，形成森林系营地、海滨营地、溪谷营地等多种类型的营地，在活动方面也呈现多元组合的态势，比如户外拓展、农耕研学等。

深圳营地最大的特点是海滨营地较多，篝火晚会、露天电影、真人 CS 的活动项目较多。比如，倦鸟营地、野趣时光 · 鹿嘴山庄沙滩营地、营火丛（七星湾）房车营地、花海间休闲吧露营地等都是海滨营地，海边项目非常有吸引力。与此同时，也涌现出一些森林清新系营地，比如清月森林露营地。大多数营地呈现灵活的经营模式，既接待过夜游客又接待不过夜游客，也有部分营地比如倦鸟营地、营火丛（七星湾）房车营地、野趣时光 · 鹿嘴山庄沙滩营地仅接待过夜游客。除了上述经营性质的营地，深圳还有许多市民公园是免费露营地，这些免费露营地大多是早上 6 点至晚上 10 点或 11 点开放。比如莲花山公园，亲子露营氛围感好，有 20 万平方米的超大草坪，放风筝、野餐、搭建帐篷都很适合；深圳湾公园，是体验感最丰富的公园，前方就是大海，能近距离观赏深圳湾大桥；洪湖公园，干净柔软的草坪特别多，适合野餐露营；深圳中心公园，闹市中的小森林，有大草坪也有小溪。深圳的 9 个区现已知开放的可以免费露营的公园有 22 个。在这些免费露营地露营要遵守相关规则，如公园草坪可搭中小型家用帐篷，占地面积小于 5 平方米，高度不超过 1.5 米，不能用脚钉固定；要提前了解露营地的地形特点，与树木保持一定距离，避免枝叶折损；要做好防蚊措施；露营结束后要清理个人垃圾；禁止在露营区使用明火；等等。

珠海除了表 1 至表 3 列出的露营地外，还有许多开放式公园或沙滩也为公众提供了可选择的去处，比如格力海岸滨海公园、海天公园、金湾区金湖公园、金湾中心河湿地公园、飞沙滩等。专业营地既有多次登上最佳营地榜单的星乐度·露营小镇，又有海岛型、湖畔型、农耕型等多种露营地选择。

佛山的主要营地依托佛山现有的自然资源，体现出丰富多元的业态，如与有机种植结合的 FREECAMP 自由营地、与江景结合的萤火虫户外营地、强调团建和拓展户外综合体的野外大熊露营地、清新的森林系森语营等。除了这些收费营地，佛山还有不少小众又免费的营地，如贤鲁岛、北江大堤、九江外滩湿地公园、三水森林公园、翰林湖农业公园、周尾围生态公园、半月岛湿地公园、小布村、高明坑美梯田、顺德始兴码头、上白庙村、水镇村等。贤鲁岛以花为主题，北江大堤可以看到江景日落、成群的牛羊。一些公园里的露营地附近有水源，而部分村子自然条件优越，也适合露营。还有一些城市公园比如千灯湖公园、顺峰山公园、文华公园也是野餐露营胜地。

东莞露营给人的总体感觉是在城市公园的比较多，烧烤是很重要的露营活动，可能是因为东莞城镇化程度比较高。营地大多提供 BBQ 套餐，提供高端烤架、精选食材，有森林 KTV、精致下午茶、露天电影、烟花篝火、现场音乐会等。松山湖是东莞最受欢迎的露营地。东莞植物园比较大，不可过夜。同沙水库，周末人会很多。石龙红海大桥下东江边，沿着东江都可以找到合适的露营点。月湖公园有超大生态草坪，非常适合亲子互动。

中山露营给人的总体感觉是贴近自然，比如中山山旮旯房车露营基地和小野露营都位于五桂山自然保护区内。由于中山城市化程度很高，露营产品中针对亲子和自然教育的产品较为丰富，比如旗溪生态农场、宇宙奥秘生态农场等。

惠州为山海之地，有得天独厚的条件。森林系营地以大热荒野罗浮山营地、布莱德伍号营地为代表。海滨营地以去野部落双月湾沙滩露营地和野趣时光·凤池岛沙滩营地为代表。河畔营地以缤纷岛极限营地为代表。湖畔营地以龙门风之谷营地为代表。各类活动丰富，帐篷类型可简可繁，可 DIY 可高端。在全国范围内，惠州的露营已做出自己的特色和风格。

江门自然条件优越，有山地型营地，有水库旁营地，有湖畔型营地，有的营地附带茶园、玫瑰园，还有轻奢型，可拎包入住的营地。

肇庆营地的特点是综合性强，部分营地个性突出。依托七星岩开发了肇庆中游七星连珠房车露营基地，同时有综合休闲营地寻源谷户外运动森林康养营地，集森林疗养、生态旅游、休闲观光、户外运动于一体的森林康养基地竹海大观景区房车驿站。最具特色的营地是爱满地汽车文化营地，其景观就是汽车，将多辆不同时代、不同风格、不同国家的汽车同时呈现给游客。

香港的露营文化比较成熟，多是依托原有的资源，因地制宜发展出的露营地。比如依托海滨，再进行相应的配套服务，像 Ahh Picnic 海边沙滩露营这样类型的营地就很多。又比如元朗南坑村的 Farm Someday 日式庭院露营依托原有院落形成自己的风格。Park Nature 一站式露营车设施齐全，还有网红打卡风的 Galaxy Garden 网红透明星空泡泡屋。香港露营呈现依托原有资源的多元化发展的轻奢型风格。Jeep 车顶露营也很有特色，灵活环保，移动方便。

澳门寸土寸金，唯一露营处是黑沙滩露营地。但有许多可以野餐的地方，包括黑沙超大草坪休闲空间等。

二　粤港澳大湾区露营旅游的游客群体、出行动机与行为特征

大湾区露营旅游的受众人群以年轻人、亲子家庭、团建人群为主。“80后”和“90后”是微度假的主力军，娱乐休闲、家庭亲子玩乐和户外运动都是微度假的主要驱动力和出行动机。大多数露营属于家门口的旅行，亲近自然野趣，集生态观光、家庭聚会、休闲运动于一体。那么，是什么人在露营呢？根据马蜂窝发布的《露营品质研究报告》：74%的露营爱好者来自一线城市。露营主要的游客群体有三类。第一类是体验式人群，热爱户外运动、喜欢体验新事物的人群，尤其以年轻人为主。第二类是家庭休闲游人群。第三类是以青少年团建、研学、毕业游为主的人群（京津冀消息通，2022）。抓住“95后”“00后”的消费心理，已是大部分企业生存的关键。多元个性、敢爱敢秀的“95后”“00后”，对商品的需求早已从物质层面上升到情感共鸣（艾媒咨询，2021）。玩出花样、玩出个性、玩出创意的理念使“露营+”模式在年轻游客群体中深受欢迎。同程旅行发布的《2022“五一”假期旅行消费数据报告》显示，“五一”期间最受关注的露营主题是海岛露营、森林露营、星空露营、公园露营和亲子露营。在珠三角地区，从深圳、珠海两大港口出发前往周边海

岛的船票订单量大幅上涨。其中，从深圳前往桂山岛的船票订单量环比上涨超过100%。去哪儿旅行商城负责人任天认为，“不同群体对露营的玩法是不同的，年轻人更多会选择露营+烧烤、露营+咖啡，有孩子的父母群体会选择露营+亲子，也会考虑露营营地周边有没有相关的亲子设施，有的还会选择露营+喝茶，甚至露营+户外郊游的玩法”（高江虹、李萌，2022）。

露营是人们逃离城市生活、接近大自然的一段短暂式的休闲时间。露营的特点包括具有社交属性、是“2小时度假圈”宠儿、为包价产品等。第一，露营具有社交属性，自带短途、轻奢、社交、娱乐等属性，满足了当下人们想体验多元新鲜的休闲方式的需求（董惊鸿、肖芸芸，2022）。大湾区露营旅游这方面的特点也很明显，营地每天都会有陌生游客之间交流的场景。亲子活动产品很容易让家庭之间产生互动，音乐节或品酒、垂钓活动也可以促进有共同兴趣的人之间交流。第二，露营旅游成为“2小时度假圈”的最主要流量产品。广州、深圳依托自身资源发掘了不少优质营地，同时，周末前往中山、惠州等“2小时度假圈”的游客数量也很多。第三，不同于传统的旅游产品，许多露营地设计的产品是包价产品，比如一个帐篷配套若干活动，这些活动已经包含在帐篷价格里，这种策略对于提升游客的满意度是有帮助的。

三　粤港澳大湾区露营旅游发展中存在的问题

大湾区露营旅游近几年来发展迅速，但也存在一些问题，比如有效供给与公共需求之间的矛盾，露营服务缺乏相应规范和保障，露营地营销与实际品质之间存在差异，露营自身特点给行业发展带来一定不确定性等问题。

第一，有效供给与公共需求之间的矛盾。由于缺少有效供给，免费或更便捷的露营地的有效供给不足，导致一些不文明露营和不文明现象的产生。在大湾区旅游迅速发展过程中，出现了大量优质的收费和可过夜的露营地，但这些露营地在提供优质服务的同时，也存在一定的收费门槛。同时，大量有开展露营条件的景区或公园又不允许扎营，公众大量的户外露营需求直接导致“微旅游”“微度假”的露营旅游大量出现在郊野公园、湖边、河边等处，比如广州黄埔区、南沙区等有较多自然河岸的区域，周末常常看到许多游客自发地在河边扎营，且通常会选在停车方便同时距离公共洗手间比较近的位置，如果去得晚，好的位置就被占完了。这种露营方式存在露营与环境协调发展的潜在忧患，也缺乏一些相应的公共服务支撑，带来一些问题，如无序扎营、乱丢垃圾、破坏环境等。一些游客不遵守景区、公园的规章制度，对相关禁令视而不见，出现违规搭建帐篷、使用明火、乱丢垃圾、破坏草地等不文明现象，严重破坏和污染环境。

为什么会出现这个矛盾？从需求的角度来看，专业化露营地费用过高难以承受；从企业的角度来看，专业化露营地前期投入高，无法降低费用对民众开放。因此，各级政府应跳出产业经济思维，将开发建设部分满足人们生活需求的露营地作为完善城市公共服务系统的一项内容，切实打造丰富多样的露营空间，以缓解“人民日益增长的美好生活需要和不平衡不充分的发展之间的矛盾”。政府管理部门要立规矩，引导露营活动文明有序开展。景区、公园管理者需要加大文明露营宣传力度，加强安保巡逻，提醒游客遵守露营规则，及时制止不文明行为。

第二，露营服务缺乏相应规范和保障。虽然商业化露营地发展迅速，但露营旅游全民化是在短时间内迅速发展起来的，相应的规范和保障还有待加强。自发的露营活动也需要加强培训和引导。比如安全培训，在溪谷、海边和山区露营都要有相应的规范和注意事项。很多山区会有“小心落石”的标志，选择扎营位置时需要避开这些地方，如果是徒步露营，在山间穿行的时候需要时刻留意上方，以便及时避开落石。在下游溪谷露营时上游下雨或水库开闸等情况会导致下游涨水，在海边沙滩露营时由于潮汐变化会有涨潮的情况，但不论哪种情况都会造成危险。溪谷扎营的位置，不要把营地直接扎在溪滩里，建议扎在两侧山坡上。海边沙滩扎营的位置，建议扎在距离历史潮位最高点 3 米以外。

第三，露营地营销与实际品质之间存在差异。部分露营旅游经营者在社交媒体平台上发布的美化过的照片非常具有吸引力，游客实际感受到的环境却与之有一定差距甚至较大差距，未能达到游客的心理预期。也有一些露营地存在产品单一、参与性和互动性不强等问题，很难吸引游客重复前来。

第四，露营自身特点给行业发展带来一定不确定性。比如习惯了住酒店民宿的游客，仅仅因为新奇来体验露营，却高估了自身对户外过夜的忍耐力；同时由于天气变化、季节不同，甚至蚊虫等，一些不确定性也会出现。这些都会影响客户的黏性和重购行为，从而影响露营基地的长远发展。

四　粤港澳大湾区露营旅游发展的建议

基于以上四个方面的分析，大湾区露营旅游的未来发展仍有很大的空间，本报告的建议如下。

第一，大湾区露营旅游发展需要政府、行业协会、旅游企业共同协作，促进露营市场的规范健康可持续发展。政府应加快调配公共空间，在供给引导和规划方面加大力度，为消费者提供更多符合时代需要的露营地；行业协会应多方面推动行业标准的形成，包括从露营服务、设施和管理等方面引导露营企业规范发展，并形成行业共识；企业应进一步加快露营产品创新，形成健康的露营市场竞争氛围（赵腾泽、陈熠瑶，2022）。

第二，大湾区露营旅游发展需要加强产品差异化。露营毕竟只是一种出游方式，且门槛相对较低，不仅旅游企业可以做，户外用品商家也可以做。现在做露营业务的企业很多，但要在较长时间里持续地收获粉丝和利润，还需要在产品的差异化方面下功夫。比如部分提供空地的营地，让客人可以自助搭建帐篷，还可进行一些其他活动，甚至可以在不同空地之间用树林隔开，让人们真正有回归大自然的沉浸式体验；部分营地可以继续走高端精致露营的发展方向，以满足游客的需要。同时，要考虑如何让传统旅游业与露营经济形成合力，共融发展，而不是让露营旅游火过之后又快速冷却下去。

第三，大湾区露营旅游需要努力提高重游率。露营产品必须重视体验和细节，让活动和服务更加丰富，增强参与性等。比如以农耕为主题的营地，农耕活动体验过一次之后，可能就很难吸引游客下次重游。又比如以研学为主题的营地，提供的研学产品适合儿童，对于亲子家庭来说有一定吸引力，但产品过于单一，对于团建和年轻游客的吸引力不足。

第四，大湾区露营旅游需要在无痕露营、规范露营、自助露营方面加强，这也将是未来露营发展的趋势。将荒野和公园露营进一步规范化，在生态环境好的森林系、溪谷系露营地走精致露营路线的同时，多提供优质空地，增加 DIY 体验，提供沉浸式的环境体验。比如加拿大班夫国家公园路易丝湖营地，在每个营地之间都有树木隔开，每一小片营地都有共同的取水设施，每一组营地又都有共用的洗澡设施等，营地提供了烧火的铁架，可自选是否取木材煮食物吃。每个营地帐篷区都有木头架空可防雨，而且不局限于只搭一个帐篷，留下了游玩的空间。早上醒来时就在真正的森林里，鸟语花香，可能小鹿就在帐篷旁。目前，大湾区的营地还需要在自助露营这方面加强规范和引导。

第五，通过不断融入内容和文化来创造沉浸式体验，达到创造消费场景、提升游客黏性的目的。未来露营旅游的内容、场景、体验将成为营地核心，要做到精准营销、找准需求。

第六，利用“露营+乡村”来释放发展新动能，共创乡村未来，通过露营旅游给乡村赋能，比如将从化溪头村露营地办成集体经济模式，全体收益，共同富裕。

第七，重视营地的可持续发展，可推行灵活-低投入-休养生息模式。露营旅游不是被刻板理解的“穷游”，也不是雷同的精致轻奢式露营，可以根据游客的需求来私人定制，比如在空旷的峡谷里建设一个露营地，夏天在空地举办活动，冬天打包收起，让景区休养生息、回归自然（丁思，2021）。要重视露营地的可持续发展，可借鉴成熟国家的经验，如西方国家露营地多配备有处理生活污水的设施，同时使用环境友好型建筑方法建造节能型露营设施。政府、企业、民众形成共识即要最大化减少对环境的影响（倪欣欣等，2015）。

第八，挖掘露营旅游的人文价值，“文旅+露营”的结合模式值得被挖掘，比如与地方文化结合，发展出独特的露营产品，如客家文化区可挖掘“客家文化+露营”模式等。

第九，短线、长途“两开花”。马蜂窝调研后发现，除短线之外，部分游客会选择包含露营的长途旅行，花上6~8天甚至更久的时间，用露营的方式探索小众秘境。大湾区在“2小时度假圈”外，可以考虑整体布局，吸引更多中长途游客。

第十，以露营体验为导向细分露营帐篷设计。比如分为娱乐性露营体验帐篷、审美性露营体验帐篷和求新性露营体验帐篷（杨文彪、曹鸣，2018）。娱乐性露营体验帐篷的设计要强调增强人与人的互动，并能给人带来愉悦的体验。审美性露营体验帐篷的设计要强调在人们对周围的自然环境进行观赏时所带来的美好体验。求新性露营体验帐篷的设计要强调新奇感，并能够满足人们对新鲜、奇特事物追求的情感体验。

参考文献

艾媒咨询，2021，《艾媒咨询丨2021—2022中国露营经济产业现状及消费行为数据研究报告》，https://baijiahao.baidu.com/s?id=1716217955653425772&wfr=spider&for=pc，最后访问日期：2022年10月20日。

丁思，2021，《让旅游和生态和谐共生——推广“露营文化”的台湾夫妻》，《台声》第8期。

董惊鸿、肖芸芸，2022，《火出圈的露营如何撑起都市人的“诗和远方”——业内人士认为，精品化、分级化是未来的一个发展方向》，《宁波日报》6月14日。

高江虹、李萌，2022，《“五一”国内旅游收入降四成　露营经济和西部区域各现生机》，《21世纪经济报道》5月6日。

京津冀消息通，2022，《预见文旅丨2022中国露营品质研究：“露营+”生活场的时尚追求及如何更好地满足大众露营需求》，https://www.sohu.com/a/557865915_121106842，最后访问日期：2022年10月20日。

倪欣欣、马仁锋、吴杨、庄佩君，2015，《西方露营旅游研究动向、方法及对中国森林旅游启示》，《北京林业大学学报》（社会科学版）第4期。

杨文彪、曹鸣，2018，《以露营体验为导向的帐篷设计研究》，《设计》第11期。

赵腾泽、陈熠瑶，2022，《露营市场前景广阔　行业重视规范发展》，《中国旅游报》6月13日。

B.8 2022年粤港澳大湾区滨海体育旅游发展报告

石超凡　徐 诚*

摘　要： 本报告通过观察法、半结构式访谈法与问卷调查法等调研方法形成了对粤港澳大湾区滨海体育旅游资源和产业发展现状的认识。目前在粤港澳大湾区范围内，深圳、惠州、珠海形成了许多滨海体育旅游目的地，游客在此开展冲浪旅游、潜水旅游、帆船旅游、海钓旅游等多种多样的滨海体育旅游活动。本报告通过对潜水旅游和冲浪旅游的进一步分析，厘清了目前粤港澳大湾区滨海体育旅游在主管部门、企业经营、从业人员的职业素质和生态环境等方面存在的问题。在此基础上，本报告提出有关主管部门监管能力提升和行业成员共建的对策建议，倡导培育滨海体育旅游品牌与滨海体育文化，同时关注生态环境保护，为粤港澳大湾区滨海体育旅游的健康发展提供理论和实践指导。

关键词： 滨海体育旅游　潜水旅游　冲浪旅游　粤港澳大湾区

引　言

滨海体育旅游指的是依托滨海地区的自然资源和体育设施，以体育运动为核心，以参与体验、参观游览及现场观赛为主要形式，以满足健康娱乐、旅游

* 石超凡，中山大学旅游学院硕士研究生，研究方向为潜水旅游。徐诚，中山大学旅游学院本科生，研究方向为海洋旅游。

休闲为目的的综合性旅游活动。滨海体育旅游项目丰富，既包括已经被列入奥运会比赛项目的冲浪、帆船、沙滩排球等运动项目，也包括潜水、桨板、帆板、摩托艇等常见的水上运动以及海钓等休闲体育项目。

《粤港澳大湾区发展规划纲要》提出要“共同推进大湾区体育事业和体育产业发展，联合打造一批国际性、区域性品牌赛事”，“促进滨海旅游业高品质发展，加快‘海洋-海岛-海岸’旅游立体开发，完善滨海旅游基础设施与公共服务体系”。《粤港澳大湾区文化和旅游发展规划》还将“建设集旅游观光、休闲度假、运动健身、体育比赛等于一体的粤港澳大湾区滨海自驾旅游带”作为粤港澳大湾区滨海旅游重点建设项目之一。

在此背景下，粤港澳大湾区（简称“大湾区”）滨海体育旅游的健康发展成为社会各界共同关注的话题。本报告通过实地考察大湾区的滨海体育旅游目的地，走访相关企业和从业人员，对游客进行网络问卷调查，形成对大湾区滨海体育旅游的宏观认识，全面地了解大湾区滨海体育旅游的资源和产业发展现状，并通过对区域内潜水旅游和冲浪旅游的具体分析，把握目前大湾区滨海体育旅游面临的挑战和发展中存在的问题，在此基础上提出有关主管部门监管能力提升和行业成员共建的对策建议，为开拓大湾区滨海体育旅游发展的健康道路提供理论和实践指导。

一　调研方法与数据来源

为了解大湾区滨海体育旅游的发展现状和存在的问题，本报告采用观察法、半结构式访谈法与问卷调查法等多种调研方法。调研时间从 2022 年 5 月持续至 10 月，调研团队实地走访了广州、深圳、惠州、珠海、江门等大湾区城市，调研对象包括政府工作人员、滨海体育旅游从业人员及游客。本次调研团队得到了广州市体育局、惠州市惠东县文化广电旅游体育局、深圳市大鹏新区文化广电旅游体育局、台山市文化广电旅游体育局、深圳华侨城东部投资有限公司和广州潜水学校等单位的支持。

调研团队同时采取方便抽样和滚雪球抽样的方法进行问卷发放，邀请初始受访者协助问卷传播与发放，在冲浪与潜水爱好者的微信群聊、豆瓣小组中发放网络调查问卷。2022 年 4 月面向大湾区的冲浪旅游者发放 133 份问卷，共回收 121 份有效问卷（见表 1）；同年 5 月发放 366 份有关大湾区潜水旅游的问卷，共回收 316 份有效问卷（见表 2）。

表 1 粤港澳大湾区冲浪旅游调研的样本情况（N=121）

单位：%

属性	样本分类	占比	属性	样本分类	占比
性别	男	52.1	个人月均收入	5000 元以下	10.7
	女	47.9		5000~10000 元	24.0
年龄段	18~25 岁	17.3		10000~15000 元	17.4
	26~30 岁	32.2		15000~20000 元	14.9
	31~35 岁	37.2		20000~25000 元	6.6
	36~40 岁	8.3		25000 元及以上	26.4
	40 岁以上	5.0	是否从事两份以上的职业	是	58.7
受教育水平	高中、中专	4.1		否	41.3
	大学专科	12.4			
	大学本科	51.2			
	硕士及以上	32.2			

表 2 粤港澳大湾区潜水旅游调研的样本情况（N=316）

单位：%

属性	样本分类	占比	属性	样本分类	占比
性别	男	52.2	个人月均收入	5000 元以下	38.5
	女	47.8		5000~10000 元	38.8
年龄段	18 岁以下	4.1		10000~20000 元	12.6
	18~25 岁	25.7		20000 元及以上	10.1
	26~35 岁	20.0	职业	政府工作人员	12.3
	36~45 岁	36.9		企业管理者	6.0
	46~55 岁	10.4		企业普通职员	21.6
	55 岁以上	3.0		专业人员（如医生、律师）	12.3
受教育水平	高中、中专	24.3		中小企业主	2.7
	大学专科	16.9		自由职业者	27.6
	大学本科	49.2		学生	15.6
	硕士及以上	9.6		退休人员	1.9

二手数据主要来源于政府、企业、行业协会和网络，具体内容包括相关政府部门和行业协会发布的公文和专项报告、网络新闻报道、企业宣传促销资料和各类行业资讯。

二　粤港澳大湾区滨海体育旅游发展现状

滨海旅游是粤港澳大湾区海洋经济的重要组成部分，也是建设现代海洋产业体系重要的支柱产业。大湾区的滨海旅游起步于20世纪80年代，形成了以深圳小梅沙、江门上川岛为代表的滨海浴场；进入21世纪以来，滨海旅游开始转向滨海度假的发展阶段，出现了以珠海海泉湾、惠州巽寮湾等为代表的高端滨海旅游度假区。2012年，广东省人民政府颁布《广东省滨海旅游发展规划（2011—2020年）》，规划涉及广州、深圳、珠海、惠州、东莞、中山、江门等大湾区城市，就推进珠江三角洲湾区、深圳大鹏半岛、珠海海岛群、惠州稔平半岛等大湾区范围内的海域开发做出了规定。

滨海体育旅游则是在充足的阳光（Sun）、松软的沙滩（Sand）与海浪（Sea）的“3S”滨海旅游资源基础上，开展滨海体育运动的旅游形式。大湾区的滨海体育旅游成长于2010年前后，在此期间广东省部分重点滨海体育旅游项目逐步开始建设，南沙游艇俱乐部二期及配套工程、惠州市海洋生态园开建；与此同时，深圳帆板公开赛、深圳F1摩托艇世界锦标赛、深圳风筝冲浪公开赛、中国冲浪冠军巡回赛相继举办，区域内大型滨海体育赛事的举办也推动了滨海体育旅游业的发展。高水平国际赛事的举办提高了大湾区滨海体育旅游目的地的世界知名度，带动了本土体育文化的形成，还为发展特色滨海体育旅游项目提供了机遇。

目前大湾区形成了以深圳、惠州、珠海为主的滨海体育旅游目的地（见表3），开展了包括冲浪、潜水、帆船、海钓在内的一批富有特色、新奇刺激、参与性强的滨海体育旅游项目。

表3　粤港澳大湾区的主要滨海体育旅游目的地

滨海体育旅游	滨海体育旅游目的地
冲浪旅游	香港大浪湾、深圳西涌、惠州双月湾、江门上川岛
潜水旅游	香港西贡、深圳杨梅坑、惠州双月湾、珠海外伶仃岛、江门上川岛
帆船旅游	深圳杨梅坑、珠海九洲港
海钓旅游	惠州针头岩、惠州巽寮湾、珠海桂山岛、江门上川岛

三　粤港澳大湾区潜水旅游发展现状

粤港澳大湾区的潜水旅游起步于20世纪90年代末，伴随着滨海旅游的兴起而发展。1997年、2004年，潜水年会分别在惠州和深圳召开。随着社会大众生活水平的提高，潜水旅游开始作为一项时尚旅游休闲项目受到欢迎。

目前粤港澳大湾区的潜水旅游方式主要包括浮潜、体验潜和持证潜水。浮潜是指旅游者身穿救生衣，依靠浮潜装备（潜水面镜、呼吸管、脚蹼）浮在海面上，观赏鱼类和珊瑚等景观。体验潜和持证潜水都属于水肺潜水，是指潜水者身穿潜水服，依靠气瓶、空气调节器、浮力背心等辅助水下呼吸的潜水装备，在水下开展观光、娱乐、探险等活动。二者的不同之处在于参加体验潜的旅游者无须拥有潜水经验，仅经过简单培训后就可以在潜水教练的带领下潜到10米以内的海中进行潜水体验活动；持证潜水的下潜深度则可以在10米以下。体验潜的适合人群广，从6岁到65岁，甚至不会游泳的人也可以参加，所需费用较少；而持证潜水需要潜水者参加潜水俱乐部、潜水学校进行机构认证的潜水培训，经考核合格取得相应的潜水资格证后，在潜水俱乐部的组织下进行潜水旅游活动，全程所需要的培训费、考证费、潜水装备费从几千元到几万元不等。

目前在大湾区范围内，深圳、惠州、珠海等地的潜水旅游以浮潜和体验潜为主，香港则以浮潜和持证潜水为主。潜水俱乐部门店主要销售单一潜水旅游产品，部分游艇俱乐部、帆船俱乐部也经营浮潜业务。为了加大宣传力度，拓展业务渠道，潜水俱乐部与游艇俱乐部、帆船俱乐部、酒店、旅行社等合作，将体验潜与住宿、观光以及其他滨海体育运动（如帆船、海钓、桨板等）项目组合销售。

在潜水旅游快速发展的同时，潜水项目运营中也存在一些问题，需要针对区域环境条件、消费市场状况进行深入调研，据此进行合理统筹规划，促进潜水旅游健康发展。

（一）潜水旅游的资源条件

粤港澳大湾区拥有开阔的海面，海域面积达 20176 平方公里。大湾区的潜水景观主要分三类：一是海洋生物和珊瑚；二是礁石；三是沉船、海洋工程遗址等。大湾区属于低纬度地区，光照充足、气候温和，海域以第一类、第二类水质为主，拥有较高的海洋生物多样性，是南海各种鱼虾洄游、栖息、产卵的天然场所。与此同时，沉船、海洋工程遗址为鱼群和珊瑚提供了栖息的场所，潜水旅游者在探险的过程中还可以观赏鱼群。据潜水导游介绍，在惠州大青针附近海域有沉船、升压站、测风塔等景观。目前深圳、惠州、珠海、江门、香港开展潜水旅游的海域（或潜点）超过 70 处（见表 4）。

表 4　粤港澳大湾区潜水海域（或潜点）

城市	潜水海域(或潜点)
深圳	杨梅坑、东涌、西涌、三门岛、东山鱼排、七星湾、大梅沙、小梅沙、蛇口
惠州	巽寮湾、双月湾、三角洲岛、小星山、大辣甲岛、小辣甲岛、桑洲岛、圣告岛、海龟湾、测风塔、针头岩、2021 年沉船、升压站、三门岛、赤洲岛
珠海	外伶仃岛、庙湾岛、平洲岛、桂山岛、蚊尾洲、三角岛、石涌湾、大东湾、铜锣排、石场、新世界、骷髅岛、黑洲、海星静湾、大理石鳐之家、高排礁、海葵湾、蓝水湾、雀鲷灯塔、北尖、担杆
江门	上川岛、下川岛、那琴半岛、乌猪洲岛
香港	吐露港内海、吐露海峡、赤洲岛、塔门岛、独牛岛、大浪西湾、粮船湾洲以南、果洲群岛、牛尾岛、西贡海域、黄泥岗、粘板湾、佛堂门、东龙岛、横澜岛、鹤咀、螺洲、蒲台岛、老鼠排、南丫岛、长洲岛、石鼓洲、索罟群岛、大小磨刀

资料来源：笔者依据访谈信息和网络数据整理。

（二）潜水旅游企业与行业协会分布

根据实地考察统计，结合大众点评、小红书等平台的数据，潜水旅游企业在深圳、惠州、广州、珠海、佛山、江门等地均有分布（见表 5）。潜水旅游企业主要集中在潜水资源丰富的深圳和惠州，广州作为省会城市也有较多潜水旅游企业。

表 5　粤港澳大湾区的潜水旅游企业

单位：家

城市	潜水旅游企业数量	城市	潜水旅游企业数量
深圳	57	珠海	7
惠州	50	佛山	6
广州	24	江门	3

资料来源：笔者依据访谈信息和网络数据整理。

潜水俱乐部主要在泳池开展潜水技能培训、持证者的恢复性训练，组织持证者（OW/AOW）到国外、海南省、粤港澳大湾区的潜点潜水。成立正规的潜水俱乐部门槛较高，与攀岩、滑雪等高危险性体育项目不同，潜水运动（海潜）申请“高危险性体育项目经营许可证”需要提供海域使用权证明。调研团队在实地走访中了解到，大湾区内大部分潜水俱乐部因无法获得海域使用权证明而不能申请“高危险性体育项目经营许可证”。相比之下，成立无资质的潜店成本相对较低，只需购置几套潜水器材、潜水衣并租用潜水船就可以开展经营活动，旅游淡季时店长兼任潜水导游，旅游旺季时则临时招聘潜水导游。加上潜水旅游的季节性很强，许多潜水俱乐部在 4 月到 10 月开业、11 月到次年 3 月歇业，因此也存在较多临时成立的潜水俱乐部。

粤港澳大湾区的潜水行业协会则相对集中（见表 6），潜水行业协会的成立有助于分享潜水资讯、普及潜水知识、推动潜水赛事的举办、宣传和推广潜水旅游。

表 6　粤港澳大湾区的潜水行业协会

潜水行业协会	成立年份	潜水行业协会	成立年份
珠海市潜水运动协会	2012	深圳市南山区潜水协会	2020
深圳市大鹏新区潜水协会	2018	广东省潜水运动协会	2022
广州市潜水协会	2019		

（三）潜水旅游的市场特征

1. 对潜水旅游有较高的接受度

本次调研的受访者对参与潜水旅游项目具有较高的接受度，有超过 40%

的受访者对于潜水项目较为了解，有 85.79%的受访者有意愿和兴趣参加潜水旅游，以上两项数据充分体现了现阶段社会大众参与潜水旅游的热情较高。受访者普遍认为潜水可以观察到海底世界、挑战自我、释放生活压力，并认为潜水旅游是一项时尚健康的活动。

2. 对潜水旅游条件较为认可

通过网络问卷调查发现，深圳、惠州、珠海是游客心目中国内第二位到第四位的潜水旅游目的地，仅次于海南。由此说明游客对粤港澳大湾区的潜水条件较为认可，大湾区潜水市场具有较广阔的发展潜力。

3. 认为潜水旅游消费较低

在针对潜水旅游理想消费价格的调查中，选择 200~400 元的受访者占 34.97%，选择 200 元以下的受访者占 21.86%，选择 400~600 元的受访者占 21.04%，选择 600 元及以上的受访者占 22.13%。以上数据说明大湾区潜水旅游以中低档消费为主，消费者最认可的消费区间为 200~400 元。

4. 对潜水安全性的关注度较高

通过问卷调查和访谈发现，消费者对于潜水旅游最关心的是安全问题，潜水设备、潜水环境和潜水教练的技术列消费者感知到的潜水旅游安全性影响因素的前三位。在水下，潜水设备的安全、潜水环境的安全和潜水教练的技术直接关系到游客的安全，因此潜水旅游经营企业有必要对潜水设备、潜水环境和潜水教练方面加强管理。

5. 对潜水环境比较敏感

在本次调查中，40%的受访者反馈大湾区的水质不好和海洋生物不够丰富，由此可见大湾区潜在游客对水下能见度、海洋生物丰富度比较敏感。在大湾区众多潜点中，靠近珠江口的珠海、江门海域由于季节和天气原因水下能见度较低，而惠州、深圳、香港的水下能见度较高，整体来说现阶段粤港澳大湾区的潜水环境还有待改进。

6. 对潜水旅游的了解渠道比较单一

现阶段社会大众对于潜水项目的了解渠道主要为影视作品和自媒体作品，受访者选择“通过影视作品了解潜水项目”的比例达 50.55%，选择“通过自媒体作品了解潜水项目”的比例达 47.81%。

四 粤港澳大湾区冲浪旅游发展现状

冲浪是冲浪者以海浪为动力，利用冲浪板驾驭海浪的水上运动（刘宏玉，2015），需要在有风浪的滨海地带开展。冲浪旅游则是冲浪者以冲浪为主要目的，远离其惯常居住地至少一夜的旅行活动（Ponting，2008）。根据国际冲浪协会（ISA）的估算，全球约有 3500 万冲浪者，冲浪旅游给世界各地的冲浪目的地带来了巨大的经济效益。

早在 1978 年，香港就开始有冲浪活动，内地沿海地区的冲浪活动经历了 10 余年的发展，形成了万宁日月湾、三亚后海、深圳西涌、惠州双月湾、舟山东沙湾等相对成熟的冲浪旅游目的地。随着热门综艺《夏日冲浪店》的播出和冲浪项目首次亮相奥运会，冲浪旅游逐渐成为新消费趋势。

粤港澳大湾区坐拥漫长的海岸线，全年水温较为温暖，具有优质的冲浪旅游资源条件，拥有较多适宜开展冲浪活动的浪点。冲浪活动在粤港澳大湾区经历了较长时间的发展，21 世纪初就有冲浪者在深圳、珠海等地冲浪的记载，2020 年大湾区的冲浪旅游迎来了爆发式的增长。

（一）冲浪旅游的资源条件

海洋水文资源和气候资源是开展冲浪旅游的重要旅游资源，因为冲浪是以海浪为动力，受洋流、风向、风速变化影响的滨海体育活动。滨海地带的海浪状况瞬息万变，因此通常来说冲浪旅游具有地域性、季节性的特征。粤港澳大湾区近岸海域全年海水温度较高，有长达 3201 公里的海岸线以及大小和形式多样的海浪，香港、深圳、惠州、珠海和江门等城市分布着许多适宜开展冲浪活动的浪点，可以全年在大湾区的不同浪点冲浪，这使得大湾区的冲浪旅游具有全季性。

冲浪旅游者只需携带冲浪板就可以在任何有海浪的地方冲浪，因此为了追逐更好的浪点，许多冲浪者会在浪点之间选择不同尺度的流动行为，33.9%的受访者表示有过为找寻更好的浪点在大湾区范围内旅游的行为。大湾区漫长的海岸线使其拥有众多浪点，其中不乏为冲浪旅游者提供冲浪板租赁、旅行配套服务的商业浪点，据统计目前大湾区拥有 10 个商业浪点（见表 7）。

表 7　粤港澳大湾区主要的商业浪点

城市	浪点	城市	浪点
香港	大浪湾、长沙湾	珠海	金沙滩
深圳	西涌、东涌	江门	上川岛飞沙滩
惠州	高洋尾、狮子岛、双月湾、碧海湾		

资料来源：笔者依据访谈信息和网络数据整理。

（二）冲浪旅游的客源市场和消费特点

粤港澳大湾区被称为中国休闲消费最旺盛、最前沿之地，有许多思想开放、经济条件较好、乐于参与户外运动项目的人群，他们构成了大湾区冲浪旅游的重要客源。根据笔者在 2022 年“五一”“十一”两个法定节假日和暑假期间的实地观察，结合网络问卷调查的结果，发现大湾区冲浪旅游的主要客源是来自广州、深圳两地的“85 后”和“90 后”。

从受教育水平和收入水平两个角度来分析大湾区冲浪旅游消费的人群，可以发现大湾区的冲浪旅游者普遍受教育水平较高，有超过 30%的受访者拥有硕士及以上的学位；同时，冲浪旅游的消费主力既包括月均收入在 5000～10000 元的人群，也包括月均收入在 25000 元及以上的消费力较高的人群。

大湾区主要的冲浪旅游目的地分布在深圳和惠州（见图 1），在网络问卷调查中冲浪旅游者将深圳西涌、惠州高洋尾、惠州双月湾和深圳东涌依次排名为大湾区前四位的优质浪点。大湾区的冲浪旅游整体呈现高频次消费的特点，有赖于大湾区便利的公路、铁路交通，76%的受访者认同大湾区的浪点较国内其他浪点的优势在于交通便利。

（三）冲浪旅游供给

冲浪产业链和冲浪旅游产业链均以向游客、冲浪者提供冲浪教学课程、冲浪板租赁服务、冲浪板存放服务的冲浪俱乐部为核心。调研团队整合百度地图、大众点评有关“冲浪俱乐部”的搜索结果，结合对深圳东涌、西涌，惠

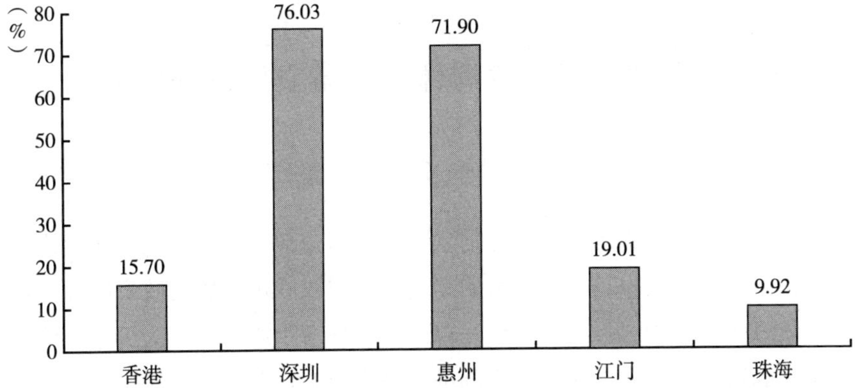

图 1　受访者在粤港澳大湾区范围内到访过的冲浪旅游目的地（$N=121$）

州惠东的线下走访，对目前深圳、惠州主要商业浪点的冲浪俱乐部进行了数量统计（见表 8）。

表 8　截至 2022 年 10 月深圳、惠州主要商业浪点的冲浪俱乐部数量

单位：家

商业浪点	冲浪俱乐部数量	商业浪点	冲浪俱乐部数量
深圳西涌	7	惠州双月湾	8
深圳东涌	11	惠州高洋尾	4

资料来源：笔者依据实地走访和网络数据整理。

随着冲浪成为新兴的时尚旅游消费趋势，冲浪旅游开始变得有利可图，冲浪旅游者有节约时间成本、搜索成本的需求，供给方相应地推出冲浪旅游团、冲浪旅游行程规划和设计、冲浪旅拍等旅游服务。部分冲浪俱乐部还通过自营民宿或与民宿合作延伸自身产业链，许多冲浪俱乐部还通过与旅行预订平台合作推出打包旅游产品以进一步扩大客群。

举办专业和民间冲浪赛事运动，有助于营造冲浪文化氛围并推动冲浪运动普及。2018 年起，全国冲浪项目 U 系列赛事暨中国冲浪冠军巡回赛、中国冲浪 & 桨板俱乐部联赛暨全国 U 系列赛相继在东涌举办。但在网络问卷调查的结果中，仅有 4.1%的受访者表示曾经为参加冲浪比赛而旅游，6.6%的受访者表示曾经为观看冲浪比赛而旅游，这说明现阶段大湾区冲浪赛事对旅游的带动效果仍然有限。

五　粤港澳大湾区滨海体育旅游发展存在的问题

（一）缺乏统筹规划滨海体育旅游的主管部门

缺乏对滨海体育旅游资源的评估。大湾区部分地方政府对滨海体育旅游资源的评估不到位，缺少具有公信力的专业组织或权威机构协助政府准确评估判断发展滨海体育旅游项目的安全性。以惠东县的潜水旅游发展为例，目前主要依靠民间的潜水爱好者、潜水俱乐部进行潜水旅游资源评估、潜水旅游的开发和公众传播，难以提升惠东潜水旅游的品牌知名度。

缺乏关于滨海体育旅游管理方法的建设。滨海体育旅游的管理涉及旅游、体育、生态环境、交通运输、市场监督、应急管理、海事、公安、海警等相关部门，其中关于海域的使用权涉及自然资源部、生态环境部、住房和城乡建设部、农业农村部、交通运输部、文化和旅游部等多个部门。从滨海体育旅游项目的审批到管理，存在主管部门监管职责不清的问题，同时部门间因缺少共识而难以开展合作，导致滨海体育旅游容易出现制度空白，产生安全隐患。

（二）滨海体育旅游企业经营的不规范现象频发

由于部分滨海体育旅游项目属于高危险性体育项目，相关企业面临办证难的问题，因此仍存在无证经营的违规现象。不规范的企业经营现状使得行业监管缺失，给滨海体育旅游运营带来较大的安全隐患。调研团队通过对惠州市惠东县部分潜水俱乐部负责人进行访谈，了解到目前惠东巽寮湾和双月湾有 18 家具备一定接待能力的潜水俱乐部。在与惠州市惠东县文化广电旅游体育局工作人员核实后发现，由于涉及海域使用权的申请事宜，目前惠东的潜水俱乐部均未办理海域范围的“高危险性体育项目经营许可证”。

同时，由于滨海体育旅游企业在旅游旺季游客需求量大，企业在旅游接待过程中为追求经济效益出现操作不规范的现象，如部分潜水旅游企业在游客参加潜水体验时，压缩下水前的培训时间，导致游客没有正确掌握基本的潜水手势、耳压平衡法和相关安全注意事项。

（三）滨海体育旅游从业人员的职业素质参差不齐

目前大湾区的滨海体育旅游从业人员主要包含三类，一是专业体育院校毕业的学生，他们经过学校系统的培训并取得相关的从业资格证书；二是通过参与体育运动俱乐部组织的短期培训，经考核合格取得从业资格证书的人员；三是具有一定滨海体育运动技能，但未经过正规培训的爱好者。由于滨海体育旅游淡旺季明显，从业人员的收入不稳定，工作环境艰苦，很多专业学生在毕业后不愿意从事滨海体育旅游的一线工作，导致大量专业人才流失。专业教练和教学团队人员的匮乏，使行业整体难以形成标准化的教学体系。

在旅游旺季，部分经营者在未取得运营资质的情况下招聘了不具备滨海体育行业从业资质的人员，在运营过程中经常出现未按照服务流程运营，使游客体验感不佳，企业与游客间的矛盾不断。同时为了逐利，从事休闲渔业的渔民、其他滨海体育旅游项目经营者争相开展非专业的、非常规经营项目的滨海体育业务，导致滨海体育旅游从业者的专业技能水平参差不齐。

（四）滨海体育旅游发展过程中对生态环境造成破坏

在滨海体育旅游发展过程中，人类活动会不可避免地产生“三废”，造成海水富营养化，海水的水质将直接影响水下能见度和海洋生物多样性，进而影响参与滨海体育旅游游客的体验感和满意度。同时开展滨海体育活动侵占了海洋生物的生存空间，直接或间接地造成了珊瑚礁、红树林等海洋生态系统的破坏，打破了海洋生态系统的平衡。

六　粤港澳大湾区滨海体育旅游发展的对策建议

现阶段大湾区滨海体育旅游产业的规范化有待有识之士推动，健全滨海体育旅游的管理体制，还需要促进行业内部合作，加强合作共赢意识，推动滨海体育人才的培养，发挥滨海体育旅游从业人员的内生力量，更需要结合大湾区的实际情况培育滨海体育旅游品牌与滨海体育文化。

（一）研究出台配套政策措施

成立滨海体育旅游类智库。政府应牵头成立滨海体育旅游资源普查的专家团队，根据海洋功能区划全面摸清滨海体育旅游资源，提出合理的开发建议，实现旅游开发与保护共存，做到开发与保护相结合，提升海洋治理能力。

建立滨海体育旅游管理制度和行业规范，规范滨海体育旅游市场。同时有必要根据《中华人民共和国海岛保护法》《中华人民共和国海域使用管理法》《中华人民共和国海洋环境保护法》，参考《三亚市海上旅游管理条例（征求意见稿）》《三亚市水上旅游项目促进和管理办法》等具有滨海体育旅游发展经验的地方管理办法，制定大湾区各地市的滨海体育旅游管理条例。

（二）加强滨海体育旅游行业管理

借鉴海南省的水上旅游管理办法，规范管理大湾区各滨海体育旅游经营主体在指定海域内合法开展滨海体育旅游活动，严格实行持证上岗、持证运营，定期对滨海体育旅游企业进行监督检查。

加强大湾区各滨海体育旅游目的地的滨海体育旅游行业管理，推动形成行业自治协会，针对当地实际情况规范管理滨海体育旅游企业。

完善滨海体育旅游目的地的医疗卫生建设，提升与滨海体育活动相关的安全救助能力，增强面对自然灾害的防御能力和韧性。

（三）加大滨海体育人才培养力度

大力培养滨海体育旅游产业的专业人才队伍，建设滨海体育旅游项目的标准化课程。探索与专业体育院校联合培养人才的项目，探索订单式的人才培养模式，为滨海体育旅游市场引进专业教练和技术人员。同时对现有滨海体育旅游从业人员加强专业知识培训，探索滨海体育技术指导员、安全员等专业岗位持证上岗的模式；定期开展从业人员服务意识指导培训，规范服务流程，提高从业人员综合素质，提升消费者满意度。

（四）培育滨海体育旅游品牌与滨海体育文化

借鉴国内外成功的滨海体育旅游目的地的成功经验，打造本土滨海体育旅游品牌，提升滨海体育旅游目的地的知名度。通过完善滨海体育旅游基础设施的建设，提升滨海体育景观质量，形成体育文化地标。同时加大对目的地社区关于滨海体育的知识科普和文化宣传力度，提高大众对滨海体育旅游项目的正确认识，带动目的地社区参与滨海体育运动，推动全民健身。

加强对滨海体育旅游项目的宣传。首先，要消除大众在安全性和费用上对滨海体育运动的误解，减少信息不对称的情况，吸引大众体验滨海体育运动。其次，在宣传上应从单纯的网红打卡体验逐渐转向满足游客掌握专业化技能的诉求、实现生活方式变革的体验。同时，应拓展宣传渠道，除了通过举办赛事、网络直播、影视剧宣传等手段提升知名度，还可以通过海洋公益活动等形式吸引游客，普及滨海体育运动项目，营造浓厚的滨海体育文化氛围。

（五）推进兼顾生态环境保护的可持续滨海体育旅游

在推进滨海体育旅游发展的同时，应该关注滨海体育旅游目的地的社会效益和环境资源保护，政府、从业人员和游客都必须加强海洋环保意识，坚定不移地走可持续发展道路。对滨海体育旅游项目的开展建立严格的环境监测机制，坚持落实责任到人，定期对无法通过环境监测评估的滨海体育旅游项目开展整改工作。

参考文献

刘宏玉，2015，《冲浪运动研究》，《体育文化导刊》第2期。

Ponting，J. 2008. "Consuming Nirvana：An Exploration of Surfing Tourist Space." Ph. D. diss.，University of Sidney Institute of Technology.

B.9

2022年粤港澳大湾区非物质文化遗产旅游发展报告

吴悦芳　甘梓莹*

摘　要： 粤港澳三地有史以来就是"文化共同体"，拥有共同的地缘、史缘、族缘和文化空间，并联合申报、共同拥有、共同发展了粤剧、凉茶、醒狮、咏春拳等多项非遗项目，但在非遗资源分类、非遗名录建设、非遗价值的分类评价体系等方面存在差异。本报告分析了粤港澳大湾区非遗资源的类型及空间分布特征，发现民俗、传统技艺、传统舞蹈、传统美术类非遗资源优势明显，但民间文学、曲艺类项目在国家级非遗名录中短板凸显，传统戏剧、曲艺类项目在省级非遗名录中弱势明显，而民间文学类并无项目登榜国家级非遗名录。在空间上，广佛、深莞两个城市群是大湾区内地9市中非遗资源高度密集的区域，与香港、澳门共同构成粤港澳大湾区非遗传承中心。粤港澳大湾区协同推进非遗旅游利用，在非遗旅游传递文化融合新内涵、旅游需求推动非遗传承新模式、时空拓展激发文旅融合新动能、文旅科技赋能非遗展示新形态等方面获得显著成效，未来可以在文化纽带、空间联动、名录协同、文旅融合等方面，继续深化区域非遗旅游的互动合作。

关键词： 非遗旅游　非遗名录体系　非遗资源　粤港澳大湾区

* 吴悦芳，博士，佛山职业技术学院文化旅游创意学院副院长，副教授，研究方向为旅游流动性、非物质文化遗产、可持续发展等。甘梓莹，广州大学地理科学与遥感学院本科生，研究方向为文化地理、城市发展研究等。

引　言

根据联合国教科文组织发布的《保护非物质文化遗产公约》，非物质文化遗产（简称“非遗”）是指“被各群体、团体、有时为个人视为其文化遗产的各种实践、表演、表现形式、知识和技能及其有关的工具、实物、工艺品和文化场所”。2011 年，国家正式颁布《中华人民共和国非物质文化遗产法》，将非遗的概念定义为“各族人民世代相传并视为其文化遗产组成部分的各种传统文化表现形式，以及与传统文化表现形式相关的实物和场所”，确认了非遗所具有的人民性、文化性、活态性。《国家级非物质文化遗产代表性项目名录》将非遗分为十大门类，包括民间文学，传统音乐，传统舞蹈，传统戏剧，曲艺，传统体育、游艺与杂技，传统美术，传统技艺，传统医药，民俗。2006 年、2008 年、2011 年、2014 年、2021 年，国务院先后确定并公布了五批国家级非物质文化遗产代表性项目名录，共包含 1557 个国家级非物质文化遗产代表性项目；2007 年、2008 年、2009 年、2012 年、2018 年，国家文化主管部门先后命名了五批国家级非物质文化遗产代表性项目代表性传承人，共计 3068 人（宋俊华主编，2021）。截至 2022 年 6 月，广东有联合国教科文组织公布的人类非遗代表作名录 4 项，国家级非遗代表性项目名录 165 项，国家级非遗传承人 132 人，省级非遗代表性项目 816 项，省级非遗传承人 837 人。

2018 年文化和旅游部组建，明确了“宜融则融、能融尽融，以文促旅、以旅彰文”的工作思路，围绕文化和旅游融合开展各项工作，以满足人民日益增长的美好生活需要，引导文化建设和旅游发展（莫非，2022）。文旅融合在激发非遗传承发展动力、满足大众旅游时代需要等方面发挥了重要作用，创造了新的机遇。《中国传统工艺振兴计划》《关于进一步加强非物质文化遗产保护工作的意见》等重要文件均提出促进非遗合理利用的工作方法，支持在有效保护的前提下，推动非遗与旅游融合发展、高质量发展。在《中华人民共和国国民经济和社会发展第十四个五年规划和 2035 年远景目标纲要》实施的背景下，《“十四五”非物质文化遗产保护规划》明确提出在有效保护的前提下，推动非遗与旅游融合发展，从场所和体验基地建设、线路和产品建设、景区建设和非遗融合等方面提出非遗和旅游融合发展的具体工作措施。非遗是中华优秀传统文化的重要组成部分，旅游是助力非遗实现创造性转化、创新性发展的重要渠道，有助于非遗实现从存续场景到当代场景的延伸，促进非遗从静态保护走向活态传承，形成“有效保存—合理利用—反哺保护”的良性循环。非遗的旅游化利用呼应了旅游业提质增效的国家战略，是旅游业发挥国民经济战略性支柱产业作用的必然要求（白凯，2019），同时也是新时代背景下文化旅游产业发展呈现新需求、新业态、新模式的重要体现。

珠江水长，连滇黔，入广府，连岛屿。粤港澳三地有史以来就是“文化共同体”，拥有共同的地缘、史缘、族缘和文化空间，并联合申报、共同拥有、共同发展了粤剧、凉茶、醒狮、咏春拳等多项非遗项目。据央视新闻客户端（2022）数据统计，中国73%以上的非遗项目保存在乡村，但是粤港澳大湾区内地9市国家级非遗项目（76项）占全省国家级非遗项目总数（165项）的46.1%；国家级非遗项目代表性传承人（60人）占全省国家级非遗项目代表性传承人总数（132人）的45.5%。高度城市化的粤港澳大湾区，非遗项目数量之庞大、类型涵盖范围之广泛、传承人体系发展之丰富、文化效益和社会效益影响之深厚，使非遗成为一种不可忽视的区域性文化现象。《粤港澳大湾区发展规划纲要》强调，“共同推进中华优秀传统文化传承发展，发挥粤港澳地域相近、文脉相亲的优势，联合开展跨界重大文化遗产保护，合作举办各类文化遗产展览、展演活动，保护、宣传、利用好湾区内的文物古迹、世界文化遗产和非物质文化遗产，支持弘扬以粤剧、龙舟、武术、醒狮等为代表的岭南文化，彰显独特文化魅力”。《粤港澳大湾区文化和旅游发展规划》深化落实人文湾区和休闲湾区建设任务，将“文旅融合、互促发展”以及非遗与旅游融合作为推进大湾区人文精神塑造、青少年文化培育交流、文化共融和发展等重要目标的战略性任务。非遗深度融入区域文化基因，融入城市产业体系，融入居民日常生活，给粤港澳大湾区优秀传统文化的长期可持续发展带来影响。本报告以粤港澳大湾区三地11个城市的非遗资源整理为基础，分析区域非遗的资源及名录体系、主要类型及项目特征、城市空间分布规律，把握区域非遗资源进行旅游利用和产业开发的主要形式和工作进展，理解区域推动非遗创造性转化和创新性发展的主要措施和问题，并提出下一步优化策略。

一　数据来源和方法

为系统梳理粤港澳大湾区非遗资源及非遗与旅游融合发展情况，本报告收集了各方面的可靠真实数据，主要数据来源包括以下几个方面。

第一，文化和旅游部门、非物质文化遗产管理部门官方网站，包括中华人民共和国文化和旅游部、广东省文化和旅游厅等官方网站主页，中国艺术研究院、中国非物质文化遗产保护中心主办的“中国非物质文化遗产网·中国非物质文化遗产数字博物馆”（https：//www.ihchina.cn/#page1），香港特别行政区非物质文化遗产办事处主办的“香港非物质文化遗产资料库”（https：//www.hkichdb.gov.hk/zhs/index.html），澳门特别行政区政府文化局（https：//www.icm.gov.mo/gb/ICMAnnualReports）等官方信息平台及非遗资源数据库。

第二，《中国统计年鉴》《文化和旅游发展统计公报》《粤港澳大湾区城市群年鉴》《国民经济和社会发展统计公报》以及地方志等相关统计、历史性数据和资料。

二　粤港澳大湾区非遗资源的类型及空间分布特征

（一）粤港澳大湾区非遗资源及名录体系

粤港澳大湾区是“一个国家、两种制度、三个关税区、四个核心城市、多个城市族群”的“跨地方共同体”（孔庆夫、张海庆，2022），但是三地在非遗资源分类方法、非遗名录建设思路、非遗价值的分类评价体系等方面存在差异。从粤港澳三地现行的非遗名录来看，广东省名录类别采用《国家级非物质文化遗产代表性项目名录》的“十分法”，对非遗资源进行分类保护，形成非遗旅游资源开发的基础。香港、澳门的名录类别采用“五分法”。其中香港通过并公布的“非遗清单”由口头传统和表现形式，表演艺术，社会实践、仪式、节庆活动，有关自然界和宇宙的知识和实践，传统手工艺五类组成。澳门2013年颁布《文化遗产保护法》，明确非遗包括传统及口头表现形式，艺术表现形式及属表演性质的项目，社会实践、宗教实践、礼仪及节庆，有关对自然界及宇宙的认知、实践，传统手工艺技能五类文化项目。在名录体系的构建上，广东省依循国家非遗名录构建规范，形成了“国家级—省级—市级—县级”四级非遗名录体系。香港于2014年发布了包含480个项目的非遗清单，并于2017年从该清单中建设出包含国家级项目在内的20项特区级非遗名录，形成了“非遗清单—特区级名录—国家级名录”三级名录建设体系（详见香港非物质文化遗产资料库网站）。澳门于2017年、2020年发布了共70项特区级非遗项目清单，形成了“特区级清单—国家级名录”二级名录建设体系。

不同类别的分类方式和保护规范在客观上体现了粤港澳三地在非遗政策体系、遗产管理思路、保护实践经验等方面的差异，契合了粤港澳三地差异化的非遗保护语境。另外，对同一资源的评价和级别认定的差异，也造成了粤港澳大湾区内部同一项目处于不同级别名录（如道教科仪音乐在港澳为国家级，在广东为省级），或者同一项目在一些区域被列入名录，而在其他区域则未被列入目录的情况（如古琴艺术在广东、香港是国家级，在澳门未被列入），给区域系统性的非遗协同保护、共建人文湾区带来结构性的问题（孔庆夫、张海庆，2022）。

（二）粤港澳大湾区非遗资源的类型特征

截至2022年8月底，粤港澳大湾区三地地方政府联合通过中央人民政府申报并共同拥有联合国教科文组织“人类非物质文化遗产代表作”1项（粤剧），拥有国家级非遗项目99项（内地9市76项、香港12项、澳门11项）。此外，粤港澳大湾区内地9市共有379项省级非遗项目（见表1）。

表1　粤港澳大湾区非遗项目类型分布统计

单位：项，%

项目	项目类型										
	民俗	传统技艺	传统舞蹈	传统美术	传统医药	传统音乐	传统戏剧	传统体育、游艺与杂技	曲艺	民间文学	合计
国家级非遗项目数量	23	15	14	13	9	9	7	5	4	0	99
占比	23.2	15.2	14.1	13.1	9.1	9.1	7.1	5.1	4	0	100
省级非遗项目数量	92	90	46	40	29	26	7	27	9	13	379
占比	24.3	23.7	12.1	10.6	7.7	6.9	1.8	7.1	2.4	3.4	100

注：受统计口径影响，香港、澳门仅统计国家级非遗项目。

资料来源：中国非物质文化遗产网·中国非物质文化遗产数字博物馆、广东省文化和旅游厅。

在类型分布上，粤港澳大湾区非遗项目具有以下特征。

其一，民俗、传统技艺、传统舞蹈、传统美术类非遗资源优势明显。在国家级、省级非遗名录中，这四类项目合计占比分别为65.6%、70.7%，是粤港澳大湾区非遗项目的重要类型。其中，民俗、传统技艺类的项目传统优势更为突出，例如佛山市石湾陶塑技艺、广州市广彩瓷烧制技艺，以及由广东省文化和旅游厅、香港特别行政区政府民政事务局、澳门特别行政区政府文化局共同申报的凉茶，都是具有显著地方性特征的传统技艺；而广州市的春节（行花街）、香港特别行政区的端午节（大澳龙舟游涌）、澳门特别行政区的妈祖祭典（澳门妈祖信俗）等一批具有鲜明地域性、广泛群众参与性、弘扬当代价值的民俗项目也被纳入了国家级非遗名录。

其二，民间文学、曲艺类项目在国家级非遗名录中短板凸显，传统戏剧、曲艺类项目在省级非遗名录中弱势明显。在国家级非遗名录中，粤港澳大湾区传统医药、传统音乐类均只有9项项目获得国家级认定，民间文学类并无项目登榜国家级非遗名录。只有粤曲、龙舟说唱、木鱼歌、南音说唱4项曲艺类项目获得国家级认定。

在省级非遗名录中，粤港澳大湾区立项的传统戏剧类项目稍少于曲艺类项目，两类项目在省级非遗名录中的占比只有4.2%。在传统戏剧类项目中，前七批省级非遗项目粤港澳大湾区内地9市仅有6项，第八批将东莞市的“木偶戏（大朗杖头木偶戏）”列入名录；而在曲艺类项目中，前七批省级非遗项目粤港澳大湾区内地9市仅有8项，第八批将东莞市的“粤曲”列入名录。此外，广东省级非遗评定呈现补民间文学短板的倾向，在前七批省级民间文学类非遗项目中，粤港澳大湾区内地9市仅有10项，第八批将惠州市博罗县的“葛洪传说”、惠州市的“苏东坡传说”以及江门市的“珠玑巷人南迁传说（珠玑巷移民落籍良溪传说）”列入名录。

（三）粤港澳大湾区非遗资源的空间分布特征

1. 非遗项目的空间分布特征

粤港澳大湾区国家级非遗项目总体上沿着大湾区珠江口东西两侧呈组团式分布，其中珠江口西侧国家级非遗项目集聚度高于珠江口东侧（周柳、陈颖彪，2021）。广州作为广东省的省会城市，华南地区的政治、军事、经济、文化和科教中心，其国家级非遗项目占大湾区国家级非遗项目总数的25.3%，省级非遗项目占内地9市省级非遗项目总数的26.4%，是粤港澳大湾区非遗项目空间分布首位度最高的城市，可供开发的非遗旅游资源最为丰富。广佛（国家级非遗项目共占大湾区国家级非遗项目总数的40.5%，省级非遗项目共占大湾区内地9市省级非遗项目总数的41.2%）、深莞（国家级非遗项目共占大湾区国家级非遗项目总数的17.2%，省级非遗项目共占大湾区内地9市省级非遗项目总数的23.7%）两个城市群是非遗资源高度密集的区域（见表2），与香港、澳门共同构成粤港澳大湾区非遗传承中心，非遗旅游开发的潜力较大。

表2　粤港澳大湾区非遗项目城市分布统计

单位：项，%

项目	城市										
	广州	佛山	东莞	深圳	中山	珠海	江门	肇庆	惠州	香港	澳门
国家级非遗项目数量	25	15	9	8	5	5	5	2	2	12	11
占比	25.3	15.2	9.1	8.1	5.1	5.1	5.1	2	2	12.1	11.1
省级非遗项目数量	100	56	54	36	25	18	34	29	27		
占比	26.4	14.8	14.2	9.5	6.6	4.7	9	7.7	7.1		

注：受统计口径影响，香港、澳门仅统计国家级非遗项目。

资料来源：中国非物质文化遗产网·中国非物质文化遗产数字博物馆、广东省文化和旅游厅。

对粤港澳大湾区九类国家级非遗项目的空间分布情况进行分析。民俗类项目集中分布在岭南文化中心地带，如广州、佛山、中山交界地带和深圳与香港、珠海与澳门的交界处；传统美术类项目和传统技艺类项目集中分布于广州与佛山的交界处；传统舞蹈类项目集中分布于佛山与中山、深圳与东莞的交界处；除了广州、佛山、香港、澳门共同拥有粤剧外，传统戏剧类项目只有广州地区的木偶戏、广东汉剧被列入国家级非遗名录；传统音乐类项目如古琴艺术、十番音乐（佛山十番）等集中分布于广州、佛山地区，在香港和澳门也有项目点分布；传统医药类项目集中分布在广州、深圳两市；传统体育、游艺与杂技类项目在广州、佛山地区集中分布，在东莞、中山也有分散的项目点；曲艺类项目平均分散于广州、佛山、东莞以及澳门。

整体来看，粤港澳大湾区非遗项目空间分布与经济发展水平呈正相关，在经济发展水平更高的大湾区内地城市（包括广州、东莞、深圳、佛山、珠海）以及港澳地区，对大湾区非遗申报和管理的重视程度更高，整体的文化事业和文化产业发展能力更强，这些都对非遗活化利用及与其他产业进行融合发展的水平产生影响。

2. 非遗项目代表性传承人的分布特征

粤港澳大湾区共有国家级非物质文化遗产项目代表性传承人 70 人，涵盖 8 类非遗项目，传承人分布具有以下特征。

一是非遗项目代表性传承人所在的项目类型上，传统美术、传统技艺两种非遗项目类型的国家级代表性传承人数量最多，占大湾区国家级非遗代表性传承人总数的 44.3%；传统音乐、传统舞蹈、传统戏剧、民俗 4 类项目代表性传承人数量相当（见表 3）。

表 3　国家级非遗项目代表性传承人的数量分布情况

单位：人，%

项目	项目类型							
	传统美术	传统技艺	传统音乐	传统舞蹈	传统戏剧	民俗	曲艺	传统医药
国家级非遗项目代表性传承人数量	17	14	8	7	7	7	6	4
占比	24.3	20	11.4	10	10	10	8.6	5.7

传统美术、传统技艺类项目代表性传承人在推动非遗的旅游利用以及非遗的传承场景转化的工作中表现活跃。例如广州、佛山地区的剪纸、彩扎、粤绣、灯彩等传统美术类项目代表性传承人结合不同的工艺表现形式，创作出表现地方景点、城市风貌、节日庆典的剪纸、彩灯、粤绣、狮头、龙头产品，并将工艺产品延伸到研学体验、文化展览、景区景点、旅游建筑等不同的旅游活动、场景中，实现非遗的旅游利用。在传统技艺类项目代表性传承人中，广彩

瓷烧制技艺、石湾陶塑技艺、香云纱染整技艺等项目代表性传承人积极结合传统工艺的当代设计，将时尚元素和生活元素融入传统工艺的产品设计和制作过程，积极开发面向游客、居民等不同消费群体的旅游产品，推动非遗的新时代发展创新（徐红罡等，2021）。

但是也需要注意到，粤港澳大湾区非遗项目代表性传承人在项目类型中的分配并不均衡。民间文学，传统体育、游艺与杂技两类非遗项目并未有国家级代表性传承人。

二是地理空间上，广州、佛山国家级非遗项目代表性传承人数量较多，在大湾区内地 9 市中占比高达 54.3%；中山、东莞、深圳的国家级非遗项目代表性传承人数量相当，合计占比 19.9%。香港共有 12 项国家级非遗项目，但只有 3 人被认定为国家级非遗项目代表性传承人；而澳门共有 11 项国家级非遗项目，7 人被认定为国家级非遗项目代表性传承人（见表 4）。

表 4　国家级非遗项目代表性传承人的城市分布情况

单位：人，%

项目	城市										
	广州	佛山	中山	东莞	深圳	珠海	惠州	肇庆	江门	香港	澳门
国家级非遗项目代表性传承人数量	23	15	5	5	4	3	2	2	1	3	7
占比	32.9	21.4	7.1	7.1	5.7	4.3	2.9	2.9	1.4	4.3	10

三　粤港澳大湾区非遗旅游利用现状

粤港澳大湾区同根同源、人文相亲，在政治、经济、文化、地理等方面具有天然的血脉联系和不可分割的历史纽带。从历史发展的纵轴线看，大湾区有农耕文化、海洋文化、侨乡（移民）文化、现代都市文化等；从横轴的地缘关系来看，大湾区有广府文化、客家文化、潮汕文化、港澳文化等。这些既是粤港澳大湾区得天独厚的非遗资源优势，又是大湾区内非遗文化互联互通，进行深度融合的基础所在（蒋明智、樊小玲，2021）。

（一）从“文化互鉴”到“使命弘扬”：非遗旅游传递文化融合新内涵

粤港澳大湾区内的非遗旅游利用高度凸显岭南地区非遗的历史、文化、精神价值，面向特定群体搭建文化交流平台，促进文化传播和民族认同，实现从文化互鉴向使命弘扬的深化。代表性的非遗旅游利用项目——粤港澳青年文化之旅是粤港澳三地政府部门联合组织的重要文化交流品牌活动，自2009年创办以来已成功举办13届，岭南风貌及非遗文化贯穿文化之旅主线。2021年，粤港澳青年文化之旅以“岭南文化·佛山功夫”为主题，由文化和旅游部国际交流与合作局（港澳台办公室）指导支持，广东省文化和旅游厅、香港特别行政区政府民政事务局和澳门特别行政区政府教育及青年发展局联合主办，佛山市文化广电旅游体育局承办。顺德清晖园、广东工业设计城、南海博物馆、岭南功夫文化体验馆、南风古灶和祖庙博物馆等非遗文化展示场馆是该游线主要景点，粤菜美食、南派功夫、醒狮文化、剪纸、彩扎、陶艺等非遗文化体验点是该游线中的核心吸引物。在粤港澳多个城市循环开展的粤港澳青年文化之旅、粤港澳青少年粤剧艺术交流夏令营、粤港澳青年戏剧交流计划等文化交流、研学活动，充分融入非遗内在的优秀传统文化意蕴、精神，在粤港澳青年文化渊源与历史纽带追溯、文化和身份认同、家国意识唤醒等方面具有重要意义。

（二）从“进社区”到“在社区”：旅游需求推动非遗传承新模式

联合国教科文组织发布的《保护非物质文化遗产公约》和我国的《非物质文化遗产法》均以尊重、保护和支持以人为核心的非遗传承实践回归社区、回归生活，以增强非遗在现代城市中的传承、传播活力为宗旨。在从“进社区”到“在社区”的转变中，非遗的旅游利用进一步实现了非遗贴近生活、融入生活，服务当代、造福人民的目标，游客通过亲身参与演出、技艺活动、民间节会活动等，获得“见人见物见生活”的沉浸式体验，产生文化体验满足感，从而加深对非遗的文化认同感。

2022年5月，《广州市关于进一步加强非物质文化遗产保护工作的实施方案》出台，提出推动非遗“五在”工程（将非遗进景区、进博物馆、进校园、进商场、进社区提升到新阶段，实现非遗在景区、在博物馆、在校园、在商场、在社区）、实施跨界融合和聚集化发展等创新举措，厚植非遗传承土壤。此外，2022 年广东省文化和旅游厅联合广东省教育厅、共青团广东省委员会、中国少先队广东省工作委员会、南方报业传媒集团指导举办的广东省“非遗进校园”系列活动在 6 月 11 日“文化和自然遗产日”正式启动，活动探索“政府主导+社会力量支持+学校主体参与+专业机构组织+媒体立体传播”的新模式，实现从“非遗进校园”到“非遗在校园”的转变。

（三）从“单体资源”到“联动游径”：时空拓展激发文旅融合新动能

广东首创以游径的方式串联粤港澳三地文化遗产，将保存较好的历史文化遗产和自然资源景观串点成线，实现可读可游可看。非物质（粤剧）文化遗产游径是目前广东公布的两批游径中唯一的非物质文化遗产游径。其选取了粤剧文化遗产资源点较为集聚、历史文化价值较高、现存文化遗产资源点保护情况较好且具备对外展示游览条件的文化遗产集聚片，构建长度适中、适宜步行或骑行、品质较高的观光游览实体游径。其中，广州、佛山两地的粤剧文化遗产游径位于城市老城区，串联老城区内的旅游景点、历史建筑和文物古迹，整合大湾区共有的粤剧文化资源，构成粤港澳大湾区人民共同的文化记忆，使游客在游览中了解粤剧发展历史，品尝粤剧悠长韵味，感受岭南艺术瑰宝。

非遗旅游推动非遗资源在时间和空间上的拓展，结合非遗景区、园区、社区、街区嵌入场所和景观体系，形成系统化的非遗表征空间，能够激发游客对旅游目的地的文化想象，生成新的旅游产业业态，使其成为文旅深度融合的载体。2022 年“全国非遗与旅游融合发展优选项目名录”中，广东 4 个景区上榜非遗旅游景区，其中 3 个佛山景区（南风古灶旅游区、祖庙博物馆、南海醒狮焕新文旅场景）来源于粤港澳大湾区，体现了区域推进“以文塑旅、以旅彰文”工作的成效。

此外，结合文化生态保护区开展非遗的旅游利用也是实现非遗生产性保护的重要路径。粤港澳大湾区现有的 2 个国家级非物质文化遗产生产性保护示范基地（肇庆市端州区华兴端砚厂、佛山市新石湾美术陶瓷厂有限公司）分别通过打造端砚文化村、建设全国工业旅游示范点推动非遗和旅游业的深度融合，以“文化+创意+设计”助力非遗文化在粤港澳大湾区的传播利用。

（四）从“静态凝视”到“动态沉浸”：文旅科技赋能非遗展示新形态

非遗的旅游利用，核心在于体验内涵的挖掘，适应消费者对旅游体验的需求、需求结构和品位的变化，推动非遗旅游在单向的旅游凝视中融入互动沉浸要素。受新冠肺炎疫情的影响，粤港澳大湾区传统线下旅游受到限制，但是在互联网、移动通信、大数据、人工智能、虚拟现实等技术的赋能下，数字文旅逐步落地，非遗旅游的实现情境也从传统的静态展示馆、展览馆、陈列品参观，转向融合多元技术、多重感官、多向度体验的沉浸式体验。物联网技术日益融合非遗展示中的旅游场景，例如非遗智慧景区建设、非遗展馆智慧互动展示，借助 5G、3D 打印等新手段，结合全息投影、夜间灯光秀、5G、AR、VR 等新技术，推动 VR、AR、机器人在导游导览、技艺解说、文化信息咨询等方面的应用，文化和旅游产业智能化运营能力不断提升，推动非遗的旅游利用进入新时期。

（五）从“单一产品”到“多元共融”：文旅新业态下非遗融合展现新面貌

粤港澳非遗的旅游利用在实践中形成了“非遗+博物馆”“非遗+民宿”“非遗+旅游文创”“非遗+旅游节庆”“非遗+旅游演艺”等多种旅游形式，文旅新业态下非遗融合展现新面貌。2021～2022 年，粤港澳大湾区在以下融合型业态产品中获得突破。

其一，“非遗文化+工业旅游”，特色非遗融入城市工业命脉，焕发时代活力。2022 年东莞“江湖山海”非遗系列活动对外发布 16 条文旅体验特色路线，厚街腊味文旅体验路线位列其中。“厚街腊肠制作技艺”是省、市非物质文化遗产项目，而厚街鑫源食品文化博物馆作为展示、传承、体验非遗文化的载体之一，获评省非物质文化遗产传承基地、东莞工业旅游示范点、3A 级旅游景区。

其二，“非遗产品+乡村旅游”，对接乡村振兴，实现精准扶贫。自 2017

年党的十九大报告提出乡村振兴战略以来，乡村振兴和文旅融合成为促进非物质文化遗产资源活化与价值转化的重要契机。马蜂窝发布的《2021 全球自由行报告》指出，寻找“新秘境”，发现“新玩法”成为旅游出行的主要驱动力。超过 40%的“90 后”在 2021 年至少体验过一次乡村游，年轻人偏爱拥有文化背景的古村古镇，以民宿为载体的美食、采摘、非遗等多元化体验项目，成为乡村游发展的新引擎。2021 年，文化和旅游部办公厅、人力资源社会保障部办公厅、国家乡村振兴局综合司联合印发《关于持续推动非遗工坊建设助力乡村振兴的通知》，支持各地建设非遗工坊近 1100 家，这进一步承接了 2017 年文化部等三部委联合印发的《中国传统工艺振兴计划》所提出的促进传统工艺助力乡村振兴、精准扶贫目标。

四　粤港澳大湾区非遗旅游利用的对策建议

（一）强化非遗旅游文化互鉴纽带，共同讲好大湾区故事

2022 年 7 月 1 日上午，中共中央总书记、国家主席、中央军委主席习近平在庆祝香港回归祖国 25 周年大会暨香港特别行政区第六届政府就职典礼上发表重要讲话，极大地提振了广东省文化和旅游系统进一步与香港合作交流的信心（谭志红，2022）。

粤港澳大湾区不同城市之间通过联合开展非遗节庆、青年寻根和文化之旅、青少年艺术夏令营等活动，共同弘扬和推广以粤语、粤剧、龙舟、醒狮、武术为核心内容的岭南文化；通过合作举办粤剧群星、曲艺新星、陶瓷新生代、雕刻数智化等文旅融合活动，促进不同群体的文化互鉴和交流；利用珠海与澳门、深圳与香港联系通道，构建青年创新创业孵化基地、非遗与元宇宙融合中心等，更好地促进文化旅游和数字创意产业的合作。

（二）构建非遗旅游空间互动廊道，城市赋能文化空间

在对粤港澳三地 11 个城市的非遗项目及代表性传承人资源普查的基础上，整合构筑城市集群—廊道轴线—重点景点互动的非遗旅游空间体系。充分发挥广州作为文化首位型城市的带动效应，激发广佛、深莞等城市群在经济文化和

信息技术上的空间溢出效应。重视城乡空间、基层社群在非遗项目保护、非遗旅游开发中的重要作用，形成城乡深度融合、社区亮点凸显的景观廊道和活动轴线。整合大湾区非遗富集区域，开发非遗旅游景点，打造具有辐射效应的非遗重点景区。

（三）强化非遗法治协同保护，协调改进三地名录制度

围绕文化自信、民族认同这一核心，推动粤港澳大湾区文旅产业的发展，坚持“一国两制”，发挥粤港澳大湾区各地的制度优势，结合“统一规则”与“个性发展”的粤港澳非遗名录现状，建设区域性的“粤港澳大湾区非物质文化遗产名录”，对三地非遗资源进行统一的汇聚、整合与保护。将粤港澳大湾区非遗的保护、传承与发展，归集到粤港澳族群（社群）文化认同、人文湾区建设等方面，并最终落实在铸牢粤港澳三地民众以及海外粤籍华侨中华民族共同体意识的时代命题之中（孔庆夫、张海庆，2022）。

（四）大力撬动文旅融合的产业活力，借力科技和创意激发美学效应

重视非遗文化的挖掘申报和活化利用，通过“非遗+”产业创新，将非遗与旅游、教育、科技及产业相融合，提高非遗的活化空间价值。以文化创意激活非物质文化遗产资源的旅游美学效用，将非遗资源的审美利用与全新的商业业态植入融合，满足人民群众对美好生活的需求，大力推进旅游供给侧结构性改革，有效提升粤港澳大湾区非遗旅游的供给品质。

参考文献

白凯，2019，《中国旅游发展笔谈——非物质文化遗产的保护与旅游利用》，《旅游学刊》第5期。

蒋明智、樊小玲，2021，《粤港澳大湾区非物质文化遗产的协同保护》，《文化遗产》第3期。

孔庆夫、张海庆，2022，《粤港澳非遗的文化基因与非遗名录制度改进》，《文化遗产》第4期。

莫非，2022，《文旅融合背景下非物质文化遗产的保护与发展——基于文化认同视角》，

《齐鲁艺苑》第 3 期。

宋俊华主编，2021，《中国非物质文化遗产保护发展报告（2020）》，社会科学文献出版社。

谭志红，2022，《加强粤港文旅合作　再续湾区发展新篇——习近平总书记重要讲话在广东文旅系统反响热烈》，《中国文化报》7 月 3 日。

徐红罡、吴悦芳等，2021，《重新发现手艺：可持续旅游发展视野中的传统民间工艺》，商务印书馆。

央视新闻客户端，2022，《文化和自然遗产日丨云游非遗　用三种方式解锁非遗新生活》，http：//content - static. cctvnews. cctv. com/snow - book/index. html？ item _ id = 8382212123697553126&share_ to = copy _ url&track _ id = 00141a44 - f501 - 44cd - 8720-4f83bec7e7f3。

周柳、陈颖彪，2021，《粤港澳大湾区非物质文化遗产空间格局与影响因素》，《广州大学学报》（自然科学版）第 2 期。

B.10

存量时代粤港澳大湾区酒店合作机制分析

彭 青 程露悬 卢漾语*

摘 要： 粤港澳大湾区酒店合作开启粤港澳大湾区酒店发展之路。经历近44年的发展，粤港澳大湾区形成了酒店供给量规模巨大、酒店档次齐全、酒店门类较丰富、酒店教育集聚的现代酒店业，酒店逐步进入存量时代。随着粤港澳三地酒店业的高速发展，早期的粤港澳大湾区酒店互补型合作赖以存在的合作条件日渐式微。在新的发展战略中，酒店合作依然是主旋律，是重要的发展机制。重构粤港澳大湾区酒店合作机制，迫在眉睫。基于粤港澳三地酒店的优势与不足以及存量市场特点，提出粤港澳大湾区酒店协同创新机制，争取创新赋能，打造酒店创新引领区、酒店业制度创新先行先试区。

关键词： 酒店合作机制 酒店协同创新机制 酒店存量市场 粤港澳大湾区

一 研究背景

酒店业与经济发展密切相关，酒店业一方面是支撑区域经济发展的重要服务体系，反映区域经济发展的特点；另一方面作为人民群众对美好生活需求的重要组成部分，服务于地区居民。但是学界对粤港澳大湾区酒店业的研究较少且比较单一，对粤港澳大湾区酒店的研究不足百篇，主要涉及以下几个方面：①酒店

* 彭青，中山大学旅游学院教授，研究方向为旅游住宿业管理。程露悬，广州大学管理学院副教授，研究方向为酒店经营管理。卢漾语，中山大学旅游学院本科生，研究方向为酒店经营管理。

教育，如粤港澳大湾区酒店人才培养（皮平凡、杨高，2020；徐杨洁，2020）及旅游高等教育协同发展的必要性及路径（毕斗斗，2021）；②酒店品牌，如粤港澳大湾区高星级酒店品牌联合营销（刘阳昭，2022）等；③酒店与经济发展联动，如粤港澳大湾区酒店业如何与经济发展形成良好的互动关系（李国兵，2020），澳门、珠海如何共同促进区域旅游（Song et al.，2021）；④酒店运营管理，如酒店绩效与标杆管理的投入产出效率分析（Liu et al.，2018）。上述研究对粤港澳大湾区酒店业发展进行了探讨，但是，研究主要集中于某市或企业的微观发展层面，对粤港澳大湾区酒店业整体的研究不足。因此，粤港澳大湾区酒店存在的主要问题是什么，如何发挥港澳优势、珠三角所长，重构粤港澳合作，解决粤港澳大湾区酒店业发展中的问题是本报告的研究重点。

为了便于表述，本报告将粤港澳大湾区简称“大湾区”，将粤港澳大湾区内广州、深圳、珠海、佛山、东莞、惠州、中山、肇庆、江门简称“大湾区九市”。

二　研究方法与数据来源

（一）研究思路

大湾区酒店业虽然处于同一区域，拥有共同文化，但是由于“一国两制”以及酒店业在国内分属于不同行政管理部门，因而缺少统一的统计口径及数据来源。本报告首先寻求可比较的、较全面的数据，真实地还原大湾区酒店业现状与历史进程，并通过访谈及史料，纵向深度了解大湾区酒店业成长与合作过程，横向对标中国经济发展较强的沪杭甬大湾区①，评价大湾区酒店业发展现状，找出存在的问题，基于大湾区共同的发展愿景，提出重构大湾区酒店合作机制，解决大湾区酒店面临的问题的举措。

（二）资料来源

1. 数据来源与筛选

中国酒店业由于分属于不同行政部门管理，目前缺少整体、完整的数据。OTA 是酒店重要的销售平台，截至 2022 年 8 月携程上共有 60 万家会员酒店。

① 沪杭甬大湾区主要指上海、杭州、宁波、苏州、舟山、无锡、嘉兴、绍兴、南通九市。

我们通过对部分地区酒店数量的测算，发现国内各地在携程上线的酒店数量占当地酒店总量的80%以上。上线酒店在携程上显现的信息较为丰富，包括酒店名称、酒店客房数量、房型、房价、提供的各类服务、地理位置、集团化程度、服务评价、服务点评、交通条件等57类信息，是目前通过公开平台获取某地区酒店业信息最为便捷的渠道之一。由于携程对平台部分信息有较强的保护意识，因此难以采集部分信息，例如顾客的点评内容等。因而本报告采用携程允许使用的信息作为研究数据。我们采集了在携程平台上线的大湾区酒店32262家，客房总量约150万间。其中，广州样本酒店10266家，客房数量397713间；深圳样本酒店7385家，客房数量326667间；珠海样本酒店2239家，客房数量93484间；佛山样本酒店3537家，客房数量145631间；惠州样本酒店2238家，客房数量73583间；东莞样本酒店3310家，客房数量250299间；中山样本酒店1607家，客房数量70366间；江门样本酒店551家，客房数量24323间；肇庆样本酒店702家，客房数量22284间；香港样本酒店339家，客房数量57090间；澳门样本酒店88家，客房数量33750间（见图1、图2）。沪杭甬大湾区酒店30400家，客房数量121万间。

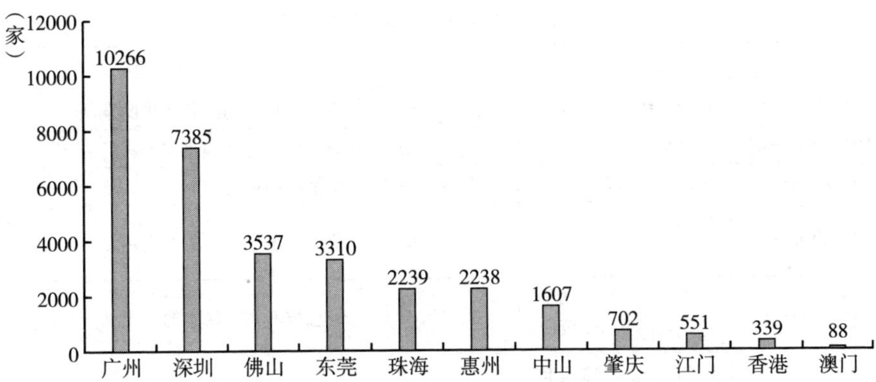

图1　粤港澳大湾区各城市酒店数量

资料来源：根据携程平台的酒店数据整理。

2. 访谈、考察及二手资料收集

（1）访谈及考察

本报告采取了线下、线上访谈与现场体验等方式，收集了大量大湾区酒店

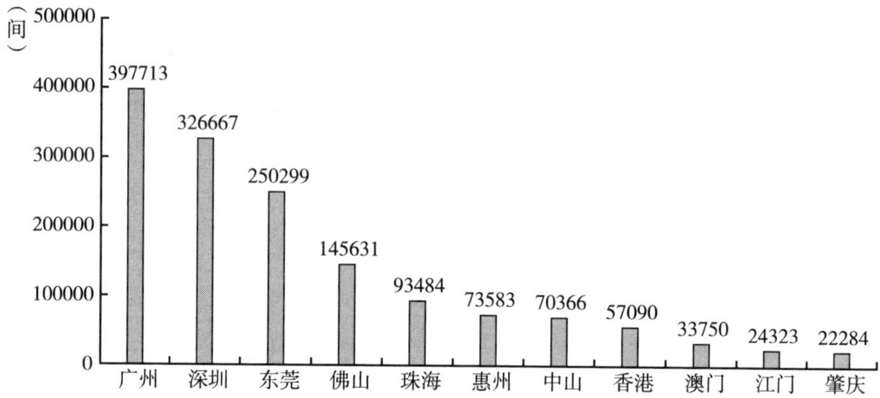

图 2　粤港澳大湾区各城市酒店客房数量

资料来源：根据携程平台的酒店数据整理。

发展历史与现状信息和沪杭甬大湾区酒店业的发展现状信息。访谈与考察的具体对象以及主要内容如表 1 所示，调查方式既包含在线访谈又包含线下的访谈、会议与考察等。

表 1　访谈与考察的具体对象及主要内容

编码	调查对象	调查方式	调查主题
DH(2020)-01	岭南集团	在线访谈	酒店业存在的问题及集团发展
DH(2020)-02	东呈集团	线下访谈	酒店集团与连锁化发展
DH(2020)-03	广州铂尔曼酒店	在线访谈	疫情对酒店的影响
DH(2020)-04	广州蓝豆科技有限公司	在线访谈	信息技术在酒店中的应用
DH(2020)-05	北京万维罗盘信息技术有限公司	在线访谈	信息技术在酒店中的应用
DH(2020)-06	广州碧水湾温泉度假村	线下访谈	酒店制度创新
DH(2020)-07	广州白天鹅宾馆	线下访谈	老酒店更新改造与酒店集团化发展
DH(2020)-08	广州花园酒店	线下会议	广州酒店发展存在的问题与对策
DH(2020)-09	广州白云宾馆	线下会议	广州酒店发展存在的问题与对策
DH(2020)-10	广州建国酒店	线下会议	广州酒店发展存在的问题与对策
DH(2020)-11	广州星河湾酒店	线下访谈	疫情对广州酒店的影响

续表

编码	调查对象	调查方式	调查主题
DH(2020)-12	广州威珀斯酒店	线下访谈	疫情对广州酒店的影响以及对策
DH(2020)-13	慕吉·云溪山居	线下访谈	乡村旅游民宿的发展模式
DH(2020)-14	广州喜临院	线下访谈	旧船厂保护与活化改造发展特色酒店
DH(2020)-15	杭州祐全科技发展有限公司	线下访谈	信息技术应用对酒店食品安全监管的影响
DH(2020)-16	杭州开元物产集团总部	线下访谈+考察	酒店集团发展
DH(2020)-17	杭州君亭酒店集团	在线访谈	酒店集团发展
DH(2020)-18	杭州开元森泊度假酒店	线下访谈+考察	酒店度假产品的开发与创新发展
DH(2020)-19	杭州富春开元芳草地乡村酒店	线下访谈+考察	亲子度假酒店产品的开发与创新发展
DH(2020)-20	绍兴大禹开元观堂酒店	线下访谈+考察	文化遗产保护与酒店的活化利用
DH(2020)-21	上海外滩悦榕庄	线下访谈+考察	城市高端精品酒店
DH(2020)-22	上海璞丽酒店	线下访谈+考察	精品酒店特点研究
DH(2020)-23	上海衡山马勒别墅饭店	线下访谈+考察	老建筑改造的精品酒店
DH(2020)-24	杭州千越君亭大酒店	线下访谈+考察	商务中档有限酒店的发展模式
DH(2022)-25	深圳酒店行业协会秘书长	线下访谈	深圳酒店业与香港酒店业的竞合关系
DH(2022)-26	深圳逸扉酒店	线下访谈+体验	新兴品牌的特色
DH(2022)-27	东莞市文化广电旅游体育局副局长、东莞市文化广电旅游体育局市场管理科科长、东莞宾馆、东莞嘉华大酒店、东莞会展国际大酒店、东莞喜来登大酒店	线下座谈	东莞酒店发展现状及在大湾区背景下发展的新思考
DH(2022)-28	珠海御温泉度假村	线下访谈+体验	香港与澳门客源共享
DH(2021)-29	澳门美高梅	线下访谈+体验	澳门酒店人力资源现状及发展战略

（2）二手资料收集

本报告还收集了《粤港澳大湾区发展规划纲要》，广东省委、省政府印发的《关于贯彻落实〈粤港澳大湾区发展规划纲要〉的实施意见》等相关的二手资料。

三　粤港澳大湾区合作背景下酒店业成长历程

（一）大湾区酒店业发展回顾

1. 大湾区酒店业发展的六大阶段

依据大湾区酒店的发展特征及重要持久影响因素，将大湾区酒店业发展划分为六大阶段。

（1）初创（1911~1944年）

1911年，广九铁路建成通车，香港和内地连接通畅。此时，广州是政治、文化中心，因此酒店业发展以广州为主、香港为辅，两者共同奠定大湾区酒店业最初辉煌的基础。这个时期开业的酒店在东南亚乃至亚洲都极具影响力。1940年，日本封锁香港，香港转口贸易中断。

（2）停滞（1945~1951年）

1945年，日本战败，香港重光，外贸形势大好。但抗美援朝战争开始后，美国及其拉拢的国家一起对中国进行经济制裁封锁。作为中转地的香港，经济又一次遭受沉重打击。此时，国内解放，百废待兴。

（3）重启（1952~1977年）

20世纪50年代到70年代末，香港开始承接欧美的产业转移，从转口贸易模式逐步向转口贸易与轻工业生产两条腿走路的模式转变。1970年，香港工业出口占总出口的81%，香港高星级国际品牌酒店也应运而生。1957年，香港美丽华酒店开业。1961年，第一家国际酒店品牌希尔顿落户香港。

此时，国内经济建设还处于计划经济时期，流动性低，酒店以接待与疗养为主，例如广东省政府接待酒店广东迎宾馆、国家领导人疗养酒店广东温泉宾馆就在该时期建立。1957年4月25日首届广交会开幕，经济发展对酒店业提出新的需求。与此同时，广州多家酒店相继开业。1961年，广州东方宾馆开业。1968年，广州宾馆开业。1972年，广州流花宾馆开业。

1961年，葡萄牙政府颁布法令，批准澳门为“恒久性的博彩区”，葡京和新丽华两家高档酒店应运而生。

（4）发展（1978~1990年）

20世纪70年代，香港开始推行经济多元化。恰逢内地改革开放，香港将绝大部分制造业转移到内地，专门发展服务业，贸易、航运、金融、旅游、房地产等产业高速发展。香港经济迎来第二次飞跃，同时也迎来香港酒店品牌的发展期。高端酒店以每年1~2家的速度增长，其中包含香格里拉大酒店、丽晶、新世界、万丽、JW万豪、君悦等，奠定了香港酒店业发展的基础。

1978年，内地改革开放，最先面临挑战的是广州，每年两届交易会，接待八方来宾，但是当时酒店量少且陈旧，酒店没有空调、电话、电梯等现代化设施设备，严重制约了对外接待能力。建设现代化酒店迫在眉睫，邀请香港、澳门资本投资内地酒店是当时国家的重要发展战略之一，一些重要酒店项目由国家与省市领导主抓。大湾区首批知名高档酒店均与港澳合作（合资），其中包括广州白天鹅宾馆、广州中国大酒店、广州花园酒店、深圳竹园宾馆、珠海石景山旅游中心、惠州西湖宾馆、中山温泉宾馆等。

（5）慢增（1991~2006年）

2002年2月18日，澳门的赌牌竞投开标，博彩业进入一个全新的时期。2004年，首间美资赌场——金沙娱乐场开业，接着澳门永利、澳门星际等酒店纷纷开业。

此阶段，广州的酒店发展处于慢增长期，并逐步改变商务酒店单一品类的状态，开始向主题度假村与度假酒店发展，长隆酒店、碧水湾温泉度假村开业。2005年，7天连锁酒店集团第一家分店在广州北京路开业，这是起源于大湾区的第一家本土经济型连锁酒店品牌，后被锦江集团兼并。

1998年，香港新机场启用，酒店开始向周边集聚，1999年富豪机场酒店开业。2005年，第一家主题酒店迪士尼乐园酒店开业，同时奢华酒店品牌四季进入香港。

基于丰富的温泉资源，两家全国著名的温泉度假村（区）在珠海开业：御温泉度假村与海泉湾度假区。这奠定了珠海城市度假的基础。

东莞以“三来一补”切入外向型经济，后发展为“世界工厂”，引进大量

“三资”企业，台商、港商、日韩商人络绎不绝，为了更好地满足投资商在东莞的“食住娱”需求，为外地投资商和本地客人服务的豪华酒店出现，例如三正半山酒店。酒店业以本地民营资本为主，开始走独特的发展之路。这座不设县的地级市，曾经拥有“全球星级酒店密度之最”和“中国星级酒店最多的地级市”的称号。

这个时期，国内房地产开发高潮开始，不少房地产商开始投资高档酒店引入国际知名品牌。碧桂园集团标志性酒店碧桂园凤凰城酒店开业，开启了“房地产+酒店”发展之路。

（6）快长（2007~2021年）

2003年是国内房地产发展高潮的起点（郝丁，2006），“房地产+酒店”模式愈演愈烈，大湾区九市70%以上的高档酒店由房地产商开发，例如广州富力地产的丽思卡尔顿酒店、君悦大酒店，越秀地产的四季酒店，深圳星河地产的丽思卡尔顿酒店，珠海华发集团的瑞吉酒店，中山保利集团的艾美酒店，惠州中海集团的汤泉度假酒店，华润集团的惠州小径湾艾美酒店，等等。酒店类型向丰富与多样性转变，广州进驻了奢华酒店品牌瑰丽，珠海罗莱夏朵·静云山庄、深圳蓝汐精品酒店也相继开业，深圳观澜湖硬石酒店于2017年开业。

酒店数量快速增长，以广州为例，2012年之后基本每年有100多家的新酒店开业，尤其是2015年后，新酒店年增长量在200家以上，2019年有500多家酒店开业。排名全国第五的东呈集团于2013年将总部迁入广州，自2007年创立以来，建立了13个自主品牌，加盟酒店已覆盖30余省、直辖市和自治区，截至2021年共有已开业加盟酒店2162家，已签约待开业加盟酒店1051家。① 2020年，凤悦酒店及度假村宣布正式成立，旗下运营管理着碧桂园凤凰、碧桂园假日、凤悦、凤颐、凤悦轻尚、碧熙、碧岚、凤祺等八大各具特色的酒店和公寓品牌，拥有客房总数30000余间。2021年，该集团已进入国内酒店集团前十强。

香港迎来高档酒店高速发展时期，2009年和2019年，两年均开业5家高端酒店。奢华品牌丽思卡尔顿、瑞吉、瑰丽等酒店开业。2007年，澳门最大的酒店威尼斯人（3000间客房）开业，巴黎人（2500间客房）也于2016年

① 资料来源：东呈集团网站。

开业。澳门在引入大型酒店的同时，探索酒店多元化发展路径，特别值得关注的是 2021 年开业的卡尔拉格斐奢华酒店，这是时尚巨匠 Karl Lagerfeld 唯一的酒店设计杰作，标志着世界顶级奢华酒店落户大湾区。

1914~2021 年大湾区代表性酒店开业节点如图 3 所示。

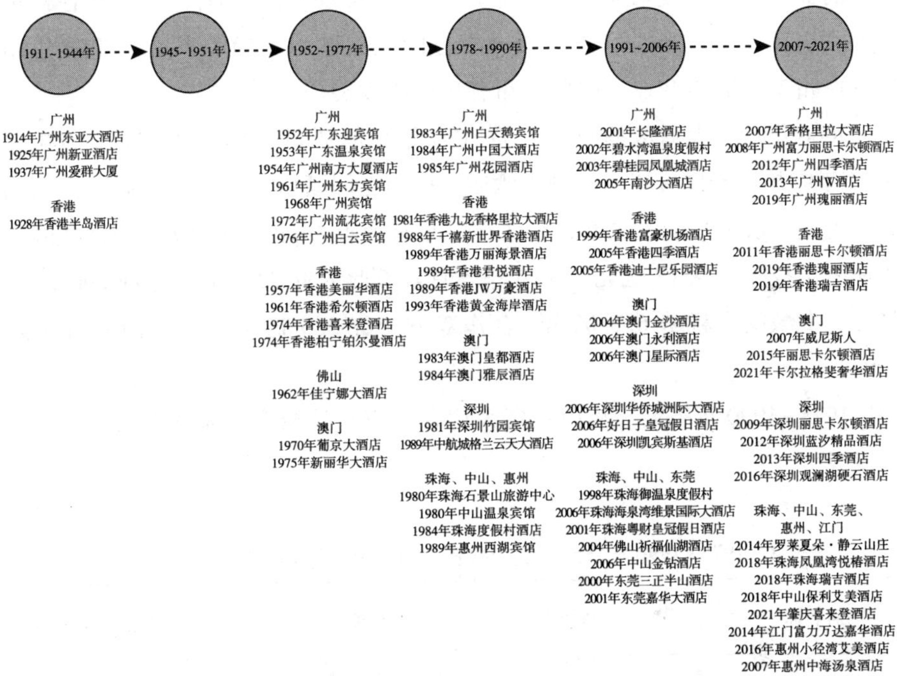

图 3　1914~2021 年大湾区代表性酒店开业节点

资料来源：根据酒店网站及文史馆资料整理。

2. 早期港澳对大湾区九市酒店业发展的引领与扶持

大湾区九市酒店业虽然起步时间不一，但大多是在 1978 年改革开放之后起步的。发展初期，来自港澳地区的投资与支持起了决定性作用，主要体现在以下几个方面。

（1）带动对大湾区九市高档次酒店的投资

邓小平于 1978 年 10 月对中国民用航空总局、国家旅游局的负责人说："利用外资建旅馆可以干嘛！应该多搞一点。"（李岚清，2008）于是北京、广东等地积极引入外资投资高星级酒店。由于大湾区特殊的地理位置及共同的文化背景，广州、珠海、深圳、中山、惠州等城市最早集中引入高档酒店投资，可以说国内现代酒店业的兴起是由港澳投资引领的。

20 世纪 90 年代后期，港澳投资大湾区九市的酒店热度降低，但是依然有一些代表性高档酒店在港澳资本的推动下问世，例如 1998 年香港企业家投资的珠海御温泉度假村开业，带动中国温泉旅游。2007 年，广州香格里拉大酒店开业，为当时广州新会展中心的发展助力。2019 年，新世界集团旗下广州瑰丽酒店开业，引领广州奢华酒店发展。

2000 年后，大湾区的早期合资（合作）酒店进入回归国有期。2003～2005 年广州白天鹅宾馆、中国大酒店、广州花园酒店先后合同期满，回归国有。这是一次成功的互惠共赢合作，以花园酒店为例，“到 1997 年，花园酒店还清了投资本息 17 亿元；20 年来累计经营收入近 70 亿元；净利润收入 11 亿元；上缴国家税费 6.5 亿元，合作双方分红 3.5 亿元”（《南方日报》，2004）。

1978～1990 年香港、澳门投资大湾区九市高档酒店名录（部分）如表 2 所示。

表 2　1978～1990 年香港、澳门投资大湾区九市高档酒店名录（部分）

酒店名称	开业年份	投资者	合作模式	特点
中山温泉宾馆	1980	霍英东、何贤、何鸿燊、马万祺	签补偿投资协议，赚钱后只收回成本，不计利息，不分利润	中国改革开放以来首家中外合作的旅游企业
广州白天鹅宾馆	1983	霍英东投资+中国银行贷款	合作期限为 15 年，后延 5 年	自行设计、管理，中国改革开放的窗口
广州中国大酒店	1984	胡应湘、李嘉诚、郭得胜、冯景禧、郑裕彤、李兆基	首次将“BOT 模式”（即“建设—经营—转让”模式）引进内地	早期由新世界集团管理
广州花园酒店	1985	香港利铭泽、李兆基、郭得胜、黄球、叶谋遵投资+中国银行贷款		半岛集团派出由 260 余名各岗位专业人员组成的管理团队

续表

酒店名称	开业年份	投资者	合作模式	特点
深圳竹园宾馆	1981	香港刘天首期投入1500万港元	深圳出土地和劳动力，双方合资兴办深圳第一家中外合作酒店	
珠海石景山旅游中心（中国首家旅游性酒店）	1980	澳门吴福		采取董事会领导下的总经理负责制。董事会由双方派出的人员组成，作为企业的最高决策机构，在分配制度上，采用浮动工资制
惠州西湖宾馆	1989	香港海龙酒店有限公司投资经营		曾经是惠州最好的餐饮酒店，引领当地西餐发展

资料来源：根据文史馆、酒店网站、天眼查等的资料整理。

（2）港澳早期管理模式、技术与人才的输出奠定了大湾区现代化酒店的基础

香港、澳门对于大湾区酒店业发展的贡献除投资建设外，更多的是管理理念、技能与人才的输出。广州花园酒店早期引入半岛集团管理，该集团首批派出由260余人组成的管理团队，手把手地教授内地员工酒店服务技能；广州中国大酒店由新世界集团管理；广州白天鹅宾馆虽然是中国人自行设计、管理，但是开业之初也聘请香港的西餐厨师和西餐厅经理，还派出近十批次管理骨干到香港跟班学习3个月，每次20～30人，之后该宾馆虽然不再有大规模外出培训，但仍不断派员工到香港交流与学习。酒店业早期管理人员严重不足，新开业酒店大量聘用港、澳职业经理人，双方语言、文化相近，交流方便。另外也有一些酒店聘请港澳教师到酒店教授厨艺、服务技能等。港澳的管理与人才输出，让大湾区现代酒店业虽然从零开始，但在短时期内快速成长，成为全国酒店业学习的榜样。

酒店管理的知识与技能传播在大湾区九市呈滚动型和扩散型发展。1989年，首批星级酒店诞生于广州，1家四星级酒店，7家三星级酒店。1990年，3家五星级酒店诞生，其中2家在广州，广州白天鹅宾馆和广州中国大酒店榜

上有名。广州白天鹅宾馆、广州中国大酒店、广州花园酒店等五星级大酒店成为酒店业的“黄埔军校”，仅从广州花园酒店走出的员工就有1万多人①，这些人才在行业内流动，带动大湾区酒店管理规范与服务质量的提升。

进入21世纪，珠三角酒店业与港澳互动减少，但没有停止，深圳酒店行业协会多次举办两地酒店技能比赛以促进两地相互学习，深圳酒店向香港方面学习西餐，而香港方面向深圳酒店学习中餐的创新菜。2007年前后，澳门博彩酒店威尼斯人等相继开业，造成珠海酒店业人力资源从内地向澳门的大规模流动，不少酒店当年人员的流失率高达100%。

（3）港澳酒店物资输入，促进大湾区酒店的跨越式发展

酒店是个小社会，一座酒店从建筑材料到床上用品、餐桌上的食品原材料都有严格的要求与规定。20世纪70年代末的中国，很多东西无法生产或产品不达标，港澳提供全方位的物资支持，使大湾区酒店建设超越当时的经济发展水平，实现了跨越式发展。例如当时广州中国大酒店开业之初95%以上的建材、装饰材料、餐厅食材是从香港运到广州的。

（二）小结

回顾大湾区酒店发展的历史，早期酒店业以粤港澳合作发展为主旋律，以互补为前提，珠三角的土地与劳动力要素的投入与港澳资本、技术、管理要素的投入有效结合在一起。现阶段，港澳引领酒店业发展的外部与内部环境均发生明显变化。第一，由于土地供应方式的变化，劳动力成本上涨，酒店投资回报率低。第二，长期高速发展造成的酒店存量过高，出租率与平均房价过低，经营效益较差。第三，国际知名品牌将轻资产带入中国市场，其品牌知名度与美誉度普遍超出港澳本土品牌。为此，粤港澳大湾区酒店合作黄金发展期结束。基于《粤港澳大湾区发展规划纲要》所提出的依托“香港、澳门作为自由开放经济体”和“广东作为改革开放排头兵”优势的发展模式，粤港澳是否能够在新条件下，基于各地酒店业发展现状，发挥三地优势，重新思考新的合作，实现互惠共赢的新发展？

---

① 资料来源：广州花园酒店原董事、总经理林伟民的谈话。

四　大湾区酒店存量市场的现状

（一）大湾区酒店供给量过大

根据携程平台的酒店数据，粤港澳大湾区酒店共有 32262 家，客房总量约 150 万间，平均每家酒店客房数量约为 46.5 间。大湾区酒店整体供给量超出沪杭甬大湾区（约 121 万间）的客房数量，是国内都市圈中酒店数量最多的区域。即使只与大湾区九市相比较，依然是大湾区九市的酒店客房数量更多，超出沪杭甬大湾区酒店客房数量的 16.4%。

广州在酒店数量和客房数量上均处领先地位。澳门酒店数量最少，但平均酒店规模最大，平均一家酒店提供的客房数量达到 383.52 间；肇庆的客房数量最少，平均酒店规模也最小，平均一家酒店仅可提供 31.74 间客房。

（二）大湾区酒店以低档次为主

1. 大湾区酒店二星/钻占比最大

酒店档次是指一家酒店的豪华程度、设施设备水平、服务范围、服务对象等。目前我国酒店等级划分主要采用全国旅游星级饭店评定委员会制定的五星级标准，但是鉴于星级酒店数量约占当地酒店整体数量的 1%，内地大部分酒店没有参与星级酒店的评定，香港与澳门也没有参与内地的星级酒店评定，携程为了让顾客了解没有参加评星酒店的等级，根据“携程用户评级”，综合考虑其他多方面的因素，对合作酒店进行了评级，用星/钻等级分类，其中带“星”标的为全国旅游星级饭店评定委员会认定的星级标准酒店，带“钻”标的则是携程评定的酒店等级。本报告采用携程的星/钻档次对大湾区酒店进行等级分类研究。

在大湾区 32262 家酒店中，有 7305 家酒店的等级信息缺失，其余酒店中二星/钻酒店数量最多，共 19880 家，占比 79.7%；五星/钻酒店最少，仅 392 家，占比 1.6%；一星/钻酒店 424 家，占比 1.7%；四星/钻酒店 1218 家，占比 4.9%；三星/钻酒店 3043 家，占比 12.2%（见图 4）。

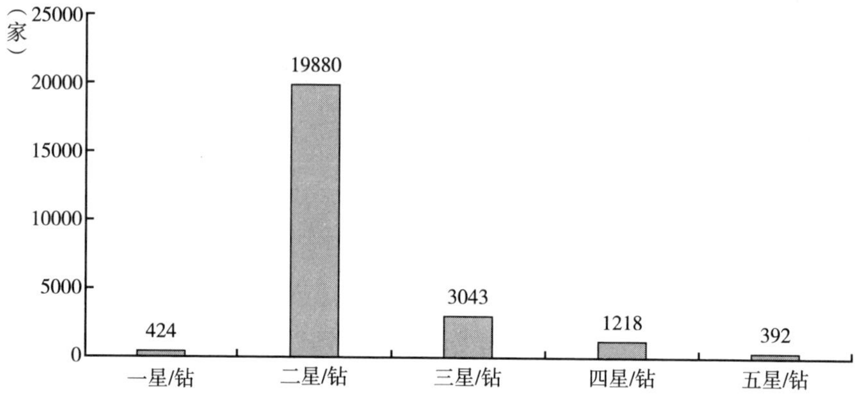

图 4　大湾区酒店档次分布

资料来源：根据携程平台的酒店数据整理。

从客房数量分析，占比最高的仍是二星/钻酒店，占比 53.5%；其次是三星/钻酒店，占比 20.4%；第三位是四星/钻酒店，占比 15.0%；五星/钻酒店的占比达到 10.7%；而一星/钻酒店只占 0.5%（见图 5）。

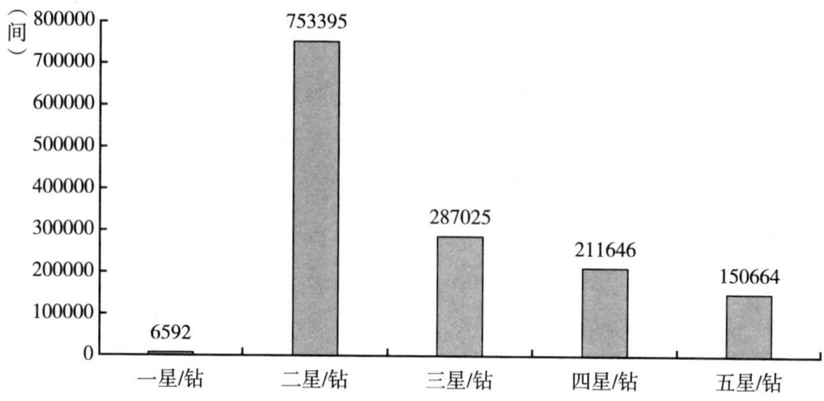

图 5　大湾区酒店客房档次分布

资料来源：根据携程平台的酒店数据整理。

酒店客房规模呈现等级越高，规模越大，五星/钻酒店平均一家酒店客房数量为 384.35 间，而一星/钻酒店只有 15.55 间。

2. 港澳酒店以中高档为主，大湾区九市以低档为主

根据酒店定价及其他要素，我们将酒店设定为三个档次，五星/钻为高档，四星/钻与三星/钻为中档，一星/钻与二星/钻为低档。以酒店客房数量为基准，删除无效信息，分析各等级酒店在各城市的占比。高档酒店占比最高的为澳门，高达78.1%；其次为香港，高档酒店占比达34.8%；第三位是珠海，高档酒店占比达12.8%。高档酒店占比最少的为东莞，占比只有4.7%。低档酒店除澳门（4.3%）与香港（3.8%）外，在大湾区九市是三个档次酒店中占比最高的。其中东莞占比达71.9%（见表3、图6）。这充分反映了各城市的消费水平、客源结构及酒店现状。

表3　大湾区各城市酒店档次分布

单位：间，家

城市	客房/酒店数量	低档		中档		高档	缺失酒店信息	总计
		一星/钻	二星/钻	三星/钻	四星/钻	五星/钻		
广州	客房数量	2397	200264	81325	53615	33255	26857	397713
	酒店数量	166	5997	893	354	91	2765	10266
深圳	客房数量	1465	156346	72743	52182	30077	13854	326667
	酒店数量	109	4602	807	330	105	1432	7385
珠海	客房数量	470	44050	18597	14508	11441	4418	93484
	酒店数量	31	1427	223	83	25	450	2239
佛山	客房数量	733	73696	31466	18329	8447	12960	145631
	酒店数量	45	2146	304	108	29	905	3537
惠州	客房数量	294	42563	14154	7418	4145	5009	73583
	酒店数量	25	1412	159	42	16	584	2238
东莞	客房数量	633	169656	32384	22822	11189	13615	250299
	酒店数量	27	2279	288	108	33	575	3310
中山	客房数量	239	37507	14226	8988	3542	5864	70366
	酒店数量	11	1052	152	60	10	322	1607
江门	客房数量	152	14473	4261	2810	1217	1410	24323
	酒店数量	3	408	52	13	3	72	551
肇庆	客房数量	203	11227	6005	2207	1281	1361	22284
	酒店数量	6	432	72	16	4	172	702

续表

城市	客房/酒店数量	低档		中档		高档	缺失酒店信息	总计
		一星/钻	二星/钻	三星/钻	四星/钻	五星/钻		
香港	客房数量	6	2169	9030	25669	19696	520	57090
	酒店数量	1	101	77	94	39	27	339
澳门	客房数量	0	1444	2834	3098	26374	0	33750
	酒店数量	0	24	16	10	37	1	88

资料来源：根据携程平台的酒店数据整理。

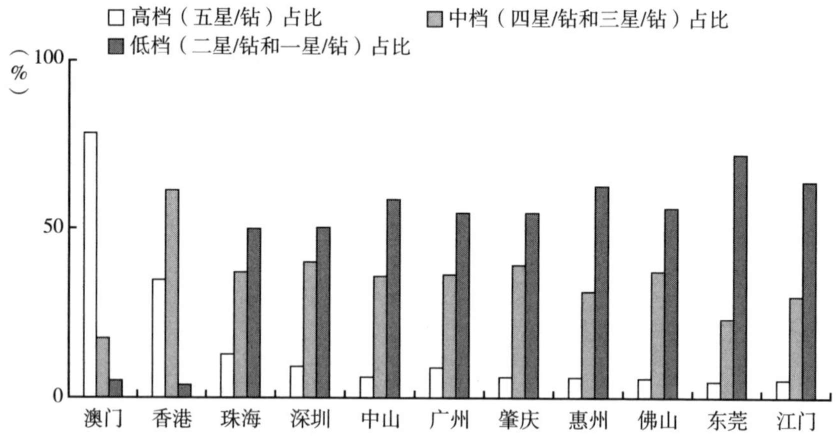

图 6　大湾区各城市酒店客房档次分布比较

资料来源：根据携程平台的酒店数据整理。

3. 大湾区高中档酒店占比低于沪杭甬大湾区

将粤港澳大湾区酒店客房档次与沪杭甬大湾区酒店客房档次进行横向比较，可以发现，粤港澳大湾区整体高档酒店占比 10.7%，不计港澳，大湾区九市高档酒店占比 7.9%。沪杭甬大湾区高档酒店占比 13.7%，明显超出大湾区九市。粤港澳大湾区中档酒店占比 35.4%，不计港澳，大湾区九市中档酒店占比 34.7%，沪杭甬大湾区中档酒店占比 41.5%。粤港澳大湾区低档酒店占比 53.9%，沪杭甬大湾区低档酒店占比 44.7%。不计港澳，大湾区九市高中档酒店占比低于沪杭甬大湾区，低档酒店占比高于沪杭甬大湾区（见图 7）。

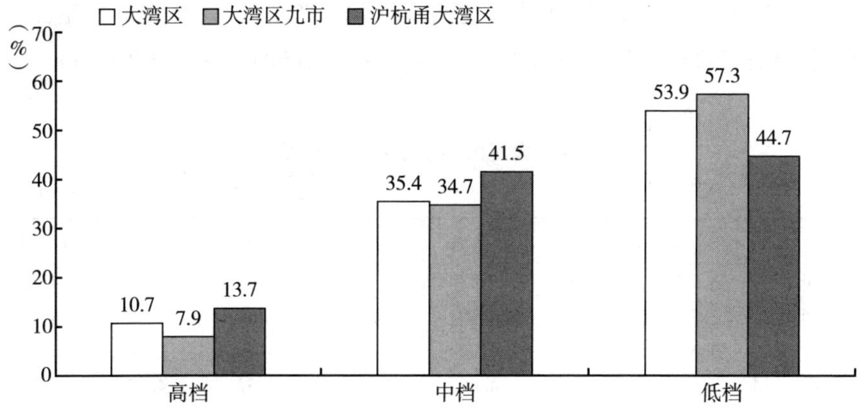

图7　大湾区、大湾区九市与沪杭甬大湾区酒店客房档次分布比较

资料来源：根据携程平台的酒店数据整理。

（三）大湾区酒店顾客评分较低

1. 大湾区酒店档次越低顾客满意度越低

大湾区酒店业服务质量是酒店业高质量发展的重要表现，本报告以顾客评分作为服务质量满意度指标。在携程平台上，顾客可以根据自己的入住体验为酒店评分。评分分为环境、设施设备、服务和卫生四个部分，分值从1分到5分，顾客可以对每一个部分进行评分，四个部分的分值最后汇总计算得到顾客评分。分值越高，顾客对酒店服务质量的满意度越高。本报告收集了2022年7月之前各酒店累计的顾客点评共计62662条，其中对大湾区酒店的点评32262条、对沪杭甬大湾区酒店的点评30400条。由于数据来自携程，携程上国内游客的点评占绝大多数，评分主要反映国内顾客满意度。

顾客满意度随星/钻档次上升而递增，除了香港外，所有五星/钻酒店的满意度得分都在4.50分及以上，一星/钻评分最低，除了中山市达到4.19分外，其他均在4.00分以下。平均分最高的是澳门（4.38分），这与它没有一星/钻酒店相关。平均分最低的是香港（3.75分）。对此我们仔细分析数据，香港一家一星/钻酒店2.20分拉低了整体分数。剔除最低分，香港酒店的顾客满意度依然较低。大湾区九市中旅游度假城市的顾客评分均分较高，其中惠州4.29

分，肇庆4.25分。五星/钻评分最高的是江门，四星/钻评分最高的是深圳，三星/钻评分最高的是深圳与惠州，二星/钻评分最高的是惠州（见表4）。

表4 大湾区酒店顾客评分分析

单位：分

城市	一星/钻	二星/钻	三星/钻	四星/钻	五星/钻	无星/钻	城市均分
广州	3.74	4.09	4.48	4.58	4.64	4.17	4.16
深圳	3.90	3.97	4.50	4.62	4.66	4.11	4.10
珠海	3.64	4.21	4.40	4.58	4.66	4.14	4.23
佛山	3.63	4.18	4.48	4.59	4.57	4.12	4.21
惠州	3.70	4.27	4.50	4.56	4.68	4.23	4.29
东莞	3.63	4.18	4.48	4.59	4.57	4.12	4.21
中山	4.19	4.18	4.49	4.53	4.59	4.13	4.23
江门	2.90	4.11	4.47	4.38	4.80	4.16	4.16
肇庆	3.70	4.20	4.42	4.58	4.50	4.28	4.25
香港	2.20	3.29	3.70	4.04	4.40	3.38	3.75
澳门	—	4.12	4.14	4.32	4.66	—	4.38
大湾区均分	3.76	4.11	4.46	4.54	4.61	4.15	4.17

资料来源：根据携程平台的酒店数据整理。

2. 大湾区酒店顾客评分最低的是设施设备

携程对顾客满意度分四个部分，在数据中不难看出，任何一个等级的评分，设施设备在各项中得分均最低（见图8）。根据访谈，设施设备满意度不高的主要原因是：①在投资建设时，存在设备选用对顾客需求响应度较低、工程质量不高等现象；②设施设备后期保养不当，陈旧、老化现象严重，导致顾客满意度不高。

3. 大湾区二~五星/钻酒店顾客评分均低于沪杭甬大湾区

本报告将大湾区与沪杭甬大湾区的顾客评分进行横向比较分析，大湾区酒店除了一星/钻四大分类（环境、卫生、服务、设施设备）高出沪杭甬大湾区外，其他四个等级的总分及四大分类（环境、卫生、服务、设施设备）全部低于沪杭甬大湾区，其中五星/钻差距较小，四星/钻与三星钻差距较大（见图9）。这是一个很值得我们思考的问题，顾客评分是顾客对酒店服务质量满意度的集中表现，而我们一直为傲的“广式服务”近年来却受到挑战与诟病。

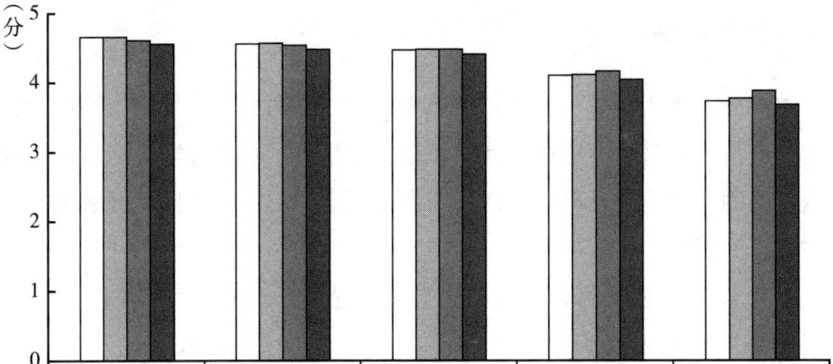

	五星/钻	四星/钻	三星/钻	二星/钻	一星/钻
□ 环境	4.66	4.56	4.47	4.10	3.73
■ 卫生	4.66	4.57	4.48	4.11	3.77
■ 服务	4.61	4.54	4.48	4.16	3.88
■ 设施设备	4.56	4.48	4.41	4.04	3.68

图8　大湾区酒店顾客评分分析

资料来源：根据携程平台的酒店数据整理。

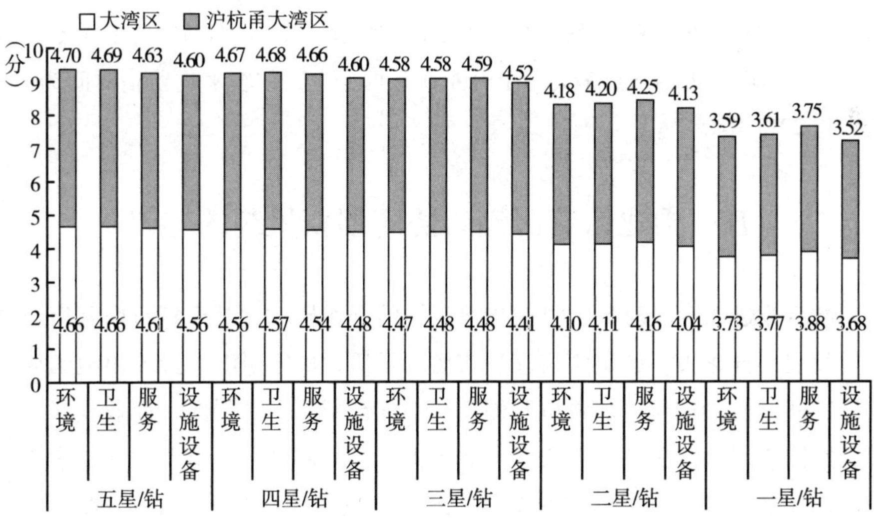

图9　大湾区与沪杭甬大湾区酒店顾客评分比较

资料来源：根据携程平台的酒店数据整理。

（四）小结

本部分从酒店规模、档次、顾客满意度三个方面描述大湾区酒店的现状，并与沪杭甬大湾区的酒店进行横向比较，结果显示：粤港澳大湾区拥有我国最大规模的酒店量，但是高中档次酒店占比低于沪杭甬大湾区，顾客满意度也低于沪杭甬大湾区。

由于长期高速发展，大湾区九市酒店业率先进入存量时代，酒店存量市场的主要特征表现为以下几方面。一是酒店供给量长期超出需求量，出现供大于求的结构性失衡，大湾区九市星级酒店开房率长期徘徊在60%。二是酒店陈旧、设备老化，缺少更新改造的资金支持。三是酒店服务功能部分过时，无法适应新的消费需求。显然存量市场发展模式与增量市场发展模式有较大差别。通过不断投资，以量的增长带来效益的增长的模式，已不适用于存量时代。大量的低、小、差酒店如何改造更新，是存量时代酒店业必须考虑的根本性问题。因而有人说："酒店存量过大是国内酒店业难解的命题。"

反观港澳酒店，供需基本适当，香港酒店平均入住率在2018年达到78.8%。2018年澳门酒店及公寓平均入住率达91.1%，增加3.9个百分点，其中五星级酒店（92.4%）最高，上升4.6个百分点，住客平均留宿时间为1.5天，与2017年持平。①

五　构建大湾区酒店协同创新机制的建议

酒店业进入存量时代，过往优势互补的合作模式，对于新时期酒店业高质量发展助推乏力，解决酒店存量市场的矛盾，应吸引港澳投入内地酒店业发展，通过协同创新，加强机制创新、制度创新、产品创新、商业模式创新等，共同构建大湾区酒店高质量发展新模式。协同创新是指资源和要素有效汇聚，通过突破创新主体间的壁垒，充分释放彼此间"人才、资本、信息、技术"等创新要素活力，实现深度合作，使各个创新主体互惠互利，共享知

① 资料来源：澳门特别行政区政府统计暨普查局资料，2019年1月。

识，优化资源配置，行动协调同步，系统高水平匹配。以下是本报告提出的构建大湾区酒店协同创新机制的建议。

（一）共同探索制定促进大湾区酒店业发展的法律与规范

加强本区域内酒店业在法律层面的合作。国内酒店相关法律分散在不同条例与法规之中。1993 年，国家旅游局颁布了《饭店管理公司管理暂行办法》，对饭店管理公司的性质、设立条件、申报程序、经营范围、资信条件、管理合同的条款等做出具体的规定。2002 年，中国旅游饭店业协会颁布的《中国旅游饭店行业规范》是国内旅游饭店业的第一部行业规范，是指导和规范旅游饭店自律行为的准则，同时也是评价饭店经营行为是否符合行业规范、国际惯例和法律法规的依据，该规范是依据《中华人民共和国消费者权益保护法》、《中华人民共和国合同法》、国务院发布的《关于计算外宾住房天数的规定》、公安部发布的《旅馆业治安管理办法》、国家旅游局等部门联合发布的《关于旅游涉外饭店加收服务费的若干规定》、《国际饭店新规程》及有关国际惯例制定的。该规范共十一章，涉及饭店预定、登记、入住，饭店收费，保护客人人身和财产安全，保护客人贵重物品，保管客人一般物品，洗衣服务，停车场管理等内容，明确规定了饭店的权利和义务。

香港早在 20 世纪 90 年代便针对旅馆业酒店经营管理制定并颁布了三部相关的法律，《旅馆业条例》《酒店东主条例》《酒店房租税条例》，有效地规范了酒店管理中的各种问题。《旅馆业条例》包括导言、限制经营旅馆、豁免证明书、牌照、上诉、旅馆的监管及杂项 7 个部分 22 条，运用法律对行业进行规范管理。《酒店东主条例》是为保障旅馆业安全经营和旅客安全，规范旅馆经营，减少旅馆与旅客之间的法律纠纷，兼顾旅馆和旅客双方合法权益颁布的。在遵循国际惯例的基础上该条例规定了旅店及旅店主理人的法律责任及权利的修改及出售的权力，并在外加附表中对旅客财物的存放、保管、损失、赔偿、留置物品的处置以及旅店及旅店主理人应负的法律责任做出明确规定。《酒店房租税条例》就酒店房租征税进行了相关规定。

酒店法律涉及方方面面，在大湾区内通过创新性思维，先行先试制定有利于酒店业发展，关注到业主与顾客双方利益，且易于执行的法律，为酒店业发展提供良好的营商环境，并为国内酒店树立依法管理典范。

（二）建立大湾区酒店信息共享机制，创新信息服务方式

在信息消费新时代，如何有效进行酒店信息服务供给侧改革，通过信息共享机制，实现酒店质量提升，大湾区可率先为之。

多年来，内地酒店分属于不同的行政管理部门，国家文旅部门只统计所属星级酒店，而其他的非星级酒店、民宿、公寓、青年旅馆、精品酒店、主题酒店及经济型酒店等不参与评星的酒店基本处于商务部的松散管理之中。内地酒店与港澳酒店由于统计口径不同，信息交流与共享受到一定限制。

倡导建立大湾区酒店信息管理平台，建立标准的、通用的酒店统计口径，规范数据采集方法及数据公布与使用方法，并通过官方权威的数据库向社会发布原始的、准确的、可信度有保证的酒店业的公共数据。该平台应具备管理功能和服务功能，不仅对管理机构开放，也对行业与社会开放。对内有利于部门之间的联动管理，提高政府管理效率，对外提供宣传、推广和销售功能，将政府对企业的管理和服务融于一体。酒店信息管理平台的建立，将有利于大湾区酒店业形成互利互惠的协作机制，推动大湾区酒店业高质量发展，形成区域酒店业发展的新格局。

在创建酒店信息共享机制中，一方面，努力使信息供给技术不断向多元化、便捷化、数字化、可视化发展，实现酒店信息服务供给变革。另一方面，充分认识用户已有知识与信息需求之间存在的知识鸿沟，即“知识非常态”，增强信息生产者与用户之间的沟通，充分收集、辨识、挖掘用户信息需求。

（三）建立完善的大湾区酒店优质服务标准体系

粤港澳要共同推动新的行业标准建立，促进酒店业发展。标准是经济社会活动的技术依据，在国家治理体系和治理能力现代化建设中发挥着基础性、引领性、战略性作用。在已有国内星级标准《旅游饭店星级的划分与评定》（2010年版）、《旅游民宿基本要求与等级划分》（国标）、《文化主题旅游饭店基本要求与评价》（行标）、《精品旅游饭店》（行标）等标准基础上，进一步修订、完善适合大湾区酒店业的服务标准。上述标准存在一些问题：首先，国

内标准基本属于 BS 类型，制定周期为 1~3 年，复审 5 年，从而导致标准与快速发展的酒店业脱节；其次，标准执行可能导致成本增加与效益下降，因而缺少执行动力。

大湾区酒店业可引入 BC FLEX 类型标准，快速制定标准、快速实施标准、动态开放对标准意见的征求，将复审期降低到 6 个月，以适应不断变化的酒店业发展。共同制定与国际接轨、面向新消费需求、绿色环保与新技术的酒店业标准。酒店业标准化的探索，要打破标准仅停留于行业内部质量要求的桎梏，逐步扩大于产业协作，制定上下游协同的优质服务标准，降低规则不统一、不透明带来的质量风险。

（四）推动金融创新，多渠道吸引投资改造老酒店

推动金融创新，在金融业与酒店业之间架起一座融通的桥梁，为酒店业发展提供多层次、多元化、更顺畅的投资渠道，最终形成金融业与实体企业的良性互动关系。改革金融机构对小微企业金融服务的考评办法，解决中小微企业融资难、融资贵的问题。出台政府性融资担保与再担保行业绩效评价机制，进一步强化地方政府在融资担保中的作用，引导融资担保机构将注意力集中在老酒店改造中，政府与金融业共同分担风险，让商业银行大胆涉足酒店行业的贷款；同时降低贷款担保费率，让酒店业降低融资成本，能贷款、敢贷款和愿贷款，解决商业银行对酒店改造方面的贷款长期存在畏惧心理的问题。

（五）通过协同创新，科技赋能酒店改革

科技改变生活方式，新的革命性技术正在为酒店开拓全新的发展道路。酒店是适应、引入并受益于技术的行业之一。在疫情防控常态化时期，酒店更需要用新技术去解决酒店存在的人力成本上升、服务质量下降等问题。

科技协同创新要重点关注以下几方面。①加强物联网、互联网、机器人、信息化建设在酒店服务中的运用，提升服务质量，降低服务成本。②引入新技术解决酒店能耗过高的问题，建设绿色环保型酒店。③通过大数据，科学分析顾客的体验需求，为新产品设计提供依据。④研究 AR 和 VR 沉浸式技术，帮助酒店经营者更好地提供入住体验，让顾客能够获取更真实、更详细的信息，

以便做出更好的决策。⑤通过区块链，帮助酒店减少中间环节，更直接地与顾客相连接。

（六）多渠道合作，解决酒店人才短缺问题

大湾区是全球酒店教育最集中的区域，加强酒店高等教育合作，为大湾区输出人才，尤其要重视行业与高等院校间的合作，加强联合培训，特别是技能型的培训。

促进酒店管理人才在大湾区内流动。大湾区内酒店人才流动应采取更宽松的政策，酒店管理人才应成为当地政府人才引入的对象，进入省、市人才引进目录，享受人才优惠待遇。

大湾区制订酒店人才引入计划，将酒店业人才纳入省人社厅人才引进目录，引进人才可以优先使用人才公寓，享受全部的人才引进待遇。对此，可以在户籍、住房、子女上学等方面给予酒店高端或技术人才政策支持，尤其是考虑到酒店行业本身低利润、低工资的现实情况，在提供政府廉租房、公租房时给予酒店从业人员一定的政策倾斜，吸引并留住酒店高素质人才。建立有效机制，引导大湾区青年涉足酒店创业项目，培养他们热爱祖国的情感，更好地成长。

参考文献

毕斗斗，2021，《粤港澳大湾区旅游高等教育协同发展探究》，《当代旅游》第4期。

蔡瑞霞、孙根年，2021，《关于我国入境旅游统计几个问题的探讨》，《资源开发与市场》第1期。

德荣，1995，《深圳酒店业与深港衔接》，《开放导报》第3期。

郝丁，2006，《我国房地产经济波动与金融风险防范研究》，博士学位论文，西南财经大学。

李国兵，2020，《粤港澳大湾区中心城市酒店业与经济发展的耦合协调及动态关系》，《企业经济》第11期。

李岚清，2008，《突围——国门初开的岁月》，中央文献出版社。

李立勋，2017，《关于“粤港澳大湾区”的若干思考》，《热带地理》第6期。

梁庆寅、陈广汉主编，2011，《粤港澳区域合作与发展报告（2010~2011）》，社会科学

文献出版社。

刘婧、王蕾蕾、陈洁丹，2021，《大湾区广州高端酒店服务质量提升的研究》，《旅游纵览》第5期。

刘阳昭，2022，《粤港澳大湾区高星级酒店品牌联合营销实例分析》，《广东轻工职业技术学院学报》第1期。

卢扬丽、吴庆双、王芳，2019，《粤港澳大湾区星级酒店空间分布特征》，《安徽师范大学学报》（自然科学版）第4期。

《南方日报》，2004，《经营20年　收入70亿　广州花园酒店31日举行产权移交仪式》，https：//news. sina. com. cn/o/2004 - 12 - 25/09084624194s. shtml，最后访问日期：2022年11月2日。

皮平凡、杨高，2020，《粤港澳大湾区建设背景下酒店管理专业人才培养研究》，《科教导刊》（下旬刊）第27期。

吴苏云、王丁玲，2015，《珠海市酒店业发展历史及前景分析》，《现代商贸工业》第9期。

徐杨洁，2020，《粤港澳大湾区背景下校企共育跨境酒店人才模式研究——以广州从都国际庄园为例》，《中国商论》第8期。

Liu, H., H. Tsai, and J. Wu. 2018. "Regional Hotel Performance and Benchmarking in the Pearl River Delta: An Input and Output Efficiency Analysis." *International Journal of Contemporary Hospitality Management* 30: 855-873.

Song, X., M. Ziying, M. T. Liu, B. Niu, and L. Huang. 2021. "Cooperator or Supporter: How Can Cross-boundary Macau-Zhuhai Metropolis Promote Regional Tourism Together?." *Asia Pacific Journal of Marketing and Logistics*. https://doi.org/10.1108/APJML-02-2021-0137.

B.11
2022年粤港澳大湾区康养旅游发展报告*

黄力远　王维靖**

摘　要：　粤港澳大湾区人口众多，经济发达，康养旅游资源较为丰富，具备开展康养旅游的条件。本报告以广州市从化温泉旅游地为案例，采用问卷调查的方式，了解游客对温泉、饮食和景观的体验，以及上述体验对重游意愿的影响。研究发现，温泉的健康效应最被游客认可，温泉镇的历史文化建筑最能反映出景观特色，但温泉饮食却未能给游客留下深刻印象，而上述体验都对重游意愿有正向影响。本报告建议粤港澳大湾区的康养旅游地应突出当地康养资源的独特性，并结合当地历史文化，打造具有特色的高品质产品。

关键词：　康养旅游　温泉　粤港澳大湾区

一　康养旅游概述

2014 年起，消费对经济增长的贡献率超过投资，成为经济增长的第一引擎。对于服务类消费，如健康类、教育类、养老和家政消费等的需求快速增长。根据国家统计局的数据，2019 年，中国人均 GDP 首次超过 1 万美元。同

* 本报告由 2019 年广东省教育厅科研平台特色创新类（人文社科）项目（2019WTSCX150）提供支持。

** 黄力远，博士，广州南方学院商学院副教授，广东省普通高校特色新型智库“粤港澳大湾区新兴产业协同发展研究中心”研究员，研究方向为健康与养生旅游、游客行为和游客体验。王维靖，博士，广州南方学院商学院副教授，研究方向为温泉旅游和旅游可持续发展。

时中国步入深度老龄化社会；2021 年末，中国 60 岁及以上人口超过 2.67 亿人，占全国总人口的 18.9%，其中 65 岁及以上人口超过 2 亿人，占全国总人口的 14.2%。经济收入的增长和老龄化社会的到来催生了多层次、多样化的养生保健、康复服务需求，在这样的背景下，健康和养生旅游（Health and Wellness Tourism，简称“康养旅游”）也备受关注。

根据《国家康养旅游示范基地》标准，康养旅游是指“通过养颜健体、营养膳食、修心养性、关爱环境等各种手段，使人在身体、心智和精神上都达到自然和谐的优良状态的各种旅游活动的总和”。2013 年，国务院出台《关于促进健康服务业发展的若干意见》，提出到 2020 年健康服务业的总规模达到 8 万亿元以上。全球健康研究所（GWI）预测，到 2022 年全球健康经济规模将达到 9190 亿美元。

“健康”的内涵与社会文化背景息息相关，而“养生”一词更是带有浓厚的中国色彩。正是由于健康和养生内涵的文化性，各国的地理环境、历史和文化造就了不一样的康养旅游形式，如温泉和水疗康养（Chen et al.，2008；Mak et al.，2009）；以阿尔卑斯山地资源为基础的养生活动（Alpine Wellness）（Pechlaner and Fischer，2006）；以户外活动为特征的北欧养生（Nordic Wellness）（Huijbens，2011）；芬兰的湖泊养生（Lake Wellness）（Konu et al.，2010）；等等。中国的康养旅游则将自然环境（如温泉、森林等）、健康饮食（食补）、养生文化（如中医药文化）和身心活动（如运动、冥想等）融为一体，衍生出丰富多样的旅游活动与产品，如温泉旅游、森林旅游、中医药旅游、滨海旅游、山地旅游等。

二　粤港澳大湾区的康养旅游发展

粤港澳大湾区是指珠三角九市（广州、深圳、东莞、珠海、佛山、惠州、江门、中山、肇庆）和两个特别行政区（香港和澳门）组成的城市群。

粤港澳大湾区是重要的康养旅游客源地。第一，人口总量大。2021 年末，粤港澳大湾区（简称“大湾区”）常住人口总量将近 8700 万人，其中深圳、广州和东莞的常住人口都超过了千万人，加上香港和佛山，五城人口达到 6400 万人，是中国人口密度最高的地区之一。第二，人口老龄化。根据最新统计数据，香港是大湾区老龄化最严重的城市，2022 年老龄化人口（65 岁及以上）占比高达 20.9%（香港特别行政区政府政府统计处，2022）。澳门 2021 年老龄化人口（65 岁及以上）占比为 12.2%（澳门特别行政区政府统计暨普查局，2022）。根据第七次全国人口普查数据，江门和肇庆的老龄化人口（65 岁及以上）占比分别为 13.01%、11.8%，都超过了联合国老龄化人口占比的标准（65 岁及以上人口占比>7%）。尽管如此，得益于经济活力和劳动人口流入，粤港澳大湾区的老龄化人口占比是低于中国的平均水平的。但康养游客不仅仅是指老年人，还有亚健康、慢性病人群和健康意识较强的人群。第三，经济发达。经济收入是影响旅游需求的决定性因素，2021 年大湾区经济总量达到 12.6 万亿元，占中国 GDP 的 11.02%，是中国最富裕的地区之一。2022 年上半年粤港澳大湾区经济总量为 60290 亿元，占中国同期 GDP 的 10.72%，略有下滑。其中，香港和澳门都经历了负增长。尤其是澳门，受新冠肺炎疫情的影响，其 2022 年上半年 GDP 较去年同期减幅超过 1/4。

粤港澳大湾区的旅游形象不符合游客心目中理想的康养旅游目的地类型。由于康养旅游产品大部分是自然生态资源依托型，如温泉、森林、海洋等，因此，康养旅游目的地一般是生态环境优秀、以自然资源闻名的地区。而粤港澳大湾区以经济发达的城市群形象著称，虽拥有一定的康养旅游资源，但知名的康养旅游目的地不多。以下将讨论粤港澳大湾区的森林旅游、中医药文化养生旅游、温泉旅游等康养旅游产品。

2016 年，广东省开始建设珠三角国家森林城市群，经过多年努力，广东省生态环境治理卓有成效，区域森林覆盖率达到 58.7%（广东省林业局，2022），大湾区内珠三角九市全部成功创建国家森林城市，在全国各省份中排名前列。但截至 2022 年 8 月，大湾区获批的国家森林康养基地仅有两家，分别为惠州市惠东县安墩水美森林康养基地和肇庆市广宁县（以县为单位申报）。安墩镇水美村地处惠东县东北部山区，温泉泉眼众多，泉水喷涌而出。广宁县是著名的竹子之乡，县政府将围绕竹林、滨江和历史文化村落这三大资源发展森林休闲康养旅游，并举办乡村马拉松、户外徒步等健体活动。

香港的森林覆盖率不到 14%（古琳、王成，2012），但是它有 40%的土地是郊野公园，20%的土地是绿地，还有绵长蜿蜒的海岸线（黄志光，2013）。现有 24 个郊野公园和 7 个海岸公园（香港特别行政区政府渔农自然护理署，

2022a），为人们提供了自然教育和户外康乐的空间。为了拓展郊野公园的康乐功能，因地制宜建造了远足径，并开辟专门网页“Enjoy Hiking（郊野乐行）”提供资讯，在户外爱好者中颇负盛名。受疫情影响，2021 年，香港仍吸引了 1240 万人次的远足游客（香港特别行政区政府渔农自然护理署，2022b），比香港人口的 1.5 倍还要多。相较于香港，澳门的森林资源和绿地资源都很有限，2015 年城市绿地面积约占澳门土地的 35.6%，且分布严重不均（澳门特别行政区政府澳门自然网，2020）。

在中医药文化养生旅游上，广东省是先行者。早在 2010 年，广东省旅游局等相关部门就制定了《广东省中医药文化养生旅游示范基地评定标准（试行）》，并评选出第一批 19 家中医药文化养生旅游示范基地，有中医药文化博物馆、温泉景区、中药种植基地、养生堂、养生餐厅等。2015 年，根据国务院出台的《关于促进健康服务业发展的若干意见》，国家中医药管理局和国家旅游局共同出台了《关于促进中医药健康旅游发展的指导意见》，并于 2018 年甄选出第一批国家中医药健康旅游示范基地，大湾区内的广州神农草堂中医药博物馆和惠州罗浮山风景名胜区当选。广州神农草堂中医药博物馆综合运用了雕塑、实物标本和多媒体手段展现了中医药的历史与文化。而惠州罗浮山是广东的道教名山、著名的南药种植基地。

温泉是全世界重要的康养旅游资源，遍布全球。广东省是中国温泉资源最充沛的省份之一，仅次于云南和西藏（范智军，2011）。大湾区内的广州、珠海、江门、惠州、中山都有知名的温泉品牌，例如从化的广东温泉宾馆、碧水湾温泉度假村、从化温泉，珠海的御温泉，江门恩平的金山温泉，中山的聚龙湾温泉度假村，等等。其中，从化温泉更是因被誉为“岭南第一泉”而名扬全国。截至 2010 年，广东省已经发现温泉 300 多处（范智军，2011），以碳酸氢钠泉、氡泉、硫磺泉为主（汪灿，2011）。广东省温泉行业协会称，广东温泉产业的发展在中国居前列，温泉游客数量、温泉企业的数量和产值都领跑全国（李劼，2021）。2016 年，广东省温泉旅游企业共 355 家，接待了 1.15 亿人次，温泉旅游总收入达到 352 亿元（周人果，2019）。广东温泉的主要客源来自珠三角和港澳地区，以休闲度假消费为主。其中，广州、东莞和深圳三市游客占 67%（汪灿，2011）。

根据以上的分析可知，大湾区气候湿润，森林覆盖率高，康养旅游资源较为丰富，也有较好的经济基础，有利于康养旅游发展。同时，疫情发生之后，人们的出游行为呈现近程、多频次的特点，原来的远程旅游者更多地在郊区或周边城市旅游和消费，给粤港澳大湾区内的乡村和景区带来了新的机遇。康养旅游成为大都市环城游憩带中的乡村和景区开发的主题。康养旅游产品一般是依托生态养生资源的高投入项目，依靠设计和服务做出特色，所以区域经济发展水平和交通的可进入性决定了康养旅游地的开发规模和消费水平。

康养资源可观赏性不高、同类型康养资源的差异性不大，常给人平淡之感。而且资源地常处于自然生态好但设施匮乏的乡村区域。那么，游客对康养旅游的体验是怎样的？他们需要什么样的产品和服务？了解这些将有助于我们开发出有差异性、高品质，又符合市场需求的康养旅游产品。而有一定历史底蕴的景区是否将比其他新兴景区更有优势？接下来，本报告将以粤港澳大湾区知名的康养旅游目的地——广州市从化温泉旅游地为案例，来揭示大湾区温泉康养旅游的开展情况、游客体验和未来的努力方向。

三　广州市从化温泉旅游地案例

（一）案例地概况

本报告选取广州市从化温泉旅游地作为案例地。如前所述，广东省温泉资源丰富、温泉产业发达，温泉旅游是广东省重要的康养旅游活动，因此，研究广州从化的温泉旅游具有一定的代表性。

从化区地处广州市东北面，珠江三角洲到粤北山区的过渡带，是广州最大的行政区，被誉为“北回归线上的明珠”。从化区山清水秀，以温泉最为知名，早在20世纪30年代，从化区温泉镇的九处泉眼就已经被发现和开发，遗留了许多别墅。1949年后此处先后设立广东省干部疗养院、广东温泉宾馆、广州军区从化接待处，接待过周恩来、朱德等国家领导人和外国元首，被誉为“冬都”，也是电影《庐山恋》的拍摄地。由于温泉镇的资源开发几近饱和，所以在20世纪90年代至21世纪初从化又在良口镇开发了“新温泉区”，以碧水湾温泉度假村、广州文轩苑度假中心等为代表。而温泉镇由于开发较早，被称为“老温泉区”，以广东温泉宾馆为代表。从化的温泉风景区水温最高达70

摄氏度，含弱放射性氡和对人体有益的元素，有重要的医疗价值。2010 年，经过努力，从化获得世界温泉与气候养生联合会（FEMTEC）授予 的“世界珍稀温泉”的称号（李鹏、封丹，2015），树立了政要光环、珍奇稀有的品牌形象。从化的温泉游客来自半径 200 公里以内的邻近城市，且过半的温泉游客是重游游客（王冠贤、保继刚，2004）。

目前，从化境内贯穿了京珠高速、大广高速、北部快速路、汕湛高速、佛清从高速、北三环高速和清从莞城际铁路，已经融入粤港澳大湾区 2 小时经济生活圈。近年来，从化积极开展大型高端赛事和活动，如世界生态设计大会、世界级马术比赛、全国露营大会等，努力打造粤港澳大湾区的生态核心区和后花园。2012~2021 年，从化接待的游客量和旅游总收入如图 1 所示。从图 1 可见，从化的游客人均消费仅 300~400 元，说明从化吸引的基本是一日游游客。2020 年，受到新冠肺炎疫情的影响，从化的游客量锐减 1/3 以上，旅游收入下滑近一半。

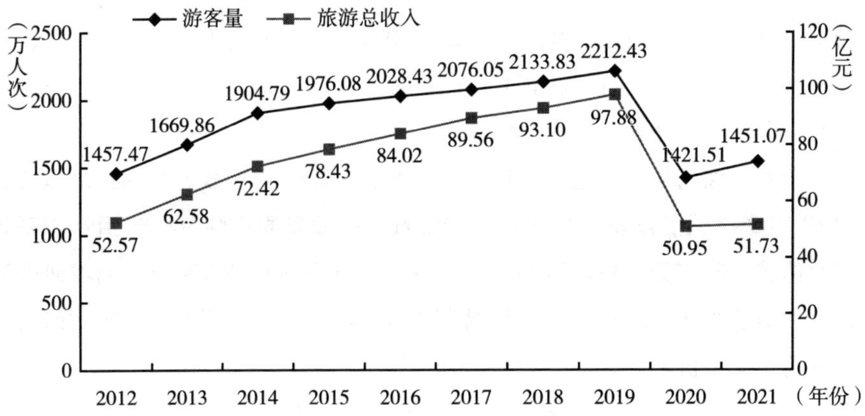

图 1　2012~2021 年从化接待的游客量和旅游总收入

资料来源：笔者根据《从化区国民经济和社会发展统计公报》绘制。

（二）问卷设计与发放

从化的“十三五”规划提出“一核两翼三带”的空间发展格局。其中，“温泉-良口-吕田”作为三带中的美丽健康发展带，以新老温泉一体化区域为核心，促进医疗、康养和旅游产业融合发展。为此，政府实施了多个整治提升项目，逐年完善该区域的设施、景观和功能，形成了集温泉、绿色生态（如流溪河森林公园、石门国家森林公园）、休闲体育（如赛马、国际马拉松等）、高端论坛（如世界生态设计大会、从都国际论坛）等要素于一体的粤港澳大湾区重要的休闲康养基地。自 2011 年起，从化的旅游综合竞争力连续十年在广东省 67 个县（域）中排名第一。从化的“十四五”规划更是提出紧紧围绕高水平建设幸福美丽生态之城，争当粤港澳大湾区绿色发展排头兵的总体目标。

本次调查问卷主要围绕温泉度假区中游客的温泉体验、饮食体验和温泉景观态度几大部分开展，以了解这些因素是否影响游客的重游意愿。题项的设计以相关文献为基础，温泉体验与饮食体验的测量题项主要参考 Lin 等（2007）的量表，并结合研究案例地的饮食特点与游客实际情况对题项进行适用性修改，测量题项如表 1 与表 2 所示；温泉景观态度的测量主要参考了薛然和曾洪立（2018）的量表，并参照《从化温泉风景区志》（从化县温泉镇人民政府，1990）提及的历史文化特点、景观现况进行题项修改，测量题项如表 3 所示。问卷中也设置了重游意图（Bigné et al.，2001）与个人基本信息的题项，了解研究对象的重游意愿与行为背景。上述测量采用 Likert 5 点量表，1 分表示“完全不同意”，5 分表示“完全同意”。

问卷发放面向从化温泉旅游地到访游客，采用现场拦截式访问，具体实施于 2019 年 6~8 月，随机选择假日与非假日，以温泉酒店附近、步道、凉亭等住宿及休憩空间作为问卷填写的主要地点，先口头询问是否愿意参与本研究调查，并且确认当次旅游过程中已有温泉体验。最后，扣除废卷，此次调研实际有效问卷为 271 份。

（三）广州市从化温泉旅游康养市场

1. 样本特征分析

在 271 份的有效样本中，性别构成为男性 126 位（46.5%）、女性 145 位（53.5%），男女比例相近；年龄为 18 ~ 30 岁的游客较多，有 120 位（44.3%），其次为 50 岁及以上游客，有 63 位（23.2%）；从游客的受教育水平来看，大专和本科学历最多，有 201 位（74.2%）；在个人平均月收入水平的构成中，除了 8000 元以上的游客（31.7%）之外，4500~6000 元与 6000~

8000元的游客是重要的温泉旅游消费群体，分别有44位（16.2%）与49位（18.1%），两者加总大于8000元以上游客所占的比例，说明此收入水平对温泉旅游市场的重要性。此次研究对象来自广州市11区的有115位（42.4%），广东省省内城市游客有114位（42.1%）。这与王冠贤和保继刚（2004）、汪灿（2011）等的研究结果基本符合，说明从化温泉近十年来主要客源地的特征没有大的变化，主要来自城市近郊或邻近城市，为小尺度游客，具有重游率高的特性。也正是由于这些特性，为了吸引游客重游，产品的创新性和差异性就变得很重要，游客的停留时间和消费水平也决定了温泉景区的经济收入。

2. 温泉体验特征分析

本报告中温泉体验、饮食体验与温泉景观态度量表的Cronbach's α系数分别为0.77、0.84与0.85，均大于0.7，说明数据具有使用价值。从温泉体验的均值与标准差来看，“在当地泡温泉可促进身体健康（如血液循环、新陈代谢）”“在当地泡温泉令人身心舒畅”等题项最能反映游客的温泉体验，也说明多数游客认为温泉旅游对身心健康具有积极作用，这是游客对温泉资源的普遍性康养认知，也和已有研究相契合（王维靖等，2021）。而“此地区具有历史名人旅游的事迹”“此地区具有多样化的泡汤主题形态（如养生泉、美容泉、药草浴）”等题项的均值相对较低（见表1），说明游客的温泉体验受到从化温泉当地历史与泡汤主题的影响较小。另外，在温泉体验与样本特征的分析中，性别在“在当地泡温泉令人身心舒畅”这一题项中存在显著差异（$p=0.04<0.05$），男性的温泉体验感受较好，说明可针对不同性别安排不同温泉体验项目，增加体验活动的多样性，也提升游客的体验价值。

表1　温泉游客温泉体验特征分析

题项	均值	标准差
在当地泡温泉可促进身体健康（如血液循环、新陈代谢）	4.12	0.59
在当地泡温泉令人身心舒畅	4.06	0.69
当地具有多样化的温泉设施（如SPA水疗、泳池、桑拿）	3.86	0.82
在当地泡温泉令人愉快	3.78	0.76
此地区温泉结合中医养生理念	3.75	0.82
在当地泡完温泉后可享受美食（如农家菜、自助餐）	3.73	0.71
此地区可从事休闲活动（如登山、骑自行车）	3.61	0.71
在当地可了解浓郁的民俗风情	3.55	0.83

续表

题项	均值	标准差
在当地泡温泉为一种享受生活的象征	3.50	0.69
此地区具有历史名人旅游的事迹	3.46	0.72
此地区具有多样化的泡汤主题形态(如养生泉、美容泉、药草浴)	3.32	0.70

3. 饮食体验特征分析

表2显示，游客在从化温泉地的饮食体验均值在3.28~3.87，都未达到4，反映出当地的饮食体验无法使游客留下深刻的印象。题项数据显示，“可尝试当地的食材与饮食方式”和“可体验来自当地的饮食吸引力”是游客相对较注重的。另外，在饮食体验与样本特征的分析中，居住地在“当地饮食可丰富旅游活动，为旅游加分”这一题项中存在显著差异（$p=0.001<0.05$），“广东省省外城市”的饮食体验高于“广州市11区”和“广东省省内城市”，其中与“广东省省内城市”的差异最大。此分析结果说明当地饮食方式或特色对游客具有吸引力，尤其是省外城市的游客，结合健康或养生等主题，打造具有当地饮食文化特色的温泉美食是具有市场潜力的。

表2　温泉游客饮食体验特征分析

题项	均值	标准差
可尝试当地的食材与饮食方式	3.87	0.73
可体验来自当地的饮食吸引力	3.85	0.73
可学习当地的饮食知识	3.75	0.73
可享受与家人一同用餐的乐趣	3.73	0.75
可欣赏纯朴的用餐环境	3.67	0.79
可体验当地有特色的菜品(如泥焗走地鸡、吕田炆大肉或山水豆腐等)	3.63	0.75
可远离价格昂贵、装潢奢华的餐厅	3.58	0.77
是与朋友一起享受生活的极佳方式	3.56	0.77
可吃到旅行社、旅游手册或导游建议的菜品	3.52	0.70
可品尝与购买当地特产(如荔枝、荔枝干、蜂蜜、紫薯、青梅等)	3.49	0.84
可增广见闻	3.33	0.91
当地饮食可丰富旅游活动，为旅游加分	3.30	0.91
可吃到网络或电视节目推荐的菜品	3.28	0.81

4. 温泉景观态度特征分析

从温泉景观态度的均值与标准差来看，“早期温泉疗养设施（如广东省干部疗养院、广州军区从化接待处等）”是游客认为最能反映从化温泉特色的景观，这也说明与当地历史有关的温泉建筑或设施对游客的旅游感受是重要的，也突显出从化温泉地的独特性。

“现代温泉酒店”“无障碍自行车道”“古式凉亭（如滴翠亭、清音亭、留春亭）”涵盖了现代与古式特色的旅游或休闲设施，说明从化温泉是个具有历史底蕴的现代温泉养生旅游地，游客在此温泉地既可享受到当代的旅游服务，又能感受到过去的历史足迹。然而，“古村落群（如更宁里古村落）”题项的均值不高（见表3），说明古村落群（如更宁里古村落）虽与温泉景区毗邻，具有200多年的历史，但目前古村落景观衰败，无法成为温泉地对游客的吸引力之一。

表3　温泉游客温泉景观态度特征分析

题项	均值	标准差
早期温泉疗养设施(如广东省干部疗养院、广州军区从化接待处等)	4.12	0.77
现代温泉酒店	3.97	0.72
无障碍自行车道	3.96	0.76
古式凉亭(如滴翠亭、清音亭、留春亭)	3.90	0.79
环湖绿道	3.88	0.80
商业步行街	3.86	0.88
温泉蒸汽	3.82	0.71
早期栈道或桥梁(如碧浪桥)	3.80	0.73
当地温泉相关历史建筑(如广东温泉宾馆、陈济棠别墅等)	3.78	0.78
湿地公园	3.78	0.66
泉眼设施	3.61	0.76
泉眼自然涌出形成的热水塘	3.53	0.74
当地的特色植物(如荔枝树等)	3.29	0.93
古村落群(如更宁里古村落)	2.85	0.95

5. 重游意愿的影响因素

进一步探讨温泉体验、饮食体验、温泉景观态度与重游意愿的影响关系，分析结果显示，温泉体验、饮食体验、温泉景观态度与重游意愿的相关值在0.29~0.54，说明温泉体验、饮食体验、温泉景观态度与重游意愿存在线性关系。进一步的回归分析结果显示，温泉体验、饮食体验、温泉景观态度对重游意愿有显著的正向影响（$F=17.021$，$p<0.05$），说明温泉体验、饮食体验、温泉景观态度会影响游客未来重游从化温泉地的意愿，这也说明除了温泉自身的质量，旅游过程中的饮食活动，以及与当地历史文化有关的景观环境，都可能是游客获得深层旅游体验的载体。

四 粤港澳大湾区康养旅游发展的建议

康养旅游产品具有和观光旅游产品不一样的特征，观赏性小，主要依靠养生保健的功效，并且需要停留一定时间才能感知到效果。因此只是对一些特定的目标客户群具有吸引力，对于大众游客来说，吸引力是相对薄弱的。因此，本报告对大湾区发展康养旅游的建议如下。

第一，立足大湾区，服务大湾区。以粤港澳大湾区居民为主要的目标客户群，包括亚健康人群、中老年人群和健康意识较强的人群。发挥邻近优势，开发周末游、假日游和休养游等小而精、多频次的康养旅游产品。

第二，做好特定客户群的康疗产品设计和服务。不同的养生资源对应不同的客户需求。针对不同的适应证，做到以专业知识为基础，提供多样化、多层次的产品和服务，以满足游客的不同需求，丰富游客体验。

第三，针对大众游客的产品设计要做到将健康知识、养生文化和娱乐元素相结合。

同时，根据从化温泉旅游地案例的调研结果，本报告对大湾区的温泉旅游提出如下建议。

（一）强化温泉健康理念，细化康疗服务

温泉旅游除了涵盖传统旅游活动以“视”接近旅游地，还利用“浴”的方式了解旅游地之特色（王艳平、王捷编著，2009）。在温泉旅游过程中，游客通过洗浴温泉、体验相关的温泉设施或活动能促进身体健康、身心舒畅以及产生愉快等生理与心理的获得感。相较于其他旅游类型，健康或养生等概念是

温泉旅游的独特性，也是重要的吸引力。

随着全民健康诉求的持续增长以及老龄化社会的到来，针对不同客户群的健康需求设计不同温泉体验项目是提升市场竞争力的方式之一，如针对亚健康年轻人开展的温泉活动要以休闲放松为主，疗养功能为辅，可适当加入一些娱乐元素，如 SPA 冲浪、精油按摩、绿色悦目的 SPA 餐等；而针对年长群体则开发步调较为缓慢，健康养生的产品，可以辅助加入一些中医药治疗手段，如针灸、艾灸和养生温补膳食。从不同的体验细节，深化温泉体验内涵，打造不同目标市场的温泉体验产品，使温泉产品既保有健康的核心价值，又能纳入创新技能，提升温泉服务。

（二）围绕地方文化，构建核心竞争力

尽管是知名的温泉康养地，从化目前的游客也仅以一日游游客居多。说明旅游地吸引力不够大，产品品质不高。如何使温泉旅游的产品更具吸引力，产品内涵更为丰富，成为温泉地延长游客停留时间和提高游客重游率的关键问题。

首先，由于温泉资源往往集中出现在同一区域，具有很高的同质性。虽然不同温泉地的泉质有所不同，但是温泉地对于泉质和适应证的宣传并不到位。并且，目前温泉景区的建筑风格和温泉池种类（如酒泉池、玫瑰泉池、牛奶泉池等）的设计都大同小异，以致游客在不同温泉地的体验没有太大差异。而当地的人文历史和文化、自然景观是打造区分度的重要指标。为此，应突出上述资源的特点，并与温泉资源相结合，围绕自身温泉的特征和当地历史文化设计几条不同内涵的旅游线路，打造独特的竞争优势。例如，从化温泉民国别墅的建筑特色、来访政要的光环和珍稀泉质都是极具吸引力的，可以以温泉博物馆或者研学馆的形式向游客展示。

其次，作为核心吸引物的温泉往往出露于乡野，具有不可移动性，所以温泉景区在交通和各种基础设施上投资巨大。广东省的温泉以高温温泉为主，而广东处于亚热带，气候温暖湿润。温泉消费期短，淡旺季明显。这些因素都导致温泉景区的门票很高，降低了游客的重游率。因此，温泉景区应思考在淡季如何吸引游客，延长温泉产业链。例如从化温泉是碳酸氢钠泉，也被称为“美人泉”，可以顺势开发温泉 SPA 养护产品、精油产品等。日本的温泉地会

在夏日举办焰火晚会、盛夏音乐会等，这种“夜经济”也是吸引游客过夜、平衡淡旺季的一种做法。

最后，旅游线路设计得再好，如果没有以恰当的方式呈现给游客，也是无法发挥其魅力的。要想提高旅游服务水平，旅游专业人才的储备和人才队伍的建设至关重要。

（三）加强温泉饮食与景观特色

旅游地的饮食不仅可以满足游客的基本需求，也是前往旅游地的重要动机，有时亦是一种关键的吸引力（Cohen and Avieli，2004）。游客在饮食体验过程中除了注重在地饮食特色之外，也享受与同游者共同创造的愉悦氛围。旅游中的饮食不只是生理所需，更是一种情感交流的方式。

应将当地食材或烹饪技巧与当代旅游趋势相融合，将广府菜的选料精细、清而不淡、油而不腻的餐饮技巧与温泉养生理念相结合，既能展现独具特色的广州饮食文化，又能表现出温泉旅游的健康形象，具有相辅相成的作用。如从化盛产荔枝、青梅、三华李、火龙果、蜂蜜等，可以据此设计成在不同季节供应的绿色悦目的 SPA 餐，也可以将这些产品设计为地理标志手信，和温泉一起代表地方文化进行整体推广。

温泉地的重游意愿与温泉旅游地的环境氛围有关，温泉地的开发除了提供基础的旅游休闲设施之外，当地的村落、温泉建筑等历史景观，以及温泉蒸气、泉眼等温泉资源都会影响游客重游温泉地的可能性。借此，游客也能将温泉地的景观作为了解当地文化的媒介，从游客对温泉地的初始印象塑造着手，通过景观设计反映特有的空间和物质所构成的综合体，结合饮食活动反映当地饮食文化内涵，联手展现出独特的审美体验、情感活动及社会功能，创造出不同于其他温泉地的文化特点。如重塑过去电影拍摄场景，使游客拥有沉浸式的温泉旅游环境，创造深刻的旅游体验回忆。

参考文献

澳门特别行政区政府澳门自然网，2020，《澳门绿化现况》，https：//nature. iam. gov. mo/

c/greendata/detail/96197324-1087-483c-8b13-f7f248b78e8a，最后访问日期：2022年10月14日。

澳门特别行政区政府统计暨普查局，2022，《2022澳门资料》，https：//www. dsec. gov. mo/getAttachment/bf41b653-ecdb-4b31-a74d-401e99f4a68a/C_ MN_ PUB_ 2022_ Y. aspx.，最后访问日期：2022年12月4日。

从化县温泉镇人民政府，1990，《从化温泉风景区志》，广东人民出版社。

范智军，2011，《广东温泉旅游业发展研究》，《河北旅游职业学院学报》第1期。

古琳、王成，2012，《中国香港和台湾城市森林发展的经验与启示》，《世界林业研究》第3期。

广东省林业局，2022，《当前我省森林情况如何?》，http：//lyj. gd. gov. cn/gkmlpt/content/3/3951/post_ 3951208. html#2439，最后访问日期：2022年10月14日。

黄志光，2013，《香港的郊野公园及海岸公园》，《上海城市规划》第6期。

李劼，2021，《广东温泉产业领跑全国：规模最大，数量、产值位列第一》，https：//life. southcn. com/node_ ba3fac364c/edc8a0690c. shtml，最后访问日期：2022年7月18日。

李鹏、封丹，2015，《地名变迁中的文化政治阐释——以从化温泉为例》，《人文地理》第2期。

汪灿，2011，《广东温泉旅游客源市场结构及营销策略分析》，《中国城市经济》第26期。

王冠贤、保继刚，2004，《温泉旅游地特性及空间竞争分析——以从化新旧温泉为例》，《地域研究与开发》第6期。

王维靖、林宗贤、黄力远，2021，《温泉游客重游意愿理论模型的评估研究——保护动机理论的视角》，《旅游学刊》第6期。

王艳平、王捷编著，2009，《温泉开发的策划与规划：构筑旅游与休闲的温泉世界》，东北财经大学出版社。

文化和旅游部科技教育司，2016，《旅游行业标准LB/T 051-2016国家康养旅游示范基地》，https：//zwgk. mct. gov. cn/zfxxgkml/hybz/202012/t20201224_ 920050. html，最后访问日期：2022年7月18日。

香港特别行政区政府渔农自然护理署，2022a，《指定的海岸公园及海岸保护区》，https：//sc. afcd. gov. hk/gb/www. afcd. gov. hk/tc_ chi/country/cou_ vis/cou_ vis_ mar/cou_ vis_ mar_ des/cou_ vis_ mar_ des. html，最后访问日期：2022年12月4日。

香港特别行政区政府渔农自然护理署，2022b，《郊野公园及特别地区》，https：//sc. afcd. gov. hk/gb/www. afcd. gov. hk/tc_ chi/country/cou_ lea/cou_ cpsa. html，最后访问日期：2022年10月14日。

香港特别行政区政府政府统计处，2022，《表1A：按性别及年龄组别划分的人口》，https：//www. censtatd. gov. hk/sc/web_ table. html? id=1A，最后访问日期：2022年

12月4日。

薛然、曾洪立，2018，《日本别府市传统温泉文化景观的形成与发展》，《北京规划建设》第5期。

周人果，2019，《温泉康养产业将迎新的春天》，https：//travel. southcn. com/node_a425bccca7/c9de7825b3. shtml，最后访问日期：2022年7月18日。

Bigné, J. E., M. E. Sánchez, and J. Sánchez. 2001. "Tourism Image, Evaluation Variables and after Purchase Behaviour: Inter-Relationship." *Tourism Management* 22 (6): 607-616.

Chen, J. S., N. Prebensen, and T. C. Huan. 2008. "Determining the Motivation of Wellness Rravelers." *Anatolia* 19 (1): 103-115.

Cohen, E., and N. Avieli. 2004. "Food in Tourism Attraction and Impediment." *Annals of Tourism Research* 31 (4): 755-778.

Huijbens, E. H. 2011. "Developing Wellness in Iceland. Theming Wellness Destinations the Nordic Way." *Scandinavian Journal of Hospitality and Tourism* 11 (1): 20-41.

Konu, H., A. Tuohino, and R. Komppula. 2010. "Lake Wellness: A Practical Example of a New Service Development (NSD) Concept in Tourism Industries." *Journal of Vacation Marketing* 16: 125-139.

Lin, C. H., D. B. Morais, D. L. Kerstetter, and J. S. Hou. 2007. "Examining the Role of Cognitive and Affective Image in Predicting Choice Across Natural, Developed, and Theme-Park Destinations." *Journal of Travel Research* 46 (2): 183-194.

Mak, A. H. N., K. K. F. Wong, and R. C. Y. Chang. 2009. "Health or Self-Indulgence? The Motivations and Characteristics of Spa-Goers." *International Journal of Tourism Research* 11: 185-199.

Pechlaner, H., and E. Fischer. 2006. "Alpine Wellness: A Resource-Based View." *Tourism Recreation Research* 31 (1): 67-77.

B.12

2022年粤港澳大湾区文化、体育、电竞旅游发展报告

戴其蔓　莊彬炫　王时彩　李　劼*

摘　要： 粤港澳大湾区的建设旨在打造一个打破行政边界的、促进共建共治共享的巨型区域。本报告以文化活动、体育赛事、电竞赛事为主要研究对象，通过空间分析、问卷分析与访谈文本分析，探究了粤港澳大湾区内跨市文化旅游、体育赛事和电竞赛事旅游的空间分布及游客跨市流动模式、特征与原因，进而揭示了不同城市之间在文化活动、体育赛事和电竞赛事方面的分工、联系与合作，并探讨了相关文化设施与服务的共建共治共享与粤港澳大湾区居民身份认同存在的联系。总体而言，随着粤港澳大湾区交通基础设施建设的加强、连通性的提高，参与文化活动或体育、电竞赛事的居民的跨市旅游流动较为普遍，这种流动影响居民对粤港澳大湾区整体区域的范围认知和"大湾区人"的身份认同。粤港澳大湾区内文化、体育、电竞设施与服务的共建共治共享尚未实现，在文化与赛事活动的统一平台以及整体品牌形象构建上还有待进一步提高。

关键词： 文化旅游　体育赛事　电竞赛事　旅游流动　身份认同

引　言

全球化之下，全球城市正快速扩张为城市区域（city-region）乃至近期的

* 戴其蔓，中山大学旅游学院本科生，研究方向为体育旅游。莊彬炫，中山大学旅游学院本科生，研究方向为城市旅游。王时彩，中山大学旅游学院硕士研究生，研究方向为文化旅游。李劼，博士，中山大学旅游学院副教授，研究方向为城市与区域旅游。

巨型区域（mega-region），巨型区域成为治理与政策干预的理想尺度（Harrison and Gu，2021）。根据中共中央、国务院印发的《粤港澳大湾区发展规划纲要》，“宜居宜业宜游的优质生活圈”成为粤港澳大湾区这一巨型区域的重要战略定位之一。根据文化和旅游部、粤港澳大湾区建设领导小组办公室、广东省人民政府2020年发布的《粤港澳大湾区文化和旅游发展规划》，“优势互补 区域协同”“开放互鉴 共建共享”是人文湾区与休闲湾区建设的重要规划原则。本报告旨在通过以文化活动与体育、电竞赛事为主的城市旅游，揭示粤港澳大湾区（简称“大湾区”）在巨型区域建设中的特点和挑战。其中第一部分将介绍本报告的研究方法，第二、第三部分将分别以文化与体育、电竞为研究对象，考察大湾区公共文化休闲空间建设情况（包括各场馆的空间分布以及文化演出、体育与电竞赛事安排等），并以大湾区居民跨市享受文化演出、体育与电竞赛事为例，从流动性视角分析阐述大湾区内各城市公共文化休闲设施共建共治共享的关系。最后，研究还发现基于文化演出与体育、电竞赛事活动的流动会影响居民对大湾区范围的认知与对“大湾区人”的身份认同。

一 研究方法

（一）数据收集方法

本报告主要通过问卷法与访谈法收集数据，其中问卷主题主要包括文化演出与体育、电竞赛事的个人偏好、城市选择、交通方式选择、对大湾区的认知以及被调查者的基本信息；而半结构式访谈则是对调查问卷主要内容做进一步的挖掘，对受访者选择动机、对大湾区公共休闲设施共建共治共享的看法以及对大湾区作为一个综合大都市圈的感受等话题进行深入了解。

在文化旅游数据获取方面，本报告从大麦等票务网站或大众点评等提供文化场所点评的网站收集了2021年12月在大湾区各文化场所举办的展览、音乐剧、戏剧、舞蹈、脱口秀、音乐会等文化活动安排的数据，并结合地图软件获取大湾区文化设施的分布数据。同时从线上相关的社会团体中进行了抽样问卷调查，总共收集了265份样本，受访者主要是大学生（80%）和女性（82%），主要居住在广州（48%）和珠海（29%），其次是深圳（10%）和佛山

(7%)。虽然数据难以代表大湾区的总体人口，但它反映了大湾区文化和艺术爱好者群体的特征。最后在问卷调查对象中选取了 18 位居住在粤港澳大湾区并曾在大湾区各城市观看过丰富的文化演出的人作为访谈对象进行半小时以上的访谈，其中大学生 13 人，专业人士 5 人；女性 15 人，男性 3 人。

在体育与电竞赛事数据获取方面，通过广东省体育局、大湾区各城市体育局网络公开数据获取了 2022 年 7 月大湾区各城市体育与电竞赛事安排及场所信息数据共计 87 项。此外本报告于 2022 年 8 月 7 日至 9 日通过 QQ、微信、微博等社交媒体中的体育与电竞赛事爱好者群组、讨论组等渠道发放了共计 309 份有效问卷，被调查者职业分布较为平均，占比最大的为全日制学生(23%)，男女比例均衡，主要居住在珠海（22%）、深圳（21%）和广州(19%)；在访谈方面，本报告得到了 19 位受访者的访谈录音，并通过转录获得共计 100243 字的访谈转录文本。

（二）数据分析方法

本报告主要采用 Excel 软件对问卷数据进行分析，通过相关数据统计，得到文化旅游的游客和体育、电竞赛事观众在粤港澳大湾区各大城市观看文化演出和体育、电竞赛事的频次、项目种类、选择因素以及认同感，同时根据每位观众客源地与目的地的数据，利用 ArcGIS 软件绘制出文化演出和体育、电竞赛事引致的大湾区内城际流动图。此外，本报告还通过文本分析法对访谈文本进行分析，提炼总结影响文化旅游的游客和体育、电竞赛事观众的文化旅游和观赛城市选择的因素、观演和观赛行为、对大湾区作为一个巨型区域的公共文化休闲设施共建共治共享的看法，具体观点于第二、第三、第四部分呈现。

二　粤港澳大湾区的跨市文化旅游

（一）文化设施和活动的空间分布

本报告中的文化设施包括用于展览和表演的剧院、博物馆、美术馆、艺术中心、音乐厅和体育场馆（用于大型演唱会）等。在粤港澳大湾区的发展历程中，以上文化设施曾主要集中在省会广州和香港特别行政区。2000 年之前，粤港澳大湾区只有41处文化场馆，其中42%位于广州，27%位于香港。21世纪以来，大湾区出现了文化设施建设的热潮，总数超过了之前的3倍。虽然广州仍是文化设施和场馆最多的城市，但其占比下降至36%。深圳、珠海、佛山、东莞等地的文化设施规模在此期间快速提升。截至2022年初，深圳有26个主要文化场馆，占大湾区总量的18%，其次是珠海（9%）。目前大湾区的文化设施大多聚集在广州和深圳，其次是香港、珠海、佛山和东莞。

虽然广州拥有最多的文化设施和演出场地，但深圳却是举办最多文化活动的城市。根据2021年12月的数据，深圳有300多场类型多样的文化活动，其中话剧和音乐剧尤为丰富。广州文化活动类型和数量大约是深圳的2/3，而其他城市文化活动类型和数量的丰富程度则要远低于这两个城市。文化活动在空间上较集中于广州和深圳两市，其次是珠海、佛山和东莞，调查还发现许多位于非中心城市的文化场馆在某些月份没有举办文化活动。

（二）文化旅游的流动模式和动机

1. 以广深两城作为文化旅游的流动中心

在大湾区文化设施快速发展和新文化空间不断涌现的同时，文化活动带来的旅游流动也十分显著。调查发现，文化旅游流动出现在大湾区内11个城市之间（见图1）。广州、深圳、珠海、佛山和东莞的居民虽然主要在本市观看文化演出，但同时也愿意为了观看演出等而向其他城市流动。调查发现，广州居民2019~2021年平均每人在本市观看11场演出，在佛山观看2.5场；佛山居民平均每人在本市观看19场演出，在广州观看12场；东莞居民平均每人在本市观看14场演出，在深圳观看12场，在广州观看10场。如图1所示，对于大湾区的居民而言，尤其是对来自邻近广州的佛山和东莞的游客而言，广州仍然是一个重要且极具吸引力的文化旅游中心城市。而另一个文化旅游中心城市深圳，则尤其吸引东莞的游客。佛山作为文化活动和旅游的新兴之城，吸引最多的是来自广州的游客。调查中来自江门和肇庆等城市的受访者十分有限，经过分析发现这部分受访者更倾向于前往其他城市观看文化演出，这可能是因为其居住城市的文化设施和活动较为匮乏。而前往香港和澳门的跨境文化旅游由于受到新冠肺炎疫情以及出境防疫政策的影响，当前所收集到的信息和数据较为有限，不在此展开分析。

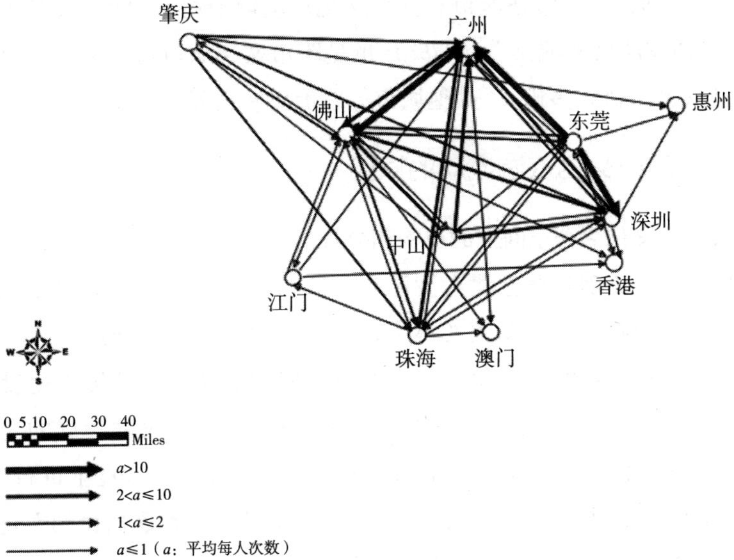

图 1　大湾区城市文化旅游的流动模式

2. 跨市文化旅游的流动动机

大湾区游客开展跨市文化旅游的动机是多样化的，如图 2 所示。根据问卷调查所收集的 265 份数据，大湾区居民跨市文化旅游流动的首要动机为“常住城市没有安排文化活动”，有高达 194 位被调查者选择了这一选项，约占总人数的 73%；次要的动机则是“常住城市有安排文化活动但错过了/时间不合

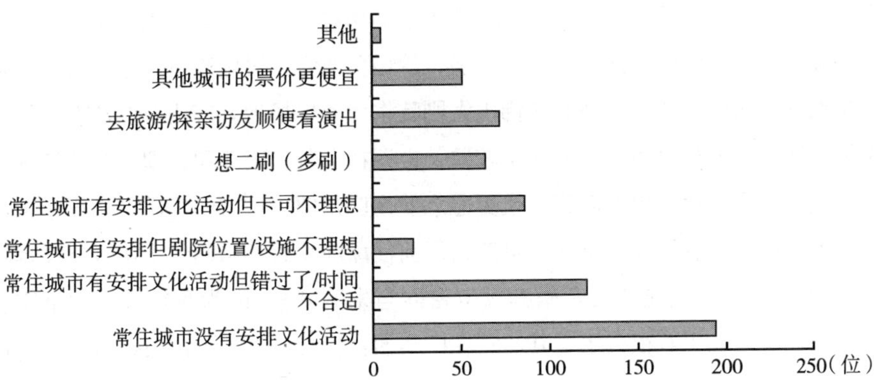

图 2　大湾区游客跨市文化旅游的流动动机

适”（45%）；此外，“常住城市有安排文化活动但卡司不理想”（32%）、“去旅游/探亲访友顺便看演出”（27%）也是跨市文化旅游流动的重要动机。其他原因包括想二刷（多刷）、其他城市的票价更便宜等。

（三）跨市文化旅游流动的原因

1. 大湾区文化活动空间上的重构和分布

文化旅游的流动与粤港澳大湾区文化活动空间的重构息息相关。2000年以前，文化设施和文化活动主要集中在省会广州和香港特别行政区。2000年后，随着深圳保利剧院、东莞玉兰大剧院、佛山琼花大剧院等文化设施的建设，以及2010年后广州、佛山和珠海等城市大型剧院等文化设施的建设和发展的热潮，粤港澳大湾区文化设施的空间分布格局在很大程度上进行了重构。调查和访谈也佐证了大湾区文化演出的空间分布影响大湾区居民的文化旅游流动方向：73%的受访者表示，跨市文化旅游流动的首要原因是居住城市没有安排该演出。不仅仅居住在文化活动较少的二、三线城市的受访者持以上观点，来自广州的受访者也抱有相同的看法，其表示佛山和深圳有许多广州没有的优质话剧和音乐剧。

值得注意的是，文化设施的数量与文化活动的数量并不总是呈正相关关系。以广州为例，虽然广州是大湾区文化设施发展时间长、数量最多的城市，且拥有优质的广州大剧院这一场馆，但其场馆经常无法匹配文化演出的实际需要（比如缺乏可容纳1000个座位左右的优质中型剧院）。因此，广州的剧院对于许多文化演出商而言非大则小，且位于市中心的相对优质的剧院演出成本较高，这使许多演出商更倾向于选择规模更合适、价格更便宜、设施质量较好并且因靠近广州地铁沿线而交通十分便利的佛山大剧院作为演出场地。广州虽然还有其他剧院可以选择，但相对而言交通区位较差，也存在设备、服务和管理质量不佳等问题。喜爱观看文化演出的游客们也更愿意前往广州邻近城市的优质文化场馆，以此获得更好的观看体验。例如来自广州但前往深圳观看音乐剧的受访者这样解释道：“我去深圳看的是法文音乐剧《罗密欧与朱丽叶》，因为我很喜欢这个剧和演员们，所以我想看很久了。其实它在广州的日程安排对我来讲很合适，但它选择了一个会议中心作为演出场馆，它就不是一个专业的剧院，里面甚至还有桌子，音效很差还没有混响，达不到剧院的标准，可以预想到观看体验不会太好，所以为了保证高品质的体验，我选择了去深圳的保利剧院看演出。”

随着佛山、深圳等城市新的优质文化设施的发展，大湾区的文化活动不再集中于广州，而是呈多中心模式。例如位于佛山的两大剧院与广州的剧院形成有效的互补，为大湾区的文化活动提供了更多的选择，吸引了大量来自广州和其他城市的游客。另外，深圳曾因其短暂的城市历史和以经济为导向的发展被认为是一个“文化沙漠”。但自 2000 年开始实施文化创意产业发展战略和大力发展文化设施以来，深圳已经逐渐蜕变为文化活动和创意的新兴之城，吸引越来越多的游客前往深圳观看文化演出。有受访者表述，深圳的剧院和文化场馆可以举办大量类型丰富且优质的音乐剧、戏剧、舞蹈和艺术展览等活动，这是包括广州在内的大湾区其他城市都无法比拟的。

2. 大湾区文化活动在大湾区不同城市的差异

大湾区文化活动因不同城市的政府支持力度、合作院线和对活动的审批等方面存在差异导致了在票价和设施、演出的类型和数量上的差异。

首先是不同城市文化活动票价和设施上的差异。大湾区文化旅游流动的空间重构体现在不同城市的票价上。虽然深圳的文化演出最为丰富和高质，但票价最高，与佛山、珠海等二线城市相比，其票价可能高出 20%。受访者表示，考虑到餐饮和住宿等支出，大部分情况下会放弃前往深圳观看演出，而邻近深圳的东莞则有机会以较低的票价吸引游客。住在珠海的受访者表示，“东莞的票价通常是广州的一半，支出肯定是我考虑的一部分，所以如果东莞有演出，我就不会去广州观看”。20%的受访者表示低价的门票是跨市文化旅游流动的原因之一。东莞与其他大湾区城市票价差距如此之大的主要原因是东莞市政府给予了大量的资金补贴。作为华南地区的制造中心、世界电子和半导体工厂的东莞在 2007 年提出，未来 20 年要将东莞规划打造成在国内外具有影响力的“音乐剧之都”，使其成为城市文化的新品牌，推动城市文化产业成为东莞发展的新动力，城市形象传播的新载体。10 年来，东莞在原创音乐剧的发展上投入了大量资金，例如大力资助玉兰大剧院的音乐剧演出，政府致力于以发展文化产业为动力加速后工业城市形象塑造的进程，恰好与大湾区跨市文化旅游流动的重构交织在一起。不仅如此，不同城市新文化设施发展的差异化引发了大湾区内文化活动空间分布和文化旅游流动模式的重构。由于大湾区的文化活动在空间上的分布不同，文化设施的规模和层次不同，各个城市在演出类型上的相辅相成和票价上的差异为大湾区居民提供了更多的选择，这也是不同城市文化演出出现差异的主要原因。

其次是不同城市文化活动因院线运营商不同而导致的演出内容上的差异。受访者表示文化演出的互补性来自不同城市演出的差异，一个演出通常只在广州或深圳举行，但不会同时在两个城市举行，这是因为中国演艺行业有两大文化演出制作和运营企业，即中演院线和保利文化集团。“中演院线”是由中国对外文化集团有限公司旗下中演演出院线发展有限责任公司发起、运营、管理的现代化、国际化、综合性文艺演出院线，是专业的剧院管理、演出运营院线。保利文化集团隶属于中国保利集团，也专注于表演和剧院管理，它们均有自己的直营剧院。目前，中演院线的剧院仅在广州和佛山开放，保利文化集团的剧院仅在深圳和东莞开放。歌剧公司通常会选择中演院线或保利文化集团作为它们的运营商。因此，在哪些城市可以观看哪些演出取决于运营商及其直接运营的剧院的所在地，有受访者经常提到广州和佛山没有保利文化集团的剧院是他们前往深圳和东莞观看演出的原因。

最后是不同城市文化活动行政审批上的差异。中国的商业演出需要获得市政府的批准，审批权属于每个城市的文化和旅游局，不同市政府的要求不一。例如，广州对文化演出的审批相当严格，而佛山、珠海等其他城市则更容易获得审批。不同演出在不同城市的空间分布并不是大湾区城市之间有意分工和合作的结果，而是行政区划的分割治理造成的，大湾区居民可以利用其空间上的连通性，在大湾区跨市观看他们喜欢的文化演出。

3. 大湾区跨市文化旅游与交通建设的互联互通

轻轨、高铁和城际地铁等城际交通网络的不断扩大和发展，进一步刺激了大湾区观看文化演出者的跨市流动。调查显示，73%的游客单程的城际交通平均花费时间在2小时以内，24%的游客花费时间为2~3小时。位于大湾区中心地理区位的广州，在文化旅游中与其他城市保持着良好的联系，并成为文化旅游重要的发源地和目的地，特别是连接广州和佛山的地铁线在两市的文化旅游流动中发挥了关键作用。来自广州的受访者这样解释去佛山和东莞观看音乐演出的原因：“因为地铁相连，感觉就像在同一个城市。”“由于广州到东莞的动车仅需30分钟且班次多、票价低，所以费用与去佛山的费用差不多。”居住在珠海的受访者大多是大学生，由于其学校在大湾区内建有广州、珠海等校区，因此除了城际铁路外，他们还可搭乘校区之间所开通的2个小时内即可抵达在另一城市校区的巴士，便利的交通进一步减弱了游客对城市距离的感知。来自珠海的受访者表示："因为佛山到广州的交通非常方便，在我看来，去佛山基本就相当于去广州了。"因此游客非常愿意在广佛两城观看文化演出，另外有受访者表示相较于坐落在广州郊区的剧院，更愿意前往地理区位优越、位于广佛地铁线上的佛山两大剧院观看文化演出，因此交通是影响游客文化活动选择和旅游流动方向的重要因素。

4. 跨市流动下的文化旅游与休闲活动

根据调查，部分游客跨市观看文化演出的同时也会开展其他休闲活动。例如，有受访者利用去珠海观看文化演出之外的闲暇时间，骑自行车游览了珠海的情侣路；部分前往佛山观看文化演出的受访者会借机参观邻近剧院的名胜古迹；某位受访者提道："作为一个在佛山长大的女孩，我一直认为东莞是一个遥远的城市。因为当时票价有折扣变得很划算，所以我决定去东莞看演出。我第一次去东莞旅游，没想到东莞这么近，我还发现东莞保留了20世纪老广东的味道。我很喜欢东莞，门票便宜，风景好，还有广东的特色，是非常适合旅游的城市。"通过以上例子发现，部分游客在跨市观看文化演出的过程中，还会在演出所在城市开展一系列的休闲娱乐活动，包括游览演出举办地的城市建设和风貌、参观其著名景点、品尝特色美食以及在文化设施周边展开游玩等。部分游客会考虑在其他城市过夜，将之视为一次在大湾区内的短途旅游。通过研究发现以观看文化演出为导向的"文化+休闲"的旅游流动，有机会让游客加深对大湾区不同城市的建设风貌和文化的认识，加强对大湾区这个综合的巨型区域的认同。

三 粤港澳大湾区体育赛事旅游和电竞赛事旅游

（一）体育、电竞赛事场馆和赛事活动的空间分布

本报告中的体育场所包括传统体育赛事场所和电竞赛事场所，其中传统体育赛事场所包括室内体育馆与室外运动场，而电竞赛事场所则主要为室内体育馆。调查发现，大湾区内各城市体育赛事与场馆资源分布不均，其中广州市体

育赛事场馆占比最大，约占32%，深圳、佛山的体育赛事场馆数量和规模都在快速扩张，分别占大湾区的16%与13%。在即将共同承办2025年全运会的粤港澳三地，体育氛围越来越浓厚。总的来说，大部分体育、电竞赛事设施集中在广州、佛山和深圳的市中心，其次是香港、澳门和珠海。

不同于文化活动的分布特征，广州是同时拥有最多的体育场所以及最多的体育、电竞赛事活动的城市，在数量与规模上都具有明显的优势（见图3）。2022年粤港澳大湾区共举办75场省级及以上的体育、电竞赛事，种类繁多，但其中21%的赛事为广东省运动会比赛项目，其余赛事以马拉松、篮球、足球为主，电竞赛事则主要为王者荣耀与英雄联盟常规赛事。有别于文化活动空间分布较为集中的是，体育赛事活动均分散在不同的体育场馆中，各场馆举办的赛事活动比较单一，有较稳定的赛事分工安排，如广州花都体育场主要承办广州富力的主场足球赛，而广东省船艇训练中心则主要举办赛艇一类的比赛。电竞赛事的分布目前国内主要集中在上海、武汉，粤港澳大湾区内电竞赛事的分布总体较少，以广州、深圳的室内体育场馆以及文化场馆如会议中心、剧院等为主。

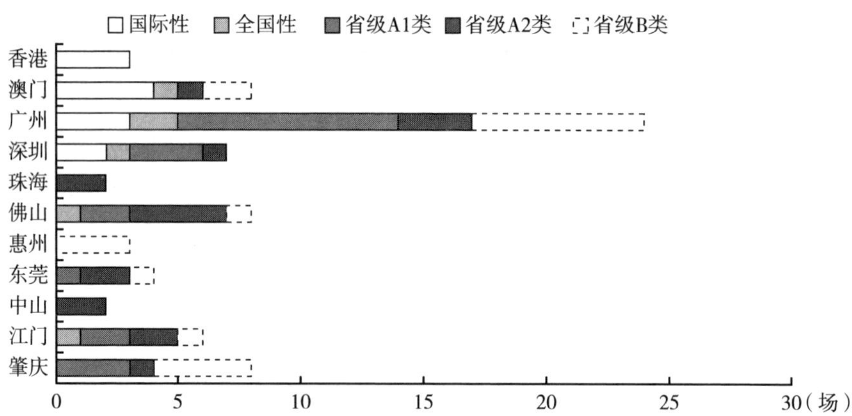

图3　2022年大湾区体育、电竞赛事安排

（二）体育赛事旅游和电竞赛事旅游的空间流动模式

1. 跨城流动呈现流向广深港澳的趋向性

在大湾区各城市体育、电竞设施不断完善和体育、电竞休闲空间不断涌现的同时，大湾区城市间呈现出体育、电竞赛事引致的不平衡的旅游流动性特征。根据问卷调查的统计数据，本报告绘制了 2019~2022 年大湾区居民跨市进行体育、电竞赛事观看的流动方向和频率图（见图4、图5）。从图中可以看出，疫情发生前大湾区的 11 个城市都通过体育、电竞赛事联系在一起，同时体现出主要流向广州、深圳、香港、澳门四大龙头城市的趋向性。但数据统计与访谈发现，在新冠肺炎疫情影响下，大湾区各城市的众多体育赛事被迫停止，同时大部分电竞赛事也转移至线上举行，这一因素很大程度上影响了体育、电竞赛事引致的湾区城际流动（如图 4、图 5 所示，体育、电竞赛事分别引致的流动中，频次大于 1 的流动线路均至少有 4 条）。具体到各个城市，来自广州、深圳的居民在自己居住的城市观看了最多的体育赛事与电竞赛事，同时这两大城市也成了大湾区内其他城市居民前来观看体育、电竞赛事的主要聚集地：广州是佛山、东莞、江门、珠海、惠州等城市居民观看体育赛事的首选目的地，同时也是佛山、东莞、珠海、肇庆等城市居民观看电竞赛事的首选目的地；而深圳也成为佛山、珠海、江门等城市居民前往观看体育、电竞赛事的主要选择之一。如本报告访谈中一位居住于江门的受访者所说："最主要的，我能比较方便看到的比赛感觉就是在广州，所以我看足球比赛几乎都是去广州看的。"此外，香港与澳门两大特别行政区也成为大湾区内地城市居民前往观看体育、电竞赛事的主要选择。广深港澳四大城市的高流入性充分体现了其作为粤港澳大湾区龙头城市在体育、电竞事业发展的领先地位。但粤港澳大湾区其他城市则难以聚集众多体育、电竞赛事客流。

2. 城际交通的便利性、城市内部具体场馆的通达性有待提高

随着轻轨、高铁、动车和城际公交、地铁等交通网络设施不断完善，大湾区城际流动的便利性极大提高。数据显示，仅有不超过 4%的受访者在前往大湾区观看体育、电竞赛事时，单程城际旅行平均花费时间超过 3 小时；超过 85%的受访者在前往大湾区观看体育、电竞赛事时，单程城际旅行平均花费时间为 1~3 小时。其中，广州作为大湾区交通枢纽，其便捷的城际交通极大程度地减少了其他城市居民前来广州观看体育、电竞赛事的阻力。在访谈中，大部分前往广州观看体育、电竞赛事的受访者提到其前往广州交通的便利性，他们会选择城际巴士、城轨、高铁、自驾等多样化的形式前往广州。如一位居住于珠海的电竞赛事观众所说："大湾区的交通还是比较方便的，我记得广州跟

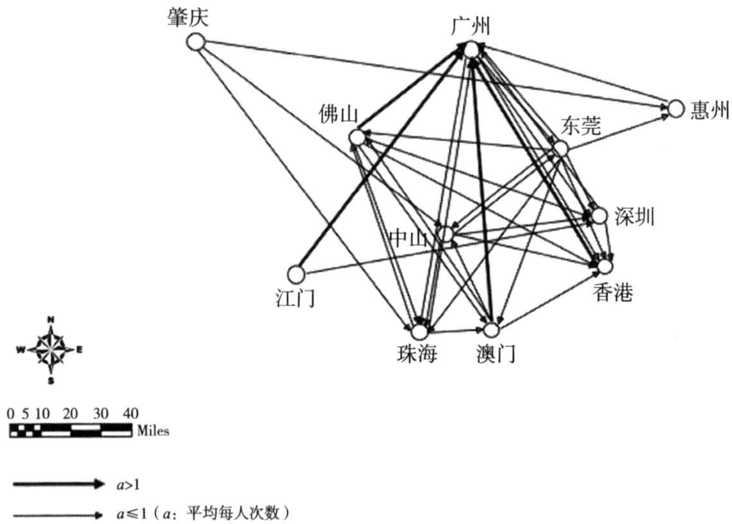

图 4　大湾区居民跨市进行体育赛事观看的流动方向和频率

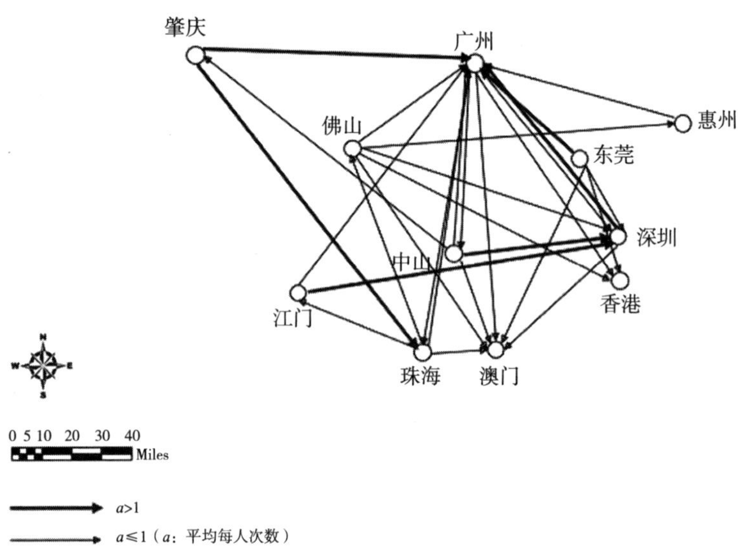

图 5　大湾区居民跨市进行电竞赛事观看的流动方向和频率

佛山不就是有一条地铁线嘛，就广佛同城嘛。我从珠海去深圳看比赛的时候，那个大巴过去也就是两个多小时。整体来说它的交通，包括各种交通方式，高铁也好，动车也好，大巴也好，都是比较便利的。”

此外，研究小组通过访谈发现，有较大比例的赛事观众认为在观看赛事过程中，大湾区城市内部交通并不便捷。如一位受访者根据其前往东莞观看篮球赛事的经历做了如下描述："我到东莞之后，要先坐地铁二号线到鸿福路站。然后接下来去宏远主场就比较麻烦了，如果你坐公交车去的话，你就要等比较久。如果你要打车，就有点贵。"另一位在深圳观看电竞赛事的观众也表示："在深圳那边搭公交过去到比赛场馆，这一个路上花的时间会比较久。"这一现象主要与赛事场馆的位置相关：以广州恒大足球俱乐部、广东宏远篮球俱乐部为例，目前其主场所在场馆坐落于非城市中心的区域，距离城市高铁枢纽远，也远离市中心，同时公共交通的通达性也不高。

（三）跨市体育赛事旅游和电竞赛事旅游的原因

大湾区居民跨市进行体育、电竞赛事观看及其相关联的旅游行为是多方面的原因引致的（见图6、图7）。具体来看，大湾区居民跨市进行体育、电竞赛事观看的首要动机在于当地有喜爱的队伍或选手。数据显示，无论是体育赛事观众还是电竞赛事观众，选择"支持喜爱的球队/球员（电竞选手/俱乐部）"作为观赛首要动机的观众比例皆为最高。40.61%的体育赛事观众将"支持喜爱的球队/球员"作为观赛首要动机，而35.06%的电竞赛事观众将"支持喜爱的电竞选手/俱乐部"作为观赛首要动机。此外，现场赛事线下互动及良好氛围也成为体育、电竞赛事观众跨市观赛的重要动机。在体育赛事观众中，选择"与其他球迷/观众的线下互动""其他城市的体育氛围更好"作为主要动机的观众分别达到26.40%和22.34%；在电竞赛事观众中，选择"与其他观众的线下互动""其他城市的电竞氛围更好"作为首要动机的观众分别达到31.17%和25.32%。

在主要动机选择方面，体育赛事观众和电竞赛事观众呈现差异化导向。职业体育联盟发展历史悠久，资本投入力度大，通过长久的发展积累，众多体育运动员具备明星效应。因此，将追逐喜爱的运动员作为主要动机的体育赛事观众显著多于将追逐喜爱的电竞选手作为主要动机的电竞赛事观众。如访谈中一位体育赛事观众所说："现在如果C罗来中国踢球，可能就不管说交通方不方便，距离远不远，我可能都会想去。"由此足以看出知名职业运动员具有巨大吸引力。而电竞产业属于近年新兴产业，其发展时间短，受众主要集中在30岁以下的年轻群体，资本投入规模尚小，同时选手标签不具备高辨识度，因此电竞队伍联盟尚未形成如体育联盟一样的明星效应。在访谈中我们发现，不同于体育赛事观众，鲜有电竞赛事观众主动提及某位电竞选手。一位在电竞行业工作的受访者表示："因为电竞比赛相对体育赛事来说，个人的发挥更难决定比赛的走势；而且我觉得电竞选手大多数是用一些个人倾向的英文名，很多不是特别熟悉他们的观众是很难把他们的昵称 ID 和脸对上的。"相比之下，更多的电竞赛事观众将现场与观众的互动氛围作为主要动机。如一位居住于深圳的电竞赛事观众说："线下一定会比线上更热血，而且线上认识的朋友更想去线下一起，就是大家一起看比赛这种感觉。所以我一直是觉得线下的给人的感觉会更好一些，比线上氛围会更好一些。"

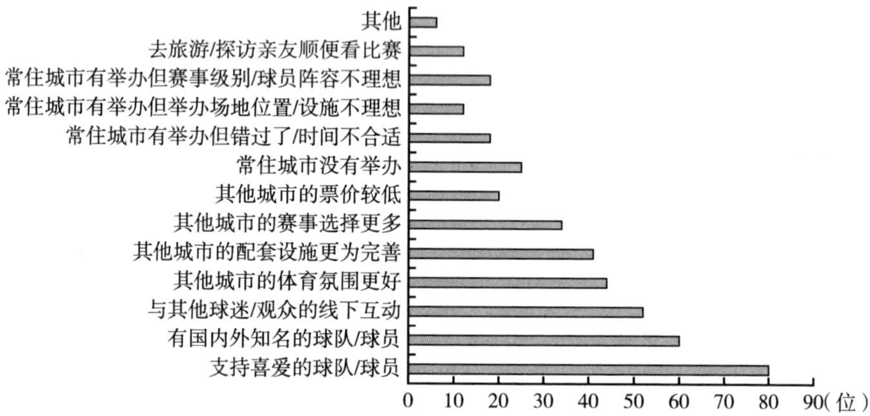

图 6　大湾区居民跨市进行体育赛事观看的动机

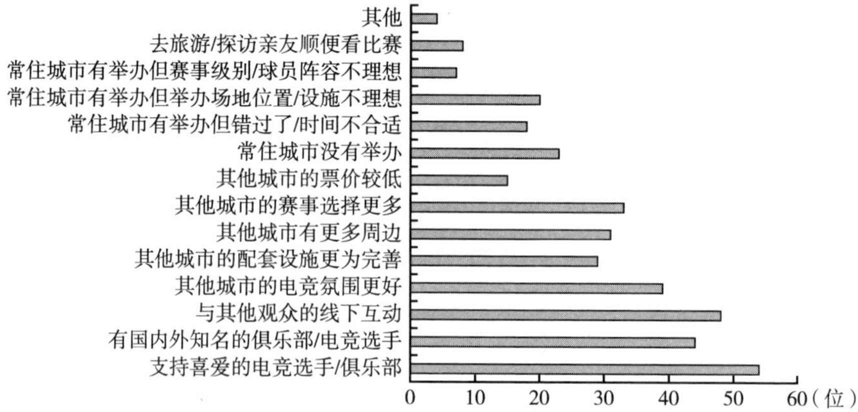

图 7　大湾区居民跨市进行电竞赛事观看的动机

（四）大湾区赛事流动下的旅游与休闲活动

对于跨市观众而言，由于各类比赛结束时间集中在晚上 9：00～10：30，所以其过夜可能性较高。数据统计显示，超过 80%的体育、电竞赛事观众在过往跨市观赛过程中，会有超过 30%的可能性选择在当地住宿。因此，这类观众大多会选择观看体育、电竞赛事前后在场馆周边游玩。如一位前往东莞观看篮球比赛的受访者表示："我第一次去东莞看球的时候，在那里玩了一天多。我们去东莞最大的购物中心，在那里吃饭然后逛一下街。我们还去宏远俱乐部所在的地方看办公楼，了解它的管理模式和文化。"另外一位前往广州观看电竞比赛的观众也表达了在广州过夜的必要性："会在那里住两天，一般出去是在周五，看完王者荣耀的比赛之后，星期天再回家。"因此，城市休闲规划过程中应注重体育、电竞赛事场馆与周边旅游资源、景区、购物场所、餐饮等设施的配套，形成休闲旅游的联动效应，更大程度地吸引观众"留在当地"。

四　大湾区文化、体育、电竞设施与服务的共建共治共享与身份认同

如上文所述，目前而言，大湾区文化活动在空间上的重构、分布和差异体现了城市在文化旅游中的分工，体育、电竞赛事的举办对体育、电竞观众的吸引引发了大湾区居民的跨市流动。但是在旅游流动的过程中，文化、体育、电竞设施的共建共治共享，以及活动主办方对活动和赛事的安排等方面，都还有待提升。首先，根据调查，超过一半的受访者认为建立一个统一的信息和票务平台，以及剧院和其他文化空间的联盟非常重要。管治的分散性也反映了大湾区游客的需求很少被关注。其次，受访者大多较为年轻且对成本敏感，因此希望能够在当天往返以避免过夜产生的住宿费，但大湾区内佛山大剧院是调研中发现的少数在晚场演出结束后提供前往广州班车服务的剧院之一。多位受访者希望演出场馆靠近公共交通站以便返程，80%的受访者认为提供城际穿梭巴士很重要，这样即使演出结束时间较晚也能返回。超过一半的人希望文化演出提供下午场的选择，以便有足够的时间返程。下午是否有演出安排，是否提供城际班车服务，是游客开展跨市文化旅游流动的重要考量。根据访谈和网上提供

的活动时间表，广州和深圳作为客源最多的两座城市会安排更多的午场演出，珠海等客源较少的城市则较少提供午场演出的选择。在体育、电竞赛事方面，大湾区观众则希望相关的体育组织及场馆可以通过提供票务+酒店优惠套餐、提供明晰的场馆交通线路指引、提供跨市的接驳车、建设统一的信息查询和售票平台等方面推动和促进大湾区体育、电竞赛事旅游的发展。

粤港澳大湾区文化、体育、电竞设施与服务的共建共治共享的不足，在旅游流动过程中表现出来的问题，也体现在大湾区居民的认同感上。

调查显示，超过60%的被调查者“同意”甚至“非常同意”大湾区是一个整体，在5分的李克特量表中整体的样本均分为3.8分。因此，调查结果表明大部分人对大湾区作为一个整体这个观点是比较认同的。通过后续进一步的访谈，大部分受访者表示，从国家的行政和规划来看大湾区是一个整体。国家希望通过政策推动大湾区在经济、文化等方面协同发展，以提升大湾区未来在国际竞争中经济、文化甚至旅游等方面的影响力。大部分受访者在过去几年感受到国家的宣传造势，并认为国家在未来的发展中会着重提升大湾区在经济上的一体化和影响力。从地理位置的角度，大湾区各个城市之间的地理位置相近，所以大部分受访者也认同大湾区是一个整体这一观点。另外，问卷调查结果显示，超过64%的被调查者“同意”甚至“非常同意”大湾区各城市间的交通很方便，超过70%的被调查者同意大湾区各城市间的交通方式很多，超过65%的被调查者同意大湾区各城市间的通勤速度很快（见图8），后续的访谈结果也进一步验证了以上观点。大湾区便捷的交通有力地促进了大湾区居民的流动，而流动也带来了“大湾区是一个整体”的认同感。问卷调查显示，90%以上的受访者认为广州、深圳和珠海属于大湾区，85%以上的受访者认为香港和澳门属于大湾区，65%以上的受访者认为佛山和东莞属于大湾区，而其他城市如中山、惠州、江门和肇庆等，只有不到一半的受访者认同其属于大湾区。这在一定程度上与文化旅游和体育、电竞赛事的流动模式相一致，那些旅游流动性较高的城市更有可能被大湾区居民所认知。这一现象也在体育、电竞赛事的调查中很好地体现出来，广州和深圳是调查结果中观众观看体育和电竞赛事最多的城市，作为体育和电竞赛事的流动中心，更容易被大湾区居民所认知，而其他城市如江门、肇庆等由体育和电竞赛事带来的旅游流动较少，因此很少被认同为大湾区的一部分。

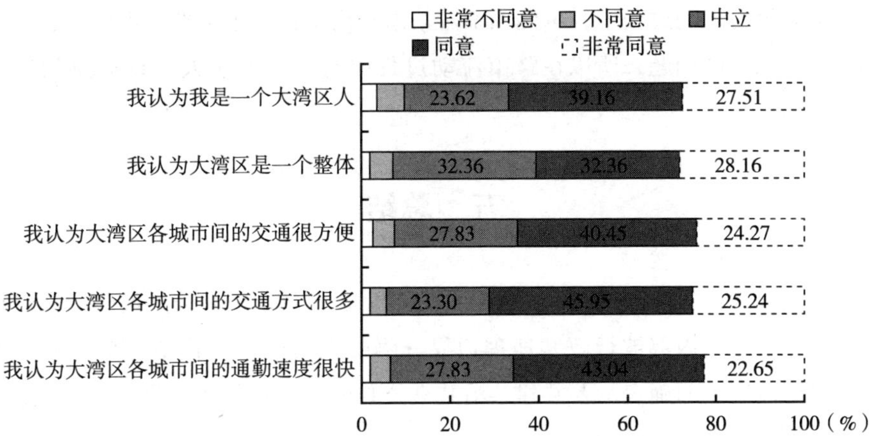

图 8　大湾区游客认同感和城市通达性调查

大湾区各城市文化、体育、电竞设施与服务的共建共治共享发展的不成熟，导致大湾区居民虽然从整体上认同大湾区是一个整体，但是当提问到哪些城市属于粤港澳大湾区时，举办文化活动、体育与电竞赛事较多的城市往往最先和最多被提及，这也反映出高流动性的城市往往最先被大湾区居民所认知。

调查显示，大部分观众对“大湾区人”的身份认同较高，超过65%的被调查者在“我认为我是一个大湾区人”这个表述中选择了“同意”甚至“非常同意”，在后续的访谈中也验证了以上观点。一方面，“大湾区人”的认同感主要来自国家的政策规划，大部分人表示国家政策在推动大湾区发展中起到至关重要的作用，而生活在大湾区的受访者也希望作为一个“大湾区人”融入国家的发展战略当中。另一方面，“大湾区人”的认同感则与自身的成长经历有关，受访者在大湾区的成长经历使其对于大湾区整体文化、语言和饮食等方面的接受度和认同度都较高，所以会更趋向于“大湾区人”的身份认同。而跨市的旅游流动对“大湾区人”的认同感的提升作用则表现不明显，主要原因是目前粤港澳大湾区文化、体育、电竞设施与服务的共建共治共享依然存在很大的提升空间。目前文化活动和体育、电竞赛事的资源主要往广州、深圳和东莞等大湾区中心城市倾斜，许多大湾区内边缘城市的游客需要跨市流动前往文化活动和体育、电竞赛事较为聚集的城市观看，但由于目前大湾区文化、体育、电竞设施与服务的共建共治共享尚未发展成熟，因此在跨市的文化、体育、电竞旅游流动过程中，可能面临着信息查询不便、售票平台不统一、交通不便等一系列的问题，所以在跨市流动过程中对“大湾区人”认同感的提升并不明显。

五 总结

粤港澳大湾区建设的一个关键目标在于促进区域服务和公共设施的共建共治共享，这对于内部被行政和地理边界分隔的大湾区而言将是一个巨大的挑战。尽管政策上明确表示要共建共治共享公共设施，共同打造世界一流旅游目的地，以及“宜居宜业宜游”的粤港澳大湾区，但大湾区的城市治理被行政区划分隔，所以在文化、体育、电竞等公共休闲设施平台以及品牌形象构建上都难以做到协同发展。如上文所述，大湾区体育、电竞赛事场馆的共建共治共享还有待进一步提升，在文化休闲活动方面，由于票价、城市行政审批和运营商的不同，文化节目和演出的类型和数量在不同城市是高度分化的。而且不同的剧院和其他表演场馆没有一个统一的协会来协调和联合推广其演出，缺乏统一购票平台让居民自由选择演出剧目及展演城市。同一利基市场，不同的城市和剧院之间没有演出时间上的协调，对潜在观众而言会出现不同演出在时间上发生冲突的情况。此外，在体育赛事方面，大湾区内体育场馆同样缺乏统一的平台进行建设和管理，并且各个体育场馆举办的赛事活动比较单一，有稳定的赛事分工安排。而在电竞赛事方面，目前大湾区内几乎没有以举办电竞赛事为主要目的而建设的场馆，电竞赛事的举办主要在传统体育赛事以及文化活动场馆，如体育馆、艺术中心、会议和会展中心等场所。不仅如此，大湾区各城市在文化、体育和电竞氛围的营造以及赛事品牌的打造上缺乏合作。虽然有一些联合的文化和体育活动如大湾区文化艺术节，但此类活动的数量和范围有限，更多的是由广东省政府、香港特别行政区和澳门特别行政区政府发起的一种自上而下的努力，而城市层面更多的是需要自下而上的合作，提供有影响力、多样化的文化节庆和体育、电竞活动，以此提升大湾区的文化和赛事氛围以满足观众的不同需求，并最终形成大湾区的休闲活动品牌，这需要大湾区各城市政府及各利益相关方进行多方协调与合作，摒弃注重城市自身发展和品牌建设的“竞争城市主义”战略，共同实现大湾区公共文化休闲服务的共建共治共享。

参考文献

Harrison, J., and H. Gu. 2021. "Planning Megaregional Futures: Spatial Imaginaries and Megaregion Formation in China." *Regional Studies* 55: 77-89.

区 域 篇

Regional Reports

B.13

澳门旅游业复苏实践探索

王 兴*

摘 要： 澳门是一个以旅游业为支柱产业的城市，经济发展严重依赖外地游客。在全球遭遇新冠肺炎疫情影响的情况下，澳门旅游业也遭受损失，游客数量和旅游业收入大幅度下降。为了实现旅游业的复苏，澳门在2021年进行了一系列积极探索，主要有以下特点：重视刺激本地人旅游消费和促进深入社区的旅游；重视网络新媒体平台，积极推进线上与线下结合进行营销宣传；重视旅游体验的科技化与智能化。通过以上探索，澳门旅游业在一定程度上实现了复苏的目标，为澳门的多元化发展积累了宝贵经验。在未来的发展过程中，澳门可以重点考虑运用新媒体平台加强网络宣传，重塑澳门城市形象；加强推广澳门世界文化遗产；强化旅游与科技化和智能化的结合。

关键词： 旅游业复苏 本地游 澳门

---

* 王兴，广州新华学院公共治理学院副教授，澳门理工大学人文及社会科学学院博士研究生，研究方向为旅游业人力资源管理、旅游政策分析。

引　言

旅游业是澳门的支柱产业，澳门博彩业更是在世界上首屈一指。然而新冠肺炎疫情的突袭而至，对旅游业造成了巨大影响，澳门旅游业也随之遭受损失。游客数量锐减、旅游博彩业收入大幅度下跌，使澳门经济陷入低谷。为了应对新冠肺炎疫情对旅游业的影响，澳门在 2021 年进行了一系列旅游业复苏的探索，在一定程度上实现了澳门经济复苏的目标。分析和总结这些实践探索活动，有利于为澳门未来旅游业发展积累宝贵经验。

本报告主要通过查询澳门特别行政区政府统计暨普查局网站、澳门特别行政区政府旅游局网站、《澳门日报》等官方机构的统计数据和相关报道，包括澳门特别行政区政府统计暨普查局发布的《澳门统计年鉴》，澳门特别行政区政府旅游局发布的《2021 年年度报告》《2021 年市场表现状况报告》《澳门旅游业发展总体规划》检视报告等，收集 2021 年疫情防控常态化背景下，澳门旅游业复苏实践探索的相关资料，分析其主要特点，为澳门旅游业发展提供参考性建议。

一　2021年澳门旅游业概况

2021 年，澳门入境游客为 770.59 万人次，与 2020 年的 589.68 万人次相比，增长了 30.68%，但是相比于新冠肺炎疫情发生之前 2019 年的 3940.62 万人次差距依然较大，仅仅相当于疫情发生之前的 1/5 左右。从澳门入境游客的客源结构来看，2021 年内地为 704.51 万人次，占 91.42%；香港为 58.90 万人次，占 7.64%；台湾为 7.1 万人次，占 0.92%；其他地区仅为 921 人次，占 0.01%（见表 1）。这主要是由于澳门与内地采取了相同的疫情防控措施，进一步扩大了内地游客所占的比例，而疫情发生后，其他地区的游客量比例逐年减少。

表 1　2019~2021 年澳门入境游客情况

单位：人次，%

地区	2021 年	2020 年	2020~2021 年的增长率	2019 年
总数	7705943	5896848	30.68	39406181
内地	7045058 (91.42)	4754239 (80.62)	48.18	27923219 (70.86)
香港	589014 (7.64)	843165 (14.30)	-30.14	7354094 (18.66)
台湾	70950 (0.92)	104124 (1.77)	-31.86	1063355 (2.70)
其他	921 (0.01)	195320 (3.31)	-99.53	3065513 (7.78)

注：括号内数据为不同游客占当年总数的比重。

资料来源：澳门旅游数据+，https：//dataplus.macaotourism.gov.mo/Publication/StatisticalTables?lang=T。

内地是澳门最大的客源地，自新冠肺炎疫情发生以来，澳门的疫情防控政策一直与内地保持一致，为澳门保住了最大的客源地。根据统计，2021 年内地访澳游客最多的是广东省，高达 439.83 万人次，占内地游客的 62.43%，超过了其他省区市总和。紧随其后的是福建省、上海市、湖南省、广西壮族自治区、湖北省、江苏省、浙江省、四川省和北京市，可以看到澳门在内地的主要客源地除广东之外，主要集中在长三角和珠三角经济发达省份及其主要辐射地区（见表 2）。

表 2　2021 年内地访澳游客十大省区市

单位：人次，%

省区市	内地游客	同比增长率	持个人旅游签注	同比增长率
广东	4398273	60.10	1620136	15.20
福建	334348	77.90	35858	40.90
上海	264016	130.90	247063	148.40
湖南	217960	60.10	19588	30.20
广西	197190	93.30	19205	113.60
湖北	186401	89.60	58055	89.40

续表

省区市	内地游客	同比增长率	持个人旅游签注	同比增长率
江苏	174548	59. 20	81764	62. 30
浙江	164221	53. 60	74153	52. 50
四川	118457	72. 50	39555	92. 70
北京	99706	48. 30	88769	73. 70

资料来源：澳门旅游数据+，https：//dataplus. macaotourism. gov. mo/Publication/StatisticalTables?lang=T。

从游客是否过夜来看，2021 年过夜游客占当年总数的比例为 47. 97%，不过夜游客占当年总数的比例为 52. 03%，该比例与 2020 年以及 2019 年的比例几乎没有差别。从游客平均停留天数来看，2021 年为 1. 6 天，高于 2020 年的 1. 4 天和 2019 年的 1. 2 天。从游客人均消费来看，2021 年为 3173 澳门元，高于 2020 年的 2025 澳门元和 2019 年的 1626 澳门元（见表 3）。

表 3　2019~2021 年澳门入境游客平均停留天数和消费情况

项目	2021 年	2020 年	2020~2021 年的增长率	2019 年
总数(人次)	7705943	5896848	30. 68%	39406181
过夜游客(人次)	3696800 (47. 97%)	2822037 (47. 86%)	31. 00%	18632699 (47. 28%)
不过夜游客(人次)	4009143 (52. 03%)	3074811 (52. 14%)	30. 39%	20773482 (52. 72%)
游客平均停留天数(天)	1. 6	1. 4	14. 29%	1. 2
游客人均消费(澳门元)	3173	2025	56. 69%	1626

注：括号内数据为不同游客占当年总数的比重。

资料来源：澳门旅游数据+，https：//dataplus. macaotourism. gov. mo/Publication/StatisticalTables?lang=T。

从酒店出租率和平均房价来看，2021 年澳门三星级及以上酒店出租率为 51. 90%，高于 2020 年的 27. 60%，但是低于 2019 年的 91. 00%。2021 年酒店平均房价为 834. 50 澳门元，与 2020 年的 917. 40 澳门元相比降低了 82. 90 澳门元，与 2019 年的 1360. 70 澳门元相比降低了 526. 20 澳门元（见表 4）。

表 4　2019~2021 年澳门三星级及以上酒店出租率和平均房价

项目	2021 年	2020 年	2020~2021 年的增长率(%)	2019 年
酒店出租率(%)	51.90	27.60	88.04	91.00
酒店平均房价(澳门元)	834.50	917.40	-9.04	1360.70

资料来源：澳门旅游数据+，https：//dataplus. macaotourism. gov. mo/Publication/StatisticalTables? lang=T。

从 2021 年澳门举办的活动数量来看，总数为 449 场，比 2020 年的 381 场多了 68 场，增长率为 17.85%；但是与疫情发生之前 2019 年的 1536 场相比相差较大，不足之前的 1/3（见表 5）。

表 5　2019~2021 年澳门举办活动数量

项目	2021 年	2020 年	2020~2021 年的增长率(%)	2019 年
活动数量(场)	449	381	17.85	1536
参加者数目(人)	1401292	914464	53.24	2003416

资料来源：澳门旅游数据+，https：//dataplus. macaotourism. gov. mo/Publication/StatisticalTables? lang=T。

总体来说，2021 年澳门旅游业与 2020 年相比有较大提升，但是与 2019 年相比仍然有较大差距。2021 年，澳门入境游客结构变化主要体现在内地游客占比超过 90%，游客平均停留天数和人均消费都有较大幅度增加，主要原因可能是澳门酒店价格进行了大幅度下调，住宿成本降低。另外，疫情防控措施也给通关的便利性带来了较大影响，因此，内地访澳游客可能会适当增加在澳门的停留时间和消费。

二　2021年澳门旅游业复苏实践探索的特点

受新冠肺炎疫情的影响，澳门旅游业陷入低迷，澳门在 2021 年进行了一系列促进旅游业复苏的实践探索。在外来游客数量锐减的情况下，澳门一方面注重刺激本地游客的消费，另一方面注重引导游客深入澳门社区进行深度旅游。疫情防控政策导致游客线下流动减少，以线上与线下相结合的方式进行旅游营销宣传成为促进澳门旅游业复苏的一个有效措施。科技发展激发了人们在旅游过程中对科技化和智能化体验的需求，将科技化和智能化与旅游相结合也是澳门旅游业复苏实践的一个重要探索。

（一）重视刺激本地人旅游消费和促进深入社区的旅游

1. 推出“澳人食住游”计划

由于外来游客数量锐减，澳门鼓励本地居民支援旅游业，在 2021 年 4~12 月推出“澳人食住游”计划。该项目包括为澳门本地居民提供 280 澳门元的旅游补贴和 200 澳门元的酒店住宿补贴。4~12 月总共推出 32 条澳门本地旅游线路，共有 534 名旅游巴士司机、451 名本地导游、169 间旅行社、69 家酒店及宾馆、534 部旅游巴士（包括伤健旅游巴士）参与到该项目的服务中，最终参加旅游体验的报名人数为 40175 人。鼓励酒店提供“住宿+”套票增加体验，为澳门本地居民提供 200 澳门元的酒店住宿补贴，最终参与酒店体验的有 72052 人次，销售酒店套票 28640 张。

2. 推出“游澳消费乐满 FUN”系列活动

为了推动旅游产品多元化，吸引旅客进入社区旅游，澳门特别行政区政府旅游局与其他部门、本地社团携手举办“游澳消费乐满 FUN”系列活动。“游澳消费乐满 FUN”系列活动于 2021 年 11 月至 2022 年 1 月逢周六、周日举行，活动以市集形式联合中小微企业和商户，着力推介澳门特色店、葡语系国家产品及文创产品等，并与周边商户形成双向互动，有助于促进社区旅游发展及带动社区经济效益。2021 年，该活动吸引超过 27 万人次参与，联系并惠及 272 个澳门本地商户带动旅游经济消费。

3. 推出“精品游”路线

为提升旅客来澳旅游体验，延长留澳时间，促进旅游消费，澳门旅游业界于 2021 年 5 月 18 日推出面向旅客市场的澳门“精品游”路线，让旅客体验澳门历史文化底蕴与人文面貌以及“旅游+”元素，促进社区经济增长。截至 2021 年 12 月 31 日，报名参团人数共 187 人，已出团人数共 76 人。

（二）重视网络新媒体平台，积极推进线上与线下结合进行营销宣传

1. 在内地举办“澳门周”，结合线上与线下进行宣传推广

为了宣传推广澳门安全宜游的旅游城市形象，澳门特别行政区政府旅游局和澳门贸易投资促进局联合业界在杭州、南京、上海、成都和重庆等5个城市举办“澳门周”大型路展活动。主要包括：澳门概述、盛事、文化旅游区；澳门世界遗产、非遗文化区、文创区；体育盛事展区；MinM澳门制造及澳门品牌展区；葡语国家产品展区；由相关综合旅游休闲企业和航空公司组成的澳门旅游展区，主要展现“旅游+会展”“旅游+文化”“旅游+文创”“旅游+电商”“旅游+体育”等跨界融合。每次“澳门周”提供约1亿元的旅游优惠，范围涵盖住宿、餐饮、机票和旅游产品等。

2021年3月26~29日，“杭州澳门周”在湖滨步行街设置大型路展。该路展由澳门特别行政区政府经济财政司、杭州市人民政府港澳事务办公室、杭州市文化广电旅游局及杭州市上城区人民政府主办，结合线上与线下渠道铺开宣传，内地11位旅游、美食类达人及主播于路展现场，通过抖音直播平台进行了共12场直播。

5月14~17日，“江苏澳门周”在南京夫子庙步行街设置多个主题展区/展位，主要通过具有视觉吸引力的展位、互动元素、舞台表演及打卡游戏等，推广澳门独特且多元的旅游元素，展示“旅游+”的丰富内涵，同时向内地居民宣传澳门健康安全宜游的形象，持续吸引游客到澳门旅游消费。

6月3~7日，“上海澳门周”在上海黄浦区圆明园路步行街设置大型路展。通过内地线上与线下多渠道进行宣传，其中有多位网络旅游达人在其平台宣传，而沪澳及内地媒体亦参与采访报道，取得了较好的宣传效果。

9月24~27日，“四川·成都澳门周”在成都市高新区交子广场设置大型路展，展现澳门“旅游+”的丰富内涵，推广澳门的旅游及商贸等元素，并宣传“安全宜游·魅力澳门”的形象。

12月2~6日，“重庆澳门周”在重庆市渝中区解放碑广场设置大型路展。通过极具吸引力的展位、互动体验、舞台表演及打卡游戏等，展现“旅游+”的丰富内涵，推广澳门的旅游及商贸等元素，并宣传“安全宜游·魅力澳门”的形象。

在内地举行的5场“澳门周”活动，现场累计入场人数191万人次，网上观看人数5.6亿人次，带动交易金额3.41亿澳门元，较好地宣传了澳门安全宜游的形象。

2. 第九届澳门国际旅游（产业）博览会加强线上与线下结合

2021年7月9~11日，澳门威尼斯人金光会展举行第九届澳门国际旅游（产业）博览会。该次博览会的特点是强化了“云系列”系统，包括“云对接”“云签约”“云推广”“云直播”等。“云对接”时间由原来的2天延长至14天，让参展商与买家有更充分的时间进行交流，发掘合作机遇。达成合作协议或意向的参展商与买家可进行“云签约”。通过“云推广”联系全球旅游业界，通过现场连线的方式介绍目的地旅游资源并与观众互动，同时在旅博会网站做同步直播。参展商可通过“云直播”，邀请内地和澳门的“网红主播”在知名电商平台进行产品销售，协助其实现网络品牌推广。

3. 通过“澳门文旅博主孵化计划”推广澳门多元化的旅游形象

为了提升在社交媒体推广澳门多元化的旅游形象，澳门特别行政区政府旅游局在2021年7~9月推出“澳门文旅博主孵化计划”。该项目由澳门特别行政区政府旅游局主办、澳门直播协会承办，项目一经推出就受到热烈欢迎，收到300多名参赛选手的作品，最终选出50名优秀选手进入“内容创作特训营”。在50名进入特训营的学员中，有35名学员完成了短视频比赛并达到课程结业要求，经过对35名学员的影片内容的评审，并结合平台数据分析，最终10名学员被评选为“优秀旅游内容创作者”，而10名获奖者中有4名是澳门本地导游。

4. 积极推广线上旅游消费优惠项目

网络预订和线上支付已经在旅游业普及，2020年9月至2021年12月，澳门通过线上优惠加强与微信、携程、去哪儿和飞猪等的合作，推出线上旅游消费优惠项目。在微信和携程上派发酒店五折券及旅客消费券，共派发酒店五折券284万张，带动648506晚住宿，获得订单金额4.39亿元；提供消费券优惠额4897万元，带动消费11.21亿元，杠杆为22.91倍。

（三）重视旅游体验的科技化与智能化

1. 首次举办“翱游澳门无人机表演盛会”

为了深化“旅游+”跨界融合，提升澳门市民和游客的夜间娱乐体验，

2021 年澳门特别行政区政府旅游局积极探索旅游新项目，首次举办了“翱游澳门无人机表演盛会”。该活动由来自北京、天津、广州和深圳的 5 家无人机编队表演公司参与，分别在澳门南湾湖进行 5 个不同的主题表演，每个表演日有两场相同的表演，第一场为 19：00~19：15，第二场为 21：45~22：00。无人机表演的 5 个主题分别是：12 月 4 日（星期六），翱游·澳门光影节；12 月 11 日（星期六），诗意澳乐游；12 月 18 日（星期六），悦享澳旅；12 月 20 日（星期一），澳莲盛放；12 月 25 日（星期六），澳游圣诞。

“翱游澳门无人机表演盛会”利用无人机科技、2D 及 3D 立体联动设计、灯光和音乐等元素，每场表演使用无人机 300 架，绽放流光溢彩，点缀澳门夜空，展示了安全宜游的城市风貌、旅游与文化、节庆和体育等不同元素的跨界融合，同时体现了澳门与内地城市间的友谊和交流。

活动举办期间，带动活动区域人流增多，对比 12 月没有表演的日期，日均可以带动增加的人流超过 13000 人次。

2. 举办光影节

由澳门特别行政区政府旅游局主办、澳门特别行政区政府多个部门协办、横琴粤澳深度合作区民生事务局支持，以“火星想旅行”为主题，“2021 澳门光影节”于 2021 年 12 月 4 日至 2022 年 1 月 2 日晚上 7~10 时上演。澳门光影节已连续举办 7 年，并成为澳门的标志性盛事。“2021 澳门光影节”除光雕表演外，还在南湾湖水上活动中心、南湾·雅文湖畔、飞喇士街休憩区、氹仔旧城区和路环等 7 处地点设灯光装置及互动游戏。

汇聚灯光装置、互动游戏和光雕表演，“2021 澳门光影节”于 12 月 4 日与“翱游澳门无人机表演盛会”同日启动，展现了澳门丰富多元的文化和城市魅力，凸显了澳门健康宜游的形象。

3. 推出《澳门满 Fun》智能行程规划

为了让游客根据喜好自行规划个性化的旅游行程，澳门特别行政区政府旅游局于 2021 年 10 月 28 日推出《澳门满 Fun》智能行程规划。全新的《澳门满 Fun》在原有的“智能行程规划应用”网页的基础上，加入澳门特色店、文创商店资讯、打卡热点及休闲娱乐等丰富的社区旅游元素。使用者可按自身兴趣订制旅游行程，深入澳门各区游历。《澳门满 Fun》规划 4 条预设步行线路供参考，分别为“中区世遗游”、“望德堂文艺游”、“氹仔葡韵游”及“路环悠闲游”。

“中区世遗游”线路规划了18个景点，包括14个澳门世界遗产、1个文创商店、1个手信礼品店、1个特色小吃和1个其他景点。游历完整个规划线路大约需要11个小时。

“望德堂文艺游”线路规划了16个景点，包括9个澳门世界遗产、2个博物馆及展览厅、2个文创产业区、1个文创商店、1个图书馆和1个缆车。游历完整个规划线路大约需要10个小时。

“氹仔葡韵游”线路规划了18个景点，包括5个特色小吃店、2个博物馆及展览厅、2个手信礼品店、1个文创商店、1个教堂和7个其他景点（官也街、兵房斜巷等）。游历完整个规划线路大约需要10个小时。

“路环悠闲游”线路规划了21个景点，包括8个澳门世界遗产、4个庙宇、1个教堂、1个博物馆及展览厅、1个手信礼品店和6个其他景点（路环码头、鸡公围5号壁画等）。游历完整个规划线路大约需要11个小时。

除了这4条已经规划好的线路外，游客还可以在网上根据自己的喜好选择其他线路，可供选择的有观光、体验、购物、饮食和精选等不同主题的旅游线路组合。

三 对策建议

新冠肺炎疫情对澳门旅游业造成了巨大打击，使澳门发展陷入危机，但也是澳门实现转型的一次机遇。长期以来，澳门博彩业“一业独大”的局面难以改变。如今博彩业遭受巨大冲击，给其他旅游产业的发展带来机会。澳门是中葡文化交流融合的一个纽带，澳门历史城区也被列入《世界遗产名录》，本身有丰富的旅游资源可挖掘。因此，澳门可以重点考虑运用新媒体平台加强网络宣传，重塑澳门城市形象；加强推广澳门世界文化遗产；强化旅游与科技化和智能化的结合。由此促进旅游业的复苏，实现“世界旅游休闲中心”的建设目标。

（一）运用新媒体平台加强网络宣传，重塑澳门城市形象

澳门要改变人们眼中“赌城”的形象，实现“世界旅游休闲中心”的发展目标，重塑澳门城市形象非常重要。目前新媒体平台已经成为传递信息、塑

造认知的有效手段，一些“网红”动辄拥有几百万甚至上千万的粉丝，使他们具有非常强的传播力和影响力。因此，通过打造网红主播和网红事件，可以帮助澳门重塑城市形象，吸引更多的游客群体。

澳门最大的客源地是内地，抖音是内地最有影响力的新媒体平台之一，但是澳门特别行政区政府旅游局的抖音号 2021 年只有 9.5 万人，截至 2022 年 9 月也只有 23.9 万人。粉丝量和一些内地旅游局的粉丝量差异较大，比如新疆伊犁的抖音号“贺局长说伊犁”拥有 462.3 万粉丝（截至 2022 年 9 月），它是伊犁哈萨克自治州文旅局副局长贺娇龙负责运营的抖音号。因此，澳门可以考虑增加内地的网络推广，比如打造超级抖音“网红”，宣传澳门旅游城市形象。另外，也可以考虑打造“网红”事件，重塑澳门的城市形象，比如西安曾经依靠大雁塔的“不倒翁小姐姐”迅速红遍网络，也将西安推到“网红城市”的位置。

（二）加强推广澳门世界文化遗产

澳门历史城区拥有 22 座建筑和 8 块广场前地，在 2005 年就入选了《世界遗产名录》，是中国的第 31 处世界遗产。但是，这些宝贵的旅游资源没有被游客广泛知晓。长期以来，博彩业的强势发展给大众造成了澳门等于博彩的印象。新冠肺炎疫情使博彩业从原来占澳门 GDP 一半以上减少到 1/4。挖掘澳门其他旅游资源，寻找新的旅游业增长点，成为促进旅游业复苏的关键。因此，加强推广澳门世界文化遗产，培养新的游客群体，可能是澳门旅游业复苏的有效途径。

（三）强化旅游与科技化和智能化的结合

科技化和智能化是未来旅游发展的一个方向。澳门在 2021 年首次举办了“翱游澳门无人机表演盛会”，并在 12 月 4 日与“2021 澳门光影节”配合，取得较好的宣传效果，也为游客和澳门居民提供了不一样的旅游体验。未来，可以进一步尝试将科技元素引入旅游体验，比如虚拟技术和旅游的结合，促进旅游智能化发展，打造澳门旅游的新项目、新体验。

另外，澳门拥有较为丰富的会展场馆资源，配合旅游体验的科技化和智能化，澳门也可以考虑加强科技产品和智能产品会展业的发展。比如配合“翱游澳门无人机表演盛会”，在线下举办无人机产品展览推介会，形成协同效应，打造科技澳门的旅游形象。

B.14

2022年肇庆旅游发展报告

廖继武　李朝军*

摘　要：　肇庆是粤港澳大湾区重要的节点城市与潜力城市，是粤港澳大湾区面向大西南的枢纽门户城市，具有较好的旅游发展条件。由于过道效应与产品老化等原因，肇庆旅游存在与珠三角旅游整体水平差距较大、旅游产业内部协调性不足等问题。2021年，肇庆旅游发展态势良好，发展速度快于省内平均水平，旅游人数与收入双增长；区内差异较小，全域旅游建设初现成效；旅游投资活跃，新建、开业一批大型旅游项目；文旅融合机制初步建立，与相邻地区的旅游合作更为深入。肇庆旅游发展需要冲减过道效应，创新旅游产品；补齐各区短板，协调全域旅游发展；瞄准薄弱环节，吸引外来投资；理顺星湖管理体制，加大文旅融合力度。

关键词：　旅游发展　文旅融合　肇庆

一　肇庆旅游的发展基础

（一）肇庆旅游的发展条件

肇庆自然与区位条件较好，位于广东省中部偏西，行政区包括3区（端州、鼎湖、高要）4县（德庆、封开、广宁与怀集），代管四会市。市域面积

* 廖继武，博士，肇庆学院旅游与历史文化学院副教授，研究方向为边缘地旅游。李朝军，博士，肇庆学院旅游与历史文化学院院长，副教授，研究方向为旅游可持续发展。

14891 平方公里，其中耕地面积 10.66 万公顷，林地面积 110.23 万公顷。全市形成两大截然不同的地理区，市域西北 4 县为山区，经济社会发展水平相对较低；市域东南的城区及四会市为珠三角平原区，经济发展水平相对较高。西江自西向东贯穿市域全境，成为重要的水源区与水上交通要道。肇庆为粤桂两省区的省际边界地区，处于珠三角与大西南的交通通道上，是粤港澳面向大西南的枢纽门户城市，贵广、南广高铁在此交会，交通较为便利。

肇庆经济社会发展水平处于全国中等偏下。2021 年末，全市常住人口为 412.97 万人，其中城镇常住人口为 214.37 万人，占常住人口的比重（常住人口城镇化率）为 51.91%。2021 年全市实现地区生产总值 2649.99 亿元，比上年增长 10.5%。其中，第一产业增加值为 458.46 亿元，增长 7.6%；第二产业增加值为 1101.48 亿元，增长 15.3%；第三产业增加值为 1090.04 亿元，增长 7.5%。三次产业结构为 17.3∶41.6∶41.1（全国为 7.3∶39.4∶53.3）。人均地区生产总值为 64269 元（全国为 80962 元），比上年增长 10.0%。肇庆主要经济与社会发展指标值都略低于全国平均水平，珠三角在全国属发达地区，地处珠三角的肇庆发展水平与其所处的位置不太相符（黎传熙，2018）。

肇庆发展战略是向东融入珠三角。在城市发展、产业发展上，肇庆采取较多措施主动接驳珠三角一体化与广佛肇一体化。首先在城市建设上采取东靠战略，从空间上拉近与广佛的距离。在紧邻佛山的四会大旺设立肇庆高新技术产业开发区（归市政府直管），将城区范围扩大到辖区东部，靠近广佛地区。在城市东部的鼎湖区另设肇庆新区，规划将之建成肇庆新城市中心，肇庆高铁站已设于此。肇庆新区建成后将肇庆城市中心向东推移 30 公里左右，即与广佛缩短约 30 公里的空间距离。其次主动承接广佛及珠三角产业转移，境内有大旺、怀集、德庆、封开等产业园区。通过承接珠三角产业转移发展第二产业，加强与珠三角的经济联系，缩小与珠三角的差距。产业园建设是从企业层面将肇庆融入珠三角的主要举措，是肇庆主动融入珠三角的有效平台。

（二）肇庆旅游的历史发展

肇庆是传统的旅游城市。肇庆城区地处珠三角平原与粤西北山地交界地带，山、城、河、湖交汇融合，自然环境得天独厚。依托国家历史文化名城与第一批国家重点风景名胜区的资源优势，肇庆成为广东省内著名的旅游城市。肇庆在改革开放前是广东接待外地客人的主要地点，有多名党和国家领导人视察过肇庆。肇庆在历次城市总体规划中均将其城市性质定位为旅游城市，历届肇庆政府非常重视旅游业发展，极力改善基础设施与接待条件，吸引游客前来旅游观光、休闲度假。近年来，随着珠三角新兴旅游城市的兴起，肇庆旅游在广东的地位逐渐下降，旅游人数、旅游收入在珠三角地区也不及其他城市。2021 年肇庆全市接待入境过夜游客 1.3 万人次，国际旅游外汇收入 0.062 亿美元；国内过夜游客 616.8 万人次，国内旅游收入 102.3 亿元。国际、国内两项旅游发展指标均与珠三角其他城市有较大差距，且差距还在继续拉大。

肇庆发展旅游的基础（生态环境）良好。肇庆是珠三角地区山地分布最广的城市，依托丰富的山地森林资源，肇庆形成了良好的生态环境，其中孕育了诸多旅游价值较高的自然景观。以优美自然景观为核心吸引力（王小春，2019），建设了一批以山水风光为特色的自然类景区，其中以鼎湖山、七星岩为代表。在众多自然风光类生态景区中，肇庆形成了以鼎湖山为中心的自然类景区的旅游集聚区（邓逸铭、廖玉滢，2021），包括九龙湖旅游风景区、紫云谷风景区、黄金沟景区、贞山景区等。良好的生态环境是肇庆旅游市场的主要吸引力，外地游客来肇庆旅游的主要目的也是享受肇庆良好的生态环境、清新的空气以及相对原生态的乡村景观与人文景观。

景区业的独大引致旅游产业协调性不足。良好的生态基底为景区业发展提供了优势条件，游客市场的需求进一步催生景区业的发展，导致肇庆景区业规模持续扩大，景区数量不断增加（欧丹丽，2022），成为旅游三大产业中唯一连年正增长的产业。而在景区业内部，具有国家历史文化名城底蕴的人文类景区未能吸引游客兴趣，接待量不足。景区业的持续增长并未带动酒店业的良性发展，酒店业的短板日益显现，主要表现为高档酒店缺位，直至 2021 年才开张第一家国际品牌酒店——喜来登酒店，五星级酒店一直保持 1 家的数量。旅行社业的主要服务是组团业务，而非地接业务，这与肇庆景区数量多的产业现状不符，也是旅行社业与景区业不协调的表现之一。旅游业的三大产业未能按产业内部的经济技术联系产生合理的企业规模，形成协调的内部产业结构，致使旅游业整体效益不高。

二　研究方法与数据来源

（一）研究方法

本报告采用质性研究与定量研究相结合的方法进行分析。肇庆旅游发展态势分析、原因、建议等主要采用质性研究的方法，通过实地调查、深度访谈等方法得出相关观点与结论。应用比较法分析肇庆旅游与珠三角旅游的差距，应用聚类分析法、均值分析法分析肇庆旅游的区域差异。对各类统计年鉴、网络资料、期刊、新闻报道等进行统计、归纳与分析，对旅游项目建设、旅游管理等内容进行深入甄别研判。

（二）数据来源

本报告的数据主要有三个来源：政府部门、互联网与课题组调研。政府部门数据来源包括统计年鉴、统计公报、年度工作总结报告、各种发展规划报告等，具体有《广东统计年鉴》、《肇庆统计年鉴》、《肇庆市国民经济和社会发展第十四个五年规划和2035年远景目标纲要》、《肇庆国民经济和社会发展统计公报》、《肇庆旅游发展“十三五”规划》、《肇庆市2021年政府工作报告》、《2021年度广东省旅游景区游客满意度大数据调查报告》、肇庆各类规划报告等。互联网数据主要包括各个旅游门户网站发布的各种数据、有关肇庆景区酒店以及涉旅游部门的数据，包括携程、大众点评、百度等网站中大众针对肇庆及其旅游部门的评论、检索等内容。课题组调研数据有针对主要景区、酒店与旅行社等企业以及游客的调研，收集它们运营情况数据、游客出行意愿数据等。

三　肇庆旅游发展态势分析

（一）旅游人数与旅游收入

在疫情防控常态化时期，2021年肇庆旅游呈现较强劲的复苏态势，旅游人数有较大增速，全年接待游客达618.1万人次，同比增长约1/4，尤以国内游客人数增长迅速。入境游客人数与国内游客人数呈相反态势，不增反降，且为大幅下降，2021 年全市仅接待入境过夜游客 1.3 万人次，同比下降 63%；国内过夜游客 616.80 万人次，增长 23.9%。与旅游人数相比，国内旅游收入增长更为迅速，2021 年国内旅游收入为 102.30 亿元，增长 51.4%；国际旅游外汇收入为 0.062 亿美元，国际旅游外汇收入变化趋势与入境旅游人数一致，呈现减少趋势，下降了 63.4%。总体上，肇庆旅游发展态势良好，旅游人数与旅游收入均有较大增长，增长速度均大于全省平均速度。

肇庆旅游发展态势虽好，但与珠三角的整体水平差距较大（杨州等，2022）。肇庆旅游接待规模远不及珠三角其他城市，旅游人数、旅游收入两个指标均与其他城市有较大差距。从旅游人数看，肇庆仅多于东莞，在珠三角排名倒数第二位；与广州、深圳相比，有数倍差距，不及它们的 1/6；与其他城市相比，差距也较为显著，仅相当于其他城市的 40%~80%。从旅游收入看，肇庆与珠三角其他城市的差距更大，排名倒数第一位，且与倒数第二位有 22.53 亿元、与倒数第三位有 41.64 亿元的差距，与其他城市的差距更在 1 倍以上，最高达 27 倍的差距。东莞在旅游人数少于肇庆的情况下，旅游收入仍是肇庆的 3 倍多，说明东莞旅游业的效率与效益均高出肇庆很多，其在珠三角旅游区发挥一定的带动作用（苏海洋，2021），也进一步说明肇庆与珠三角其他城市的差距之大（见表 1）。因此，肇庆旅游发展的整体水平还有待提高，与珠三角的整体水平差距还较大，还有很大的提升空间。

表 1　2021 年肇庆与粤港澳大湾区内地其他城市旅游比较

城市	旅游人数（万人次）	同比增长率（%）	肇庆相当于该市的比重（%）	旅游收入（亿元）	同比增长率（%）	肇庆相当于该市的比重（%）
广州	4307.73	3.0	14.32	2885.89	7.7	3.54
深圳	6364.33	27.8	9.69	1601.53	16.3	6.39
珠海	1004.71	4.1	61.39	208.12	11	49.15
佛山	1596.86	-9.1	38.63	333.55	2.5	30.67
东莞	455.36	17.46	135.45	379.58	5.84	26.95
惠州	1366.58	5.4	45.13	219.60	6.7	46.58
中山	839.66	-14.5	73.46	143.94	21.25	71.07
江门	776.97	30.27	79.39	124.83	20.8	81.95
肇庆	616.80	23.9	100.00	102.30	51.4	100.00

资料来源：各市 2021 年国民经济与社会发展统计公报。

肇庆旅游的快速发展既与疫情防控常态化阶段整个旅游行业迎来复苏的大环境有关，也与肇庆自身的努力相关。近年来，肇庆努力提高接待业的服务能力与水平，特别是在景区与酒店接待方面做了大量的工作。肇庆市文广旅体局大力推进景区“创A”与酒店“评星”工作，通过“创A”与“评星”来提高景区与酒店的接待水平，也使国家A级景区数量与星级酒店数量大幅增加。“十三五”期初，肇庆A级景区不到5家，2021年A级景区数量增加到38家，仅2021年一年A级景区数量就增加12家。同时通过改善旅游公共设施、创建全域旅游示范区、创建省级旅游度假区等手段从整体上提升肇庆旅游吸引力，通过核心吸引力的提升来吸引外地游客，增加旅游人数与旅游收入。

由于肇庆区位条件的变化与旅游市场的变化，加之旅游产品老化不能产生持续吸引热度，肇庆旅游相比珠三角其他城市旅游出现较大差距。快速交通方式的出现，特别是高铁、高速公路的出现，以及自驾游的兴起，使肇庆毗邻珠三角旅游市场的区位优势不再，肇庆在旅游市场中由目的地成为过境地。珠三角游客将肇庆作为前往大西南地区旅游的过境地，大西南地区的游客前往珠三角旅游也只是把肇庆作为过境地，肇庆被相邻的两大旅游市场当成过境地，区位成为旅游发展的劣势，很难与珠三角其他城市竞争。肇庆是广东省内传统旅游城市，以山水旅游资源的优势吸引珠三角游客，肇庆也一直将山水旅游资源作为开发的重点，其弊端显而易见，即以观光产品为主，游客消费数量大而消费额低，成为旅游业效率与效益双低的主要原因。

（二）旅游分区与区域差异

基于自然条件的平原-山区差异，肇庆可分为西北部的自然生态旅游区与东南部的历史文化旅游区。西北部主要由山区4县构成，封开国家地质公园、黑石顶省级自然保护区、盘龙峡生态旅游区、广宁竹海大观旅游区、宝锭山、怀集燕岩、冷坑温泉等均是依赖自然旅游资源开发而成的景区。东南部包括肇庆城区与四会市，依托国家历史文化名城与城区优势，开发历史文化景区及主题公园型景区，如宋城墙、阅江楼、包公文化园等。近几年开发的景区也是以人文类景区为主，如恒大世纪梦幻城、万达国家度假区、华侨城卡乐星球文化科技体验区等。肇庆最优质的旅游资源是鼎湖山与七星岩组成的星湖风景名胜区，它位于端州区与鼎湖区，属于东南部历史文化旅游区。因此，肇庆最好的旅游资源，不管是自然旅游资源还是历史文化旅游资源都位于东南部，东南部是旅游资源优势区。西北部也有历史文化价值深厚的旅游资源，主要是德庆的悦城龙母祖庙与德庆学宫，封开是粤语、广府文化的发源地，也有丰厚的文化内涵。因此，两大旅游区均是自然旅游资源与历史文化旅游资源兼具的综合性旅游区。

在上述质性分析的基础上，本节应用定量的方法验证旅游分区是否合理。以旅游人数、旅游收入为指标，应用 SPSS 的聚类分析功能，对 8 个下辖地区进行分类，结果如表 2 所示。端州、四会与德庆划为一类，鼎湖、高要与西北的封开、怀集、广宁分为一类，这种分类结果与按地理条件的质性分析结果有些许差异，但大体一致，即山区为一类、平原为一类。鼎湖与高要在定量分类与质性分类中的结果不一致，主要原因是鼎湖体量（人口、面积、经济等）小，旅游业虽是支柱产业，但产业规模小，旅游业各项指标值与西北 4 县相比没有优势。高要是重要工业区，境内各镇都有一定规模的制造业，是各镇的支柱产业，加之高要建市之后从端州分出迁至南岸镇，旅游资源相对不足，旅游产业在国民经济中的地位与贡献无法与端州、四会相比，而与西北 4 县不相上下，部分指标甚至低于西北 4 县。因此，鼎湖与高要和西北 3 县被分成同类旅游区。德庆是西北山区旅游发展基础最好与最早的县域，有盘龙峡生态旅游区、德庆学宫、悦城龙母祖庙等 4A 级景区，旅游人数与旅游收入指标在山区各县均处首位，与东南区各市区不相上下，因此与之分为一类。整体上，质性分析与定量分析的结果表明两大旅游区的分类符合肇庆实际。

表 2　2020 年应用 SPSS 聚类分析法的肇庆旅游分区结果

地区	旅游人数(万人次)	旅游收入(亿元)	聚类	中心距离
端州	172. 96	22. 04	1	32. 60
鼎湖	165. 50	12. 83	2	37. 49
高要	146. 19	10. 33	2	18. 04
四会	270. 10	24. 05	1	64. 86
广宁	103. 96	8. 04	2	24. 26
德庆	173. 22	11. 15	1	33. 17
封开	63. 48	3. 45	2	64. 96
怀集	161. 83	10. 88	2	33. 68

资料来源：肇庆市文广旅体局。

按自然地理条件的定性分类与按旅游产业指标的定量分类，虽然分类方法不同，但分类结果与实际情况吻合。因此，肇庆旅游的区内差异可以按两类地区进行分析，即东南区与西北区。东南区是旅游相对发达区，西北区是旅游相对欠发达区，东南区与西北区之间存在明显的差异（见表3）。从表3可知，东南区贡献了肇庆旅游人数的60%和旅游收入的67%。从旅游产业的接待能力看，东南区与西北区差异性不大，如星级酒店西北区还略多于东南区，A级景区则是西北区略少于东南区，按此指标的东南区与西北区旅游接待能力相当。从接待设施看，东南区旅游接待能力要显著高于西北区，东南区有星级酒店中的五星级酒店，西北区没有；A级景区中最高等级的5A级景区，东南区有1家，西北区没有。从县域看，四会各指标值远高于其他地区，封开则远低于其他地区，极值差异较大。因此，肇庆旅游两大分区的差异较小，但县域之间的差异较大，说明全域旅游建设取得了较好的成果。

表3　2021年肇庆东南区与西北区旅游的区域差异

单位：万人次，亿元

旅游指标	地区	均值	标准差	极小值	极大值	组中值
旅游人数	东南区	188.6875	55.43479	146.19	270.1	169.23
	西北区	125.6225	51.34024	63.48	173.22	132.895
	全市	157.155	59.85804	63.48	270.1	163.665
旅游收入	东南区	17.3125	6.74762	10.33	24.05	17.435
	西北区	8.38	3.57507	3.45	11.15	9.46
	全市	12.8463	6.91286	3.45	24.05	11.015

资料来源：肇庆市文广旅体局。

（三）旅游投资与项目建设

作为广东省内著名的旅游城市，肇庆旅游在省内有过辉煌历史，但内外发展条件的变化，致使城市总体实力不断下滑，旅游业地位也随着城市实力的下滑而下降。投资是拉动经济发展的“三驾马车”之一，在肇庆旅游发展中，扩大投资是促进旅游经济发展的有力手段。肇庆认识到投资对旅游发展的重要性，采取各种措施全力吸引投资建设旅游产业，旅游投资呈现良好发展态势。

2021 年，肇庆旅游投资呈现以下特点。

一是投资重点是酒店业与景区业，特别是酒店业。2021 年，住宿和餐饮业固定投资增长 216.6%，增长速度远大于其他行业。然而，肇庆旅游投资仍处在补差距阶段，即投资重点在弥补肇庆旅游业与珠三角地区的差距方面，其中酒店业与其他城市的差距最为显著，急需建设一批高档次酒店来提升肇庆酒店业的水准。二是景区行业的投资重点是新兴产业，特别是旅游综合体。在人文类景区方面，肇庆缺少大型的、起带动作用的龙头景区，所以迫切希望引进大型公司以弥补该缺陷，恒大、万达、华侨城等正是基于此目的引进的大型公司。三是投资区域重点是东南历史文化旅游区，特别是鼎湖区（肇庆新区）。表 4 为 2021 年新开工旅游项目，共有 6 项，其中东南区占 4 项，西北区只有 2 项。鼎湖区是东南区唯一同年开工 2 个项目的区域。

表 4　2021 年新开工旅游项目一览

单位：亿元，平方米

序号	项目名称	投资额	占地规模	所在区域
1	温德姆至尊酒店	10	3616	端州
2	肇庆壹号酒店	1.2	4492	鼎湖
3	肇庆万达国家度假区项目	100	1666675	鼎湖
4	高要龙塘农业旅游生态园	2	3333000	高要
5	怀集县盛世文旅综合体项目	1.5	11297	怀集
6	怀集红霞湾牛仙谷(一期)	1.26	2000010	怀集

资料来源：肇庆市文广旅体局。

旅游投资对肇庆旅游的推进效果显著。一是带动酒店业档次的提升。2021 年，酒店业出现了较大的改变，新开业了第一家国际品牌酒店——喜来登酒店，位于肇庆新区，有 398 间客房，1700 平方米的会议空间。第二家国际品牌酒店——温德姆至尊酒店（奥威斯酒店改建）也于 2021 年开工建设，两大酒店的建设正式结束了肇庆没有国际品牌酒店的历史，也将酒店业的档次提高到一个新的水平。其他新建酒店也不断涌现，不断改变肇庆酒店老化、陈旧的形象。二是促进景区业进入发展新兴业态与综合业态的阶段。代表性的项目有万达国家度假区，建设“一区五中心”，即肇庆国家度假区、国家度假中心、国际赛事中心、国际会议中心、特色文化中心、商业消费中心；卡乐星球文化科技体验区，建设星际大街、时光港湾、童话王国、云部落以及后勤区等功能区。规划的大型项目还有广宁县绥江两岸特色文化旅游项目，计划投资达50亿元。

投资结构特征是由补齐行业短板与市场新兴需求决定的。肇庆旅游业的短板在于产业内部的不协调，突出特点是酒店业与景区业不匹配，酒店业中高档酒店不足。建设高档酒店是肇庆旅游发展的内在要求，也是旅游市场对酒店的需求。肇庆酒店业中高档酒店的不足也为资本投资留下盈利空间。国际品牌酒店的缺失，更是肇庆酒店业发展的最大短板，也是资本投资进入该领域的极好条件。作为传统旅游城市，肇庆传统旅游景区数量多，各个县市区之前均有大力建设，已不缺传统景区。新业态是市场的宠儿，资本投资新业态符合市场导向原则，肇庆旅游投资受这一规律制约，投资均在新兴的旅游综合体项目。东南部自然条件、经济基础均好于西北部，特别是肇庆市政府正在大力推进肇庆新区建设，投资政策向新区倾斜，使东南部地区成为投资的热点。

（四）旅游管理与融合发展

肇庆提出旅游振兴的目标，为整合全市力量投入旅游振兴工作，促进景区业与酒店业的提质增效、旅游新业态培育，肇庆在旅游管理体制机制方面进行了较大规模的探索与改革。主管旅游业务的是肇庆市文广旅体局，这与其他地方一样，但肇庆市文广旅体局之上还设有肇庆市旅游发展委员会，委员会主任由市主要领导兼任，委员会各部门由专兼职工作人员共同组成。在文化、广电、体育等部门合并组建新部门后，肇庆市旅游发展委员会也进行了相应的扩充，更名为肇庆市文化和旅游发展委员会，以统筹全市文化与旅游发展。实际上，肇庆旅游行政管理是双重管理体制，有关旅游的大政方针、重大事项由委员会负责，具体业务管理工作由文广旅体局负责。

肇庆旅游管理体制中还有一个特殊的部门——星湖风景名胜区管理局，它是兼具行政部门与旅游企业双重属性的单位，由市政府直管，其功能主要是发展星湖风景名胜区，还兼具公共广场管理、环保、文保等功能。星湖风景名胜区管理局经营星湖景区，是旅游企业，又管理牌坊公园、牌坊广场、文保所、环保站等公益部门，是事业单位。星湖风景名胜区管理局直归市政府管理，所有管理制度参照政府相关制度执行，使星湖风景名胜区管理局在企业经营管理活动中未能有足够的自主权，不能根据市场变化采取相应行动，影响企业的发展壮大，企业的改革也步履维艰。这种复合型的管理模式，实际上忽视了星湖风景名胜区的企业属性，使之不能按企业自有规律开展经营活动，制约了景区的可持续发展。对星湖风景名胜区改革是肇庆旅游体制改革中的大事，星湖风景名胜区是肇庆旅游的一张名片，承载带动肇庆旅游发展的重任，如何改革值得深思。

肇庆旅游的融合发展主要从两个层面开展：一是产业系统的融合发展，包括旅游产业内部的融合发展、旅游业与文化事业的融合发展；二是肇庆与相关地区的合作发展，主要是相邻地区的合作发展，包括云浮地区、贺州地区、桂林地区、梧州地区等。

区域旅游合作是肇庆大力提倡的旅游发展举措。之前，肇庆市重视与珠三角地区的合作，特别是与广州、佛山的合作。2021 年，肇庆主要推进与非珠三角地区的合作，特别是离肇庆最近的云浮与贺州是合作的重点。肇庆与云浮正式签署《肇庆、云浮文化旅游体育一体化发展合作框架协议》，标志着两地以“一体化”为目标的旅游融合发展进入新阶段。肇庆与贺州的合作以“粤桂画廊”为载体稳步推进，召开两次协作专门会议，并共同在中山市举办了“多彩肇贺·行走粤桂”2021 肇庆、贺州（中山）文旅推介会。肇庆与其他地区的合作主要是市场开拓，包括参与“行走两广　五彩纷呈”2021 华南五市旅游联盟（重庆）推介会，举办 2021 年两广城市文化和旅游合作联席（视频）会议。另外肇庆还与鸡西举行了文化体育旅游对口合作项目视频研讨会。

产业融合的重点是文旅融合，肇庆通过引进、建设综合性的文旅项目极力推动文化与旅游的融合发展，以实现文旅融合。2021 年引进建设的文旅融合项目主要有万达国家度假区、华侨城卡乐星球项目等。通过举办文化类节事活动，促进文化与旅游的共同发展，举办了跨年音乐会、光影艺术节等。另外就是促进文化事业向旅游转变，重点发展红色旅游，通过保护红色文物、挖掘红色文化内涵，使红色文化成为肇庆推介的重点文化，并通过评选肇庆红色旅游十景，向广大游客与市民推介肇庆红色文化。实施文化场馆旅游化，包公文化园、阅江楼等文化单位成功创建为 3A 级景区，启动端砚文化旅游区建设。推动旅游景区的文化建设，将“非遗”技艺、民俗活动、文艺表演引入景区，丰富旅游体验。在旅游行业开展文旅融合“粤书吧”试点建设，在不同行业不同领域推进全民阅读工作。

四 肇庆旅游发展建议

（一）冲减过道效应，创新旅游产品

肇庆旅游的弱势在于过道效应与产品老化的影响，发展旅游应以冲减过道效应、创新旅游产品为首任。冲减过道效应要以提高肇庆旅游吸引力为目标，从整体上打造肇庆旅游产品。打造肇庆整体旅游产品可实行“做强‘一核’、做实‘一环’、做特‘一带’”的战略。“一核”指城区旅游发展核心，这是肇庆旅游资源的精华所在，有鼎湖山、七星岩、宋城墙、阅江楼等国家级旅游资源，且旅游发展条件与经济发展基础较好，要建成有国际竞争力的旅游目的地。“一环”指二广高速、广佛肇高速、怀阳高速串联而成的肇庆千里旅游画廊，曾是全国著名的自驾游线路，要充分利用高速公路环线开通的条件整合沿线资源，建成自驾游的“天堂”（民革肇庆市委会，2018）。“一带”指西江沿线旅游带，充分利用西江黄金水道，挖掘水体文章，创新产品形式，建成文旅融合的特色旅游带。

针对旅游产品老化的问题需要丰富、创新旅游产品，改变相对单一的山水旅游产品形象，加快构建多层次、立体式的旅游产品体系。推动康养度假产品建设，利用好生态、文化资源，推出多种形式的康养旅游产品（生态康养度假、养老度假服务、体育旅游、南药保健、医养服务等）。利用好肇庆文化，深入挖掘整理非遗资源，促进非遗与旅游景区（陈丽灵等，2021）、研学游等融合，将端砚、粤剧、武术、龙狮、疍家人婚俗等非遗项融入旅游项目开发与建设。开发会展旅游，利用会展中心、体育中心等场馆资源，以及酒店宴会设施等，引入或打造会展旅游品牌，将之建成旅游产业新亮点。重视乡村旅游，推出包括新型民宿、乡村休闲吧、乡村养生吧、美丽乡村、渔家乐、运动小镇、南药保健小镇等新业态。建设新业态，极早谋划元宇宙、邮轮旅游，创新夜经济等形态，丰富旅游产品体系。

（二）补齐各区短板，协调全域旅游发展

根据各地资源优势形成的东南部历史文化旅游区与西北部自然生态旅游区是肇庆旅游经济的基本分区，也是全域旅游差异的显著特征，旅游发展要在尊重各区差异的基础上，明确各区的重点方向，按全域旅游建设要求，同步推进各区旅游发展。在遵循“一核一环一带”空间布局的基础上，各区因地制宜推进旅游发展。东南部历史文化旅游区重点立足国家历史文化名城的历史文化底蕴，着重文旅融合，侧重人文类景区的开发。西北部自然生态旅游区要立足山区山水旅游资源优势，响应乡村振兴这一国家战略，侧重乡村旅游的开发。以全市环形高速公路为基础，结合清云高速和即将开通的肇明高速，进一步优化域内交通网络，打造以端州为旅游集散中心，连通各县市的旅游交通网络，建成各区旅游协调发展的交通支持系统（邓逸铭、廖玉滢，2021）。设计连接各市的特色旅游专线，如肇庆“红十景”、红色铁军等主题旅游线路，协同推进各县市旅游发展。

按“抓两头、促中间”策略，持续推进各区旅游发展。高要区在东南部历史文化旅游区内旅游发展水平相对较低、端州区相对较高，东南部历史文化旅游区的协调发展应以高要区和端州区为重点地区，大力推进两区的旅游发展。端州区要做强府城复兴项目、星湖风景名胜区、阅江楼等，打造肇庆城市RBD，构建城市休闲旅游的引爆点。高要区要做强恒大世纪梦幻城、猫爪谷等项目，建设一批新的旅游接待设施，扩大旅游空间，延长旅游时间。鼎湖区是肇庆新区所在地，也是市政府大力发展的潜力区，要以新业态为重点，引进大项目，建成旅游新区。西北部自然生态旅游区内的德庆县是旅游发展基础最好的县域，封开县是相对较弱的县域，两县宜作为开发的重点地区。德庆县重点是复苏、盘活现有景区，如盘龙峡生态旅游区、金林水乡、悦城龙母祖庙等。封开县要以省际廊道建设为重点，推动农旅、体旅、文旅融合发展。

（三）瞄准薄弱环节，吸引外来投资

协调区域旅游发展、补齐旅游发展短板要通过项目建设实现，项目建设以投资为基础，投资是区域旅游发展的终极力量。肇庆旅游发展必须改变以往过度依赖资源的开发思维，强化资本驱动。针对肇庆旅游项目规模小的问题，要

重点引入大集团、大企业、大项目（卢东辉等，2021）。突出肇庆资源优势和地方特色，整合包装、大胆谋划一批重点旅游文化产业项目，大力实施“请进来、走出去”战略，多渠道、多方位引进国内外大型企业到肇庆投资开发，兴建旅游酒店、旅游餐饮、旅游娱乐设施、旅游综合体、旅游创新型企业等。要高度重视旅游招商工作，加快建立市级、县（市、区）级重点招商项目库，紧盯国内大型旅游企业、国际知名旅游集团，积极开展定点招商和上门招商活动，努力引进国内外旅游战略投资。对已有投资意向的大企业，需要做好项目配套服务工作，特别是已引入的万达集团、恒大集团、华侨城集团、温德姆酒店集团等，要切实帮助它们解决在建设过程中遇到的问题，尽快使项目落地。

针对肇庆旅游投资地域不均的问题，站在全市“一盘棋”的角度，有区别、有针对性地制定扶持政策，按东南部与西北部实行有差别的奖励扶持政策，适当向西北部倾斜。西北部优先扶持粤桂边界地区的旅游建设，特别是封开县与怀集县的省际廊道建设项目，发挥在粤桂合作中广东的先行作用与带动作用。从全域旅游建设出发，要重视高要区与鼎湖区的旅游投资与项目建设。高要区要重点吸引外来投资者投资旅游领域，建设一批旅游设施，弥补旅游设施不足的问题。鼎湖区要重点引进大型项目、新型项目，在主题公园、旅游综合体、康养度假等方面吸引投资，实现肇庆旅游产业跃升式的发展。同时要预防旅游项目过度房地产化，甚至变成圈地运动的问题。

（四）理顺星湖管理体制，加大文旅融合力度

以肇庆市风景名胜区整合优化为突破口，改革旅游管理体制。肇庆市风景名胜区整合优化的重点是星湖风景名胜区，建议七星岩保留国家风景名胜区的招牌、鼎湖山全部改为国家自然保护区。鼎湖山主体管理权移交给华南国家植物园，由华南国家植物园统一管理。借国家设立华南国家植物园的契机，按国家植物园的要求进行自然保护与旅游开放。肇庆在鼎湖山保留观光车的经营权和已有物业的收益权。将鼎湖山的管理归于统一，化解因管理主体多元而产生的诸多弊端。按星湖风景名胜区管理局现有功能进行拆分，企业功能由七星旅游集团有限公司接管，直属市国资委管理，或者按城市公园进行管理。星湖风景名胜区管理局的环保、文保等其他功能归还给对口的相应管理部门。

以肇庆市文广旅体局为组织保障，建设文化、广电、旅游与体育融合发展

的平台，促进文化与旅游、体育与旅游融合发展。实施文旅融合项目带动策略与政府引导策略，利用国家历史文化名城的资源、结合旧城改造，高质量建设府城复兴项目，将其作为文旅融合的龙头项目；以砚文化为主线，串联“砚坑—砚道—砚岛—砚村”，建设端砚非遗文化生态旅游项目，将“中国砚都”的文化优势与西江旅游带的开发融合推进；以肇庆良好生态环境、丰富的南药资源，结合港澳先进科技与养老市场，建设“肇港国际康养”等项目，推动建设全国中医药健康旅游示范区。政府做好项目培育与招商引资工作，通过大型文化旅游项目的带动与示范，推进全市文旅融合发展。

参考文献

陈丽灵、赖晓俐、冯馨乐，2021，《粤港澳大湾区背景下推动肇庆端砚非遗文化与旅游融合发展研究》，《当代旅游》第 23 期。

邓逸铭、廖玉滢，2021，《肇庆市旅游资源市场空间结构的分析与优化》，《中国市场》第 21 期。

樊玲玲、谢朝武、吴贵华，2022，《智慧旅游城市建设能否提升旅游业绩——170 个旅游城市的实证》，《华侨大学学报》（哲学社会科学版）第 3 期。

黎传熙，2018，《湾区区域经济下协同层城市发展战略新思考——以粤港澳大湾区肇庆市发展为例》，《天津商业大学学报》第 5 期。

卢东辉、陈东旭、陈嘉琪，2021，《粤港澳大湾区视域下广东乡村旅游可持续发展模式——以肇庆市为例》，《广东开放大学学报》第 2 期。

民革肇庆市委会，2018，《关于在粤港澳大湾区背景下　擦亮千里旅游走廊品牌　推动肇庆文化旅游大发展的建议》，《西江日报》6 月 11 日。

欧丹丽，2022，《肇庆全域旅游示范区建设困境与优化路径研究》，《北方经贸》第 7 期。

苏海洋，2021，《基于联系能级的粤港澳大湾区城市旅游网络结构及其效应研究》，《暨南学报》（哲学社会科学版）第 11 期。

王小春，2019，《粤港澳大湾区发展对肇庆旅游业的影响》，《开发研究》第 5 期。

杨州、吴开军、郭莹莹，2022，《粤港澳大湾区旅游流时空分布特征研究》，《特区经济》第 8 期。

B.15
广州市海珠区城市旅游可持续发展思路和实践探索

周颖诗　邹荷婷*

摘　要： 海珠区是广州市中心城区，区域条件优越，旅游基础良好，旅游产品开发程度高，旅游业发展快速前进。本报告从文化遗产的保护和利用，城市环境的改善，绿色、创新、特色的产业发展和城市竞争力不断增强四个维度总结了海珠区城市旅游可持续发展的良好实践。同时，海珠区面临旅游资源分布不均、品牌形象不突出、管理体制存在缺陷和市场化程度不高等问题。针对海珠区现有问题，本报告提出从四个方面进行改善：一是统筹区域规划，突显中心城区独特环境优势；二是深挖资源内涵，塑造旅游品牌形象；三是强化融合发展，培育引进优质主体；四是理顺管理体制，推动旅游可持续发展。

关键词： 城市旅游　可持续发展　海珠区

引　言

可持续发展较为公认的定义为“既满足当代人的需要，又不对后代人满足其需要的能力构成危害的发展”，其在1992年联合国环境与发展大会上取得共识。可持续发展的主线在于正确分辨和处理“人与自然”和“人与人”两大基本关系，是以人为中心的“自然-社会-经济”三维复合系统的可持续发

* 周颖诗，硕士，广州市海珠区旅游发展指导中心职员，研究方向为旅游规划与开发、可持续旅游。邹荷婷，中山大学旅游学院本科生，研究方向为可持续旅游。

展。旅游业离不开人与自然，旅游可持续发展被日渐重视，在 Globe'90 世界大会文件《可持续旅游发展行动战略》中，旅游可持续发展被认为是在保持和增强未来发展机会的同时，满足外来游客和旅游接待地区当地居民的需要，在旅游发展中维护公平，它是对各种资源的指导，以使人们在保护文化的完整性、基本生态过程、生物多样性和生命维持系统的同时，满足经济、社会、美学发展的需要。

城市旅游可持续发展是全球面临的主要挑战：城市是全球人口的主要居住地，是经济增长的重要动力，更是实现可持续发展目标的重要议题。随着全球城市化进程持续加快，城市人口拥挤、交通堵塞、环境污染等问题愈加严重。此外，城市作为文化发展和文化汇聚的地方，保护和捍卫城市文化和自然遗产也是可持续发展的重要内容。与此同时，城市旅游带来大量游客，进一步增加了城市在环境、交通、安全等方面的压力。因此，城市旅游目的地需要将旅游与城市发展相结合，以旅游促进城市在环境、社会和文化等多方面的可持续发展。

广州市海珠区总面积 90.4 平方公里，由海珠岛（河南岛）、官洲岛和丫髻沙岛构成，是广州市的中心城区之一，经济发展水平高，人口集中度高。同时，作为一个有两千多年历史的古城区，海珠区内遗迹旧址、名人故居和纪念建筑众多，有邓世昌故居、大元帅府旧址、十香园、黄埔古港遗址等。近年来，海珠区在旅游可持续发展方面走出了一条特色之路，本报告通过分析其旅游可持续发展的实践，总结发展问题和机遇，为城市旅游可持续发展提出一般性建议。

一　研究方法与数据来源

本报告主要采用质性研究方法进行分析。通过对海珠区进行实地调查，结合各类统计年鉴、网络资料、期刊、新闻报道等，对海珠区城市旅游的现状、优点和问题等进行质性分析，并针对海珠区存在的问题提出建议。

本报告的数据主要有三个来源：政府部门、互联网与实地调研。其中，政府部门数据包括统计年鉴、统计公报、年度工作总结报告、各种发展规划报告等，具体有《广州市海珠区文化广电旅游体育发展“十四五”规划》等。互联网数据包括旅游门户网站发布的相关数据，以及携程网、大众点评网及旅游自媒体等针对海珠区的评论、检索等内容。本研究团队对海珠区旅游发展进行了长期的深入调研，从多个维度了解了海珠区的旅游和城市发展情况。

二 海珠区旅游发展情况

（一）海珠区概况

海珠区区位条件优越。位于广州市中部，珠江环绕，是广州市城区中心唯一的岛区。北部与越秀区、天河区隔江相邻，东部、西部、南部分别与黄埔区、荔湾区、番禺区相望。区域面积为90.4平方公里，下辖18个行政街道。

长期以来，广州的城市中心都在珠江北岸，位于珠江南岸的海珠区是广州市工业老区，发展长期滞后于珠江北岸区域，曾被戏称“宁要河北（越秀等区）一张床，不要河南（海珠区）一间房”。但随着近年来城区建设步伐的加快，海珠区的区位优势逐渐凸显。海珠区如今是广州城市发展的后起之秀和明日之星，正全力打造“一区一谷一圈”（琶洲人工智能与数字经济试验区、中大国际创新生态谷、海珠新活力文商旅融合圈）发展空间格局，积极推动老城区新活力，建设文化强区，全方位融入粤港澳大湾区发展，与港澳接轨，面向世界。2020年末，全区常住人口181.9万人。2021年，地区生产总值为2405.16亿元，同比增长9.3%，增速高于全国（8.1%）、广东省（8.0%）、广州市（8.1%），位居全市第三，排名为2015年以来最高，增速为2014年以来最高。

（二）旅游发展现状

海珠区旅游基础条件较好。以“江、涌、林、园”的江岛生态系统著称，拥有47公里的环岛江岸线，74条纵横交错的河涌水网。同时，拥有国家A级旅游景区11个，国家级湿地公园1个，特色乡村3个，特色旅游交通线路1条，主要历史文化街区3个，主要公园12个，各类宾馆、酒店、旅馆近400家，星级酒店8家，旅行社服务网点超100个。163.7公里绿道、新型有轨电车、环岛路、地铁等不断完善的交通体系，将绿地、河涌、水体、广场、古村落、旅游景点等串珠成链，自然生态景观和人文旅游资源交相辉映。每年两届的广交会于海珠区琶洲地区举办，让海珠区拥有数量庞大且活跃的客流；广州塔作为广州新中轴线上的地标，每天吸引大量国内外游客聚集于此；广州第一条有轨电车线路“广州有轨电车海珠线”沿珠江铺设，全长 7.7 公里，是目前广州独一无二的特色旅游交通线路；海珠湿地是世界最大的城央湿地，拥有丰富的人文生态资源，每年举办各类活动吸引市民游客参与。作为曾经的工业老区，海珠区通过城市更新，将一批批老旧厂房蜕变成现代化文化科技创意产业园区，太古仓码头、珠江琶醍等大批新兴旅游资源浮现，让海珠区的知名度和美誉度不断提升；广州第一座跨珠江人行桥海心桥的开通，让城市地标广州塔和“城市客厅”花城广场、海心沙连为一体；6.6 公里的阅江路碧道全线建成开放；琶洲港澳客运口岸即将开航。海珠区的变化和发展全社会有目共睹。

海珠区旅游产品推陈出新。经过整合开发，海珠区目前已形成多类型主题旅游产品。涵盖广州塔、珠江琶醍、太古仓码头、孙中山大元帅府纪念馆、广州地铁博物馆、邓世昌纪念馆、潘鹤雕塑艺术园、海珠湿地、海珠湖、黄埔古港古村、小洲村等旅游资源，以及岭南书画艺术节、岭南古琴音乐会、潮流文化周、海珠数字影像周等一系列文旅节庆活动。按主题划分，可分为生态休闲旅游、历史文化旅游、工业旅游、亲子研学旅游、夜间旅游、红色旅游、节庆旅游等旅游产品（见表 1）。按游览方式划分，可分为珠江水上游、环岛陆上游。一是珠江水上游。珠江日夜游、“广州塔-珠江游”联游、海珠环岛深度体验游等。二是环岛陆上游。旅游观光双层巴士游、有轨电车游、绿道自行车游、阅江路碧道漫步游等。其中，开发程度较高、管理较完善、受游客欢迎程度较高的是 11 个国家 A 级旅游景区（见表 2）和广州有轨电车海珠线。

表 1　海珠区主题旅游产品

序号	主题	旅游产品名称
1	生态休闲旅游	海珠湿地观鸟游、海珠湖赏花游、黄埔古港古村和小洲村乡村游、海珠湿地徒步大会体验游等
2	历史文化旅游	黄埔古港古村海丝文化游、广东省第二批历史文化游径“六祖文化历史文化游径”（包含海幢寺）、广东省粤港澳大湾区第一批文化遗产游径“广州孙中山思想传播游径”（包含广州大元帅府旧址、康乐园早期建筑群）、广东省粤港澳大湾区第二批文化遗产游径“广州近代工业遗产游径”（包含太古仓旧址、大阪仓旧址）等

续表

序号	主题	旅游产品名称
3	工业旅游	广东省首批工业旅游精品线路“广州药醉之旅”（包含太古仓码头、广印创意园、陈李济中药文化园、珠江-英博国际啤酒博物馆、广州地铁博物馆等）以及珠江琶醍、T. I. T创意园、B. I. G海珠湾艺术园区等大批工业遗址改造的休闲旅游产品
4	亲子研学旅游	海珠湿地“走读海珠　亲近自然”亲子打卡研学游、工美港“草地帐篷日”产品、香格里拉夏日亲子同乐营产品、保利洲际酒店“童梦乐园”产品、咏声动画科技馆动漫体验游等
5	夜间旅游	广州塔-潮墟-珠江琶醍夜间潮玩打卡游、太古仓观影观展游、“帅府之夜”大元帅府夜间体验游
6	红色旅游	“海珠区新时代新经济体验游”（广州塔、潮墟、广州有轨电车、珠江·琶醍啤酒文化创意艺术区、阅江路碧道、广交会展馆、“广州塔-阅江路”漫步学习带）、“海珠区党史研学教育游”（广州塔、廖仲恺何香凝纪念馆、孙中山大元帅府纪念馆、太古仓码头、洲头咀公园、南华西街历史文化街区、第一次全国劳动大会旧址）、“海珠区探寻红色基因游”（广州塔、陈李济中药文化园、潘鹤雕塑艺术园、海珠湖、海珠湿地）
7	节庆旅游	海珠数字影像周、岭南书画艺术节、岭南古琴音乐会、珠三角咸水歌会、广州国际美食节海珠分会场等

表2　海珠区国家A级旅游景区收费情况

景区名称	广州塔	海珠湿地公园	咏声动画科技馆	珠江琶醍	太古仓码头	陈李济中药文化园	广州地铁博物馆	孙中山大元帅府纪念馆	邓世昌纪念馆	十香园纪念馆	潘鹤雕塑艺术园
收费情况	按游玩项目收费	海珠湿地收费，海珠湖免费	按游玩项目收费	进园区免费	进园区免费	免费	免费	免费	免费	免费	免费

海珠区旅游业发展快步向前。城区面貌日新月异，为市民游客提供了宜居宜业宜游的环境。2020年，海珠区成功被认定为省级全域旅游示范区，着力打造全景共融、全域开放、城区无障碍的发展模式，营造便捷通畅的城区环境，助力海珠区更多元化和全方位地发展。地处广州城市中心，广州市海珠区是粤港澳大湾区的发展核心之一，凭借广州塔、广交会等文商旅名片，每年吸

引超百万游客来访，其中以珠三角城市客源为主，辐射全省乃至国内外。近几年，海珠区积极参与“广州过年·花城看花”“广州欢迎您”等城市品牌活动，吸引了国内外游客源源不断地前来游览。虽然从2020年起受新冠肺炎疫情影响，旅游市场整体受挫，但凭借着广州塔、海珠湿地等城市地标的吸引力，本地游、“微度假”兴起，外地游客也接踵而至，旅游市场逐渐复苏。

三　海珠区旅游可持续发展特点

（一）文化遗产的保护和利用

1.工业遗产活化利用

海珠区曾是工业老区，城区发展使大部分厂区停止使用甚至废弃，近年来，通过“退二进三”改造，一批工业遗产得到活化利用，焕发生机。一是挖掘工业遗产历史文化内涵，进行活化利用。通过串联企业发展历程，展示核心物项承载的历史、科技、社会、艺术价值，宣传企业文化，反映时代工业发展风貌，并结合文化旅游功能进行活化利用，如陈李济中药文化园、太古仓码头、珠江琶醍。太古仓码头在保留原有码头区完整性、真实性和历史内涵的基础上，打造成了一个集文化创意、展贸、观光旅游、休闲娱乐等功能于一体的广州“城市客厅”，成为全省“三旧”改造的典范。珠江琶醍以珠江—英博国际啤酒博物馆为依托，成为啤酒文化艺术平台及高端餐饮休闲娱乐集聚区。目前，太古仓码头和珠江琶醍陆续启动升级改造项目，下一步将它们打造成为海珠区乃至广州市的滨水休闲消费新地标。二是融合原有工业元素进行空间改造，增设载体使用功能。如T.I.T创意园、B.I.G海珠湾艺术园区、O2PARK创客公园。T.I.T创意园遵循“修旧如旧、建新如故”的原则，巧手改造，实现了园区生态原貌、纺织工业元素和时尚创意的完美结合，成为旧厂房改造的成功典范；B.I.G海珠湾艺术园区打造成了“艺术+运动+临江”的创意社区；O2PARK创客公园成为以高端产业总部办公、中小企业孵化器为主导功能，配置集创意办公、文创艺术、餐饮、文化影院、体验中心等高标准产业服务于一体的综合性新兴产业园。三是联动打造特色文旅品牌产品。海珠区串联各工业旅游资源点，陆续打造了“广州药醉之旅”“海珠后工业时代旅游线路”等工业旅游主题线路，其中“广州药醉之旅”入选广东省首批工业旅游精品线路；太古仓、大阪仓入选广东省粤港澳大湾区第二批文化遗产游径（广州近代工业遗产游径：协同和机器厂旧址—太古仓旧址—大阪仓旧址）。通过展会活动、“广州海珠发布”等线上与线下平台持续加强对陈李济中药文化园、太古仓码头等工业旅游资源的宣传推广，不断推动各资源点活化利用，带动周边片区优化提升，持续聚力文化旅游融合发展。

2. 传统古村落、历史文化街区和文物的保护、传承和旅游利用

海珠区有浓厚的人文历史积淀，区内遗迹旧址、名人故居和纪念建筑众多，有3片历史文化街区（南华西街、洪德巷、龙骧大街）、3个传统古村落（黄埔村、小洲村、龙潭村）、165处不可移动文物、97处历史建筑、40株古树名木、81处传统风貌建筑。近年来，海珠区注重保护和传承城市历史文脉，修订了《广州市海珠区历史文化名城保护委员会组成及议事制度》，制定了《海珠区建立健全历史文化保护传承标本兼治长效机制的责任分工》，创新保护和利用实施路径等，并开展全面大排查，制表编册梳理全区文物建筑、历史建筑“底数”，以监督管理的关键点有效推进整改、修复及活化利用等。海珠区编制了《中国传统村落黄埔村保护发展规划》和《小洲村历史文化保护区保护规划实施方案》，明确了保护和建设范围，确定了传统建筑保护示范、防灾安全保障、历史环境要素修复、基础设施和环境改善、文物与非物质文化遗产保护和利用等措施。广州市政府、海珠区政府投入大量专项资金，对黄埔村、小洲村、龙潭村具有岭南历史文化特色的不可移动文物进行修缮，通过人防和技防相结合的手段，及时排除文物的安全隐患，让文物永葆生命力。在黄埔村打造了3公里的旅游线路，在小洲村打造了A、B旅游线路，并沿线设置了导览导视系统、旅游厕所等旅游基础设施，引入社会资本和商家进驻运营项目，计划对龙潭村进行保护、开发和利用，让传统古村落持续“造血”，焕发生机，成为市民游客的打卡点。

3. “城中村”和老旧社区更新改造

海珠区2009年成立城市更新改造工作办公室，推进城市更新改造、“三旧”（旧城镇、旧村庄和旧厂房）改造、“城中村”整治改造和“退二进三”项目工作，过去10多年，完成了大批老旧厂房及琶洲村等村镇的改造。海珠区出台《海珠区城市更新项目产业引进工作指导意见》，同步推进城市更新项目边征拆边建设、边导入边培育相关产业，在改造规划和业态导入中除了符合

海珠区“一区一谷一圈”发展布局，还将充分考虑片区历史文化内涵，保留祠堂等历史建筑，赓续城市文脉。

南华西街是采用微改造的方式推进老旧小区改造的代表性历史文化街区。街道建立了不可移动文物巡查机制，编撰并出版了海珠区首部街道志《南华西街道志》，通过对旧街巷和古建筑的微改造打造“1+1+10”党史研学线路，通过活化升级还原双清楼历史和生活氛围，让骑楼变身青年旅社，让民国古建筑化身复古咖啡馆，等等，多举措做好历史印记的保护、传承。接下来，海珠区将推动洪德巷核心区、同福西路骑楼街和洲头咀滨水经济带的有机更新，探索建设将传统文化创新、潮玩集会、潮流餐饮等元素融为一体的文商旅“一站式”体验圈。

（二）城市环境的改善

1. 重视城市无障碍环境建设

海珠区城市旅游的发展推动了城区旅游接待设施的不断完善，呈现出主客共享的包容性。在城市道路、城市交通、景区、酒店等公共场所基本上能实现无障碍通行，为使用轮椅和婴儿车人群、听障人士等特殊群体减少了出行障碍。主要涉及的无障碍设施有轮椅坡道、缘石坡道、盲道、交通信号灯、过街天桥和隧道专用电梯等。对于视障人士来说，遍布城区人行道的盲道为他们提供了便利，但红绿灯处的交通信号提示音有待改善。海珠区不断改善提升城区便利度和舒适度，位于广州塔至琶洲大桥间的阅江路，完成了6.6公里的碧道改造，铺设了漫步道、慢跑道和自行车道，与珠江水道、有轨电车道形成“五道合一”，优化了广场、桥涵空间并新建了驿站，拥有盲道、轮椅坡道、无障碍厕所等配套设施，能实现全线无障碍通行。

在城市交通方面，地铁和有轨电车无障碍通行举措做得比较到位。海珠区地铁网络四通八达，串联起主要旅游景区，无障碍设施齐备且便捷：在出入口、站厅、站台等连接处和厢式电梯设置了盲文导向牌，提供路线、方向指引和出入口信息；出入口有轮椅坡道；站内有盲道；使用专用电梯或楼梯升降机连接出入口、站厅和站台。在无障碍服务方面也做得到位，比如，地铁站内一般设有求助按钮，供有需求人士使用；如果是经常出入某站点的特殊乘客可向车站索取爱心预约服务卡，按指引联系车站，车站会根据乘客预约信息安排专人提供全程服务。广州有轨电车海珠线全部采用地面通行的方式，便利度比普通地铁要高，基本上可以实现全程无障碍：每个车站的所有出入口都设置了轮椅坡道和扶手；站台与列车地板平齐且间隙不大，可方便使用轮椅或婴儿车的人群进出车厢；车厢内设有轮椅专用区域和扶手；需要购票的残疾人可进入车厢内再由工作人员协助买票；车厢内有语音报站并提示车门开关；过轨的人行道交通灯有长短音频的提示音；等等。公交车、出租车、轮渡码头和停车场等公共交通场所的无障碍设施和服务相较之下，需要进一步提升。

海珠区 11 处国家 A 级旅游景区都设置了基本的无障碍设施，基本实现轮椅坡道、无障碍电梯、无障碍卫生间和无障碍标识全覆盖，部分条件成熟的景区同时设置了第三卫生间和母婴室，大部分景区配有轮椅、拐杖、婴儿车等设施，供特殊人群借用。此外，部分人流量较大的公园和商场也同时设置了第三卫生间和母婴室。总体来说，海珠区各景区等休闲娱乐场所无障碍设施配备较为齐全，各类设施正常开放使用，无障碍服务到位，并且在服务过程中不断地进行优化提升，切实提高了特殊人群出行的便利度和舒适度。

2. 重视城市生态环境建设

（1）打造生态名片海珠湿地。海珠区拥有广州第一个国家级湿地公园——海珠湿地。2012 年，广州市政府将面积 11000 多亩的万亩果园集体农用地征作国有，广州“绿心”的保护从此开启新纪元。经过 10 年的发展，海珠湿地在生态、社会和经济方面发挥三大可持续发展价值。在生态价值方面，由湿地植物、草滩鸟岛、城市小微湿地群形成的生态系统成为粤港澳鸟类生态走廊的重要节点，生物多样性大大增加，产生了良好的生态价值。近两年连续发现两个全球昆虫新物种，均以“海珠”命名，以及 9 个中国新纪录种（包括 1 个新纪录科和 3 个新纪录属），都是在中国首次发现并记录；鸟类则 10 年间从 77 种上升到 187 种，是原来的 2.43 倍。在社会价值方面，海珠湿地无界地融入了广州中轴线城市景观。湿地花墟、龙船景、“走读自然”徒步大会、湿地国际音乐节等湿地文化品牌持续打响，海珠湿地自然学校品牌已经成为行业翘楚，引领自然教育发展。海珠区利用 8 种生态工艺进行生态修复，永续调节周边 10 平方公里的内涝、污染、热岛等问题，对构建和谐宜居的人居环境、助力城市高质量发展具有重要意义，也为全球提供了一个可复制推广的良好范例。在经济价值方面，湿地释放生态红利，使环境的虹吸效应日益凸显，促进了周边海珠同创汇、创投小镇等新型产业园区转型升级，琶洲人工智能与数字经济试验区吸引总投资额达 867 亿元。环海珠湿地高质量发展带逐渐形成。

2021 年，海珠区开展“环湿地价值圈高质量保护与发展规划”工作，研究范围为海珠湿地及向外延伸约 1000 米的区域，总面积约 28.79 平方公里。对环湿地现状进行摸查后梳理提出可用于发展文旅、生态、创投、配套酒店及会议中心等项目的地块，并持续推进各地块的项目开发。

（2）推动珠江沿岸高质量发展。海珠区着力打造珠江沿岸文商旅融合发展示范项目。推进广州塔与珠江航道连片创建国家 5A 级旅游景区，持续引进非遗文创、非遗展览等形式传承岭南文化，打造文商旅融合标杆项目。广州塔入选国家级夜间文化和旅游消费集聚区，珠江琶醍和太古仓码头等滨水休闲消费地标陆续启动升级改造，助力夜经济发展和国际消费中心城市建设。黄埔古港启动国家 3A 级旅游景区创建工作。琶洲区域建成 6.6 公里的阅江路碧道示范段，叠加原本天然存在的珠江水道，形成水道、漫步道、慢跑道、骑行道、有轨电车道“五道合一”的布局，并在沿线建成 6 个集党史研学和便民服务于一体的特色新时代驿站，打造省、市碧道“海珠样板”。未来海珠区将按照“大环岛+小环岛”“环岛+湿地”的思路，打造覆盖海珠全岛的环岛碧道，切实增强群众的获得感和幸福感。

（三）绿色、创新、特色的产业发展

1. 文旅产业稳步发展

海珠区近 10 年发展势头迅猛，地区生产总值从 2012 年的 981.24 亿元增长至 2021 年的 2405.16 亿元，居民人均可支配收入从 2012 年的 35645 元增长至 2021 年的 76523 元，实现了翻番。海珠区“十四五”规划提出“一区一谷一圈”的发展布局，其经济发展经历了以工业大道、琶洲广交会展馆为代表的 1.0 和 2.0 时代，已经迈入琶洲人工智能与数字经济试验区的 3.0 时代，并以此为核心开启新一轮产业革新。截至 2020 年底，海珠区拥有各类文化企业逾万家，其中，规模以上文化企业超 500 家（见图 1），营收在 5000 万元以上的数字文化企业共 39 家。2016~2020 年文化及相关产业增加值及其占 GDP 比重逐渐增加（见图 2），文化产业园区 36 个（其中国家级、省级、市级文化产业园区 13 个），国家 A 级旅游景区 11 个，星级酒店 8 家，旅行社总社 85 家、分社 50 家，门市部 124 家。海珠文化旅游产业的发展优势已初步显现。文旅

产业在数字化浪潮下，大力融合发展，借助琶洲人工智能与数字经济试验区的集聚效应，汇聚了一批数字创意文化领军企业，在数字新媒体、游戏、动漫等细分领域初步形成竞争优势。广州本土标杆漫企咏声动漫亮相 2022 年中国国际服务贸易交易会，以“数字动漫创新产品”、“元宇宙-虚拟内容生态”以及“IP 全产业链”等三大亮点产品及服务，“秀出”广东漫企及数字动漫服贸实力。2017 年，广州塔成为广州旅游景区行业首家成功登陆“新三板”的企业。海珠文旅企业的发展持续向好。

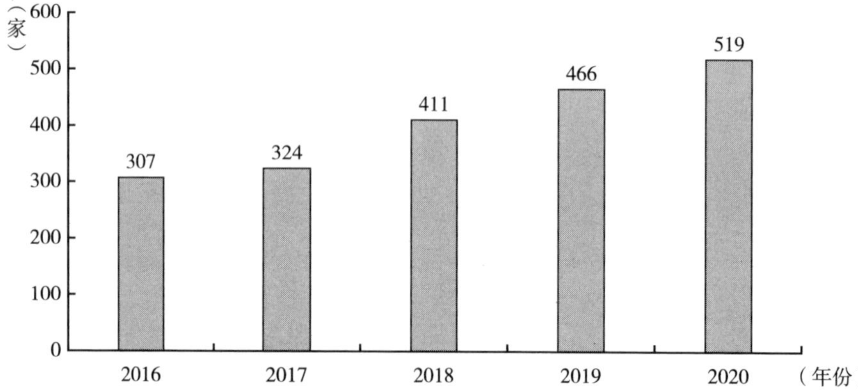

图 1　“十三五”期间海珠区规模以上文化企业数量

资料来源：根据海珠区文化产业数据整理。

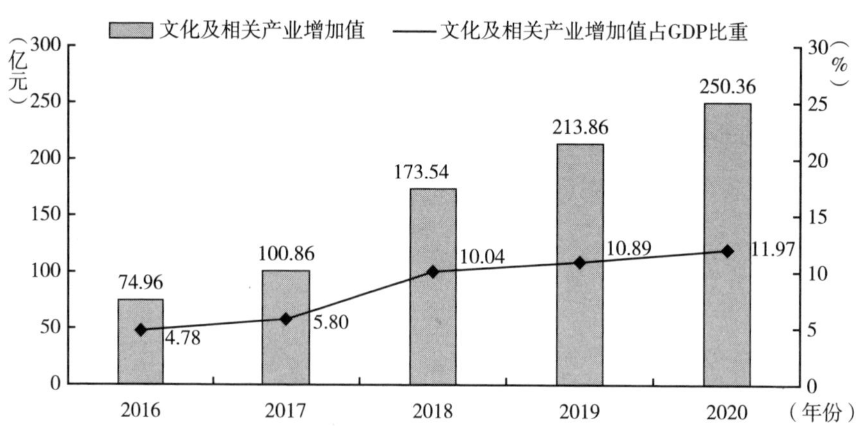

图 2　“十三五”期间海珠区文化及相关产业增加值及其占 GDP 比重情况

资料来源：根据海珠区文化产业数据整理。

2. 会展产业独树一帜

随着城市的发展，城市功能布局也相应发生变化。广交会是广州的“城市名片”，也是海珠区的“商贸名片”，1957 年首次在越秀区中苏友好大厦举办，后分别迁址到侨光路陈列馆、起义路陈列馆、流花路展馆，至 2003 年第 94 届广交会首次在琶洲设立分馆，并于 2008 年第 104 届整体搬迁至琶洲展馆。自此，广交会正式“落户”海珠区，2022 年已举办至第 132 届，琶洲成为广州会展业的重心。海珠区着力打造“1+6+N”现代产业体系，作为六大战略性支柱产业之一的“会展文旅”产业持续发展，每年春、秋两届的广交会，吸引了 35.36 万~41.63 万海内外采购商（见图 3）。庞大的客流量成为开发旅游产品、挖掘旅游市场潜力的牵引力，同时也成为加快城区建设的推动力。目前，以广交会展馆为依托，广州展会在数量、面积、展馆设施等方面都在国内遥遥领先，在会展业发达的粤港湾大湾区同样领先优势明显。广交会展馆四期竣工，总建筑面积约 56 万平方米，将新增展位 6000 多个，成为全球规模最大、功能和配套设施完善、各类会展活动最活跃的会展综合体之一。展馆周边有香格里拉大酒店、南丰朗豪酒店等高端品牌酒店，有黄埔古港古村、广州地铁博物馆等景区，有万胜广场、保利广场等大型商业综合体，建立了琶洲地区智能停车诱导系统，极大缓解了展馆面积不足、展馆周边人流拥挤、塞车、就餐难、停车难、没有购物休闲场所等问题。为了更好地发挥琶洲、海珠区乃至广州作为热门会展目的地的带动效应，2002 年成立的广州交易会国际旅行社有限公司，通过串联展馆周边的珠江琶醍、广州塔、珠江游等资源，推出各类商务旅游和会展旅游产品，为广交会采购商提供便利和服务。

在疫情影响下，会展业遭受严重冲击，办展模式顺势而为，主动创新变革，广交会自 2020 年第 127 届起在线上举办，会展业技术服务商数量增加，会展业在线上展贸、网络营销、数据挖掘以及新媒体运维等方面取得了前所未有的进步。2022 年第 132 届广交会继续线上举办，出口展按十六大类商品设立 50 个展区，进口展六大类题材商品分别归入对应展区参展，此外继续设立“乡村振兴”专区，出口展参展企业增加四成达 34744 家。从第 132 届起，每届广交会线上平台服务时长从 10 天延长至 5 个月。此外，海珠区充分发挥会展业优势，大力引进各类文化类展会活动，每年通过举办中国国际漫画节动漫游戏展、萤火虫动漫游戏嘉年华等 9 个品牌动漫游戏展会展览，吸引 2000 家

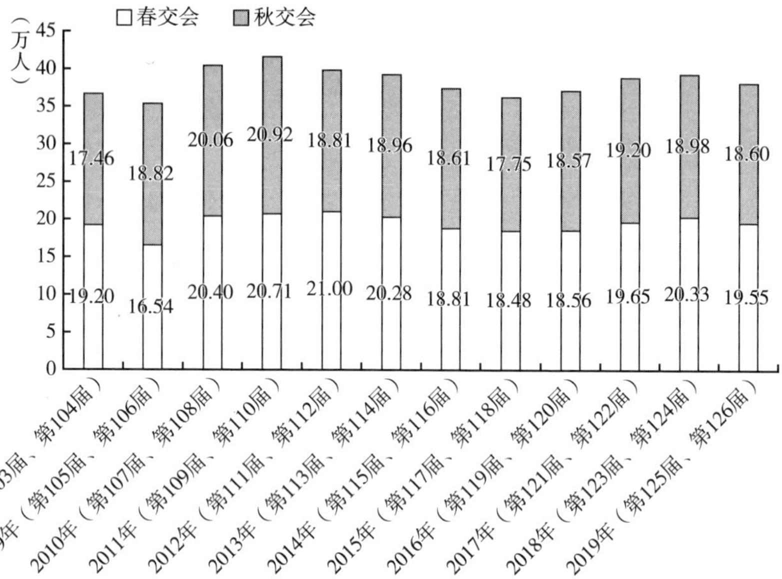

图 3 2008~2019 年广交会采购商到会人数统计

注：第 127 届、第 128 届、第 129 届、第 131 届、第 132 届广交会于线上举办，第 130 届广交会线上与线下融合举办。

资料来源：中国进出口商品交易会（广交会）官网。

次企业参展，超过 40 万人次观展，已成为粤、港、澳三地原创文化产业交流的重要平台，在行业内持续发挥重要影响力，为产业集群宣传引流提供了有力支撑。

（四）城市竞争力不断增强

文商旅深度融合塑造城市品牌形象。海珠区实施政府主导、企业与社会共同参与的文商旅融合发展机制，深化文旅资源开发、产业招商、品牌打造等工作，高质量建设海珠新活力文商旅融合圈。以成立海珠区文化产业联盟、文化艺术联盟为抓手，举办“文化助力城市高质量发展”圆桌对话，依托海珠区宣传思想文化智库等强大助力，促进跨界交流、赋能共生。实施《江南文商旅融合圈打造计划》，在交通优化、环境提升、业态优化、文化特色彰显等方面下功夫，着力打造海珠新活力文商旅融合圈核心区和样板项目。启动江南文商旅融合圈形象标识和导视导览系统建设，依托隔山新街两侧围墙绘制 3D 立体壁画，打造集岭南画派和自然文化景观于一体的艺术新地标和打卡点。以讲好“海珠故事”为落脚点，围绕广州塔、黄埔古港、十香园等特色文旅 IP，开发深度游线路和体验式文旅消费新产品，培育体现岭南文化特色的旅游产品品牌。联动景区、园区、文旅及商贸企业聚焦四季节庆活动，扩大海珠数字影像周、潮流文化周、岭南书画艺术节等活动的影响力。大力促进文旅融合发展，打响红色文化、岭南文化、海丝文化、生态文化、创新文化海珠品牌，提高城区文化软实力。以广州塔创建国家 5A 级旅游景区为契机，推进国家级夜间文化和旅游消费集聚区建设，打造文旅融合创新示范区；充分利用滨江路沿线资源，继续深化太古仓码头、珠江琶醍等工业遗产活化利用，释放夜间消费活力，与其他沿线景点串珠成链打造珠江沿岸文化精品长廊。推出更多都市游、生态游精品线路，继续大力推进全域旅游示范区建设。

非遗文化传承发展赓续城市文脉。海珠区非遗“家底”丰厚，目前已成功申报联合国教科文组织“人类口头和非物质遗产代表作”1 项以及国家级非物质文化遗产名录项目 3 项、省级项目 15 项、市级项目 28 项、区级项目 45 项，非遗项目数量在全市名列前茅。前进路幼儿园、大元帅府小学等 26 个单位入选市级非物质文化遗产传承基地，数量居全市第一。海珠区每年的“非遗进校园”“非遗进社区”“海珠非遗季”“岭南古琴音乐会”等非遗活动广受好评。海珠区提出打造“一街、一站、一园、一平台”的“四个一”非遗发展思路，即打造非遗一条街、打造广州市非物质文化遗产工作站、建立非遗传承基地、打造线上非遗文化教育平台，提升非遗品牌价值，让非遗绽放出更加迷人的光彩。在老与新的相互促进中，传统与现代你中有我、我中有你，既见记忆乡愁，也见当代作为。

四　海珠区城市旅游可持续发展面临的问题和未来趋势

（一）面临的问题

一是旅游资源分布东疏西稠，区域发展不均衡。海珠区文化旅游资源集中在西北部珠江沿岸和中部的广州塔区域，东部和南部已开发旅游景点分布较少，造成游客相对集中和拥挤。海珠区未来可以加大对东部和南部，特别是环湿地区域和珠江后航道沿岸的旅游开发力度，既能丰富城市旅游内涵，也能促进城市均衡发展。二是旅游资源内涵提炼不足，品牌形象不突出。文化是一个城市的底蕴，当前海珠区对旅游资源的内涵提炼有限，未能将文化有效融入城市旅游中，不能带给游客更深层次的旅游体验。同时，旅游资源缺乏有效整合，与广州市其他区域在旅游产品形式、服务方式和文化内涵等方面同质化程度较高，目的地形象不够突出，需要创新营销模式，拓宽营销宣传渠道，塑造独特的城市旅游品牌形象，提升旅游吸引力。三是旅游管理体制存在缺陷，亟须改革创新。海珠区主管旅游业务的是海珠区文化广电旅游体育局，另由海珠区湿地保护管理办公室管理海珠湿地，成立了广州塔景区管委会对广州塔及周边区域进行管理，但区内景区、景点多为政府部门和国有企业下属单位，日常管理和打造开发仍处于“各自为政”阶段，交流合作和融合程度不高，市场化运作存在阻力。四是旅游市场化程度不高，缺乏外来投资。海珠区旅游发展以政府主导的方式进行，较多地依靠资源本底，缺少新的旅游项目和创新性的旅游产品，需要吸引更多的外来投资，提高市场化水平，以增添旅游市场活力，增加旅游经济收入。

（二）未来趋势

1. 日趋完善的交通网络将加大海珠区的内外部可达性

构建和优化以主干道、地铁为骨架，景区专用道路及慢行交通系统为补充的全域旅游综合交通体系。依托水路、城际轨道串联琶洲港澳客运口岸、机场、火车站、客运站等交通枢纽，为国内外客流提供快捷便利的交通服务。完善有轨电车、旅游公交等旅游观光交通工具，开通定制旅游线路、打通乡村旅游交通网络。

2. 与周边城区联动将涌现更多拥有生命力的旅游产品

构建“水陆空”世界级旅游精品线路产品体系，增强“珠江游”水岸互动和珠江沿岸码头升级，打造世界级内河游览精品线路；依托琶洲港澳客口岸开通粤港澳水上跨境航线，开发粤港澳联游产品；加快贯通海珠环岛路，推出环岛绿道、碧道、环岛马拉松等都市精品休闲体育旅游线路；串联广州塔和琶洲人工智能与数字经济试验区，打造“广州塔-观塔楼宇空中游”产品。

3. 将借力琶洲人工智能与数字经济试验区推动旅游智慧化发展

发展数字创新旅游产品和服务，如智慧景区、智慧酒店、数字营销和旅游电商平台示范企业。人工智能与数字技术赋能文旅产业，让旅游产业中的文化元素、科创元素深度融合，打造出文旅数字化拳头产品。建设全域旅游数字化营销、旅游数据监控、景区智慧管理、游览服务定制、游客意见反馈一体化智慧旅游平台，提升游客对海珠区全域旅游的沉浸度。

4. 生态环境持续改善将营造宜居宜业宜游的都市"绿心"

在强化湿地保育功能的基础上，将加强湿地分区规划及与周边文旅资源（如龙潭村、小洲村、广州市文化馆等）联动，增加生态旅游、水上旅游、研学旅游等产品开发，打造独具海珠特色的旅游产品，进一步挖掘湿地"城央绿心"的示范引领效应、释放海珠湿地的生态旅游价值，带动周边片区的开发。综合评估湿地周边可用地块，选取合适的位置，引入社会资本，规划打造大型文商旅项目，增加游乐、住宿、餐饮、商业服务等配套功能，特别是增加高端生态度假型住宿业态，使海珠湿地、海珠湖的庞大客流量产生经济效益。探索建设景观街区、景观廊道、景观水岸，建设一批开放式旅游景区，积极推动打造景区化"绿道""碧道"，构建疏密有致的绿色休闲新空间，推广碧道特色主题游径。

五 城市旅游可持续发展建议

（一）统筹区域规划，突显中心城区独特环境优势

利用海珠区"环江、拥湖、揽塔"的独特城市环境优势，构建"一环一轴、四区多片"的文旅空间布局。依托城市新中轴南段，以广州塔为起点，海珠湾（沥滘片区）为终点，广州大道为核心向南、向东、向西辐射，串联广州美术馆、广州科学馆、广州市文化馆、广州博物馆等新文化地标，构建城市文旅休闲轴。充分发挥海珠环岛滨水资源优势，以环岛滨水碧道和水系为依托，通过碧道、码头及周边建设，串联沿线历史文化资源，串珠成链，形成花城如诗、珠水如画的滨水文化设施集聚带，构建环岛文商旅体创意环。构建岭南传统文化旅游区（西北部）、商贸智能数字时尚文旅区（东北部）、工业遗

址文化旅游区（西南部）、海珠国家湿地公园生态休闲旅游区（东南部）四个主体文化旅游功能区。以文旅地标为核心，建设广州塔-琶洲、黄埔古港古村、海珠湿地、太古仓码头等多个主题文旅融合集聚区。在各类项目规划中要深入分析并增加旅游规划，充分考虑城市休闲旅游发展的需求，展现城区发展多元化魅力，实现城市可持续发展。

（二）深挖资源内涵，塑造旅游品牌形象

依托城市地标广州塔和“城央绿心”海珠湿地，重塑海珠城市形象，加快推进广州美术馆、广州市文化馆等文化新地标落成开放，联动海珠湿地，释放广州城市新中轴线文化价值和生态价值，提炼核心内涵，讲好“海珠故事”，打造广州旅游新样板和新标杆。整合宣传渠道，借助国内外大型展会、节事平台，开展城市形象宣传推广，扩大旅游形象宣传覆盖面，强化海珠形象传播渗透力和品牌影响力。推进旅游品牌营销活动，联合旅行社和在线旅游代理商（OTA）结合岭南文化、海丝文化、都市时尚、生态休闲、夜间经济，策划组织红色旅游、都市旅游、工业旅游、婚庆文旅、生态研学旅游、夜间旅游等主题活动，带动消费，最大限度地吸引、促进客流转化成经济增量。

（三）强化融合发展，培育引进优质主体

搭建融合发展平台，支持文旅行业与其他行业跨界融合发展，引进优质项目，培育发展文旅消费新业态。建立重点和优势旅游产业发展优先目录，支持旅游骨干企业加快发展，培育一批具有国际竞争力和跨境资源整合力的旅游企业。建设一批旅游产业发展集群，进一步完善、优化国内国际旅游批发、代理、零售垂直分销体系，打造一批旅游龙头企业。

（四）理顺管理体制，推动旅游可持续发展

将传统古村落、历史文化街区的开发利用和品质提升作为突破口，改革旅游管理体制。本报告建议成立区层面的管理委员会和工作专组，统筹和协调推进传统古村落、历史文化街区的保护提升和开发利用工作，协调重大基础性问题以及跨部门、跨层级重要事项，化解因管理主体多元化而产生的矛盾和弊

端。有效联动和整合周边资源，促进传统文化资源和文物重新焕发生机。建立以文化旅游部门和属地街道为主力，规划、住建、商务、城管等部门协同的组织保障机制，充分发挥区国资企业的社会担当和市场功能，通过独立运营或与第三方合作的方式，统筹开发区内文旅资源，打造具有带动效应和示范效应的文商旅融合发展项目，推动海珠区旅游可持续发展。

参考文献

甘萌雨、保继刚，2003，《城市旅游竞争力研究初步》，《现代城市研究》第 4 期。

高婧婷、李国印，2011，《中国旅游城市化研究综述》，《经济研究导刊》第 7 期。

广州市海珠区人民政府，2022，《海珠区人民政府办公室关于印发海珠区文化广电旅游体育发展“十四五”规划的通知》，http://www.haizhu.gov.cn/zwgk/hzqrmzfgb/2022/dyq/qfb/content/post_8165763.html，最后访问日期：2022 年 10 月 8 日。

广州市人民政府，2022，《广州召开湿地生态保护建设成效新闻发布会》，https://www.gz.gov.cn/zt/dcmywwhx/gzzxd/content/mpost_8581817.html，最后访问日期：2022 年 10 月 20 日。

广州市人民政府，2022，《海珠湿地十周岁了！一文读懂：广州湿地生态保护建设主题发布会》，https://www.gz.gov.cn/xw/xwfbh/content/post_8580745.html，最后访问日期：2022 年 10 月 20 日。

黄震方，2001，《发达地区旅游城市化现象与旅游资源环境保护问题探析——以长江三角洲都市连绵区为例》，《人文地理》第 5 期。

徐红罡，2005，《城市旅游与城市发展的动态模式探讨》，《人文地理》第 1 期。

许学强、张俊军，2001，《广州城市可持续发展的综合评价》，《地理学报》第 1 期。

中国进出口商品交易会，2022，《历届采购商到会统计》，https://www.cantonfair.org.cn/zh-CN/customPages/about#6-2，最后访问日期：2022 年 10 月 26 日。

朱竑、贾莲莲，2006，《基于旅游“城市化”背景下的城市“旅游化”——桂林案例》，《经济地理》第 1 期。

B.16 横琴粤澳深度合作区文旅产业融合路径探究

丁 林　康 宁　姚艾霖　胡家怡　王梓南　沈登威*

摘　要： 本报告通过分析横琴粤澳深度合作区（简称“横琴深合区”）的发展背景和文旅产业发展现状，梳理了横琴深合区的政策环境、文旅产业融合发展中存在的问题和面临的机遇与挑战，并提出相关发展建议。研究过程中通过问卷调查和访谈等形式，收集到澳门居民对横琴深合区认知度和认可度的第一手资料，梳理发现澳门居民虽对横琴深合区有较高的认可度，但仍存在对横琴深合区的了解有限、认知度低，在横琴深合区的平均停留时间短、平均消费水平偏低等问题。为实现横琴深合区沟通内地、服务澳门、连接世界的功能和作用，本报告建议将珠海航展延伸至横琴深合区，丰富中国珠海国际航展的内容和形式；大力发展康养产业以赋能横琴深合区高质量发展；营造趋同于澳门的宜居宜业的生活环境；加强中葡足球文化交流合作；大力发展休闲体育旅游项目助力国际休闲旅游岛建设；努力打造横琴国际休闲旅游岛。

关键词： 文旅产业　产业融合　横琴深合区

一　横琴粤澳深度合作区文旅产业发展背景

横琴粤澳深度合作区位于中国广东省珠海市横琴岛，地处珠江口西岸、珠

* 丁林，珠海科技学院旅游学院副院长，教授，研究方向为遗产旅游与文旅融合。康宁，珠海科技学院旅游学院教师，研究方向为文化旅游、节庆旅游等。姚艾霖、胡家怡、王梓南、沈登威，珠海科技学院旅游学院本科生。

海南端、南濒南海，总面积 106.46 平方公里，岛上原有 11 个自然村、4000 多名村民。作为中国古代海上丝绸之路重要走廊的横琴十字门区域，地理位置极其重要。横琴深合区与澳门最近处仅相距 187 米。横琴深合区以其 3 倍于澳门的面积和独特的地理位置，为澳门提供了经济和产业纵深拓展的新空间。

2020 年 10 月 14 日，习近平总书记强调要“加快横琴粤澳深度合作区建设”①。中共中央、国务院于 2021 年 9 月 5 日正式公布《横琴粤澳深度合作区建设总体方案》（简称《横琴方案》），为新形势下粤澳合作开发横琴深合区创造了重大机遇。加快横琴深合区建设是以习近平同志为核心的党中央做出的重大决策部署，为丰富“一国两制”实践做出新示范，为澳门长远持续发展注入重要动力，对推动澳门长期繁荣稳定和融入国家发展大局具有重要意义。从 2009 年党中央、国务院决定开发横琴至今，习近平总书记在 10 年内 4 次考察横琴深合区，横琴深合区的每一步发展都倾注了习近平总书记的深情关怀和殷切期望。随着港珠澳大桥、横琴口岸交通枢纽等重大跨境交通设施的建设，区域交通格局得到优化和提升。横琴深合区作为粤澳合作的强大中心平台，在促进澳门经济多元化发展方面具有不可替代的价值和作用。

为配合澳门经济适度多元发展，重点突出粤澳合作共建横琴深合区，《横琴方案》明确支持文旅会展商贸产业发展，即“高水平建设横琴国际休闲旅游岛，支持澳门世界旅游休闲中心建设，在合作区大力发展休闲度假、会议展览、体育赛事观光等旅游产业和休闲养生、康复医疗等大健康产业。加强对周边海岛旅游资源的开发利用，推动粤港澳游艇自由行。支持粤澳两地研究举办国际高品质消费博览会暨世界湾区论坛，打造具有国际影响力的展会平台。允许在合作区内与澳门联合举办跨境会展过程中，为会展工作人员、专业参展人员和持有展会票务证明的境内外旅客依规办理多次出入境有效签证（注），在珠海、澳门之间可通过横琴口岸多次自由往返。支持粤澳合作建设高品质进口消费品交易中心，构建高品质消费品交易产业生态。建设中葡国际贸易中心和数字贸易国际枢纽港，推动传统贸易数字化转型。”

通过梳理 2019 年以来国家对横琴深合区的重要政策（见表 1），可以发

① 习近平总书记出席深圳经济特区建立 40 周年庆祝大会并发表重要讲话，为横琴赋予粤澳深度合作区的战略定位。

现，文旅产业始终是横琴深合区发展的重点。为此，本报告将研究横琴深合区文旅产业合作的推进情况、存在的问题，并据此提出发展建议。

表 1　横琴粤澳深度合作区重要政策梳理

时间	政策	主要内容
2019 年 2 月	《粤港澳大湾区发展规划纲要》	依托粤港澳良好合作基础,充分发挥深圳前海、广州南沙、珠海横琴等重大合作平台作用,探索协调协同发展新模式
		配合澳门建设世界旅游休闲中心,高水平建设珠海横琴国际休闲旅游岛,统筹研究旅客往来横琴和澳门的便利措施,允许澳门旅游从业人员到横琴提供相关服务
		支持横琴与珠海保税区、洪湾片区联动发展,建设粤港澳物流园
		加快推进横琴澳门青年创业谷和粤澳合作产业园等重大合作项目建设,研究建设粤澳信息港
2019 年 4 月	《横琴国际休闲旅游岛建设方案》	充分发挥旅游的综合带动作用,以全域旅游的理念,促进横琴深合区旅游业全要素、全区域、全产业链发展
		协同澳门世界旅游休闲中心建设,解决澳门土地、人力、产业结构单一等发展瓶颈,进一步提升澳门旅游产业发展质量,实现横琴深合区与澳门两地的产业互补、市场错位、协同发展
		以港珠澳大桥为纽带,与港澳开展广泛合作,通过"一程多站"等形式。开发横琴深合区文化体验、休闲度假、医疗康养、会议展览、邮轮游艇、海洋旅游等精品旅游项目,打造不同主题、特色、档次的多元旅游产品体系。把港澳历史城区文化旅游、丰富多样的文化娱乐设施和购物环境,与横琴长隆国际海洋度假区等特色项目有机结合,联动三地旅游产品和线路
		举办好 WTA 女子网球精英赛等重大体育赛事,与港澳体育赛事串联互动,培育体育及相关产业链。提升中国国际马戏节影响力,与澳门共同举办葡语嘉年华、国际性足球赛事、国际音乐节、电影节等系列节事活动
		借助横琴深合区内大小横琴山等山地资源,建设集登山观光、临海赏石、户外拓展、沟谷探险、森林休闲为一体的山地森林公园。做好芒洲和二井湾红树林湿地公园提升建设,打造新兴滨海城市型湿地休闲游憩区
		创新发展康养休闲旅游。以粤澳合作中医药科技产业园为依托,挖掘和弘扬传统中医药文化,借助中医药产业优势,建设集中医医疗、养生保健、旅游博览、娱乐休闲、科技转化、健康产品研发等于一体的绿色、智慧、国际化的新型中医药健康旅游基地。加快臻林康养等粤澳合作产业园健康产业项目建设,打造国际健康养生度假区

续表

时间	政策	主要内容
2020 年 12 月	《粤港澳大湾区文化和旅游发展规划》	高水平建设珠海横琴国际休闲旅游岛,支持琴澳旅游深度合作,允许香港、澳门旅游从业人员经培训考核后到横琴提供相关服务
		专栏 9:粤港澳大湾区滨海旅游重点建设项目 项目 2:澳门"海上旅游"项目 支持澳门加快发展澳门政府特许经营的澳门海上游业务。加强港珠澳大桥、路环等与珠海、江门海岛的旅游联动观光,建设粤港澳大湾区青少年海洋文化体验与交流基地
		专栏 11:粤港澳大湾区旅游人才培养 项目 1:粤港澳大湾区旅游教育培训基地建设 支持粤港澳大湾区旅游教育培训基地和澳门旅游学院粤港澳大湾区旅游教育合作中心、横琴培训基地建设
2021 年 3 月	《中华人民共和国国民经济和社会发展第十四个五年规划和 2035 年远景目标纲要》	支持澳门丰富世界旅游休闲中心内涵,支持粤澳合作共建横琴,扩展中国与葡语国家商贸合作服务平台功能,打造以中华文化为主流、多元文化共存的交流合作基地
		通过"旅游目的地质量提升",打造包括粤港澳大湾区等世界级旅游目的地
		通过轨道交通建设,合理布局港口和机场,合理配置航运和航空资源。简化通关模式,促进人员、货物、车辆便捷高效流动。增加内地与港澳专业资格互认范围,推进重点领域规则衔接、机制对接。鼓励支持港澳青年到大湾区内地城市就学就业创业,打造粤港澳青少年交流精品品牌
2021 年 9 月	《横琴粤澳深度合作区建设总体方案》	发展文旅会展商贸产业。高水平建设横琴国际休闲旅游岛,支持澳门世界旅游休闲中心建设,在合作区大力发展休闲度假、会议展览、体育赛事观光等旅游产业和休闲养生、康复医疗等大健康产业。加强对周边海岛旅游资源的开发利用,推动粤港澳游艇自由行。支持粤澳两地研究举办国际高品质消费博览会暨世界湾区论坛,打造具有国际影响力的展会平台。允许在合作区内与澳门联合举办跨境会展过程中,为会展工作人员、专业参展人员和持有展会票务证明的境内外旅客依规办理多次出入境有效签证(注),在珠海、澳门之间可通过横琴口岸多次自由往返

二　研究过程与研究方法

（一）研究过程

本报告以横琴粤澳深度合作区文旅产业为主要研究对象，2022年5~7月多次对横琴深合区进行实地调研，并通过专题座谈、重点访谈、问卷调查等形式对横琴深合区和澳门的居民、旅游经营者、旅游从业人员、政府相关部门工作人员及其他利益相关者进行调查，获得了关于横琴深合区文旅产业发展现状和存在的问题的宝贵一手材料。

（二）研究方法

本报告的编写受益于《横琴国际休闲旅游岛建设方案》《横琴粤澳深度合作区建设总体方案》，研究方法主要使用以下三种。

一是文献分析法。本报告进行了大量系统的资料收集，通过主要经济指标、政策、规划资料、年鉴、报告等二手资料，解读了横琴深合区旅游的发展背景，并分析横琴深合区文旅产业的发展现状。

二是调研座谈会。召开调研座谈会2次，探讨了横琴深合区旅游发展存在的问题，进而探索横琴深合区文旅产业融合的未来发展方向。

三是游客问卷调研和访谈。本报告选取的调查对象为横琴深合区和澳门的居民，2022年6月15日至7月15日通过网络渠道线上发放电子问卷进行调查，共发放问卷121份，回收有效问卷121份，参加问卷调研人员情况如表2所示；开展访谈12人次，受访者涉及澳门导游公会、社团组织、旅游经营者、旅游从业人员、政府相关部门工作人员及其他利益相关者，为本报告提供具有现实依据的一手资料。

表2　参加问卷调研人员情况统计

单位：人，%

类别	项目	人数	占比
性别	男	45	37.19
	女	76	62.81

续表

类别	项目	人数	占比
年龄	16 岁以下	0	0
	16~30 岁	17	14.05
	31~50 岁	48	39.67
	51~64 岁	49	40.5
	65 岁及以上	7	5.79
职业	行政、教育、医疗从业人员	18	14.88
	商业、金融、物流从业人员	9	7.44
	酒店餐饮、文娱博彩及其他服务从业人员	30	24.79
	建筑、制造从业人员	1	0.83
	其他	63	52.07
月收入	10000 澳门元以下	57	47.11
	10000~20000 澳门元	39	32.23
	20000~40000 澳门元	24	19.83
	40000 澳门元及以上	1	0.83

资料来源：根据相关资料整理。

三 横琴粤澳深度合作区产业发展现状

（一）经济社会发展现状

横琴开发始于 2009 年横琴新区设立，2015 年广东自贸区横琴片区正式挂牌，随后横琴先后成为中国（广东）自贸区与粤港澳大湾区的重要平台。经过 10 余年发展，地区生产总值增长 142 倍。2021 年末，横琴深合区的地区生产总值达 454.63 亿元，同比增长 8.5%。外贸进出口额完成 314.66 亿元，同比增长 53.3%，其中出口总额 139.8 亿元，同比增长 52.2%；进口总额 174.86 亿元，同比增长 54.1%。

（二）人口现状

10 年来，横琴岛人口总量持续稳定增长。截至 2020 年，横琴岛常住人口①为

① 横琴岛常住人口是指横琴岛内的人口，不包括居住在横琴岛的港澳台居民和外籍人员。

4.36 万人，户籍人口为 1.89 万人，常住人口占全市人口总量从 2010 年的 0.44%提高到 1.79%。人口素质稳步提升，横琴岛 15 岁及以上人口平均受教育年限为 10.71 年，劳动力总规模占比大，人口集聚进一步增强（横琴粤澳深度合作区统计局，2021）。但也面临人口总量小以及流动人口占比高等挑战。

（三）交通现状

横琴深合区拥有得天独厚的区位优势，四通八达的交通网络，100 公里半径范围内坐落了 5 个枢纽机场，即香港国际机场、澳门国际机场、广州国际机场、深圳国际机场、珠海金湾机场；4 个深水港，即香港维多利亚港、广州南沙港、深圳盐田港、珠海高栏港；8 条高速公路，即京港澳高速、港珠澳大桥连接线、大广高速、太澳高速、西部沿海高速、珠三角环线高速、广珠西线高速、金琴快线；3 条轨道交通，即广珠城际轻轨、澳门轻轨、广佛江珠城际轻轨。横琴码头于 2018 年重新复航，现已开通 6 条航线，连接深圳、环绕澳门，并为周边岛屿输送游客。

新横琴口岸于 2020 年 8 月 18 日正式开通，总建筑面积约 131 万平方米，实行的是“一地两检”新模式，规划设计日通关量可达 22.2 万人次，旅客年通关量达 8000 万人次。

（四）城市基础设施发展状况

横琴深合区城市基础建设起点高、规划较为完善。现已初步建成较为完善的供水、供电、供气系统，规划中横琴深合区将实行分质供水，并通过燃气、电能、管廊等系统的建设，大力发展风能、太阳能等绿色能源，打造以人为本，生态友好的城市环境。

（五）科技发展现状

横琴深合区支持境内外优秀科研机构入驻。目前已引入北京科技大学新金属材料国家重点实验室与国电投（广东）综合智慧能源创新研究院共建海洋能与氢能金属材料分实验室；澳门多所高校的国家重点实验室也在横琴深合区设立分部，如中药质量研究国家重点实验室、模拟与混合信号超大规模集成电路国家重点实验室、月球与行星科学国家重点实验室和智慧城市物联网国家重点实验室等4个国家重点实验室；大横琴管廊公司与华为公司、哈尔滨工业大学打造了联合创新基地“天工实验室”；爱姆斯坦生物科技有限公司与澳门大学的联合实验室已经投入使用并研发出获美国FDA临床试验许可的干细胞新药。

（六）产业发展现状

横琴深合区目前重点发展的产业主要有科技研发和高端制造业、澳门传统品牌工业、文旅会展商贸产业和现代金融产业等四大产业。截至2021年，在横琴深合区注册的科技型企业约1万家，建成科技企业孵化器、新型研发机构等各类国家级和省级科技创新平台20家（贺林平，2022）；注册金融企业5562家；注册医院、医药等企业多达600家。文旅会展方面，高水平建设横琴国际休闲旅游岛，旅游业纳入15%企业所得税优惠目录等优惠和扶持政策已落地实施，目前横琴深合区已有珠海长隆海洋王国、石博园、芒洲湿地公园、花海长廊、天湖风景区、三叠泉、脑背山等景点，拥有横琴国际会展中心等会展场馆与相关配套设施，过往承办WTA超级精英赛、环中国国际公路自行车赛、WDC标准舞/拉丁舞国际邀请赛、国际马拉松赛等一系列体育文旅项目。

（七）对澳合作现状

横琴与澳门的产业合作持续推进。2020年，横琴深合区新增注册澳门企业数量达1395家，同比增长67.5%，横琴深合区内的澳门企业合计3575家，成为内地澳企最为集中的区域。同期，横琴深合区新孵化澳门创业项目260个，同比增长113%；粤澳合作中医药科技产业园引进广药国际、丽凡达等企业，18家涉澳金融企业和服务机构入驻粤澳跨境金融合作（珠海）示范区，粤澳合作中医药科技产业园累计注册医药企业189家，横琴·澳门青年创业谷累计引进企业634家。横琴口岸澳方口岸区于2020年3月18日0时正式移交澳门特别行政区管辖，8月18日正式开通横琴口岸旅检通道，并实施“合作查验，一次放行”通关查验新模式。“澳门新街坊”综合民生项目建设工程正按施工计划推进，建成后可提供4000个左右供出售的住宅单位及200多个人才住房。开设澳门街坊总会横琴综合服务中心，率先开展常住横琴的澳门居民参加珠海基本医疗保险试点工程。进一步放宽澳门单牌车出入横琴深合区政策，2022 年 8 月 22 日起，全面放开了澳门非营运小客车（9 座及以下）出入横琴深合区的配额。

四　横琴粤澳深度合作区文旅产业发展现状

（一）横琴深合区文旅产业发展现状

随着珠海长隆海洋王国、香洲埠文化中心、横琴创新方、中国紫檀博物馆横琴分馆等文旅项目的相继开业，横琴深合区旅游项目及产品的竞争力逐步提升，形成了文旅业态集聚区。《珠海特区报》数据显示，横琴深合区接待游客量于 2019 年达到峰值，近 4600 万人次；2021 年横琴深合区旅游景区接待人数超过 500 万人次，实现旅游综合收入约 20 亿元，较 2020 年同期稍有增加，但增速较为缓慢。虽受新冠肺炎疫情影响，但目前景区周边酒店、商业配套设施加速集聚完善，并已形成与周边城市及港澳地区的便利交通网络，随着疫情防控举措的不断完善，琴澳合作的逐步深化，横琴深合区文旅产业发展势头将会更加强劲（陈雁南，2022）。

（二）横琴深合区文旅产业的市场现状

1. 客源结构

根据 2020 年 11~12 月的抽样调查，到访横琴深合区的客源以广东省内为主，占比 96%（见图 1），而进一步分析发现，到访横琴深合区的省内客源以珠三角地区及港澳为主（珠海市消委会等，2021）。

2. 出游方式

受新冠肺炎疫情等因素影响，近两年到访横琴深合区的游客以短途游、周边游为主。马蜂窝发布的《2021 年周边游数据报告》的数据显示，广东在 2021 年“周边游”热门省份中居于全国第二，与 2020 年相比，2021 年省内“周边游”消费力持续增长，搜索热度同比增长 258%。周边游是疫情防控常态化时期横琴深合区旅游行业复苏主力。

出游主体方面，横琴深合区是国内亲子度假旅游的重要目的地。《中国亲子旅游消费者洞察（2019~2020）》调查显示，3346 名横琴深合区当地线下

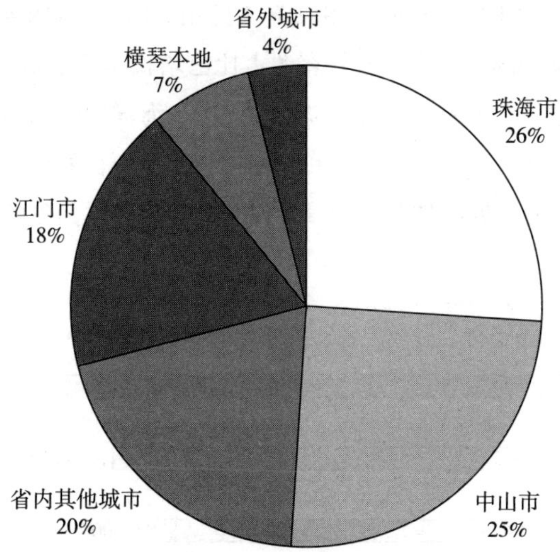

图 1　横琴深合区客源分布抽样调查

资料来源：《新冠疫情对珠中江横琴地区旅游影响调研报告》。

受访者中，超过 48%表示自己有过横琴深合区旅游经历，占比较高，说明横琴深合区是一个受亲子游客青睐的目的地。其中，横琴深合区亲子游客呈现重游率、“品牌忠诚度”较高，停留时间较长，以中等偏上的消费水平为主等特点（一起去横琴，2021）。

3. 出游时间

2022 年广东省多地受疫情影响严重，游客出行以近郊、市内短途休闲游为主。据统计，2022 年“五一”期间，横琴深合区累计接待游客 12.5 万人次，从澳门经横琴口岸进入深合区的为 7.9 万人次，横琴深合区内主题乐园游客占横琴深合区总游客数量的 3/4。同时，试运营的全国首个森林主题驿站——横琴深合区山海驿站，接待游客超过 5000 人次，其中澳门游客占比超过 50%（李灏莞、陈子怡，2022）。疫情防控常态化的背景要求下，横琴深合区不断丰富多样的旅游产品吸引周边城市及澳门居民就近出游。

4. 热门景点

AECOM 联合主题娱乐协会 TEA 共同发布的《2020 全球主题乐园和博物馆报告》显示，2020 年珠海长隆海洋王国接待游客 497.7 万人次，受疫情影响，总体客流量较 2019 年减少了 59.1%（见图 2）。随着跨省游的逐步复苏，2021 年端午节假期长隆景区广东省外客源占比已增长至近五成，复苏态势已成。随着珠海长隆海洋科学乐园、珠海长隆动物王国、海洋冒险乐园、大横琴山体育休闲公园、深井基地、长隆旅游学院和珍稀植物园等项目的投资建设，珠海长隆海洋王国在未来将会长期维持其作为横琴深合区旅游业主力军的地位。

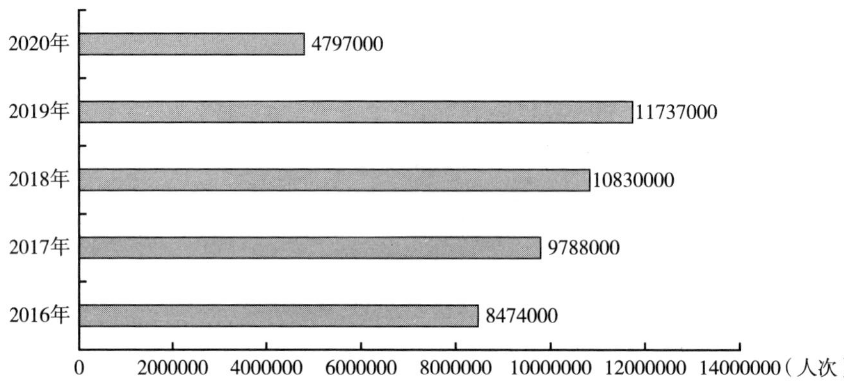

图 2　2016~2020 年珠海长隆海洋王国游客接待量

资料来源：AECOM 联合主题娱乐协会 TEA 发布的《2020 全球主题乐园和博物馆报告》。

横琴深合区初显“露营热”旅游业态新趋势。同程旅行网数据显示，2022 年“五一”假期“露营”相关搜索热度环比上涨 117%，并且从访问用户看，珠三角地区用户是该假期露营旅行的“铁粉”。位于横琴深合区内的星乐度·露营小镇在本次小长假中的出色表现，体现了这一新趋势：2022 年“五一”期间星乐度·露营小镇整体客流日均逾万人，平均入住率超 95%，特色住宿订单供不应求，其中以户外露营为核心的“Dinosaur Camp”星乐旷野预订火爆。自 2018 年开园以来，星乐度·露营小镇累计接待游客已近百万人次，其中澳门游客占 30% 以上。除已较为成熟的度假露营地星乐度外，具有良好生态环境的横琴花海长廊也吸引了大量游客。横琴花海长廊 5 号驿站目前接待露营的人数每周末达 800 人次，“五一”期间，花海长廊人流量 36500 人次，总计搭建帐篷数量 1260 个。露营休闲旅游已是横琴深合区文旅产业其中的一项重要业态，但从长远来看，露营对横琴深合区整体文旅产业的带动作用较为有限，仍需不断创新、丰富内涵，探索露营与澳门文旅产业联动发展的路径。

五 澳门居民对横琴深合区文旅产业的认知度和认可度

《横琴方案》中明确指出，横琴深合区要建设成为促进澳门经济适度多元发展的新平台，便利澳门居民生活就业的新空间，要为澳门长远持续发展注入重要动力，对推动澳门长期繁荣稳定和融入国家发展大局发挥积极作用。所以澳门居民对横琴深合区的认知和认可尤为重要。为了更好地了解澳门居民对横琴深合区的认知度与认可度，本报告通过问卷调查的方式，获取了一手的调研资料，并对调研资料进行了系统的整理分析。数据表明，澳门居民对横琴深合区的认可度较高，但对横琴深合区及区域内文旅项目的认知度仍存在较大的提升空间。主要体现在以下六个方面。

（一）澳门居民对横琴深合区体育项目认知度较低

澳门特别行政区自身地理空间有限，区域内休闲体育场地、户外运动场地有限，但澳门居民对休闲体育、户外运动项目有较大兴趣，澳门有限的场地无法满足居民的这些需求，相比之下横琴深合区的休闲体育场地较丰富。但从表3可发现澳门居民对于横琴国际网球中心、东方高尔夫珠海球场的关注比例较低，分别占12.40%与7.44%，故可初步判断，澳门居民对横琴深合区中体育项目的了解较少、认知度较低。未来，应进一步增强横琴深合区体育场馆与项目的宣传，有利于增强横琴深合区休闲体育、户外运动对澳门居民的吸引力，提高澳门居民对横琴深合区的关注度和认知度。

表3　2021年澳门居民对横琴深合区景区景点关注比例

单位：%

景区景点	比例
珠海长隆海洋王国	85.12
星乐度	59.50
创新方·狮门娱乐天地·国家地理探险中心	47.93

续表

景区景点	比例
芒洲湿地公园	35.54
花海长廊	44.63
中国紫檀博物馆横琴分馆	28.10
横琴国际网球中心	12.40
东方高尔夫珠海球场	7.44

（二）澳门居民对横琴深合区的了解有限、认知度低

调查发现，澳门居民了解横琴深合区的渠道丰富，主要渠道为亲友介绍与旅游推荐，其中旅游推荐渠道的占比为52.07%，亲友介绍渠道的占比为42.15%（见表4）。由此可见，澳门居民对横琴深合区的认知度受横琴深合区旅游发展与澳门地区旅游推荐的影响较大。

表4　2021年澳门居民了解横琴的渠道比例

单位：%

选项	比例
亲友介绍	42.15
互联网	30.58
电视广播	24.79
旅游推荐	52.07
其他渠道	29.75

但是，通过对问卷统计的分析还发现，澳门居民准确知道横琴深合区成立时间、横琴深合区与澳门面积关系的人数占比较低。关于横琴深合区成立时间选项选择错误的占比为69.42%；关于横琴深合区与澳门面积关系选项选择错误的占比为66.94%，其中明确回答不清楚的占比达21.49%。由此可进一步判断，澳门居民通过亲友介绍与旅游推荐的渠道了解横琴深合区的程度有限，对横琴深合区的认知度较低。

（三）澳门居民在横琴深合区的平均停留时间短、平均消费水平偏低

据图3发现，澳门居民在横琴深合区的单次平均停留时间主要集中在1天及以内，占比高达76.86%。再结合图4、图5消费额的相关统计数据可知，澳门居民在横琴深合区的单次最高消费额在3000元以下的占85.12%，单次平均消费额在1000元以下的占76.86%。可见，因为澳门居民在横琴深合区停留时间较短，所以澳门居民在横琴深合区的总消费额和平均消费水平偏低。

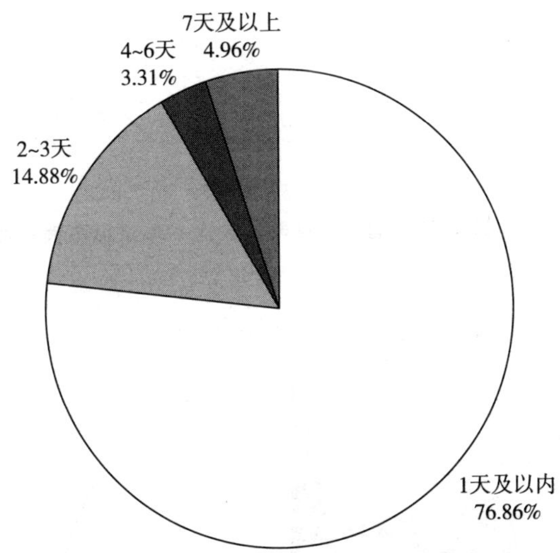

图3 2021年澳门居民前往横琴深合区的单次平均停留时间

（四）澳门居民对横琴深合区认可度较高

调查数据显示，澳门居民愿意再次前往横琴深合区的占比高达95.87%，愿意推荐他人前往横琴深合区的占比高达93.39%，愿意参与横琴深合区当地居民活动的占比高达80.17%。另据图6、图7，2021年澳门居民前往珠海（不含横琴深合区）与横琴深合区的次数多为1~12次，该出游频次符合都市周边微度假、近郊游的特征。其中，前往横琴深合区的占比高达61.16%。可见横琴深合区对于澳门居民有更强的吸引力。横琴深合区较为广阔的地理空

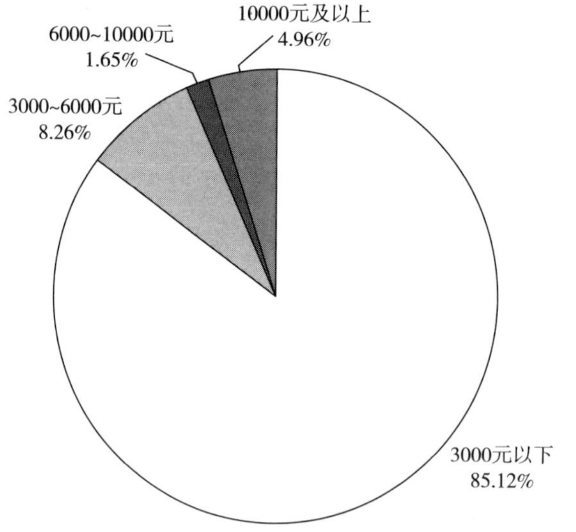

图 4　2021 年澳门居民在横琴深合区的单次最高消费额

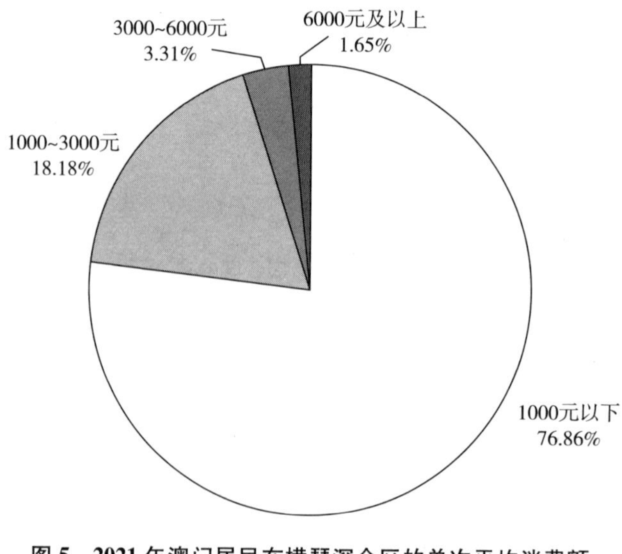

图 5　2021 年澳门居民在横琴深合区的单次平均消费额

间、较为便利的出入手续和较为完善的配套设施等优势对澳门居民有很强的吸引力。所以，在横琴深合区合理地规划和建设休闲度假、文化体验类文旅项目，丰富和充实文旅活动的内容，可以有效延长澳门居民在横琴深合区的停留时间，进而提升文旅平均消费水平。

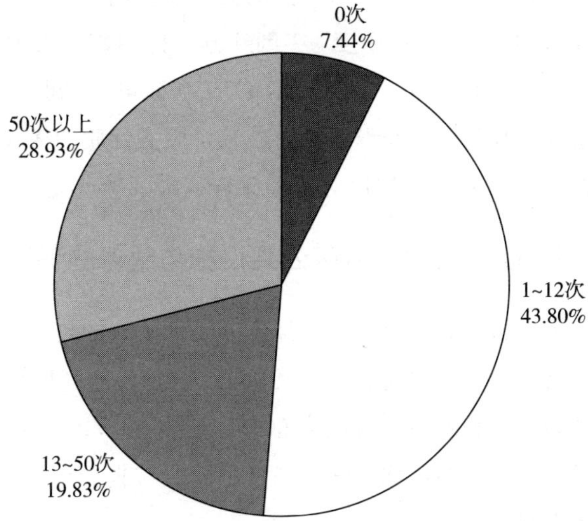

图 6　2021 年澳门居民前往珠海（不含横琴深合区）的次数

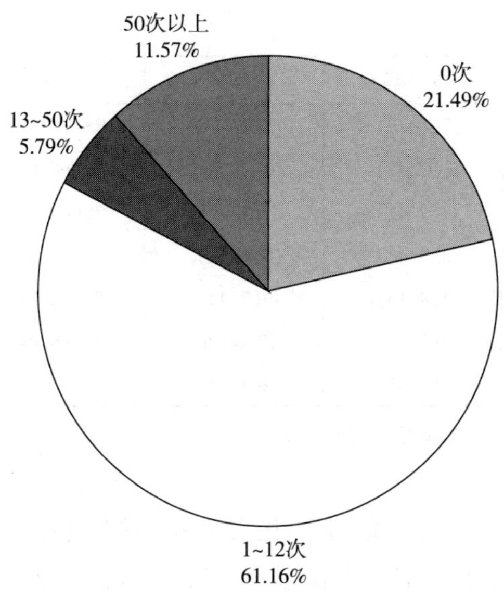

图 7　2021 年澳门居民前往横琴深合区的次数

（五）澳门居民对横琴深合区文旅项目关注度较高

调查澳门居民对横琴深合区旅游景点的关注度发现，关注度最高的3处景点为“珠海长隆海洋王国”“星乐度”“创新方·狮门娱乐天地·国家地理探险中心”，占比分别为85.12%、59.50%、47.93%，可以判断，澳门居民更加倾向于关注主题特色鲜明、配套设施完善、综合服务优质的横琴深合区旅游景点。详见前文表3 2021年澳门居民对横琴深合区景区景点关注比例。

（六）澳门居民对横琴深合区公共设施与服务的满意度评价较高

调查发现，澳门居民整体上对横琴深合区给予最多的是肯定评价，特别是市容环境方面给予满意与非常满意总占比高达95.86%的高度评价；其次是横琴深合区的服务品质，满意与非常满意总占比高达90.91%；但在餐饮品类与公共交通方面仍存在一定的优化空间，二者不满意与非常不满意的总占比分别为19.84%与18.19%（见表5）。

表5　2021年澳门居民对横琴深合区公共设施与服务的满意度评价

单位：人，%

选项	非常不满意	不满意	满意	非常满意
公共交通	7(5.79)	15(12.40)	73(60.33)	26(21.49)
住宿设施	3(2.48)	10(8.26)	83(68.60)	25(20.66)
餐饮品类	3(2.48)	21(17.36)	78(64.46)	19(15.70)
服务品质	3(2.48)	8(6.61)	90(74.38)	20(16.53)
网络通信	5(4.13)	9(7.44)	81(66.94)	26(21.49)
标识系统	3(2.48)	10(8.26)	81(66.94)	27(22.31)
市容环境	3(2.48)	2(1.65)	69(57.02)	47(38.84)

注：括号内数据为选项对应满意度的占比。

综上所述，澳门居民对横琴深合区有较高的满意度和认可度，并具有较强的意愿前往横琴深合区开展文旅活动；但是，在对近在咫尺的横琴深合区的认知方面仍有较大的提升空间，需要进一步加强。

六　横琴粤澳深度合作区文旅产业融合发展建议

根据前文对横琴深合区政策优势、产业发展现状，特别是文旅产业发展现状的研究可见，《横琴方案》中支持文旅会展商贸产业作为未来横琴深合区四大产业之一是合理可行的。而高水平建设横琴国际休闲旅游岛，加速发展休闲度假、会议展览、体育赛事观光等旅游产业，积极发展康复医疗、休闲养生等大健康产业，并使之成为澳门建设世界旅游休闲中心的地理延伸空间等规划定位，应是横琴深合区未来文旅产业发展的主要方向。

同时，访谈和问卷的分析结果表明，澳门居民对横琴深合区有较高的认可度，横琴深合区 3 倍于澳门的面积使澳门居民也充满期待和向往。但是由于现行管理体制、法律体系、公共服务体系等方面的差异，澳门居民对横琴深合区的认知度还远远不够。接下来，横琴深合区应通过文旅产业融合发展，借助"'一线'放开，'二线'管住"等先行先试的政策优势，将其打造成宜居宜业宜游优质生活圈的先行示范区和"一国两制"实践创新的典型案例，从而更好地发挥横琴深合区沟通内地、服务澳门、连接世界的功能与作用。

本报告对横琴深合区文旅产业融合发展的建议如下。

（一）将珠海航展延伸至横琴深合区，丰富中国珠海国际航展的内容和形式

根据《横琴方案》的内容，政府调整了横琴深合区不予免（保）税货物清单政策，除国家法律、行政法规明确规定不予免（保）税的货物及物品外，其他货物及物品免（保）税进入。此外，允许在横琴深合区内与澳门联合举办跨境会展过程中，为会展工作人员、专业参展人员和持有展会票务证明的境内外旅客依规办理多次出入境有效签证（注），在珠海、澳门之间可通过横琴口岸多次自由往返。基于《横琴方案》中提到的利好政策，为充分发挥澳门和横琴深合区对外的优势，本报告建议如下。

一是设立珠海航展横琴深合区分会场。珠海航展的一些物资受到通关运输以及关税的限制，可以利用横琴口岸通关的优势，将珠海航展的一些海外创新成果置于横琴深合区分会场进行展示，这样一方面避免了海外游客获取签证的麻

烦，方便他们进行参观；另一方面又缓解了航展期间金湾区的人流、车流压力。

二是举办圆桌对话等行业活动、学术活动。根据中共中央、国务院印发的《横琴方案》来看，要在横琴深合区大力发展文旅会展商贸产业，高水平建设横琴国际休闲旅游岛，在合作区大力发展休闲度假、会议展览等旅游产业。本报告建议在珠海航展举办同期开展国际航空航天专家学术论坛以及国内外学者圆桌对话等一系列活动，外籍媒体人员可以利用横琴口岸通关之便进行宣传推广，还能带动横琴深合区会议展览旅游业的发展。

三是开发元宇宙科创体验中心。联动周边的横琴国际科技创新中心以及横琴科学城，利用其已有的科研产业人流、物流及信息流资源聚集中心的独特优势，在横琴深合区建设集 5G、人工智能、云计算、区块链于一体的航展元宇宙科创中心，通过 AR、VR 等高新技术手段增强航展展示效果，游客可以沉浸式体验在虚拟世界中观赏航空飞行表演、感受驾驶舱视觉的飞行场景以及模拟驾驶员操纵起飞降落等一系列与航展元素相关的活动，提升数字化空间运营能力的同时，可以有效提升珠海航展智能服务水平。

（二）大力发展康养产业以赋能横琴深合区高质量发展

2022 年 2 月，澳门街坊会联合总会广东办事处对横琴深合区居民及 111 名澳门居民进行了需求调查，调查统计结果显示：在医疗健康方面，大多数长者存在关节问题、心脑血管问题、视听感官退化等不同程度的健康困扰，对社区健康及医疗资源的社会需求很大，但医疗资源相对不足。另外，随着中国老龄化进程的加快，立足于“大健康”产业的中式康养的健康理念蓬勃发展，本报告建议在横琴深合区建设世界水平的健康管理中心——横琴国际健康管理中心，下设生命养护中心以及横琴健康中医院，针对珠海、澳门以及海外的中高端消费人群，开展新型中医治疗、疾病防护、健康管理、养生康复等业务。

一是建设生命养护中心。建设国际尖端的数字化一站式医疗检测设备，吸引生命养护、医疗技术、健康风险评估、数理统计分析等领域专家、教授，为客户提供健康预测、风险评估、健康促进、效果评价及动态管理等专业化服务。

二是建设横琴健康中医院。运用中国传统医术进行膳食调理、养生保健、康复治疗，提供高端化、人性化的健康管理服务，建成集中医药文化传播、中医药特色健康理疗于一体的中医养生保健和综合服务基地。

三是引进特种药物进行治疗。《横琴方案》也明确指出，“研究简化澳门外用中成药在粤港澳大湾区内地上市审批流程，探索允许在内地已获上市许可的澳门中药在粤港澳大湾区内地生产，对澳门研制符合规定的新药实施优先审评审批”。因此，在横琴国际健康管理中心的治疗康复规划中可以利用横琴口岸政策优势从澳门及海外引进特种治疗药物，借横琴通关运输的便利，提高该中心的健康科学水平和健康服务水平，提升用户的服务和治疗体验。

（三）营造趋同于澳门的宜居宜业的生活环境

横琴深合区的“澳门新街坊”项目是内地首个专门为澳门居民设计建设的，集居住、教育、养老、医疗等多功能于一体的综合性民生项目，在配套设施方面，已有幼稚园、小学、卫生站、长者服务中心、家庭综合服务中心等，可基本满足澳门居民的生活所需。但应在目前已有的基础上，对新街坊内的酒店、民宿、餐饮、休闲娱乐做进一步的提升。

一是营造趋同于澳门的宜居宜业的生活环境。首先，在注重区域内民宿的整体环境和服务水平的同时，兼具葡系风格的装饰；其次，在提升社区内餐饮服务质量的同时，多还原一些澳门街坊小吃店铺和市井氛围；最后，建设更多适合澳门居民的休闲场所，营造趋同于澳门的娱乐环境，从各个方面为澳门居民在大湾区学习、就业、生活、娱乐提供便利条件。

二是营造独特的葡语系国家地区文化体验环境。例如举办中葡文化交流节、中葡文化艺术节等，通过展演中国与葡语国家电影、中国与葡语国家舞蹈艺术，分享不同文化背景下的音乐、手工艺、特色服饰、地道小食等，让来到新街坊的人们感受不同地区的悠远文化和节庆传统，让游客体会文化共生，拥抱多元世界。

（四）加强中葡足球文化交流合作

由于受到葡语系国家——葡萄牙足球文化的影响，澳门具有悠久的足球文化历史，近百年来足球文化兴盛，许多青少年深受足球文化的熏陶。借助横琴深合区广阔的地域优势，一是依托已有的横琴足球协会，吸引葡语系国家来横琴深合区共同发展足球文化；二是定期邀请外籍教练就足球理念、足球技术水平、足球教学等专业问题进行深入探讨和交流；三是邀请葡萄牙优秀的青少年足球运动员到文化基地开展足球友谊赛等活动，依托粤澳深度合作的优势，以足球为媒，助力大湾区民生交流、民心交融，打造既有澳门优势特点，又彰显横琴深合区青春活力的亮丽足球名片，促进两地文化深度交融。

（五）大力发展休闲体育旅游项目助力国际休闲旅游岛建设

《横琴方案》提及“在合作区大力发展休闲度假、会议展览、体育赛事观光等旅游产业”。近年来，随着社会经济的发展和生活水平的提高，人们比以往更会享受生活。在此背景下，休闲体育产业成为当今世界具有全局性、永久性、引导性和动态性特征的产业。

自然条件方面，横琴深合区的城市绿地覆盖率在40%以上，且森林覆盖率在32%以上，四面环水，气候温和，山清水秀，空气清新，且具有自然的山体，适宜开展休闲体育活动。因此，要统筹山水林田湖草各种生态要素，兼顾生态、休闲、文化等功能，将原有的横琴国际网球中心和东方高尔夫珠海球场作为核心引擎，推动建设横琴休闲体育公园。通过分析，本报告认为可以从以下两个方面来进行提升。

一是建设专业场所。在横琴休闲体育公园内建设适合飞盘、马术、高尔夫、滑板、赛艇等项目的专业场所，以体育健身、专业培训、竞技比赛、趣味竞赛、娱乐休闲五个方面为功能定位，打造功能齐全、设施完善且高格调的体育公园。

二是举办各类休闲体育比赛活动。首先，借全国帆船锦标赛、全国帆船帆板锦标赛在珠海举办之热，开展一系列帆船、航海活动；其次，承接大型的马术与高尔夫休闲体育赛事，举办小型友谊赛或者社团活动。一方面能吸引澳门以及珠海的年轻人到横琴休闲体育公园强身健体，进行体育文化学习交流；另一方面助力横琴深合区打造横琴国际休闲旅游岛，为经济发展、体育产业发展发挥有效作用。

（六）努力打造横琴国际休闲旅游岛

1. 建设滨海亲水休闲娱乐区

在大湾区的城市中，珠海海滨自然环境条件优越，拥有最大的海域面积和最长的海岸线，其中大陆自然岸线长度为28.64千米，自然岸线保有率达到

12.76%。海滨的港湾资源非常适宜建设游艇码头、发展滨水游艇旅游，利用其毗邻港澳的区位优势，巨大的游艇消费市场潜力，可建设游艇休闲娱乐区。根据《横琴方案》要求，游艇业将是横琴深合区休闲旅游发展的重要一环。本报告建议在休闲娱乐区内借助法拉帝游艇亚太总部，建设游艇俱乐部、公共游艇码头、高端商业和旅游休闲配套设施等，发展商务休闲旅游，推广游艇文化，建立滨水休闲与娱乐大型综合项目。同时打造旅游亲水项目。借助已有的星乐度·露营小镇水上视觉盛宴——“星河梦幻灯光秀”、芒洲湿地公园和二井湾湿地公园、天沐河和依依桥等特色景点，协同建设一批城水共融、人水相亲的标杆文旅项目，打造一批彰显城市文化底蕴和滨海亲水特色的旅游精品线路。

2. 建设山地休闲区

拟在横琴深合区的山地上修建“周末农夫”经营方式的农场，农场以“生态、环保、可持续发展”为经营理念，以大众播种、农民代种、农民和大众一同维护蔬菜成长、大众收获果实的模式，以大众轻松劳动、快乐收获、享受成果的方针运营，努力建设一个以原生态蔬菜种植为主、以娱乐为辅的精品周末农场。一是设立“周末农夫”项目。吸引澳门家庭在周末到自己承包的地里从事种植或养殖的农事活动，而这些蔬菜平时主要由当地有经验的农户进行照顾，一定时间以后承包者可以到农场里收获农产品。二是打造山地休闲区。在休闲区建设以江湖、树林、山峦等作为景观背景的农场休闲民宿；另外，在山地建设绿色步道，让游客在强身健体的同时，也能上山观山看海欣赏自然之美，远眺琴澳饱览城市风光。“周末农夫”项目和山地休闲区的建设一方面能让身居城市的澳门儿童体验乡间耕作之乐，另一方面能亲身体会身处大自然的轻松愉悦。

参考文献

陈池、张仁寿，2022，《把横琴新区打造成推动粤港澳大湾区发展的新高地（上）》，《广东经济》第1期。

陈雁南，2022，《琴澳和鸣　共谱产业发展新乐章》，《珠海特区报》3月7日。

贺林平，2022，《服务澳门经济适度多元发展　横琴高新产业拔节生长》，https：//www. ndrc. gov. cn/fggz/lywzjw/jwtz/202207/t20220719_ 1330983_ ext. html。

横琴粤澳深度合作区统计局，2021，《第七次全国人口普查有关横琴粤澳深度合作区数据一览表》，http：//www. hengqin. gov. cn/stats/tjsj/rksj/content/post_ 3028823. html。

横琴粤澳深度合作区统计局，2022，《横琴粤澳深度合作区 2021 年 1-12 月经济运行简况》，http：//www. hengqin. gov. cn/stats/tjsj/jjyxjk/content/post_ 3055560. html。

李灏菀、陈雁南，2021，《这里是横琴粤澳深度合作区》，《珠海特区报》9 月 17 日。

李灏菀、陈子怡，2022，《横琴游升温"微度假"受追捧》，《珠海特区报》5 月 7 日。

马蜂窝，2021，《2021 年周边游数据报告》，https：//zhuanlan. zhihu. com/p/411680019。

一起去横琴，2021，《〈中国亲子旅游消费者洞察〉：横琴亲子游受疫情影响很大，但恢复迅速且稳健》，https：//mp. weixin. qq. com/s/jAJCEG-ui0UEkWBxXvuGfA。

珠海市消委会、中山市消委会、江门市消委会、珠海市横琴新区消费者协会，2021，《新冠疫情对珠中江横琴地区旅游影响调研报告》，https：//www. zhuhai315. com/show-1-7579-1. html。

B.17

香港自然旅游发展机遇和挑战

陈宗诚　张书颖*

摘　要： 自然旅游强调旅游者对自然的偏好，其核心在于旅游活动和服务设施对自然环境的高度依赖性。香港自然旅游起步较晚，市场潜力尚未被充分激发。在享有生态资源丰富、法规政策支持、市场需求提升、自然教育有效开展等优势的同时，香港自然旅游也面临活动受季节影响明显、教育配套尚未完善、城市发展压力巨大的问题与挑战。在新冠肺炎疫情的背景下，香港自然旅游游客量不降反增，配合主流化的本地游、户外出游需求快速释放的特点，成为旅游业复苏的主力。

关键词： 自然旅游　生态旅游　郊野公园　香港

引　言

近年来，大众对优质生态环境的需求和关注持续增长，亲近自然的旅游方式成为旅游消费的热点。与自然环境有关的旅游产品和休闲业态日益丰富，服务质量不断升级，自然资源的经济价值也得以激发。自然旅游（Nature-based Tourism or Nature Tourism）是一个综合概念，是指在相对不受干扰的自然环境中发生的，或具有自然特色的各种旅游活动的总称（Buckley，2009），旅游活动内容往往与自然环境观光和互动有关（Margaryan，2018；Mehmetoglu，

* 陈宗诚，博士，香港中文大学地理与资源管理学系助理教授，研究方向为城市品牌营销和可持续旅游。张书颖，博士，中国科学院地理科学与资源研究所助理研究员，研究方向为生态旅游、遗产旅游和旅游地理。

2007；Nyaupane et al.，2004），包括各种形式的利基旅游，例如野生动物旅游、生态旅游、自然风光旅游和探险旅游（Novelli，2005）。此外，特殊兴趣旅游（Special Interest Tourism）强调以特殊兴趣作为旅游决策的指导力量，突出游客参与特定活动的动机（Wen and Wu，2020），也被视为自然旅游的表现形式（Trauer，2006）。

随着可持续发展理念的深入推进，自然资源的稀有性、脆弱性和敏感性被广泛关注（张海霞、汪宇明，2010），在不断适应新时代生态环境保护与社会经济协同发展的过程中，自然旅游固有的生态伦理属性和社会服务功能愈加凸显（钟林生、陈田主编，2013）。在此基础上，自然旅游被赋予了维持可持续发展的价值取向（Margaryan，2018），也呈现出对应的概念认知转向。更多学者开始关注自然旅游的资源配置和旅游效应，指出自然旅游要以未被破坏的自然景象为直接旅游吸引物（Buckley，2009），并以保证游客行为不破坏自然环境为前提（张海霞、汪宇明，2010），在细化自然旅游内涵的同时，也使其与其他旅游形式的界限更为模糊。

在自然旅游的概念体系下，生态旅游是广受推崇的旅游方式之一，强调以非消耗性旅游活动实现旅游目的地在自然文化保育、教育解说、本地社区福祉等方面的可持续发展（Fennell and Weaver，2005）。自然旅游必须包含三个显著特征才能被认定为生态旅游：尽量减少对目的地经济、社会和环境的负面影响，对自然环境保育产生推动作用，以及改善当地社区居民生计（Wearing and Neil，2009）。因此，生态旅游被视为自然旅游转向可持续发展的必然结果。

现有的自然旅游多开展于自然保护区内，以保护自然和文化遗产、维护生物多样性和生态系统服务为主要目标（Spenceley，2008）。由于自然系统受生物物理演变规律和历史文化变更的多重影响，旅游与生态环境的关系也因时间、空间和文化的差异而有所不同。在自然旅游的发展过程中，人为干预回嵌于生态环境保护中，除了将自然环境、野生动植物等元素商品化外，游客还以不同的方式影响着文化和社会的重构（Fennell and Yazdan Panah，2020）。

然而，鉴于城市邻近区域的自然景观和资源日益丰富，自然旅游的发展并不局限于特定的地理环境，而是更多地强调对保育、教育和社区发展等方面的贡献，这符合当今社会重视生态建设和环境保护的思想，有利于引导绿色消费理念向大众旅游延伸。随着城郊绿地的扩张和大量软性生态旅游者（Soft

Ecotourists）的出现（Weaver，2005），高人口密度的城市和地区具有发展自然旅游的机会。香港作为粤港澳大湾区的核心城市，具有发展自然旅游的优良本底基础，香港自然旅游发展虽已取得一定成绩，但仍然面临着更多的机遇与挑战。

一　香港自然旅游发展的情况概述

香港是世界著名的旅游目的地，其旅游业自20世纪50年代兴起后，迅速发展成香港的主要经济支柱，凭借优越的地理区位条件，打造了自由商港、购物天堂的旅游品牌。然而，在香港旅游业发展过程中，城市购物旅游主导了游客活动和业界收入来源，引发了旅游产业的失衡。在可持续发展目标下，探索生态化、多样化、多元化的旅游产品已成为香港旅游业的首要任务。自然旅游宽泛的概念界定使其具有更加灵活的实现途径和推广方式（Chiu et al.，2016），可以适用于不同类型的旅游目的地，包括高度城市化的香港。

香港自然旅游具有先天性发展优势，以连绵起伏的山丘为骨干，配合广阔丰富的水体及葱郁茂盛的植被，在香港全境构成了占比70%左右的自然景观（Cheung and Fok，2014；Zhang et al.，2019），且多具有生态保护性质。特别地区（Special Areas）和限制地区（Restricted Areas）将生态较为敏感的地区单独划分出来，以满足重点保护的需求，香港还通过设立海岸公园（Marine Parks）和鹤咀海岸保护区（Cape D'Aguilar Marine Reserve）对海洋生物多样性进行保护。此外，具特殊科学价值地点（Sites of Special Scientific Interest，SSSI）、自然保育区（Nature Reserves）、海岸保护区（Marine Reserves）和绿化带（Green Belts）为香港法定图则中标注的规划意向，允许不同程度的人为活动，是一种行政措施。城市公园一般设立在居民区附近，人工设施较多，主要目的是为市民提供休闲康乐场所。郊野公园（Country Parks）作为占地面积最大的绿地类型，承接其他绿地的功能，结合其自然保育与居民游憩的用途，完善了绿地体系的分工与构成，在居民生活中扮演着不可或缺的角色。因此，香港自然资源观赏性突出，生物多样性保护良好，具有突出的娱乐功能、保育功能和教育功能，为自然旅游发展奠定了良好的基础。

然而，香港自然旅游的市场潜力却尚未被充分激发（Chan and Marafa，

2014）。长期以来，香港的热门景点和旅游活动大多集中在市区，自然旅游并不是核心产品。直到2003年非典（SARS）疫情暴发，为了锻炼身体、逃离日常压力、接触大自然，众多市民选择到郊野公园等自然环境优美的地区放松身心，自然旅游的受关注度快速提升，自然旅游成为香港快节奏生活的调剂方式。进入21世纪后，香港旅游发展局大力推广自然旅游和生态旅游，推出以南丫岛、浅水湾、昂坪等为代表的一系列自然休闲旅游胜地，不仅满足了市民和境外游客的娱乐需求，也展示了香港的多元文化和丰富资源。虽然起步较晚，但自然旅游已在香港旅游市场上占据一席之位，成为旅游业可持续发展的重要抓手。

二　香港自然旅游发展的优势和机遇

（一）生态资源丰富

香港的滨海丘陵地形和亚热带季风气候，为种类繁多的动植物提供了适宜的栖息地。香港陆地总面积为1108平方公里，其中有约3/4是郊野，包括山岭丛林、河溪峡谷、草坡湿地、海岸浅滩等不同种类的地形地貌，由此形成了多种类型的生态系统，也保障了生物多样性的发展。据统计，香港目前拥有约2100种本地维管束植物、接近200种淡水鱼、超过230种蝴蝶及约120种蜻蜓（香港特别行政区政府渔农自然护理署，2021），有记录的鸟类超过560种，约占全国鸟类种数的1/3（香港特别行政区政府，2022）。这些丰富的生态资源为各种自然旅游产品和活动提供了宝贵的基础。

（二）法规政策支持

香港的郊野地区中有约四成为保护区，包括24个郊野公园、22个特别地区，占地面积约443平方公里，此外，还有7个海岸公园、1个海岸保护区、1个国际级湿地公园和1个世界地质公园。香港法定图则上，约有77平方公里的土地为划定的自然保育地带，受严格的规划和发展管制。郊野公园是香港最重要的保护地区，受《郊野公园条例》保护，具有自然保育、康乐及教育用途（香港特别行政区政府环境保护署，2022）。基于健全的保育法规，香港的保护区和公共自然资源适宜发展为自然旅游景点。

为保护郊野，政府亦采取了一系列策略和行动。①在2004年公布新自然保育政策，选定了12个须优先加强保育地点，并推行自然保育管理协议计划和公私营界别合作计划，目标是以可持续的方式规划、保护和管理具有重要生态价值的地点。②2017年成立乡郊保育办公室，统筹保育乡郊计划，促进偏远乡郊的可持续发展。③以《保护濒危动植物物种条例》规管列明的濒危物种的贸易，并于2018年进行修订，加大了所有濒危物种非法贸易的处罚力度。在2016年公布《香港生物多样性策略及行动计划2016—2021》，涵盖67项加强保育措施的具体行动（香港特别行政区政府渔农自然护理署，2021；香港特别行政区政府环境保护署，2022）。

（三）市场需求提升

近年来，香港城市旅游蓬勃发展，每年入境旅客均达数千万人次，为配合旅游主题多元化发展，香港旅游发展局也积极推广境内各种自然文化景点，以及绿色深度游。其中郊野公园深受各地游客和本地市民欢迎，2021年，游客达到1240万人次，进行的活动主要包括漫步、健身、远足、烧烤、家庭旅行及露营等（香港特别行政区政府渔农自然护理署，2022）。

（四）自然教育有效开展

自然教育和体验是生态旅游定义中重要的一环（Weaver，2006）。尽管自然旅游主要被视为享受自然环境的旅游，但有效的科普教育和自然体验将提升自然旅游游客的素质，增强旅游发展和目的地生态环境的兼容性，以及当地社区的承载力（Fennell，2007）。近年来，香港培育了众多自然和文化旅游产业及业态，加之媒体的大力推广和导赏服务的日益完善，游客在游览自然和文化景点的同时，可以获取多方面的生态知识和自然教育。

三　香港自然旅游发展存在的问题与挑战

（一）活动受季节影响明显

香港的夏季炎热潮湿，加上暴雨、台风不时来袭，不适合进行远足、观鸟等陆上户外活动，却是观赏海豚和进行海上、海滨活动的最佳时间。而冬季微凉干燥，水上活动开展困难，却是观鸟的最佳时节。这种亚热带季风气候在为旅游项目常态化开展带来困难的同时，也为自然旅游的季节性推广提供了思路。

（二）教育配套尚未完善

香港目前仍未形成健全的自然旅游教育及培训体系，特别是缺乏全面的导赏和服务系统。例如，本地获推荐地质公园导赏员（R2G）只有 45 位，认可地质公园导赏员（A2G）更是只有 4 位（地质公园导赏员推荐制度，2022），一般本地导游只能通过各种教育机构修读生态导赏培训课程，以加强个人生态知识。自然旅游在香港还没发展成主流旅游产业，经济收益相对薄弱，以致不能成为旅游从业人员稳定的收入来源。此外，针对生态旅游培训的信息和指引尚不全面，即使本地大学提供相关学位和课程，例如环境科学、保育、可持续旅游等，仍未能满足自然旅游在业界的发展需求，普及度较低。

（三）城市发展压力巨大

自然旅游的经济收益，可用于自然资源保护（Buckley，2012），或当地社区发展和教育（D'Cruze et al.，2018）。然而，很多时候旅游目的地和经营者往往专注于如何提升经济收益，大量游客的涌入，更易引起过度旅游的问题。一旦超过了生态环境的承载力，就会导致个别物种、种群甚至整个生态环境或保护区的变化、压力和其他看得见或看不见的伤害（Moorhouse et al.，2015）。香港的土地需求和发展压力巨大，现今仍有约 1/3 的土地不受任何法定规划和监管系统的管制。一些具有生态价值的私有土地容易遭到破坏，还要面对非法土地利用的问题，以致许多生态敏感地点和生物多样性热点受到城市化等问题的威胁（世界自然基金会，2022），这对自然旅游的长远发展非常不利。

四　疫情防控时期香港自然旅游的状况

（一）游客量不降反增

新冠肺炎疫情在全球的传播使各国和各地区的旅游业均受到不同程度的冲

击。根据联合国统计的数据，2020 年和 2021 年全球旅游业收入损失达 3.3 万亿美元，致使旅游业直接倒退 20 年。香港同样受到新冠肺炎疫情的影响，2020 年访港旅客为 356.89 万人次，2021 年仅为 9 万人次（香港旅游发展局，2022）。香港特别行政区政府和业界为缓解疫情对旅游业的冲击，及时推出弥补性措施，以加快旅游业复苏。疫情防控常态化导致的市场环境变化也同样影响着香港自然旅游的发展。2021 年参与自然护理教育活动的人数减至 15 万人次，仅为 2019 年的一半（香港特别行政区政府渔农自然护理署，2022）。然而，值得一提的是，自疫情发生以来，以郊野公园和海岸公园为代表的香港自然旅游旅客到访人次不降反增，相较于 2019 年，2021 年人次增长 10.71%。因此，在新冠肺炎疫情的背景下，旅游新趋势给香港自然旅游带来的不仅是挑战，也是转型升级的良机。

（二）本地游仍是主流

疫情大大降低了旅客访港意愿，跨境旅游几乎停顿，本地游成为维持旅游业运转的重要抓手。香港特别行政区政府分别于 2020 年 6 月和 2021 年 3 月两度延长于 2019 年 12 月推出的“绿色生活本地游鼓励计划”（魏华都，2022），配合一系列涵盖财政津贴、旅游从业人员培训等的政策组合拳，大力发展本地游，鼓励市民亲近大自然，体验绿色生活，激发区内旅游活力。虽然自然旅游一直不是境外游客的首选，但大屿山、南丫岛、石澳等地依旧作为丰富游客行程的景点而存在，受制于通关政策，入境游客骤减，香港自然旅游对本地游市场的依赖性更加明显。

（三）户外出游需求快速释放

疫情发生初期，在综合分析整体形势的基础上，香港及时关闭康乐场所及体育设施，如网球场、露天剧场、体育馆、博物馆等，采取停止旅行社组团业务等措施，有效遏制了疫情传播扩散，但也极大制约了大众的休闲娱乐活动。安全、健康成为当前娱乐需求的新方向，人流密度低、生态环境好的开放型自然旅游景点受到青睐，可以有效减少人员接触、加强卫生防疫、增强身体素质的自然旅游成为香港市民休闲娱乐的第一选择。

（四）自然旅游担纲复苏主力

在疫情防控常态化时期，香港特区政府继续推行多项措施，以巩固香港“一程多站”示范核心区及国际城市旅游枢纽的地位。香港特别行政区政府提交的2021~2022年《财政预算案》提出，将针对文化、古迹、绿色旅游资源及具有香港特色的旅游项目进行资金投入和宣传推广，改善行山径设施和郊野公园，开拓更多绿色旅游资源（索有为，2021），可见自然旅游已经成为带动香港旅游业迈向复苏振兴的重要支点。

放眼将来，凭借香港坚固的旅游市场基础、处于粤港澳大湾区中心的地理优势以及丰富的生态资源和自然体验模式，自然旅游将成为香港旅游品牌的特色名片。

参考文献

地质公园导赏员推荐制度，2022，《A2G/R2G导赏员名单》，http：//www. hkr2g. net/b5_r2gh. cfm，最后访问日期：2022年6月8日。

世界自然基金会，2022，《本地生物多样性》，https：//www. wwf. org. hk/biodiversity/，最后访问日期：2022年6月5日。

索有为，2021，《香港新一份〈财政预算案〉助力旅游业“破冰”和复苏》，https：//www. sohu. com/a/452426417_ 123753，最后访问日期：2022年6月5日。

魏华都，2022，《香港特区政府多措并举助旅游业界度疫下寒冬》，https：//baijiahao. baidu. com/s？id=1723372160109328253&wfr=spider&for=pc，最后访问日期：2022年6月5日。

香港旅游发展局，2022，《研究及统计》，https：//partnernet. hktb. com/sc/research_ statistics/tourism_ statistics_ database/index. html，最后访问日期：2022年6月8日。

香港特别行政区政府环境保护署，2022，《保育：香港的自然保育及乡郊保育概览》，https：//www. epd. gov. hk/epd/tc _ chi/environmentinhk/conservation/conservation _maincontent. html，最后访问日期：2022年6月8日。

香港特别行政区政府，2022，《香港的自然环境及动植物物种》，https：//www. gov. hk/tc/residents/environment/conservation/naturalenvplantsanimals. htm，最后访问日期：2022年6月8日。

香港特别行政区政府渔农自然护理署，2021，《关于自然护理》，https：//www. afcd. gov. hk/

tc_ chi/conservati on/conservation_ ind/conservation. html，最后访问日期：2022 年 6 月 5 日。

香港特别行政区政府渔农自然护理署，2022，《统计数字》，https：//www. afcd. gov. hk/tc_ chi/country/ cou_ lea/cou_ lea_ use/cou_ lea_ use. html，最后访问日期：2022 年 6 月 8 日。

张海霞、汪宇明，2010，《可持续自然旅游发展的国家公园模式及其启示：以优胜美地国家公园和科里国家公园为例》，《经济地理》第 1 期。

钟林生、陈田主编，2013，《生态旅游发展与管理》，中国社会出版社。

Buckley，R. 2009. *Ecotourism：Principles and Practices*. CABI.

Buckley，R. 2012. "Sustainable Tourism：Research and Reality." *Annals of Tourism Research* 2：528-546.

Chan，C. S.，and L. M. Marafa. 2014. "Rebranding Hong Kong 'Green'：The Potential for Connecting City Branding with Green Resources." *World Leisure Journal* 1：62-80.

Cheung，L. T. O.，and L. Fok. 2014. "The Motivations and Environmental Attitudes of Nature-based Visitors to Protected Areas in Hong Kong." *International Journal of Sustainable Development & World Ecology* 1：28-38.

Chiu，H. Y.，C. S. Chan，and L. M. Marafa. 2016. "Local Perception and Preferences of Nature Tourism in Hong Kong." *Tourism Management Perspectives* 20：87-97.

D'Cruze，N.，C. Niehaus，M. Balaskas，R. Vieto，G. Carder，V. A. Richardson，T. Moorhouse，L. A. Harrington，and D. W. Macdonald. 2018. "Wildlife Tourism in Latin America：Taxonomy and Conservation Status." *Journal of Sustainable Tourism* 9：1562-1576.

Fennell，D. A.，and H. Yazdan Panah. 2020. "Tourism and Wildlife Photography Codes of Ethics：Developing a Clearer Picture." *Annals of Tourism Research* 85：103023.

Fennell，D. A. 2007. *Ecotourism*. New York：Routledge.

Fennell，D.，and D. Weaver. 2005. "The Ecotourism Concept and Tourism-conservation Symbiosis." *Journal of Sustainable Tourism* 4：373-390.

Margaryan，L. 2018. "Nature as a Commercial Setting：The Case of Nature-based Tourism Providers in Sweden." *Current Issues in Tourism* 16：1893-1911.

Mehmetoglu，M. 2007. "Typologising Bature-based Tourists by Activity：Theoretical and Practical Implications." *Tourism Management* 3：651-660.

Moorhouse，T. P.，C. A. L. Dahlsjö，S. E. Baker，N. C. D'Cruze，and D. W. Macdonald. 2015. "The Customer Isn't Always Right-conservation and Animal Welfare Implications of the Increasing Demand for Wildlife Tourism." *PLoS One* 10：e0138939.

Novelli，M. 2005. *Niche Tourism：Contemporary Issues，Trends and Cases*. Oxfordshire，England，UK：Routledge.

Nyaupane，G. P.，D. B. Morais，and A. R. Graefe. 2004. "Nature Tourism Constraints：A

Cross Activity Comparison." *Annals of Tourism Research* 3: 540–555.

Spenceley, A. 2008. "Requirements for Sustainable Nature-based Tourism in Transfrontier Conservation Areas: A Southern African Delphi Consultation." *Tourism Geographies* 3: 285–311.

Trauer, B. 2006. "Conceptualizing Special Interest Tourism: Frameworks for Analysis." *Tourism Management* 2: 183–200.

Wearing, S., and J. Neil. 2009. *Ecotourism: Impacts, Potentials and Possibilities?*. Oxford: Butterworth-heinemann.

Weaver, D. B. 2005. "Mass and Urban Ecotourism: New Manifestations of an Old Concepts." *Tourism Recreation Research* 1: 19–26.

Weaver, D. B. 2006. *Sustainable Tourism: Theory and Practice.* Britain: Elsevier Ltd.

Wen, J., and M. Y. Wu 2020. "How Special Is Special Interest Tourism–and How Special Are Special Interest Tourists? A Perspective Article in a Chinese Context." *Current Issues in Tourism* 16: 1968–1972.

Zhang, S., J. Liu, and F. Long. 2019. "The Comparative Analysis on Country Park Management between Hong Kong and Beijing." *Journal of Resources and Ecology* 4: 451–459.

Abstract

The Guangdong-Hong Kong-Macao Greater Bay Area Tourism Research Alliance, initiated by Sun Yat-Sen University, Hong Kong Polytechnic University and Macao Institute for Tourism Studies, continues to expand research on important issues in the development of tourism in the Guangdong-Hong Kong-Macao Greater Bay Area on the basis of previous studies. On January 20, 2022, the "14th Five-Year Plan for Tourism Development" issued by the State Council of the People's Republic of China further elaborates on promoting the integrated development of tourism in the Guangdong-Hong Kong-Macao Greater Bay Area, enhancing the overall competitiveness of the tourism industry in the Guangdong-Hong Kong-Macao Greater Bay Area and creating a world-class tourist destination. Based on this, this book continues to conduct follow-up research on issues such as the tourism market, tourism products, and regional tourism development in the tourism development of the Guangdong-Hong Kong-Macao Greater Bay Area. The book is divided into four parts. The first part is the general report, which focuses on the process of transformation, innovation and improvement of the tourism in the Guangdong-Hong Kong-Macao Greater Bay Area from 2021 to 2022. The general report also puts forward relevant suggestions for the future development of the Guangdong-Hong Kong-Macao Greater Bay Area as a world-class tourist destination. The second part focuses on tourism market, one of the studies concerns on the island tourism market in Guangdong, and promotes the high-quality development of island tourism in Guangdong by identifying he affective image of islands in Guangdong. In addition, another study focuses on the domestic and inbound tourism demand for the Guangdong-Hong Kong-Macao Greater Bay Area (GBA) during 2022-2026, and the scenario forecasts provide significant theoretical support and practical reference for the recovery, rejuvenation and development of the tourism industry in the GBA post pandemic. The third part focuses on new products and new formats in the tourism industry, including red tourism, rural tourism, camping tourism, coastal sports tourism, intangible cultural heritage tourism, health and wellness tourism, and cultural, sports events and esports tourism. At the same time, some studies focus on the development of tourism homestays and the cooperation mechanism of the hotel industry in the Guangdong-Hong Kong-Macao Greater Bay Area. These research reports show that the Guangdong-Hong Kong-Macao Greater Bay Area has rich and diverse tourism products, relatively complete tourism supporting facilities, and strong market competitiveness. The fourth part is a regional chapter, focusing on the tourism development status and characteristics of important cities and regions in the Guangdong-Hong Kong-Macao Greater Bay Area. First of all, this part analyzes and summarizes a series of active explorations that Macao has made to achieve tourism recovery, and has accumulated valuable experience for the diversified development of Macao. Secondly, this part conducts a detailed analysis of Zhaoqing tourism development trend, and sustainable development ideas and practices of Haizhu District in Guangzhou, and it proposes the direction of future urban tourism development and sustainable tourism development. Then, through sorting out problems, opportunities, and challenges in the policy environment and the integrated development of the cultural tourism industry in the Hengqin Guangdong-Macao Deep Cooperation Zone, one of the studies puts forward suggestions for action. Finally, this part focuses on the recovery of Hong Kong tourism development under the COVID – 19 epidemic. The study found that nature tourism in Hong Kong has shown great vitality and has become the main force of destination recovery.

Keywords: Tourism; Tourism Resources; Tourism Products; Guangdong-Hong Kong-Macao Greater Bay Area

Contents

Ⅰ General Report

Abstract: In 2021, tourism in the Guangdong-Hong Kong-Macao Greater Bay Area was transformed, innovated and improved. In terms of statistics, tourism recovery in some periods and parts of the areas has fluctuated due to the COVID-19 epidemic. Among them, the number of tourist in Hong Kong has continued to decline due to the COVID-19 epidemic and customs clearance policies. However, overall, the number of tourist and income in the Greater Bay Area have increased compared to the previous year. Against the backdrop of the epidemic, "cloud tourism" is booming, online travel booking has become the norm, and virtual reality and other technologies are widely used in tourism, accelerating the development trend of the digital transformation of the tourism industry. Under the background of cultural and tourism integration in the new era, the tourism in the Guangdong-Hong Kong-Macao Greater Bay Area is entering a new stage of innovative and high-quality development. With the promotion of all-for-one tourism and the upgrading of scenic spots, the quality of tourism products and services in the Greater Bay Area continues to improve. Diversified tourism products such as camping, digital tourism and night tourism have emerged. At the same time, the Greater Bay Area continues to promote the development of the Guangdong-Macao In-depth Cooperation Zone in Hengqin, and build high-level Hengqin international recreation island. In the future, the Guangdong-Hong Kong-Macao Greater Bay Area will promote the integrated tourism development, enhance the overall competitiveness of the Greater Bay Area's tourism, and build itself into a world-class tourism destination by the guidelines of the "14th Five-Year Plan" and the Master Plan of the Development of the Guangdong-Macao In-depth Cooperation Zone in Hengqin.

Keywords: Tourism; Digital Transformation; Guangdong-Hong Kong-Macao Greater Bay Area

Ⅱ Market Reports

B.2 A Study on the Affective Image of Island Tourism in Guangdong Province

Liu Yi, Ji Jiehan, Zhao Ying, Huang Zhaoming, Zhen Wenxun and Lu Guifen / 025

Abstract: In the era of new media, identifying the affective image of islands in Guangdong is of great significance to the high-quality development of island tourism in Guangdong. Utilizing the emotion model for evaluating tourism destinations based on tourism big data, this study conducts content analysis to explore the affective images and reputation of 6 typical tourist islands to investigate the sentimental features of Guangdong's islands' images based on travel online reviews. The study found that there are four problems with current island tourism in Guangdong Province: a large number of islands are poorly managed, and tourism facilities and services need to be improved; the homogenisation of island tourism is serious, and the characteristics of islands are not distinctive enough; the reputation of tourist islands fluctuates greatly, and the word-of-mouth is unstable; the development of regional tourism varies, and the tourism image of western Guangdong is not distinctive. In response to the current problems, this report suggests that improvements can be made in three ways: firstly, improve the governance of island tourism to improve the tourist experience; secondly, attach importance to experience products and develop characteristic island tourism; and thirdly, attach importance to the reputation of islands and strengthen brand marketing.

Keywords: Island Tourism; Affective Image; Sentiment Analysis; Big Data

B.3 Forecasting Tourism Demand in the GBA for 2022–2026

Abstract: This study aims to forecast the domestic and inbound tourism demand for the Guangdong-Hong Kong-Macao Greater Bay Area (GBA) during 2022~2026 using the scenario-based Delphi adjustment approach. In the first stage, the ARDL-ECM is utilized to generate the baseline forecasts; in the second stage, eight Delphi experts are assembled and asked to adjust the baseline forecasts considering the impacts of the COVID-19 pandemic on tourism demand in three scenarios. The prediction results show that provided the COVID-19 pandemic does not appear, the number of tourist arrivals in the GBA will increase steadily and reach 588 million by 2026. However, in view of the continued impact of the pandemic on the tourism demand, based on the scenario forecasts, the total number of tourists in the GBA will return to the pre-pandemic levels in 2023, 2024, and 2025 in three scenarios, respectively. Domestic tourism demand has shown a gradual growth trend while the recovery of inbound tourism demand is relatively slow, but it is predicted to increase sharply with the pandemic under control. The scenario forecasts provide significant theoretical support and practical reference for the recovery, rejuvenation and development of the tourism industry in the GBA post pandemic.

Keywords: Tourism Demand Forecasting; Delphi Adjustment Approach; Scenario Analysis; Guangdong-Hong Kong-Macao Greater Bay Area

Ⅲ New Product and New Industrial Types Reports

B.4 Word Features of Red Tourism Policies in Guangdong Province from 2017 to 2022

Abstract: Keywords in policy texts reflect the focus of policy makers to an issue. This paper analyzes keyword features of red tourism policies issued by governments in Guangdong province at provincial and municipal levels by using ROST CM6 content mining software. Based on the TF-IDF algorithm, it extracts the feature words cloud to reveal the focus or hot spots of red tourism policies in Guangdong province. The study finds that the red tourism policy makers in Guangdong province place their attentions on the following "four emphasis": (1) emphasizing the combination of protection and utilization of revolutionary heritages in red tourism development; (2) emphasizing the combination of red tourism developing with the revitalization of old revolutionary base areas; (3) emphasizing the highlighting of locality in red tourism developing; (4) emphasizing the construction of management system and the implementation of responsibilities in red tourism development. Results illustrate that red tourism policies in Guangdong province have a very high degree of consistency with the spirit of General Secretary Xi Jinping's speech. Meanwhile, as the executor of the central government, regional policy makers place importance on the concrete actions and specific programs, such as land use, funds providing, transfer payments and heritage restoration etc., that related to red tourism. In the future, policymakers could pay more attention to the combination of tourism development and rural revitalization strategy, sustainable development and the connection between spiritual value of cultural resources and the strategy of socialist culture.

Keywords: Red Culture; Tourism Policy; Feature Word; TF-IDF Algorithm; Word Cloud Map

B.5 Tourism Homestay Development Report of Guangdong-Hong Kong-Macao Greater Bay Area in 2022

Liu Linlin, Xu Lingzhi, Liu Yuxin, Li Chao and Chen Yale / 113

Abstract: Affected by the COVID – 19 Outbreak, the number of tourist homestays in the Guangdong-Hong Kong-Macao Greater Bay Area has decreased slightly in 2022. But the homestay industry has begun to recover gradually. Overall, The standardization of homestays in the Greater Bay Area continues to improve, the brand effect of the homestay cluster has gradually become prominent, the micro-tourism destination of homestay is gradually formed, the upstream and downstream industrial chain of homestay is becoming more and more complete, and homestay has become the starting points for rural revitalization, homestay operators work dosely with government、organizations. At present, there are still development problems such as homestay policies to be improved, industry management not in place, lack of guidance for homestay layout, imperfect supporting facilities, lack of cultural connotation, and lack of talents for homestay development. It is recommended to formulate guiding policies for the development of homestays, strengthen the standardized management of the homestay industry, optimize and improve the space layout of homestays, strengthen the construction of homestay facilities, guide the development of cultural themed homestays, strengthen the cultivation of homestay talents, strengthen research on homestay development in Hong Kong and Macao, to promote the sustainable and healthy development of the homestay industry in the GBA.

Keywords: Tourism Homestay; Homestay Cluster; Homestay Industry Chain; Guangdong-Hong Kong-Macao Greater Bay Area

B.6 Guangdong-Hong Kong-Macao Greater Bay Area Rural Tourism Development Report in 2022

Zeng Yanfang, Wang Xinrui / 137

Abstract: This report first discusses the background of rural tourism development in China and the important role of rural tourism in promoting rural development, especially rural revitalization. Secondly, it introduces the background of rural tourism development in the Guangdong-Hong Kong-Macao Greater Bay Area. Under the guidance of national strategies, the Guangdong-Hong Kong-Macao Greater Bay Area, with its superior geographical location and policy support, has created a number of rural tourism boutique projects and driven the rapid development of rural tourism. Furthermore, the report investigates the current situation of rural tourism development in nine cities in the Guangdong-Hong Kong-Macao Greater Bay Area, and proposes rural tourism development implications accordingly, including: focusing on top-level design and policy planning guidelines; exploring the path of integrated development of rural culture and tourism; strengthening infrastructure construction to improve the service quality of rural tourism; promoting characteristic rural tourism brands; and developing the "rural tourism +" model. Finally, this report concludes that the development of rural tourism in the Guangdong-Hong Kong-Macao Greater Bay Area should continue to enhance policy planning and management, explore the "Greater Bay Area Model" for sustainable development of rural tourism under the framework of "one country, two systems", and actively build a rural tourism industry system.

Keywords: Rural Tourism; Sustainable Development; Country Tourism Brand; Guangdong-Hong Kong-Macao Greater Bay Area

B.7 Report on the Development of Camping Tourism in the Guangdong-Hong Kong-Macao Greater Bay Area in 2022

Lin Qingqing / 155

Abstract: With the normalization of epidemic prevention and control, local tourism, peripheral tourism, micro tourism and micro vacation have begun to rise, and camping tourism has become one of the most popular ways of leisure tourism. The potential tourism resources for camping tourism in the Guangdong-Hong Kong-Macao Greater Bay Area is extremely rich and the demand for camping tourism in this area is also very high, for now the camping tourism has shown new trends in regional feature and business formats. In this context, this paper discusses the camping tourism of the Greater Bay Area in the aspects of the development background, types and spatial distribution, tourist groups and their travel motivation and behavioral characteristics, emerging problems in the development process and suggestions for the future development. It points out that there are contradictions between the effective supply and public demand of camping tourism in the Greater Bay Area, camping services need to be standardized and guaranteed urgently, gap existed between the marketing and actual quality of camping sites, and uncertainties due to the characteristics of camping itself. It also points out that the development of camping tourism needs the cooperation of the government, industry associations, and tourism enterprises, and product differentiation needs to be strengthened, the rate of revisiting need to be improved. We hope this report can provide policy basis and theoretical suggestions for the development of camping tourism in the Guangdong-Hong Kong-Macao Greater Bay Area.

Keywords: Camping Tourism; Micro Vacation; Guangdong-Hong Kong-Macao Greater Bay Area

Abstract: This study has constructed the understandings of the resources of coastal sports tourism and developmental state of coastal sports tourism industry in Guangdong-Hong Kong-Macao Greater Bay Area through the research methods of observation, interview, questionnaire. At present, the Greater Bay Area has main coastal sports tourism destinations in Shenzhen, Huizhou and Zhuhai. Tourists have carried out various coastal sports tourism activities, such as surfing tourism, dive tourism, sailing tourism, fishing tourism, etc. Through the analysis of dive tourism and surfing tourism, this paper clarifies the problems existing in the current coastal sports tourism in the Greater Bay Area in terms of industry supervision, enterprise management, employee quality and ecological environment protection. On this basis, we put forward some countermeasures and suggestions on improve the regulatory capacity of competent department and the co-construction of industry members, advocate the cultivation of local coastal sports tourism brands and coastal sports culture, and at the same time, keep in mind the concern for ecological environment protection, so as to provide theoretical and practical guidance for the healthy development of coastal sports tourism in the Greater Bay Area.

Keywords: Coastal Sports Tourism; Dive Tourism; Surfing Tourism; Guangdong-Hong Kong-Macao Greater Bay Area

Abstract: Guangdong, Hong Kong and Macao have been "cultural communities" in history. They share common geographical, historical, ethnic and cultural space. They have jointly applied for, jointly owned and jointly developed a number of intangible cultural heritage projects such as Cantonese opera, herbal tea, lion dance and Wing Chun boxing. However, there are also differences in the classification of intangible cultural heritage resources, the construction of intangible cultural heritage lists and the classification and evaluation system of intangible cultural values. This report analyzes the types and spatial distribution characteristics of the intangible cultural heritage resources in Guangdong, Hong Kong, Macao and the Greater Bay area. It is found that the intangible cultural heritage resources of folk customs, traditional skills, traditional dances and traditional fine arts have obvious advantages, but the folk literature and quyi projects are short in the national list, while the traditional drama and quyi projects are weak in the provincial list. There is no project in the folk literature category listed in the national intangible cultural heritage list. Spatially, the two urban agglomerations of Guangzhou-Foshan and Shenzhen-Dongguan are the regions with high concentration of intangible cultural heritage resources among the nine cities in the mainland, forming cultural centers for Intangible Cultural Heritage Inheritance with Hong Kong and Macao special administrative regions. Guangdong,

Hong Kong, Macao and the Greater Bay area will work together to promote the tourism utilization of intangible cultural heritage. In the future, we can continue to deepen the collaborative cooperation of regional intangible cultural heritage tourism in terms of cultural ties, spatial linkage, directory collaboration, industrial integration, etc. , in terms of transmitting new connotation of cultural integration in intangible cultural heritage tourism, promoting new modes of intangible cultural heritage inheritance based on tourism demand, stimulating new momentum of cultural tourism integration through space-time expansion, and empowering new forms of intangible cultural heritage display through cultural tourism science and technology.

Keywords: Intangible Cultural Heritage Tourism; Directory System of Intangible Culture; Resource of Intangible Culture; Guangdong-Hong Kong-Macao Greater Bay Area

Abstract: The hotel industry cooperation among Guangdong, Hong Kong and Macao had opened the road of hotel development in Grand Bay District. After nearly 44 years of development, it has formed a modern hotel industry with huge hotel supply, complete hotel grades, rich hotel categories, and concentrated hotel education. The hotel in Grand Bay District has gradually entered the era of oversupply. With the rapid development of hotels in the three regions, the complementary cooperation among Guangdong, Hong Kong and Macao in the early stage was gradually weakened. In the new development strategy, hotel industry cooperation is still the main theme and an important development mechanism. It is urgent to reconstruct the cooperation mechanism of the hotel industry in Grand Bay District. Based on the advantages and disadvantages of hotels in the three regions and the characteristics of the oversupply market, the paper proposes a new collaborative innovation cooperation mechanism for hotels in Grand Bay District, strives for innovation and empowerment, and creates a leading area for hotel innovation and a pilot area for institutional innovation in the hotel industry.

Keywords: Cooperation Mechanism of Hotel Industry; Collaborative Innovation Mechanism of Hotel Industry; the Oversupply Market of Hotels; Guangdong-Hong Kong-Macao Greater Bay Area

B.11 The Health and Wellness Tourism Development of the Greater Bay Area in 2022

Huang Liyuan, *Wang Weijing* / 224

Abstract: The Greater Bay Area (GBA) has the potential to develop health and wellness tourism due to an enormous population, booming economy and rich natural resources for health and wellness. By a case study of hot spring tourism destination in Conghua, Guangzhou using questionnaire survey, the article is to investigate the tourist experiences of hot spring, food and landscape in the wellness destination. It is found that the health benefits of hot spring and the historical architectures are most recognized by tourists, however, the food seem not so impressive for the tourists. And all the experiences have positive influences on the revisit intention. It is suggested that wellness product and service design of GBA should consider the uniqueness of the local wellness and cultural attractions.

Keywords: Health and Wellness Tourism; Hot Spring; Greater Bay Area

B.12 Culture, Sport Events and Esports Tourism in Guangdong-Hong Kong-Macao Greater Bay Area in 2022

Dai Qiman, *Zhuang Binxuan*, *Wang Shicai and Li Jie* / 239

Abstract: The development of Guangdong-Hong Kong-Macao Greater Bay Area aims to create a mega-region that breaks administrative boundaries to promote co-construction, co-governance and sharing. This report focuses on cultural activities, sport events and esports, and investigates the mobility patterns, reasons and related tourism and leisure activities of cross-city cultural tourism as well as sport events and esports tourism in the Greater Bay Area through spatial analysis, questionnaire analysis and interview text analysis, and then reveals the division of labor, connection and cooperation among different cities in the Greater Bay Area in terms of cultural activities, sport events and esports. In general, with the construction of transportation infrastructure and the improvement of connectivity in the Greater Bay Area, cross-city tourism mobilities based on cultural and e sports events are very common among residents in the Greater Bay Area, which in turn affects the residents' perception of the spatial scope of the Greater Bay Area as a whole and their identity as "people of the Greater Bay Area". The co-construction, co-governance and sharing of cultural and sports facilities and activities in the Greater Bay Area has not yet been realized, and a unified platform for culture and e sports events as well as the construction of the overall brand image still needs further improvement.

Keywords: Cultural Tourism; Sport Events; Esports; Tourism Mobilities; Identity

Ⅳ Regional Reports

Abstract: Macao is a city with tourism as its mainstay, and its economic development heavily depends on foreign tourists. With the global impact of the COVID-19 pandemic, Macao's tourism industry has also been hit hard, with a significant decline in visitor numbers and tourism revenue. Macao has made a series of active explorations to achieve tourism recovery in 2021, with the following main features: Emphasis on stimulating local tourism consumption and promoting tourism that extends to the community. Emphasis on online new media platforms, actively promoting the combination of online and offline marketing and promotion. Focus on the technology and intelligence of the tourism experience. Through the above exploration, to some extent, Macao achieved the goal of tourism recovery and accumulated valuable experience for the diversified development of Macao. In the future development process, Macao can focus on using online new media platforms to reshape Macao's tourism image, enhance the promotion of Macao's world heritage tourism resources, and strengthen the combination of tourism with technology and intelligence.

Keywords: Tourism Recovery; Local Tour; Macao

B.14 Report on Zhaoqing Tourism Development in 2022

Liao Jiwu, Li Chaojun / 269

Abstract: Zhaoqing is an important node city and potential city in the Guangdong-Hong Kong-Macao Greater Bay Area, and a hub gateway city facing the West of China. There are good tourism development conditions in Zhaoqing. Due to aisle effect and aging products, Zhaoqing tourism has tow problems, which are the widening gap between Zhaoqing tourism and the Pearl River Delta tourism, and the insufficiently internal coordination of tourism industry. In 2021, Zhaoqing tourism have a good development trend, with a faster development rate than the provincial average, and a double growth both the tourists and tourism income. The regional differences are smaller, and the all-for-one tourism construction has achieved preliminary progresses. Tourism investment is active, and a number of large-scale tourism projects are newly built and opened. The integration mechanism of culture and tourism has been initially established, and tourism cooperation with neighboring regions have been deepened. Zhaoqing tourism development needs to weaken the aisle effect, innovate tourism products, implement supportive policies for backward areas, coordinate the all-for-one tourism construction, aim at the weakness and attract foreign investment, and strengthen the reform of the tourism management system in the Xinghu Scenic Area.

Keywords: Tourism Development; Culture Tourism Integration; Zhaoqing

B. 15 Sustainable Urban Tourism Practices in Haizhu District

Zhou Yingshi, *Zou Heting* / 284

Abstract: Haizhu District is the central city of Guangzhou, with a privileged area, a good tourism base, a high degree of tourism product development, and a rapidly growing tourism industry. This report summarises the good practices of sustainable urban tourism development in Haizhu District in four dimensions: cultural heritage protection and utilization, urban environment improvement, industrial development, and urban competitiveness enhancement. At the same time, Haizhu District has problems such as uneven distribution of tourism resources, unexceptional brand image, deficiencies in the management system, and insufficient marketization. In response to the existing problems of Haizhu District, this report proposes improvements in four aspects: first, co-ordinating regional planning and highlighting the unique environmental advantages of the central city; second, exploring the connotation of resources and shaping the brand image of tourism; third, integrating cross-border development and introducing high-quality actors; fourth, improving the management system and promoting sustainable tourism development.

Keywords: Urban Tourism; Sustainable Development; Haizhu District

B. 16 Exploring the Path of Cultural Tourism Industry Integration in Hengqin Guangdong-Macao Deep Cooperation Zone

Ding Lin, *Kang Ning*, *Yao Ailin*, *Hu Jiayi*, *Wang Zinan and Shen Dengwei* / 302

Abstract: This paper analyzes the development background and current situation of industry of Hengqin Guangdong-Macao Deep cooperation Zone. Then researchs the policy environment, problems opportunities and challenges in the integrated development of the cultural tourism industry in the Hengqin Guangdong-Macao Deep Cooperation Zone and puts forward suggestions for action. During the study, we also collected information on Macao residents' awareness and recognition of the Hengqin District through questionnaires and interviews. However, there are still problems such as little understanding, low awareness, the short average length of visit, and insufficient average consumption. The study suggests that the Hengqin Guangdong-Macao Deep Cooperation Zone can enhance the exhibition industry by extending the Zhuhai Airshow to the Hengqin Deep Cooperation Zone to enrich the content and form of the Zhuhai International Airshow of China; vigorously developing the recreation and health industry to enable the high-quality development of the Hengqin Deep Cooperation Zone; creating a living and working environment similar to that of Macao; strengthening the cultural exchange and cooperation between China and Portugal in soccer; vigorously developing leisure and sports tourism projects to help the construction of an international leisure and tourism island; striving to build Hengqin leisure and tourism island.

Keywords: Cultural Tourism Industry; Industry Integration; Hengqin Guangdong-Macao Deep Cooperation Zone

B.17 The Opportunity and Challenge for Natural-Based Tourism in Hong Kong

Chen Zongcheng, Zhang Shuying / 325

Abstract: Nature-based tourism emphasizes tourists' preference for nature, and activities and all services and facilities related to tourism are highly dependent on the natural environment. Nature-based tourism in Hong Kong started late, and the market potential has not been fully unleashed. While enjoying the advantages of abundant ecological resources, supportive regulations and policies, increasing market demands, and effective nature education, nature-based tourism also faces the problems and challenges of seasonality, insufficient educational facilities, and huge urban development pressure. Under the context of COVID-19 epidemic, the number of nature-based tourists in Hong Kong has shown a distinctive increase rather than decrease. With the mainstream of domestic and outdoor tourism demands, nature-based tourism has become the main force of destination recovery.

Keywords: Nature-based Tourism; Ecotourism; Country Parks; Hong Kong

皮书

智库成果出版与传播平台

皮书定义

皮书是对中国与世界发展状况和热点问题进行年度监测，以专业的角度、专家的视野和实证研究方法，针对某一领域或区域现状与发展态势展开分析和预测，具备前沿性、原创性、实证性、连续性、时效性等特点的公开出版物，由一系列权威研究报告组成。

皮书作者

皮书系列报告作者以国内外一流研究机构、知名高校等重点智库的研究人员为主，多为相关领域一流专家学者，他们的观点代表了当下学界对中国与世界的现实和未来最高水平的解读与分析。截至 2022 年底，皮书研创机构逾千家，报告作者累计超过 10 万人。

皮书荣誉

皮书作为中国社会科学院基础理论研究与应用对策研究融合发展的代表性成果，不仅是哲学社会科学工作者服务中国特色社会主义现代化建设的重要成果，更是助力中国特色新型智库建设、构建中国特色哲学社会科学“三大体系”的重要平台。皮书系列先后被列入“十二五”“十三五”“十四五”时期国家重点出版物出版专项规划项目；2013~2023 年，重点皮书列入中国社会科学院国家哲学社会科学创新工程项目。

S 基本子库
UB DATABASE

中国社会发展数据库（下设 12 个专题子库）

紧扣人口、政治、外交、法律、教育、医疗卫生、资源环境等 12 个社会发展领域的前沿和热点，全面整合专业著作、智库报告、学术资讯、调研数据等类型资源，帮助用户追踪中国社会发展动态、研究社会发展战略与政策、了解社会热点问题、分析社会发展趋势。

中国经济发展数据库（下设 12 专题子库）

内容涵盖宏观经济、产业经济、工业经济、农业经济、财政金融、房地产经济、城市经济、商业贸易等12个重点经济领域，为把握经济运行态势、洞察经济发展规律、研判经济发展趋势、进行经济调控决策提供参考和依据。

中国行业发展数据库（下设 17 个专题子库）

以中国国民经济行业分类为依据，覆盖金融业、旅游业、交通运输业、能源矿产业、制造业等 100 多个行业，跟踪分析国民经济相关行业市场运行状况和政策导向，汇集行业发展前沿资讯，为投资、从业及各种经济决策提供理论支撑和实践指导。

中国区域发展数据库（下设 4 个专题子库）

对中国特定区域内的经济、社会、文化等领域现状与发展情况进行深度分析和预测，涉及省级行政区、城市群、城市、农村等不同维度，研究层级至县及县以下行政区，为学者研究地方经济社会宏观态势、经验模式、发展案例提供支撑，为地方政府决策提供参考。

中国文化传媒数据库（下设 18 个专题子库）

内容覆盖文化产业、新闻传播、电影娱乐、文学艺术、群众文化、图书情报等 18 个重点研究领域，聚焦文化传媒领域发展前沿、热点话题、行业实践，服务用户的教学科研、文化投资、企业规划等需要。

世界经济与国际关系数据库（下设 6 个专题子库）

整合世界经济、国际政治、世界文化与科技、全球性问题、国际组织与国际法、区域研究 6 大领域研究成果，对世界经济形势、国际形势进行连续性深度分析，对年度热点问题进行专题解读，为研判全球发展趋势提供事实和数据支持。

法律声明